I0047627

최신 Raspberry Pi로 시작하는 IOT의 모든 것 - 초보에서 고급까지 (하)

**Raspberry Pi, Linux에서 시작하여 Apache, MySQL, PHP를 거쳐
Embedded Computing, Interface, Sensor를 사용하는 IOT까지
초급에서 고급까지 단숨에 정복하기**

리얼오메가 컨설팅 / 김덕규 지음

Real Omega Consulting Inc.

최신 Raspberry Pi로 시작하는 IOT의 모든 것
- 초보에서 고급까지 (하)

국립중앙도서관 출판예정도서목록(CIP)

최신 Raspberry Pi로 시작하는 IoT의 모든 것 : 초보에서 고급까지. 하 / 김덕규 지음. -- 서울 : 리얼오메가 컨설팅, 2016

        p. ;   cm

색인수록
ISBN 978-89-90852-04-5 94000 : ₩30000
ISBN 978-89-90852-02-1 (세트) 94000

사물인터넷[事物--]
극소형 컴퓨터[極小型--]

004.58-KDC6
004.678-DDC23   CIP2016019500

서문

주요 내용

여기서는 먼저 저자가 이 책을 쓰게 된 동기를 소개하고 있다. 다음으로 이 책의 전체적인 구성과 각 Chapter의 요약된 내용을 안내하고 있으며, 다루는 내용의 수준에 대해서 안내하고 있다.

다음과 같은 항목에 대한 설명을 포함하고 있다.
- 이 책을 쓴 동기
- 이 책에서 다루는 내용
- 이 책에서 다루는 내용의 수준
- 이 책에서 사용되는 관례

1. 이 책을 쓰기까지

나는 개인적으로 사회 생활을 처음 시작하면서부터 계속 기업의 기본적인 업무 process를 다루는 IT 영역에 발을 담그고 있었는데, 주로 통합된 IT 시스템을 활용하여 회사 업무 process를 효율적으로 만드는 일을 주된 업무로 해왔다. 주로 ERP package를 이용하거나 여러 가지 도구를 이용해서 기업용 응용 프로그램을 개발하여 기업의 각종 업무처리를 지원하는 일을 해 왔다.

하지만 항상 마음 속 내부에서는 컴퓨터를 이용하여 큰 자동화된 공장을 직접 조정하거나, embedded program을 이용하여 공정의 기계 내부에 설치되어 있는 부품을 조정하거나, 로봇을 마음대로 움직이거나, 외부의 각종 sensor와 연결하여 측정 자료를 얻고, 필요하면 외부의 여러 장치나 설비, 기계를 마음대로 조정할 수 있는 명령을 내릴 수 있는 기술이 있으면 좋겠다는 생각을 가지고 있었다.

2015년 초 어떤 회사의 ERP project를 끝내고 휴식을 취할 수 있는 약간의 기간이 있었다. 통상 그런 여유기간이 있으면, "배운 게 도둑질"이라고 그 동안의 버릇을 탈피하지 못하고, IT 부문의 최근 기술이 어떤 것이 있는지, 어디까지 발전해 왔는지 등에 대해서 자료를 찾아보거나 세미나에 참석하여 자료를 모아서 읽어보고는 했었는데, 그 때도 비슷한 일을 하고 있었다.

이때 많은 잡지 기사나 세미나에서 다루는 여러 가지 주제 중에서 인기 있는 기술 분야가 IOT, Big Data, 3D printer 등의 주제였다. 세미나에 여러 번 참석하여 이런 주제에 대한 발전상황에 대해서 여러 가지 이야기를 듣고, 관련 자료를 모아 자료를 검토하면서, 가능하면 내가 직접 한번 해보면 좋겠다는 생각을 가지게 되었다. 이런 생각을 가지고 여러 가지 내용을 검토하면서 컴퓨터를 이용하여 외부의 기계나 설비와 연동하거나 외부의 각종 sensor에서 자료를 얻어 오거나, 각종 기기나 장치들을 통제하고 조정할 수 있는 IOT 분야가 매력적으로 다가왔고, 그런 과정에서 많은 돈을 들이지 않고도 IOT를 구현하여 체험해 볼 수 있다고 하는 Raspberry Pi라는 것을 처음 접하게 되었다.

처음에는 호기심으로 짧은 기간만 투자하여 Raspberry Pi에 대한 맛만 보기로 했는데, 시간이 가면서 점차 깊숙이 발을 담그게 되었다. 그런데 Raspberry Pi, Linux, IOT, 전기/전자 회로, sensor 등의 주제는 사실 내가 대부분 처음 접해 본 영역으로 기초적인 지식이 많이 부족한 상태였다. 처음 학습을 할 때는 시중에 나와 있는 책을 사서 이용했는데, 불행히도 책에서는 내가 궁금해 하는 것을 제대로 설명하지 않는 부분이 많아서 어려움이 적지 않았다. 이런 부족한 부분을 메우기 위해서 인터넷을 통해서 여러 가지 경로로 자료를 찾아 보면서 부족한 내용을 보충하고, 서로 맞지 않은 부분은 여러 자료를 비교하여 맞추고 정리하면서 학습을 진행할 수 밖에 없었다.

이렇게 몇 개월이 지나서 Raspberry Pi에 대해서 어느 정도 학습이 된 이후에 생각해 보니, 내가 처음 초보자로 시작하여 어느 정도 수준으로 이해하기까지 내가 경험한 내용과 학습한 내용들을 다른 초보자들을 위해서 정리를 해보면 좋겠다는 생각을 가지게 되었다. 모든 내용을 잘 알고 있는 전문가적인 관점에서 상세하게 잘 설명하는 것도 좋겠지만, 처음부터 아무것도 모르는 초보자로 시작해서 초보자의 입장에서 눈으로 보고, 경험하고, 이해한 내용은 쉽게 잘 정리할 수만 있다면 처음 시작하는 초보자들에게는 어떤 전문가도 주지 못하는 도움이 되지 않을까 하는 생각을 하게 되었다. 다행히 그때 마침 시간적 여유도 좀 있어서 이러한 생각으로 마음을 크게 먹고 지금까지 이해한 내용을 정리하는 작업을 시작하게 되었다.

작업을 처음 시작할 때는 300~400 page 정도면 중요한 내용이 모두 정리될 것으로 예상하고 있었는데, 정리를 진행하면서 점차 분량이 늘어나게 되었다. 정리하는 과정에서 점차 더 많은 내용을 담고자 하는 욕심이 생기기도 하고, 실력이 부족하여 간단한 것을 간단하게 정리하지 못하고 장황하게 설명한 것도 있으며, 또한 초보자들이 쉽게 이해할 수 있도록 다양한 그림과 이미지를 삽입하는 것이 좋겠다는 생각이 들어 내용을 보충하다 보니, 처음 예상한 분량을 훨씬 넘어서 걷잡을 수 없을 정도로 분량이 늘어나게 되었다. 최종으로 정리된 내용을 보니 처음 예상의 2배가 되었으니, 참 어처구니가 없는 일이다. 스스로 생각해도 한심한 일이 아닐 수 없다. 여러분의 많은 이해를 바란다.

2. 이 책의 전체적인 구성

이 책은 상권과 하권의 두 권으로 구성되어 있다. 원래는 모든 내용이 한 권에 포함되어 있는 형태로 책의 구성이 계획되었지만, 전체 내용의 분량이 한 권으로 만들기는 너무 많아서 부득이 2권의 책으로 분할하게 되었다. 하지만 책의 구성과 형태에서 전체적인 통일성을 부여하고, 전체 내용을 체계적으로 배열하여 독자들이 사용하기 쉽도록 하기 위해서 책의 모든 내용은 한 권의 책으로 되어 있는 것처럼 구성되어 있다. 따라서 책은 두 권으로 분리되어 있지만, Chapter 번호는 두 권이 모두 연속적으로 부여되어 있고, 페이지 번호도 연속적으로 표시되어 있으며, 이러한 방식에 따라 목차나 색인 등도 한 권인 것처럼 표시가 되어 있음에 주의해야 한다.

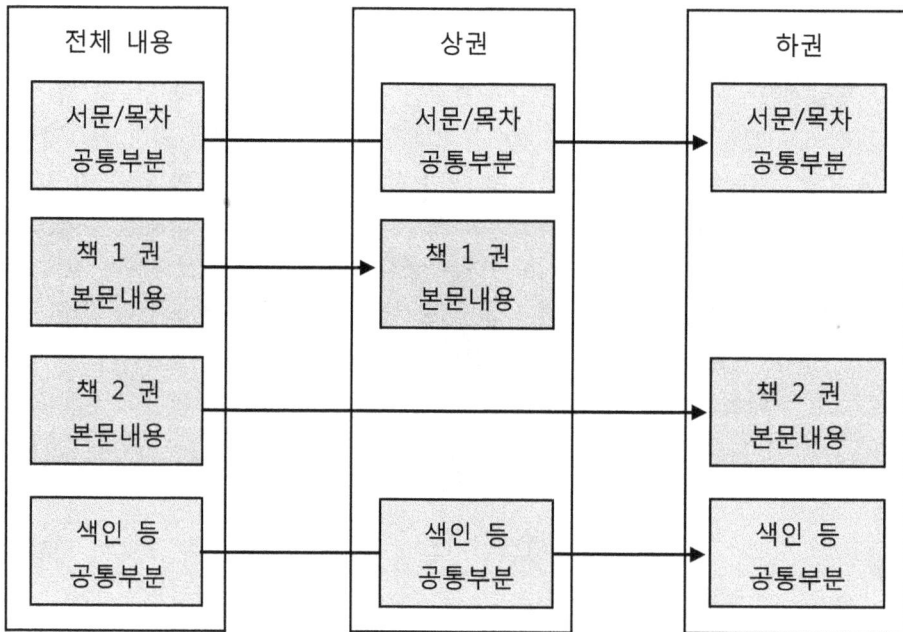

전체 내용	상권	하권
서문/목차 공통부분	서문/목차 공통부분	서문/목차 공통부분
책 1 권 본문내용	책 1 권 본문내용	
책 2 권 본문내용		책 2 권 본문내용
색인 등 공통부분	색인 등 공통부분	색인 등 공통부분

3. 이 책에서 다루는 내용

이 책은 Raspberry Pi에 대한 소개에서 시작하여 실제로 구매해서 동작시키는 방법을 안내하고 있으며, 사용할 수 있는 많은 명령과 도구들을 안내하고 있다. 또한 별도의 응용 프로그램 개발에 필요한 많은 도구와 사용방법에 대해서 설명하고 있으며, Raspberry Pi를 외부의 기계나 설비, 센서등과 연결하여 활용하는 방법에 대해서 안내하고 있다.

각 Chapter별로 설명하고 있는 내용을 간추리면 다음과 같다.

책 상권 Raspberry Pi 기초

[Chapter 1~Chapter 3]에서는 Raspberry Pi가 무엇인지, 어떤 특징을 가지고 있는지, 어디에 사용할 수 있는지 등 처음 접하는 분들을 위해서 Raspberry Pi에 대한 배경지식부터 시작하여 자체의 내용까지 상세히 설명하고 있다. 그리고 실제로 사용하고자 하는 사람들을 위해서 준비사항을 상세히 설명하고 있다.

[Chapter 4~Chapter 9]에서는 Raspberry Pi에서 사용할 수 있는 운영체제 운영체제를 소개하고, 설치절차를 설명하고 있다. 설치가 완료된 다음 Raspberry Pi를 어떻게 시작하고, 종료하는지를 설명하고 있으며, 시스템 운영에 필요한 각종 설정항목들을 조정하는 방법에 대해서 설명하고 있다.

[Chapter 6~Chapter 7]에서는 Raspberry Pi가 작동한 후에 시스템에 접속하는 방식인 terminal 접속과 desktop 접속, local 접속과 remote 접속 등에 대해서 설명하고 있으며, terminal과 desktop window가 무엇인지, 어떤 기능을 가지고 있는지를 설명하고 있다.

[Chapter 8~Chapter 17]에서는 Linux 시스템의 기본적인 체계와 여러 가지 명령과 도구들에 대해서 상세히 설명하고 있다. terminal과 Shell 프로그램, 각종 Shell 명령, network 설정 방법, 사용자 및 사용자 그룹을 정의하는 방법, 파일에 대한 권한을 설정하는 방법, 각종 device의 의미와 내용을 확인하는 방법, 저장장치와 파일시스템의 구조, 파일을 관리하는 방법, 프로그램 설치 및 Upgrade 방법, 시스템 모니터링 하는 방법, 일괄 실행 및 자동 실행 등에 대해서 상세히 설명하고 있다.

책 하권 Raspberry Pi 활용

[Chapter 18~Chapter 20]에서는 Raspberry Pi 시스템에 대한 보다 고급 주제를 다루고 있다. 외부에서 Raspberry Pi 시스템에 원격으로 접속하는 여러 가지 방법을 안내하고 있으며, 시스템에 대한 현재 상태를 확인하기 위해서 여러 가지 모니터링 방법을 설명하고 있으며, 시스템에서 명령을 실행할 때 수동으로 실행하지 않고, 일정한 규칙에 따라 자동으로 실행하거나 여러 명령을 한꺼번에 일괄 실행하는 방법을 설명하고 있다.

[Chapter 21~Chapter 22]에서는 Raspberry Pi에서 사용할 수 있는 사무용 프로그램과 도구에 대해서 설명하고 있다. 사무용 문서 작성 도구와 이미지 편집 프로그램, 인쇄 프로그램, 인터넷 브라우저 등 다양한 도구를 소개하고 있으며, 카메라나 비디오를 이용한 멀티미디어 작업을 어떻게 할 수 있는지를 소개하고 있다.

[Chapter 23~Chapter 24]에서는 Raspberry Pi에서 별도의 응용 프로그램을 개발하는데 사용하는 도구를 소개하고 있다. Python, Java, C, Scratch 등 다양한 개발 language와 도구들을 설명하고 있으며, Database가 필요하거나 Web을 구축하여 운용하고자 하는 사람들을 위해서 Apache, MySQL, PHP 등 Database server와 Web server를 구축하는 방법에 대해서 설명하고 있다.

[Chapter 25]에서는 Raspberry Pi를 이용해서 외부의 기계나 설비, sensor 등과 연결해서 다양한 interface를 해 보고, IOT를 구현할 수 있는 기초를 설명하고 있다. Raspberry Pi가 가지고 있는 GPIO의 내용과 실제로 다루는 방법에 대해서 설명하고 있으며, 외부의 기기나 전자회로와 연결할 때 필요한 전기/전자에 대한 기초지식을 정리해 놓았다. 그리고 실제로 몇 가지의 사례를 사용하여 Raspberry Pi를 외부의 기기와 연결하거나 sensor와 연동하는 방법을 설명하고 있다.

4. 이 책에서 다루는 내용의 수준

이 책은 Raspberry Pi를 이용해서 IOT를 구현해 보는 수준까지 가는 것이 기본적인 목표이다. 따라서 이 책은 Raspberry Pi에 처음 접하는 순간부터 IOT를 실제로 구현하여 목표를 달성할 때까지 필요한 모든 내용을 다루고 있다. 그냥 시키는 대로 따라서 해보는 것이 아니라, 책의 내용을 제대로 이해하고 다음에 다른 작업을 할 때도 전혀 문제가 없을 정도로 충분한 지식과 경험을 습득하는 것을 목표로 하고 있다.

무릇 어떤 종류의 컴퓨터이든지 제대로 활용하고자 하면, 여러 가지 주제에 대해서 어느 정도 수준 이상의 지식이 필요하다. 비록 Raspberry Pi가 조그마한 컴퓨터이기는 하지만, 일반 PC에서 할 수 있는 대부분의 일을 할 수 있을 정도의 능력을 가지고 있는 하나의 완전한 컴퓨터이다. 따라서 Raspberry Pi를 제대로 활용할 수 있으려면 이와 관련된 여러 가지 주제에 대해서 제대로 알고 있어야 한다.

이 책은 Raspberry Pi를 활용하는데 필요한 거의 모든 주제에 대해서 다루고 있으므로 그 내용의 범위가 굉장히 넓다. 이 책은 가능한 쉽게 설명하기 위해서 특정 주제에 대해서 기초적인 내용부터 시작하고 있으며, 시스템 활용에 필요한 일정 정도의 수준까지 관련 내용을 설명하고 있으며, 기본적으로 필요한 모든 내용을 두루 포함하고 있다. 또한 특정 주제에 대한 내용을 단순히 나열하는데 그치지 않고, 기본적인 원리를 이해할 수 있도록 하였으며, 실제로 어떻게 사용할 수 있는지에 대한 기본 틀을 설명하고 있다.

하지만 지면상의 제한으로 인해서 해당 주제에 대해서 모든 내용을 고급 수준의 지식까지 세세하게 설명할 수는 없어서 적정하다고 생각하는 수준으로 타협하여, 설명하는 깊이를 적절한 선에서 조정하였다. 따라서 특정 주제에 대해서 모든 세부적인 내용을 설명하지는 않았지만, 세부적인 내용이 어떤 것이 있는지를 제시하는 방법으로 수준을 조정하였다.

또한 이 책에서는 특정 주제에 대해서 추가로 공부할 사항이 어떤 것이 있는지를 별도로 안내함으로써 추후에 개별적으로 학습할 내용에 대해서 안내하고자 하였다. 특히 프로그램 개발 Language, Database, HTML, PHP, Web server, 외부 기기와의 외부 Interface와 같은 주제에 대해서는 그 내용을 방대함으로 인해서 모든 내용을 설명하는데 어려움이 많이 있어서 활용에 필요한 필수적인 수준까지만 설명을 하였으며, 해당 항목에 대해서 고급수준으로 활용하고자 하면 반드시 추가 학습을 통해서 관련 지식을 익혀야 함을 알려두는 바이다.

5. 이 책에서 사용되는 관례(conventions)

다음에 설명되는 항목들은 책을 읽기 쉽게 하고, 내용을 이해하기 쉽도록 하기 위해서 이
책에서 사용되는 여러 가지 관례들이다.

- 메뉴 경로는 다음과 같은 형식으로 표시될 것이다.
  Application Menu **Menu →Help → Debian Reference**

- 독립된 프로그램 이름은 다음과 같이 표시될 것이다.
  TightVNC 프로그램   --- \<TightVNC\> 프로그램

- 화면에 있는 object등은 다음과 같이 표시될 것이다.
  버튼(button)   --- [Test Connection] 버튼
  탭(tab)   --- [Outbound file] 탭
  선택버튼(radio button)   --- [Extension] 선택버튼
  필드   --- [Partner Name] 필드

- DB의 table과 field 이름은 다음과 같이 표시될 것이다.
  table   --- table CDHDR
  field   --- field BUKRS

- 그림이나 도표는 다음과 같이 표시될 것이다.
  그림   --- [그림 10.1]
  도표   --- [표 1.1]

- 시스템 명령의 주요 syntax를 표시할 때는 다음과 같은 형식으로 표시한다.

```
command  [option]   [string]
```

- 시스템 명령을 실행하는 것을 표시할 때는 다음과 같은 형식으로 표시한다.

```
command  [option]   [string]
```

● 시스템 명령에 대한 구체적인 설명은 다음과 같이 구성되어 있다.

[명령 형식]

command [option]   [string]

[명령 개요]
- 명령의 주요 기능을 설명한다.
- 명령 실행에 필요한 권한을 기술한다.

[상세 설명]
- 명령에 대한 상세한 설명이 필요한 경우 기술한다.

[주요 Option]

option 1	option 1 설명
option 2	option 2 설명
option 3	option 3 설명

option을 설명할 때는 전문가가 아닌 일반인의 잘못된 번역으로 인한 오류를 피하기 위해서 가능한 시스템에서 제공하는 영문 설명을 그대로 포함시켰으며, 필요한 경우만 한글로 설명을 추가하였다. 아래는 몇가지 사례이다.

-w	Don't actually reboot or halt but only write the wtmp record (in the /var/log/wtmp file).
-v, --invert-match	Invert the sense of matching, to select non-matching lines. (-v is specified by POSIX.) → pattern과 맞지 않는 자료가 있는 행을 검색한다.

[사용 Example]

Example의 내용을 설명하고 실제로 시스템에서 테스트하는 과정을 설명한다. 먼저 처음 행에는 실행하는 command를 보여주고 다음 행에서는 처리결과를 보여준다.

pi@raspberrypi ~ $ command
command 실행결과

This Page is Intentionally Left Blank

목 차

Chapter 5 기본 시스템 시작 및 종료.................. 125

Chapter 6 시스템 접속 방법과 종료........................ 135

Chapter 7　desktop window 둘러보기 165

Chapter 10 Shell 명령 295

Chapter 11 network 377

Chapter 12 사용자 407

Chapter 15 저장장치와 파일시스템 487

Chapter 17 프로그램 설치와 Upgrade 623

책 하권 Raspberry Pi 활용......677

Chapter 23 프로그램 작성.......................... 885

Chapter 24 Database와 Web 활용 969

Chapter 25 외부 Interface...1135

This Page is Intentionally Left Blank

책 하권 Raspberry Pi 활용

This Page is Intentionally Left Blank

Chapter 18 원격 연결

Chapter 주요 내용

여기서는 원격에 있는 Raspberry Pi 시스템에 연결하여 작업하는 여러 가지 방법에 대해서 설명하고 있다. 원격에 있는 Raspberry Pi 시스템에 접속하여 원격 시스템에서 필요한 명령을 지시할 수도 있고, 아니면 단순히 원격 시스템이 가지고 있는 자료만 사용할 수도 있다.

다음과 같은 항목에 대한 내용을 포함하고 있다.
- 원격 연결 개요
- 원격 terminal 연결
- 원격 window 연결
- 원격 드라이브 연결

18.1 원격 연결 개요

원격에 있는 Raspberry Pi 시스템에 연결하여 작업을 하는 방법은 여러 가지가 있다. 원격 시스템에 필요한 명령을 지시할 수도 있고, 아니면 단순히 원격 시스템이 가지고 있는 자료만 사용할 수도 있다. 이러한 방식에 따라 크게 "원격 시스템 연결"과 "원격 드라이브 연결"로 구분해 볼 수 있다.

18.1.1 원격 시스템 연결

먼저 가장 강력한 접속방식으로 원격에 있는 Raspberry Pi 시스템에 접속하여 해당 시스템에서 제공하는 모든 명령을 직접 실행할 수 있는 "원격 시스템 연결" 방식이 있다. 이 방식을 사용하면 원격에 있는 시스템에 logon하면 마치 local에 있는 시스템처럼 원격 시스템을 원하는 대로 다룰 수가 있다.

원격에 있는 Raspberry Pi시스템에 접속할 때는 Shell terminal방식으로 접속할 수도 있고, window 방식으로 접근할 수도 있다. 원격 terminal 연결 방식으로 접속하면 접속했을 때는 Shell terminal 화면이 나타나며, 모든 작업은 명령을 수동으로 직접 입력해서 처리해야 한다. 원격 window 연결 방식으로 접속하면 접속했을 때는 window 화면이 나타나며, 기본적인 작업은 window를 통하여 처리하고, 필요한 경우는 Shell terminal 화면을 열어서 명령을 수동으로 직접 입력해서 처리할 수 있다.

18.1.2 원격 드라이브 연결

원격에 있는 시스템에 접속을 하되, 시스템에 명령을 지시할 수는 없고 단지 시스템이 가지고 있는 특정 폴더나 파일에 접속하여 그 안에 포함되어 있는 자료를 조회하거나 수정, 삭제할 수 있는 기능을 지원하는 "원격 드라이브 연결" 방식이 있다.

이 방식을 사용하면 로컬 컴퓨터에서는 원격 컴퓨터의 자료를 마치 로컬 컴퓨터의 드라이브에 있는 자료인 것처럼 처리할 수가 있는 편리한 장점이 있다.

18.2 원격 terminal 연결

18.2.1 SSH 의 특징

SSH는 기본적으로 server와 client와 구성되어 있다. SSH는 server와 client가 주고 받는 모든 통신 자료를 암호화하여 전송하기 때문에 강력한 보안기능을 제공한다. 예전에 SSH와 비슷한 기능을 제공하던 Telnet이란 프로그램이 많이 사용되었지만, 이 프로그램은 통신 자료를 암호화하지 않고 텍스트 형태로 전송하기 때문에 보안에 결정적인 문제를 가지고 있어서 지금은 거의 사용되지 않는다.

SSH는 Unix와 Linux 계열이나 Apple Mac 운영체제에서 원격 컴퓨터에 보안을 확보하면서 접속할 수 있는 표준화된 통신 프로그램으로 server와 client 프로그램이 모두 기본적으로 설치되어 있으며, 따라서 Raspberry Pi 시스템에서도 SSH가 기본으로 탑재되어 있다.

SSH에서는 Raspberry Pi 시스템에서 실행할 수 있는 모든 명령을 사용할 수 있다. SSH의 유일한 단점은 GUI 환경이 아니라 command 환경이므로 모든 명령을 모두 수동으로 입력해야 한다는 것이다. 만약 원격접속 환경에서 GUI 환경이 필요하면 다음에서 설명하는 원격 desktop 이나 VNC 방식을 이용하면 된다.

SSH는 default Port로 22를 사용한다.

18.2.2 SSH Serve의 설정

SSH 로 Raspberry Pi 시스템에 원격으로 접속하기 위해서는 Raspberry Pi 시스템에 있는 SSH server가 반드시 활성화되어 있어야 한다. Raspberry Pi 시스템에서 SSH server 설정을 하는 방법은 [raspi-config] 명령을 사용하는 것이다. 이에 대한 상세한 내용은 **[9.9.1 SSH 활성화]**의 설명을 참조하기 바란다.

18.2.3 Unix, Linux 계열 및 Apple Mac에서의 SSH 연결

이들 운영체제에서는 SSH client 프로그램이 기본으로 설치되어 있어서 별도의 프로그램 설치가 필요하지 않다. SSH를 이용하여 Raspberry Pi 시스템에 접속하기 위해서는 [ssh] 명령을 사용한다. 다음 명령은 Linux에서의 명령 형식이다. Apple Mac에서의 명령도 유사한 형태인데 필요하면 확인해보기 바란다.

[명령 형식]

ssh IP-Address - [OPTION]

[명령 개요]

- SSH client를 이용하여 SSH server 원격 시스템에 접속한다.
- 필요 권한   -- 일반 권한

[상세 설명]

SSH client는 원격컴퓨터에 login하여 그 컴퓨터에서 명령을 실행할 수 있도록 해주는 프로그램이다. 이 프로그램은 보안화되지 않은 네트워크상에서 두 개의 untrusted host 간에 안전한 암호화된 통신을 제공해 준다.

[주요 option]

-l login_name	Specifies the user to log in as on the remote machine. This also may be specified on a per-host basis in the configuration file.
-p port	Port to connect to on the remote host. This can be specified on a per-host basis in the configuration file.

[사용 Example]

다음은 SSH명령으로 특정 Raspberry Pi 시스템에서 다른 Raspberry Pi 시스템으로 접속한 사례이다

```
pi@raspberrypi3:~ $ ssh 192.168.1.202 -l pi
The authenticity of host '192.168.1.202 (192.168.1.202)' can't be established.
ECDSA key fingerprint is c9:85:5d:1f:8a:10:6a:d3:47:a2:9f:f2:a4:6e:9a:2e.
Are you sure you want to continue connecting (yes/no)? y
Please type 'yes' or 'no': yes
Warning: Permanently added '192.168.1.202' (ECDSA) to the list of known hosts.
pi@192.168.1.202's password:
```

```
The programs included with the Debian GNU/Linux system are free software;
the exact distribution terms for each program are described in the
individual files in /usr/share/doc/*/copyright.

Debian GNU/Linux comes with ABSOLUTELY NO WARRANTY, to the extent
permitted by applicable law.
Last login: Thu Jun  9 14:09:49 2016 from 192.168.1.230
pi@raspberrypi2 ~ $
```
```
pi@raspberrypi2 ~ $ logout
```
```
Connection to 192.168.1.202 closed.
```
```
pi@raspberrypi3:~ $
```

사용자가 현재 logon되어 있는 Raspberry Pi 시스템은 Host Name이 "raspberrypi3"로 지정
된 시스템이다. 맨 처음의 명령 prompt를 보면 "pi@raspberrypi3:~ $" 와 같은 내용이 표
시되어 있는 것을 확인할 수 있다. 사용자는 여기서 다른 Raspberry Pi 시스템에 접속할 것
인데, 그 시스템에는 IP address가 "192.168.1.202" 로 할당되어 있고, Host Name이
"raspberrypi2"로 지정되어 있다.

사용자가 SSH 명령을 이용하여 "raspberrypi2" 시스템으로 원격 접속으로 연결하면, 먼저
사용자 암호를 입력하라는 메시지가 나타나고, 사용자가 정확한 암호를 입력하면 해당 목
적지 시스템에 접속이 완료된다. 그러면 새로이 나타난 명령 prompt에서
"pi@raspberrypi2 ~ $"와 같은 내용이 표시되는데, 이는 Hostname이 "raspberrypi2" 인 시
스템에 접속이 되어 있다는 것을 의미한다.

사용자가 다시 logout 명령을 실행하면 "raspberrypi2" 시스템과의 연결이 끊어지고, 명령
prompt가 "pi@raspberrypi3:~ $"와 같이 되어 있는 것을 확인할 수 있다. 이는
"raspberrypi3" 시스템으로 되돌아 왔다는 것을 의미한다.

18.2.4 <PuTTy> 프로그램 이용 MS Window에서의 SSH연결

MS Window에서 SSH로 Raspberry Pi 시스템에 접속하기 위해서는 SSH client 프로그램이
필요하다. SH client로 사용할 수 있는 프로그램들이 여러 가지가 있지만, 어떤 것을 사용하
든 SSH를 지원하는 것이면 어떤 것을 사용해도 무방하다.

여기서는 무료이면서도 다양한 기능을 제공하고 있어서 많은 사람들이 표준처럼 사용하는
Putty 프로그램을 이용하도록 하겠다. PuTTY는 Simon Tatham이 개발한 프로그램으로 MS
Window나 Unix 계열 컴퓨터에서 Telnet과 SSH 기능을 제공하며, 기본적으로 terminal
emulator 형태의 기능을 제공한다. Putty 프로그램을 download 하기 위해서는 아래의 URL
을 이용하면 된다.

- http://www.chiark.greenend.org.uk/~sgtatham/putty/download.html

<PuTTy> 프로그램은 여러 가지 형태의 프로그램을 이용할 수 있는데, 설치과정 없이
window에 곧바로 copy한 다음 사용할 수도 있고, MS Window 정식 설치용 프로그램을 사
용할 수도 있다. 어떤 기능을 이용하든 SSH 접속 기능만을 사용하는 것은 큰 차이가 없다.

해당 프로그램을 실행하면 디지털 서명과 관련된 보안 경고화면이 나타나는데, 필요한 확
인작업을 하면 다음과 같이 SSH 접속을 위한 여러 가지 설정 항목을 입력하면 화면이 나
타난다.

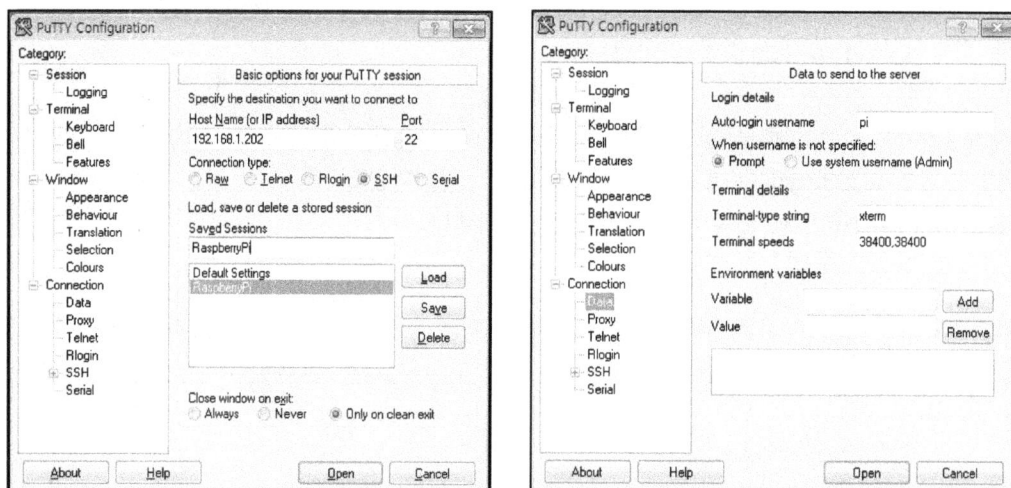

그림 18-1 <PuTTy> 프로그램을 이용한 SSH 연결

여러 가지 항목을 지정할 수 있지만 가장 기본적인 항목은 다음과 같다.

- Host Name --- SSH server인 Raspberry Pi 시스템의 IP Address 또는 network 이름
- Port --- 기본값이 22 이다. 다른 값을 사용하면 수정한다.
- User --- 기본 사용자를 지정할 수 있다.
- Session --- 이름을 지정하고 저장하고 나중에 Load하면 다시 사용할 수 있다.

[Open] 명령을 실행하면 다음과 같이 SSH 접속화면이 나타난다.

18.3 원격 window 연결

18.3.1 <XRDP> 프로그램 이용 MS Window 원격 데스크탑 연결

MS Window에서 Raspberry Pi 시스템에 접속하는 방법으로 MS Window에서 원격시스템에 지원할 때 표준으로 사용하는 Remote desktop Connection 방식을 이용할 수 있다.

이러한 연결을 지원하기 위해서 Raspberry Pi 시스템에 <XRDP> server 프로그램이 기본적으로 탑재되어 있지만 사용하기 위해서는 해당 프로그램을 설치해야 한다. <XRDP> server 프로그램은 아래와 같은 방식으로 설치한다.

```
pi@raspberrypi ~ $ sudo apt-get install xrdp
Reading package lists... Done
Building dependency tree
Reading state information... Done
The following extra packages will be installed:
  vnc4server x11-apps x11-session-utils xbase-clients xbitmaps xfonts-base
Suggested packages:
  vnc-java mesa-utils x11-xfs-utils
The following NEW packages will be installed:
  vnc4server x11-apps x11-session-utils xbase-clients xbitmaps xfonts-base
  xrdp
0 upgraded, 7 newly installed, 0 to remove and 0 not upgraded.
Need to get 8,468 kB of archives.
After this operation, 17.1 MB of additional disk space will be used.
Do you want to continue? [Y/n] y
Get:1 http://mirrordirector.raspbian.org/raspbian/ jessie/main x11-apps armhf 7.7+4
[529 kB]

~ 중략
~ 중략
~ 중략

update-alternatives: using /usr/bin/vnc4config to provide /usr/bin/vncconfig
(vncconfig) in auto mode
Setting up xbitmaps (1.1.1-2) ...
Setting up xfonts-base (1:1.0.3) ...
Setting up xrdp (0.6.1-2) ...
Processing triggers for systemd (215-17+deb8u2) ...
```

또한 MS Window에서는 표준 프로그램인 Remote desktop Connection을 원격접속을 위한 client 프로그램으로 사용할 수 있다. 이를 이용해서 Raspberry Pi 시스템에 연결하면 Raspberry Pi 시스템의 desktop window로 연결된다. Remote desktop Connection은 기본적으로 default port로 3389를 사용하며, 다른 port를 사용할 경우는 ip-address:port 형식으로 직접 지정해주면 된다.

MS Window에서 Remote desktop Connection을 실행하면 다음과 같은 연결 parameter 입력화면이 나타난다. 기본적으로 다른 MS Window 컴퓨터에 접속하는 것과 동일한 정보를 입력하면 된다. 필요한 항목을 입력하고 프로그램을 실행하면 Raspberry Pi 시스템에 연결되면서, <XRDP> 프로그램 접속 화면이 나타난다. 여러 가지 module를 선택할 수 있는데, 상세한 것은 각자 공부해 보기 바란다.

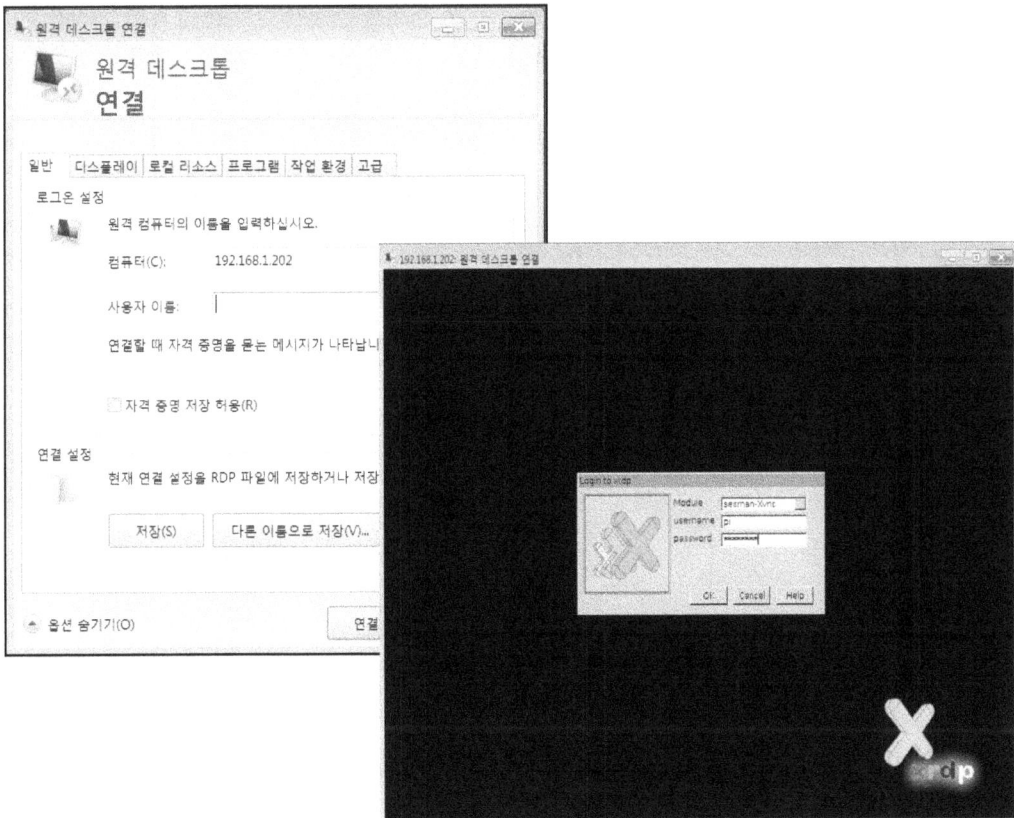

그림 18-2 <XRDP> 프로그램을 이용한 원격 데스크 탑 연결

<XRDP> server 접속화면에서 필요한 자료를 입력하고 Enter 버튼을 누르면 다음과 같이 Raspberry Pi의 desktop window 환경으로 접속하게 된다.

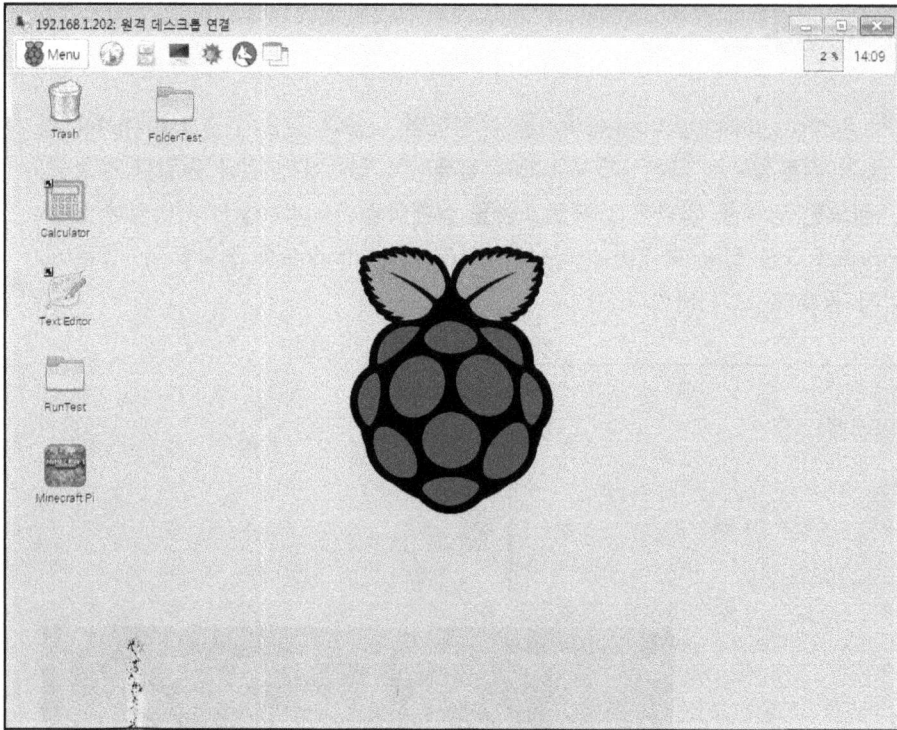

18.3.2 VNC 프로그램을 이용한 window 연결

VNC(Virtual Network Connection)이라는 것은 나의 컴퓨터에서 원격에 있는 컴퓨터에 접속해서 해당 컴퓨터를 마치 나의 컴퓨터처럼 마음대로 통제할 수 있는 기능을 제공하는 프로그램을 의미한다.

VNC는 VNC server와 VNC client로 구성되어 있으며 각각이 원격에서 서로 상호 작용하면서 작동한다.

이러한 VNC 프로그램에는 여러 가지가 있는데, <TightVNC>, <RealVNC> 등이 유명한 프로그램들이다.

Raspberry Pi 시스템에서는 <TightVNC> 프로그램을 기본 지원 프로그램으로 탑재하고 있으며, Install 과정을 거친 후 정상적으로 사용할 수 있다. 물론 사용자가 원하면 다른 VNC 프로그램을 설치하여 사용할 수도 있다. Raspberry Pi 시스템에 접속하고자 하는 컴퓨터에서는 Raspberry Pi 시스템의 VNC server와 상호 호환되는 적당한 VNC client 프로그램을 이용할 수 있다. <TightVNC> server와 <RealVNC> client는 서로 호환하여 사용할 수 있다.

여기서는 <TightVNC> 프로그램을 server와 client로 설치하여 사용하도록 하겠다. 해당 프로그램을 download 하려면 아래의 homepage를 참조하기 바란다.

- http://www.tightvnc.com/download.php

18.3.2.1 <TightVNC> server의 설치

아래와 같이 <TightVNC> server 프로그램을 설치한다. 해당 명령을 실행하면 프로그램 설치가 시작되며 다음과 같은 메시지가 표시된다.

```
pi@raspberrypi ~ $ sudo apt-get install tightvncserver

~ 중략
~ 중략
~ 중략
```

VNC server가 설치된 후 VNC 접속에 사용할 session을 생성해야 한다. 아래와 같이 "tightvncserver" 명령을 실행하거나 "vncserver" 명령을 실행하여 session을 생성한다. 여기서 :1은 session번호를 의미하며, 여러 개의 session을 추가하고자 하면 이 번호를 증가시켜 session을 여러 개 생성해야 한다. 참고로 특별히 session번호를 지정하지 않으면 :1부터 시작하여 처리한다.

session 생성을 위해 해당 명령을 입력하면 다음과 같이 session에 대한 설정화면이 나타난다.

```
pi@raspberrypi ~ $ vncserver:1
You will require a password to access your desktops.

Password:
Verify:
Would you like to enter a view-only password (y/n)? n

New 'X' desktop is raspberrypi:1

Creating default startup script /home/pi/.vnc/xstartup
Starting applications specified in /home/pi/.vnc/xstartup
Log file is /home/pi/.vnc/raspberrypi:1.log
```

명령이 실행되면 먼저 원격으로 VNC로 접속하는데 필요한 암호를 입력해야 한다. 그리고나면 "view only" 암호를 다시 입력하라고 하는데, 이는 선택사항이며 반드시 필요한 것은 아니다. "view only"로 접속하면 화면을 볼 수는 있지만, 특별한 작업은 할 수 없다.

새로운 명령을 또다시 시작하면 자동으로 Session 번호가 하나 증가된 session이 추가적으로 생성된다. 이렇게 새로운 session을 생성하면 별도 암호를 입력하지 않고 이전에 지정한 암호를 사용하게 된다.

```
pi@raspberrypi ~ $ tightvncserver
New 'X' desktop is raspberrypi:2

Starting applications specified in /home/pi/.vnc/xstartup
Log file is /home/pi/.vnc/raspberrypi:2.log
```

<TightVNC> 프로그램은 default port로 5900을 사용하는데, 이렇게 session을 만들면 번호가 더해진 새로운 port번호를 생성한다. 즉 1 번 session이면 5901 port, 2번 session이면 5902 port를 생성하는 것이다.

18.3.2.2 <TightVNC> server 의 자동 시작

이러한 VNC server는 Raspberry Pi 시스템이 종료되면 server 프로그램의 실행이 중단되고 다음에 다시 booting했을 때는 자동으로 실행되지 않는다. 따라서 시스템이 booting할 때 마다 server 프로그램을 매번 실행해 주지 않으면 client에서 접속이 불가능하다. 이렇게 시스템이 booting할 때마다 매번 VNC server 프로그램을 수작업으로 실행하는 것은 불편하므로 자동으로 server 프로그램이 시작되는 방식을 사용하면 매우 편리할 것이다.

booting할 때 <TightVNC> server가 자동 실행되도록 하려면 아래 방법을 사용할 수 있다.

- /etc/rc.local 파일의 설정을 이용하는 방법
- 시작 script를 이용하는 방법
- desktop booting 기준으로 자동 시작을 설정하는 방법

● /etc/rc.local 파일의 설정을 이용하는 방법

이 방법은 시스템 booting 시점에 실행되는 script 파일을 이용하는 것이다. 이 방법을 사용하기 위해서는 /etc/rc.local 파일의 내용을 아래와 같이 수정한다.

```
GNU nano 2.2.6                    File: /etc/rc.local

#!/bin/sh -e
# rc.local
#
# This script is executed at the end of each multiuser runlevel.
# Make sure that the script will "exit 0" on success or any other
# value on error.
#
# In order to enable or disable this script just change the execution
# bits.
#
# By default this script does nothing.

# Print the IP address
_IP=$(hostname -I) || true
if [ "$_IP" ]; then
  printf "My IP address is %s\n" "$_IP"
fi

vncserver :1
exit 0
```

● 시작 script를 이용하는 방법

이 방법은 시스템에서 자동으로 실행되는 Schedule Task에 해당 프로그램을 등록해 놓고,
시스템이 시작할 때마다 자동으로 실행되도록 하는 것이다.

이를 위해서는 먼저 <TightVNC> server에 대한 시작 script를 작성해야 한다. 텍스트 편집기 파일을 이용해서 /etc/init.d/tightvnc 파일의 내용을 다음과 같이 수정한다.

```
GNU nano 2.2.6                    File: /etc/init.d/tightvnc
### BEGIN INIT INFO
# Provides:            tightvnc
# Required-Start:      $remote_fs $syslog
# Required-Stop:       $remote_fs $syslog
# Default-Start:       2 3 4 5
# Default-Stop:        0 1 6
# Short-Description:   Start TightVNC Server at boot time.
# Description:         Start TightVNC Server at boot time.
### END INIT INFO
#! /bin/sh
# /etc/init.d/tightvnc

USER=pi
HOME=/home/pi
Export USER HOME

case "$1" in
  start)
        echo "Start TightVNC Server"
        /usr/bin/vncserver :1
        ;;
  stop)
        echo "Stop TightVNC Server"
        /usr/bin/vncserver -kill :1
        ;;
  *)
        echo "Usage: /etc/init.d/tightvnc start|stop"
        exit 1
        ;;
Esac

exit 0
```

생성된 시작 script 파일에 대해서 chmod 명령을 이용하여 실행 가능한 파일로 상태를 변경한다.

```
pi@raspberrypi ~ $ sudo chmod +x /etc/init.d/tightvnc
```

그런 다음 해당 script가 자동으로 실행될 수 있도록 시스템에 등록해야 한다.

```
pi@raspberrypi ~ $ sudo update-rc.d tightvnc defaults:
update-rc.d: using dependency based boot sequencing
```

이렇게 처리한 다음 <TightVNC> server를 처음 실행하면 VNC 암호를 다시 입력하라고 하는데, 이는 해당 script가 실행될 때 처음 vncserver를 설정한 "pi"계정이 아니라 "root" 계정으로 실행되기 때문이다.

● **desktop booting 기준으로 자동 시작을 설정하는 방법**

이 방법은 Raspberry Pi 시스템이 booting할 때 window으로 자동 login하도록 설정되어 있는 경우에 사용할 수 있는 방법이다. 이 방법을 사용하면 window에 로그인할 때 <TightVNC> server가 자동 실행된다.

이를 위해서 먼저 /home/pi/.config 폴더에 autostart 폴더를 만든다.

```
pi@raspberrypi ~ $ mkdir ./.config/autostart
```

/home/pi/.config/autostart 폴더에 tightvnc.desktop 파일을 생성하고 다음을 입력한다.

```
[Desktop Entry]
Type=Application
Name=TightVNC
Exec=vncserver :1
StartupNotify=false
```

18.3.2.3 VNC client를 이용한 연결

여기서는 MS Window와 Apple Mac에서 VNC Client를 이용해서 <TightVNC> server 설치되어 있는 Raspberry Pi 시스템에 접속하는 과정을 설명한다.

● **VNC client 프로그램 설치**

VNC를 이용하여 Raspberry Pi 시스템에 접속하기 위해서는 VNC client 프로그램을 설치해야 한다. VNC client 프로그램은 MS window 또는 Apple Mac에서 정식으로 설치할 수 있는 형태로 프로그램이 제공되므로 정상적인 설치과정을 거쳐서 설치하면 된다.

● **VNC server 접속**

해당 컴퓨터에 <TightVNC> client 프로그램을 설치한 후, 프로그램을 실행하면 다음과 같은 화면이 나타난다. 접속하고자 하는 Raspberry Pi 시스템의 IP address나 host 이름을 입력하고 뒤에 ":session 번호"를 화면과 같이 지정한다. 동시에 원하는 항목에 대해서 여러 가지 사전 설정항목을 입력하여 사용할 수 있다. 필요한 사항을 입력하여 [connect] 버튼을 누른다. 그러면 아래와 같이 암호를 입력하는 화면이 나온다. 여기서 입력하는 암호는 특정 사용자의 계정 암호가 아니라 앞에서 VNC server 설정에서 session을 생성할 때 지정한 접속 암호이다. 여러 개의 session이 있는 경우에도 공통으로 지정된 암호를 사용하면 된다.

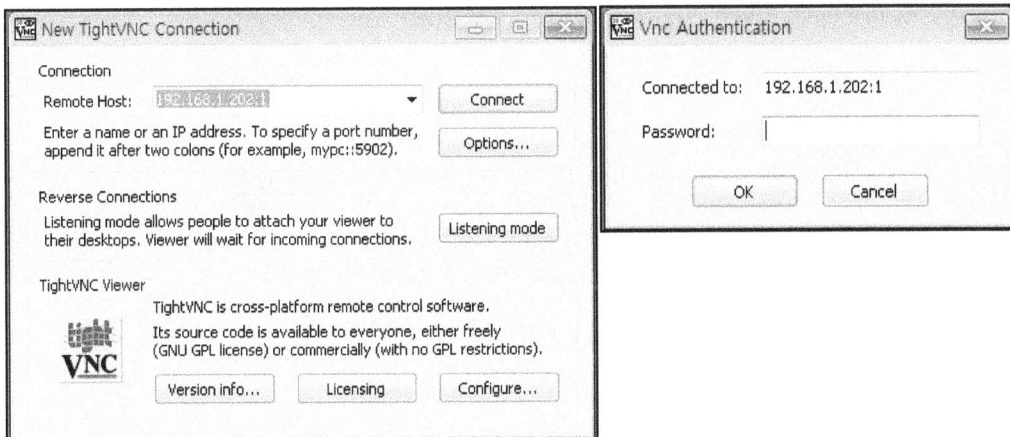

그림 18-3 <TightVNC> 프로그램을 이용한 window 접속 client 설정

암호를 입력하고 [OK] 버튼을 누르면 다음과 같이 Raspberry Pi 의 window 화면으로 접속이 된다. 이렇게 Raspberry Pi 시스템으로 접속할 때는 "pi" 사용자 계정으로 logon한다.

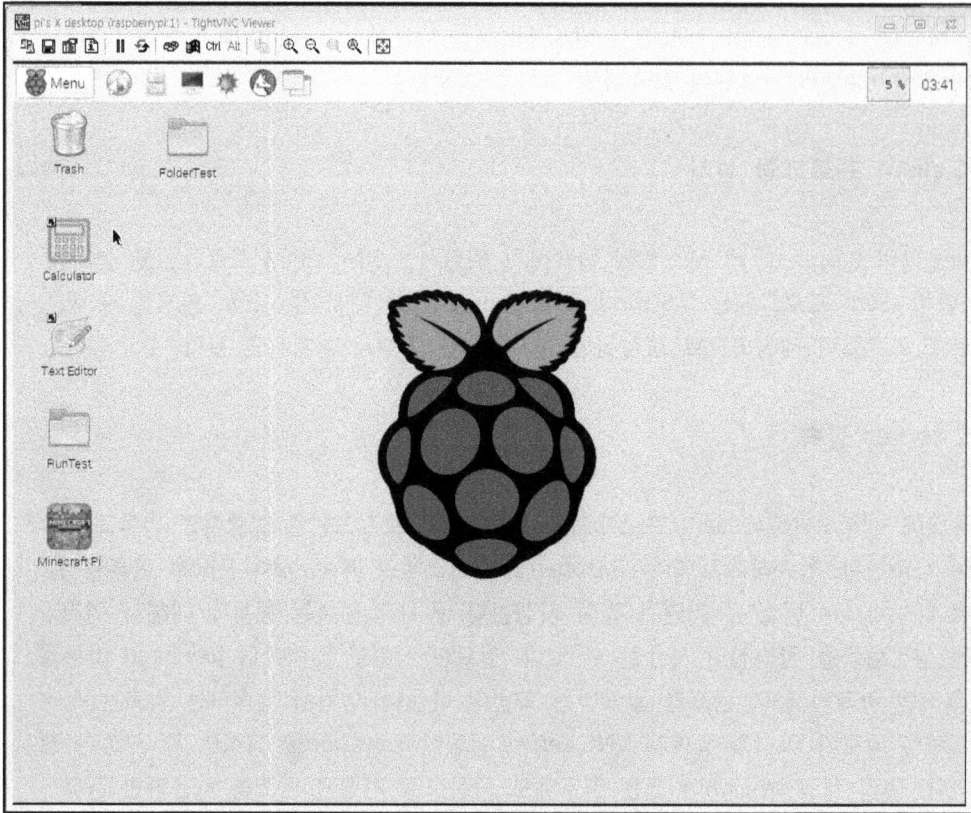

그림 18-4 <TightVNC> 프로그램을 이용한 window 접속

18.4 원격 드라이브를 연결

18.4.1 <Samba> 프로그램 이용한 원격 드라이브 접속

18.4.1.1 <Samba> server 프로그램의 설치

<Samba> 프로그램은 원격에 있는 Raspberry Pi 시스템의 파일을 네트워크 드라이브처럼 사용할 수 있도록 해준다.

먼저 <Samba> 프로그램을 아래와 같이 설치한다.

```
pi@raspberrypi ~ $ sudo apt-get install samba

~ 중략
~ 중략
~ 중략
```

그리고 samba-common-bin 프로그램을 아래와 같이 설치한다.

```
pi@raspberrypi ~ $ sudo apt-get install samba-common-bin

~ 중략
~ 중략
~ 중략
```

<Samba> 서버를 네트워크에서 공유하기 위해서는 samba에 계정을 추가한다. MS window 와 같은 외부 시스템에서 Raspberry Pi 시스템에 접속할 때 사용할 계정을 지정한다. 해당 명령을 실행하면 암호를 입력하도록 요구하는데, 이 암호는 네트워크 드라이브로 연결할 때 사용할 암호이다.

```
pi@raspberrypi ~ $ sudo smbpasswd -a pi
New SMB password:
Retype new SMB password:
Added user pi.
```

그런 다음 <Samba> server에 대한 설정 내용을 조정해야 한다. 이를 위해서
/etc/samba/smb.conf 파일을 편집하여 다음과 같이 수정한다.

```
#
# Sample configuration file for the Samba suite for Debian GNU/Linux.
#
#
# This is the main Samba configuration file. You should read the
# smb.conf(5) manual page in order to understand the options listed
# here. Samba has a huge number of configurable options most of which
# are not shown in this example
#
# Some options that are often worth tuning have been included as
# commented-out examples in this file.
#  - When such options are commented with ";", the proposed setting
#    differs from the default Samba behaviour
#  - When commented with "#", the proposed setting is the default
#    behaviour of Samba but the option is considered important
#    enough to be mentioned here
#
# NOTE: Whenever you modify this file you should run the command
# "testparm" to check that you have not made any basic syntactic
# errors.
# A well-established practice is to name the original file
# "smb.conf.master" and create the "real" config file with
# testparm -s smb.conf.master >smb.conf
# This minimizes the size of the really used smb.conf file
# which, according to the Samba Team, impacts performance
# However, use this with caution if your smb.conf file contains nested
# "include" statements. See Debian bug #483187 for a case
# where using a master file is not a good idea.
#

#======================= Global Settings =======================

[global]

## Browsing/Identification ###

# Change this to the workgroup/NT-domain name your Samba server will part of
   workgroup = WORKGROUP

# server string is the equivalent of the NT Description field
   server string = %h server

# Windows Internet Name Serving Support Section:
# WINS Support - Tells the NMBD component of Samba to enable its WINS Server
```

```
#   wins support = no

# WINS Server - Tells the NMBD components of Samba to be a WINS Client
# Note: Samba can be either a WINS Server, or a WINS Client, but NOT both
;   wins server = w.x.y.z

# This will prevent nmbd to search for NetBIOS names through DNS.
   dns proxy = no

# What naming service and in what order should we use to resolve host names
# to IP addresses
;   name resolve order = lmhosts host wins bcast

#### Networking ####

# The specific set of interfaces / networks to bind to
# This can be either the interface name or an IP address/netmask;
# interface names are normally preferred
;   interfaces = 127.0.0.0/8 eth0

# Only bind to the named interfaces and/or networks; you must use the
# 'interfaces' option above to use this.
# It is recommended that you enable this feature if your Samba machine is
# not protected by a firewall or is a firewall itself.  However, this
# option cannot handle dynamic or non-broadcast interfaces correctly.
;   bind interfaces only = yes




#### Debugging/Accounting ####

# This tells Samba to use a separate log file for each machine
# that connects
   log file = /var/log/samba/log.%m

# Cap the size of the individual log files (in KiB).
   max log size = 1000

# If you want Samba to only log through syslog then set the following
# parameter to 'yes'.
#   syslog only = no

# We want Samba to log a minimum amount of information to syslog. Everything
# should go to /var/log/samba/log.{smbd,nmbd} instead. If you want to log
# through syslog you should set the following parameter to something higher.
   syslog = 0
```

```
# Do something sensible when Samba crashes: mail the admin a backtrace
   panic action = /usr/share/samba/panic-action %d


####### Authentication #######

# "security = user" is always a good idea. This will require a Unix account
# in this server for every user accessing the server. See
# /usr/share/doc/samba-doc/htmldocs/Samba3-HOWTO/ServerType.html
# in the samba-doc package for details.
#   security = user

# You may wish to use password encryption.  See the section on
# 'encrypt passwords' in the smb.conf(5) manpage before enabling.
   encrypt passwords = true

# If you are using encrypted passwords, Samba will need to know what
# password database type you are using.
   passdb backend = tdbsam

   obey pam restrictions = yes

# This boolean parameter controls whether Samba attempts to sync the Unix
# password with the SMB password when the encrypted SMB password in the
# passdb is changed.
   unix password sync = yes

# For Unix password sync to work on a Debian GNU/Linux system, the following
# parameters must be set (thanks to Ian Kahan <<kahan@informatik.tu-muenchen.de>
for
# sending the correct chat script for the passwd program in Debian Sarge).
   passwd program = /usr/bin/passwd %u
   passwd chat = *Enter\snew\s*\spassword:* %n\n *Retype\snew\s*\spassword:* %n\n
*password\supdated\ssuccessfully* .

# This boolean controls whether PAM will be used for password changes
# when requested by an SMB client instead of the program listed in
# 'passwd program'. The default is 'no'.
   pam password change = yes

# This option controls how unsuccessful authentication attempts are mapped
# to anonymous connections
   map to guest = bad user

########## Domains ###########

# Is this machine able to authenticate users. Both PDC and BDC
```

```
# must have this setting enabled. If you are the BDC you must
# change the 'domain master' setting to no
#
;   domain logons = yes
#
# The following setting only takes effect if 'domain logons' is set
# It specifies the location of the user's profile directory
# from the client point of view)
# The following required a [profiles] share to be setup on the
# samba server (see below)
;   logon path = \\%N\profiles\%U
# Another common choice is storing the profile in the user's home directory
# (this is Samba's default)
#   logon path = \\%N\%U\profile

# The following setting only takes effect if 'domain logons' is set
# It specifies the location of a user's home directory (from the client
# point of view)
;   logon drive = H:
#   logon home = \\%N\%U

# The following setting only takes effect if 'domain logons' is set
# It specifies the script to run during logon. The script must be stored
# in the [netlogon] share
# NOTE: Must be store in 'DOS' file format convention
;   logon script = logon.cmd

# This allows Unix users to be created on the domain controller via the SAMR
# RPC pipe.  The example command creates a user account with a disabled Unix
# password; please adapt to your needs
; add user script = /usr/sbin/adduser --quiet --disabled-password --gecos "" %u

# This allows machine accounts to be created on the domain controller via the
# SAMR RPC pipe.
# The following assumes a "machines" group exists on the system
; add machine script  = /usr/sbin/useradd -g machines -c "%u machine account" -d
/var/lib/samba -s /bin/false %u

# This allows Unix groups to be created on the domain controller via the SAMR
# RPC pipe.
; add group script = /usr/sbin/addgroup --force-badname %g

########## Printing ##########

# If you want to automatically load your printer list rather
# than setting them up individually then you'll need this
#   load printers = yes
```

```
# lpr(ng) printing. You may wish to override the location of the
# printcap file
;     printing = bsd
;     printcap name = /etc/printcap

# CUPS printing.  See also the cupsaddsmb(8) manpage in the
# cupsys-client package.
;     printing = cups
;     printcap name = cups


############ Misc ############

# Using the following line enables you to customise your configuration
# on a per machine basis. The %m gets replaced with the netbios name
# of the machine that is connecting
;     include = /home/samba/etc/smb.conf.%m


# Most people will find that this option gives better performance.
# See smb.conf(5) and /usr/share/doc/samba-doc/htmldocs/Samba3-HOWTO/speed.html
# for details
# You may want to add the following on a Linux system:
#         SO_RCVBUF=8192 SO_SNDBUF=8192
#     socket options = TCP_NODELAY


# The following parameter is useful only if you have the linpopup package
# installed. The samba maintainer and the linpopup maintainer are
# working to ease installation and configuration of linpopup and samba.
;     message command = /bin/sh -c '/usr/bin/linpopup "%f" "%m" %s; rm %s' &

# Domain Master specifies Samba to be the Domain Master Browser. If this
# machine will be configured as a BDC (a secondary logon server), you
# must set this to 'no'; otherwise, the default behavior is recommended.
#     domain master = auto

# Some defaults for winbind (make sure you're not using the ranges
# for something else.)
;     idmap uid = 10000-20000
;     idmap gid = 10000-20000
;     template shell = /bin/bash

# The following was the default behaviour in sarge,
# but samba upstream reverted the default because it might induce
# performance issues in large organizations.
# See Debian bug #368251 for some of the consequences of *not*
# having this setting and smb.conf(5) for details.
;     winbind enum groups = yes
```

```
;   winbind enum users = yes

# Setup usershare options to enable non-root users to share folders
# with the net usershare command.

# Maximum number of usershare. 0 (default) means that usershare is disabled.
;   usershare max shares = 100

# Allow users who've been granted usershare privileges to create
# public shares, not just authenticated ones
    usershare allow guests = yes

#======================= Share Definitions =======================

[homes]
    comment = Home Directories
    browseable = no

# By default, the home directories are exported read-only. Change the
# next parameter to 'no' if you want to be able to write to them.
    read only = yes

# File creation mask is set to 0700 for security reasons. If you want to
# create files with group=rw permissions, set next parameter to 0775.
    create mask = 0700

# Directory creation mask is set to 0700 for security reasons. If you want to
# create dirs. with group=rw permissions, set next parameter to 0775.
    directory mask = 0700

# By default, \\server\username shares can be connected to by anyone
# with access to the samba server.
# The following parameter makes sure that only "username" can connect
# to \\server\username
# This might need tweaking when using external authentication schemes
    valid users = %S

# Un-comment the following and create the netlogon directory for Domain Logons
# (you need to configure Samba to act as a domain controller too.)
;[netlogon]
;    comment = Network Logon Service
;    path = /home/samba/netlogon
;    guest ok = yes
;    read only = yes

# Un-comment the following and create the profiles directory to store
# users profiles (see the "logon path" option above)
```

```
# (you need to configure Samba to act as a domain controller too.)
# The path below should be writable by all users so that their
# profile directory may be created the first time they log on
;[profiles]
;    comment = Users profiles
;    path = /home/samba/profiles
;    guest ok = no
;    browseable = no
;    create mask = 0600
;    directory mask = 0700

[printers]
    comment = All Printers
    browseable = no
    path = /var/spool/samba
    printable = yes
    guest ok = no
    read only = yes
    create mask = 0700

# Windows clients look for this share name as a source of downloadable
# printer drivers
[print$]
    comment = Printer Drivers
    path = /var/lib/samba/printers
    browseable = yes
    read only = yes
    guest ok = no
# Uncomment to allow remote administration of Windows print drivers.
# You may need to replace 'lpadmin' with the name of the group your
# admin users are members of.
# Please note that you also need to set appropriate Unix permissions
# to the drivers directory for these users to have write rights in it
;    write list = root, @lpadmin

# A sample share for sharing your CD-ROM with others.
;[cdrom]
;    comment = Samba server's CD-ROM
;    read only = yes
;    locking = no
;    path = /cdrom
;    guest ok = yes

# The next two parameters show how to auto-mount a CD-ROM when the
#        cdrom share is accesed. For this to work /etc/fstab must contain
#        an entry like this:
#
```

```
#        /dev/scd0    /cdrom   iso9660 defaults,noauto,ro,user    0 0
#
# The CD-ROM gets unmounted automatically after the connection to the
#
# If you don't want to use auto-mounting/unmounting make sure the CD
#       is mounted on /cdrom
#
;   preexec = /bin/mount /cdrom
;   postexec = /bin/umount /cdrom

[root]
comment = raspberry pi samba server
path = /
valid user = pi
writable = yes
browseable = yes

[RootFolder]
comment = raspberry pi samba server
path = /
valid user = pi
writable = yes
browseable = yes
create mask = 0777
public = yes
```

설정 항목에 대해서 하나씩 살펴 보기로 하겠다.

- [RootFolder]
  접속할 때 사용하는 폴더 이름. "₩₩raspberrypi₩RootFolder" 라는 이름으로 접속한다.

- comment = raspberry pi samba server
  간단한 설명

- path = /
  Raspberry Pi 시스템의 폴더 중에서 접속하는 위치

- valid user = pi
  접속할 때 사용하는 사용자 계정

- writable = yes

  라즈베리파이의 파일들을 편집/생성/삭제 가능 설정.

  no로하면 읽기전용으로 접속된다.

- browseable = yes

  공유폴더를 화면에 표시할 것인지를 지정하는 것이며, 접근여부에 대한 설정은 아니기
  때문에 권한만 있다면 공유폴더를 열어볼 수 있다.

- create mask = 0777

  create mask나 directory mask는 파일이나 디렉토리 생성시에 사용자 권한을 어떤 값
  으로 기본 설정할 것인지에 대한 내용이다

- public = yes

  공유폴더를 다른 사용자들도 사용할 수 있는지를 지정하는 설정이다

\<Samba\> server에 대한 설정이 완료되면 \<Samba\> server를 다시 시작한다. 아래와 같은
방법으로 server를 다시 시작할 수 있다

```
pi@raspberrypi ~ $ sudo service samba restart
```
```
[ ok ] Stopping Samba daemons: nmbd smbd.
[ ok ] Starting Samba daemons: nmbd smbd.
```

아래의 방법으로 시작해도 동일한 효과를 얻을 수 있다.

```
pi@raspberrypi ~ $ sudo /etc/init.d/samba restart
```
```
[ ok ] Stopping Samba daemons: nmbd smbd.
[ ok ] Starting Samba daemons: nmbd smbd.
```

18.4.1.2 <Samba> client에서의 연결

Raspberry Pi 시스템에서 <Samba> server에 대한 모든 작업을 완료하면 client 컴퓨터에서 접속을 할 수 있다.

● MS Window 컴퓨터에서의 연결

MS Window 컴퓨터가 Raspberry Pi 시스템과 같은 LAN 네트워크에 있는 경우는 별도의 작업을 하지 않고도 간단히 Raspberry Pi 시스템에 있는 파일 server에 접속할 수 있다.

MS Window 컴퓨터와 Raspberry Pi 시스템이 같은 LAN 네트워크에 속해 있으면 MS window 컴퓨터의 네트워크 검색에서 Raspberry Pi 컴퓨터가 자동으로 포함되어서 표시된다. MS window 컴퓨터의 탐색기에서 [네트워크]를 검색해 보면 Raspberry Pi 시스템이 보이고, 다시 Raspberry Pi 시스템을 클릭하면 내부에 <Samba> server에서 지정한 폴더의 자료가 보이는 것을 확인할 수 있다.

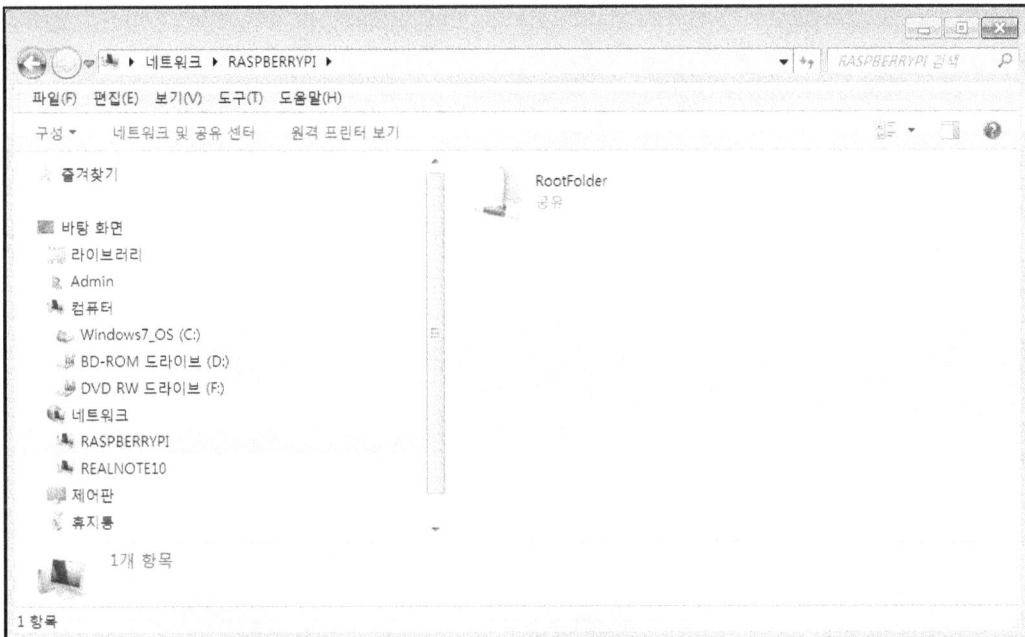

그림 18-5 MS windows 네트워크 드라이브 조회

만약 MS Window 컴퓨터가 Raspberry Pi 시스템과 같은 LAN 네트워크에 있지 않으면, Raspberry Pi 시스템이 자동으로 보이지 않는다. 이때는 원격 <Samba> server 자료에 대해서 별도로 연결정보를 지정하여 접근 가능한 네트워크 드라이브를 만들어 주어야 한다. 이러한 네트워크 드라이브를 만들어 주는 방법에는 **[네트워크 드라이브 연결]**을 이용하는 방식과 **[네트워크 위치 추가]**를 이용하는 방식이 있다.

■   **네트워크 드라이브 연결 방식**

먼저 **[네트워크 드라이브 연결]**을 이용하는 방식을 설명한다. 이 방식을 사용하려면 window 탐색기의 오른쪽 탐색창에 있는 [컴퓨터]나 [네트워크] 아이콘을 마우스 오른쪽 버튼으로 클릭한다. 그러면 팝업 메뉴가 나타나는데, 여기서 [네트워크 드라이브 연결] 메뉴를 실행한다. 해당 메뉴를 실행하면 다음과 같이 네트워크 드라이브에 대한 연결정보를 지정하는 화면이 나타나는데, 여기에 Raspberry Pi의 <Samba> server 연결정보를 다음과 같은 형식으로 지정한다.

■   형식   --- ₩₩<Raspberry Pi Server>₩<Samba server Name>
■   입력   --- ₩₩raseberrypi₩RootFolder

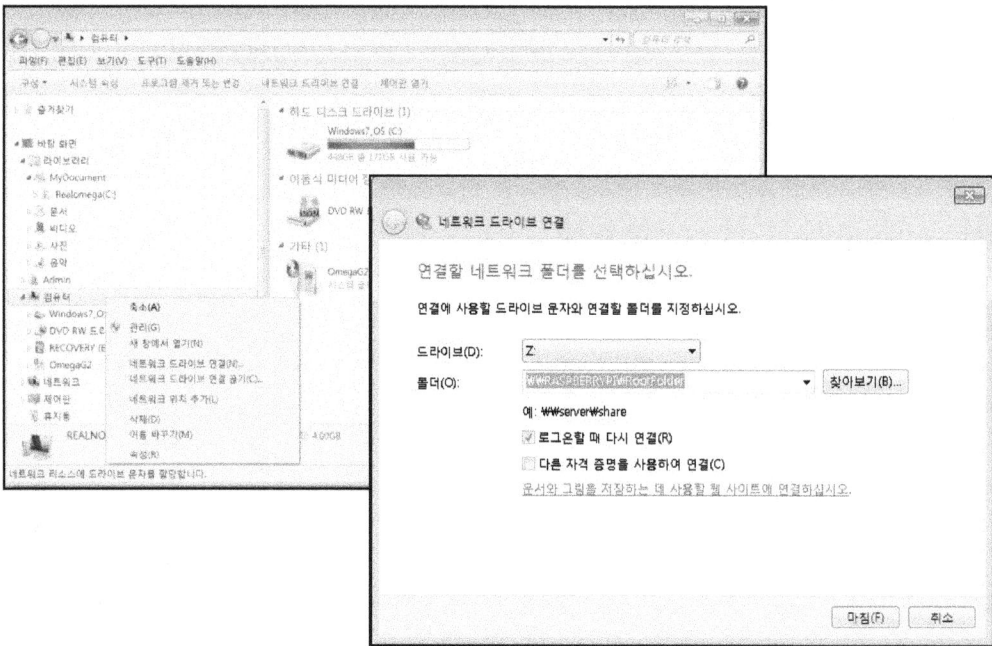

그림 18-6 MS Window 네트워크 드라이브 연결

설정을 완료하고 [마침] 버튼을 누르면 파일 서버에 대한 접속하는 작업이 시작된다. 설정 후 처음 접속을 하게 되면 logon 창이 나타나는데, 이때 사용하는 사용자 계정은 <Samba> server를 설정할 때 사용한 "pi" 계정을 사용하고, 암호는 <Samba> server 설정에서 "pi" 계정을 추가할 때 지정한 암호를 사용한다.

모든 접속이 완료되면 아래와 같이 [컴퓨터]에 새로운 네트워크 드라이브가 생성되어 나타난다.

■ 네트워크 추가 방식

다음으로 네트워크 드라이브를 만드는 방식에는 **[네트워크 위치 추가]**를 이용하는 방식이 있다. 이 방식을 사용하려면 window 탐색기의 오른쪽 탐색창에 있는 [컴퓨터] 아이콘을 마우스 오른쪽 버튼으로 클릭한다. 그러면 팝업 메뉴가 나타나는데, 여기서 [네트워크 위치 추가] 메뉴를 실행한다.

해당 메뉴를 실행하면 다음과 같이 [네트워크 위치 추가 마법사] 화면이 나타나는데, [사용자 지정 네트워크 위치 선택]을 선택하고 진행한다. 그러면 아래와 같이 네트워크에 대한 위치를 지정하는 화면이 나타나는데, 여기서 Raspberry Pi의 <Samba> server에 대한 정보를 다음과 같은 형식으로 지정한다.

■ 형식   --- ₩₩<Raspberry Pi Server>₩<Samba server Name>
■ 입력   --- ₩₩raseberrypi₩RootFolder

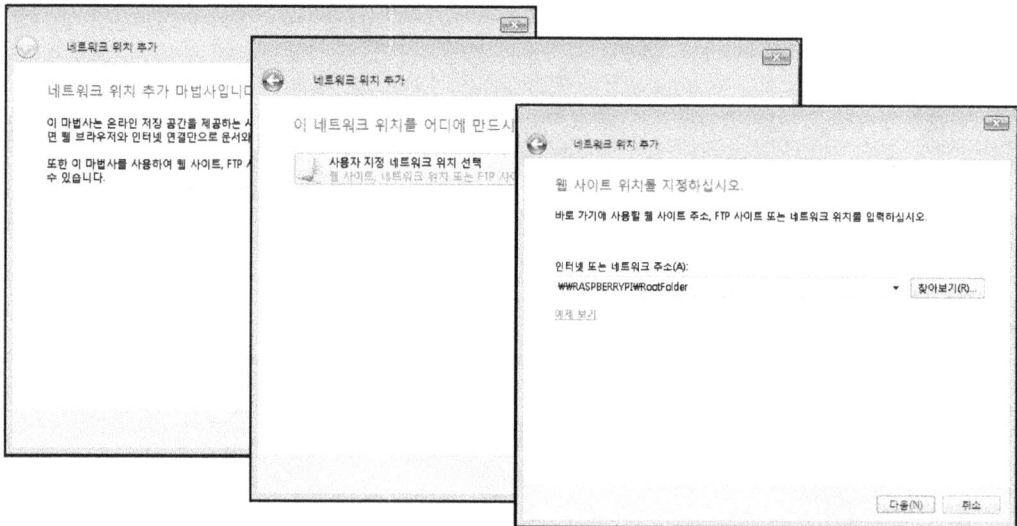

그림 18-7 MS Windows 네트워크 위치 추가

설정을 하고 [다음] 버튼을 누르면 파일 서버에 대한 접속하는 작업이 시작된다. 파일 서버에 처음 접속을 하게 되면 logon 창이 나타나는데, 이때 사용하는 사용자 계정은 <Samba> server를 설정할 때 사용한 "pi" 계정을 사용하고, 암호는 <Samba> server 설정에서 "pi" 계정을 추가할 때 지정한 암호를 사용한다.

모든 접속이 완료되면 아래와 같이 [컴퓨터]에 새로운 네트워크 드라이브가 생성되어 나타난다.

● Apple Mac에서의 연결

Mac에서 접속하려면 Finder 메뉴에서 **[이동] ➜ [서버에 연결]**를 선택하면 서버 주소를 입력하는 화면이 나오는데 smb://raspberrypi/RootFolder 라고 입력하고 실행을 한다. 그러면 logon 메시지 창이 나타나는데, 이때 사용자 계정으로 "pi"를 사용해야 한다.

● Linux에서의 연결

Linux에서 Raspberry Pi 시스템에 접속하기 위해서는 다음 명령으로 해당 driver를 mount 할 수 있다.

```
$ sudo mkdir   /piRootFolder

```

Raspberry Pi 시스템의 RootFolder를 pishare 폴더로 mount하는 명령이다.

```
$ sudo smbmount -o username=pi,password=raspberry //192.168.1.202/RootFolder
/piRootFolder

```

작업이 완료되면 /piRootFolder로 자료를 접근할 수 있다.

18.4.2 SCP 프로그램을 이용한 원격 드라이브 접속

SCP(secure copy)는 SSH를 통하여 SFTP나 SCP protocol를 사용하여 원격에 있는 컴퓨터와 파일을 주고 받는 프로그램을 의미한다.

18.4.2.1 SSH server 프로그램의 설치

이 프로그램은 기본적으로 원격 컴퓨터의 SSH server가 실행되고 있는 것을 전제로 한다. 이를 위해서 Raspberry Pi 시스템에서 먼저 SSH server를 활성화시켜야 한다. 이에 대한 상세한 내용은 **[9.9.1 SSH 활성화]**의 설명을 참조하기 바란다.

18.4.2.2 SCP client에서의 접속

● **<WinSCP> 프로그램을 활용한 MS Window에서의 파일 전송**

SCP를 지원하는 프로그램에는 <PSCP>, <WinSCP> 등 여러 가지 프로그램이 있는데, 우리는 MS Window에서의 대표적인 프로그램인 <WinSCP> 프로그램을 이용하고자 한다.

<WinSCP> 프로그램은 MS Windows에서 SFTP client, FTP client, WebDAV client and SCP client로 사용할 수 있는 무료 open source 프로그램이다.

<WinSCP> 프로그램은 다음에서 download할 수 있다.

■ http://winscp.net/eng/download.php

해당 프로그램을 download한 다음 MS Window에 프로그램을 설치한다. 설치가 완료되면 해당 프로그램을 실행한다.

프로그램을 실행하면, 다음과 같은 접속 parameter를 설정하는 화면이 나타난다. 필요한 항목을 지정하고 저장한 다음 [Login] 버튼을 실행한다. 이 처리 방식은 SSH를 이용하므로 기본적으로 default port 로 22를 사용한다.

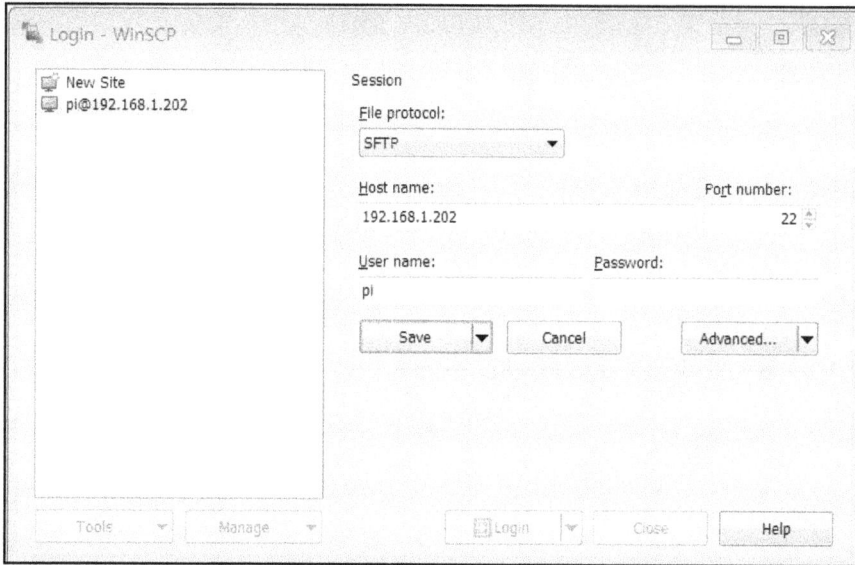

그림 18-8 <WinSCP> client

Raspberry Pi 시스템에 처음 접속을 하면 아래와 같이 보안 경고 화면이 나타나는데, 적절한 것을 선택하여 진행한다. 처음에만 나타나고 다음에는 나타나지 않을 것이다. 선택이 완료되면 지정된 사용자에 대해서 암호를 입력하는 화면이 나타난다. 적절한 암호를 입력하고 계속 진행을 한다.

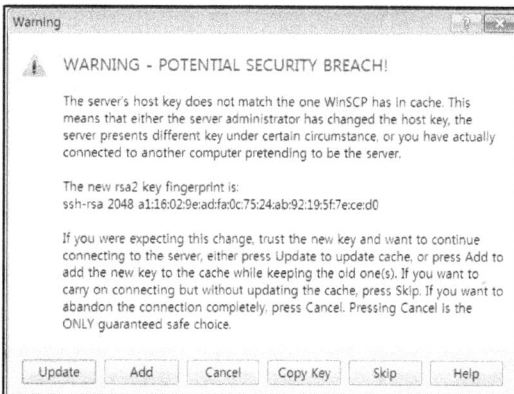

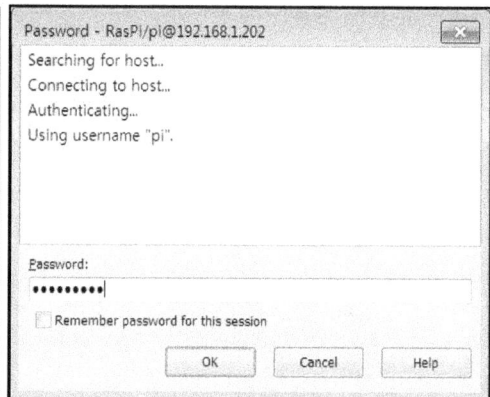

그러면 다음과 같이 왼쪽에는 client 시스템의 자료가 나타나고, 오른쪽에는 Raspberry Pi 시스템의 자료가 나타난다. 화면 상에서 원하는 파일이나 폴더를 drag & drop 방식으로 처리하면 자료를 copy할 수 있다. 이 프로그램을 이용하면 원하는 자료를 양 방향으로 모두 이동시킬 수 있다.

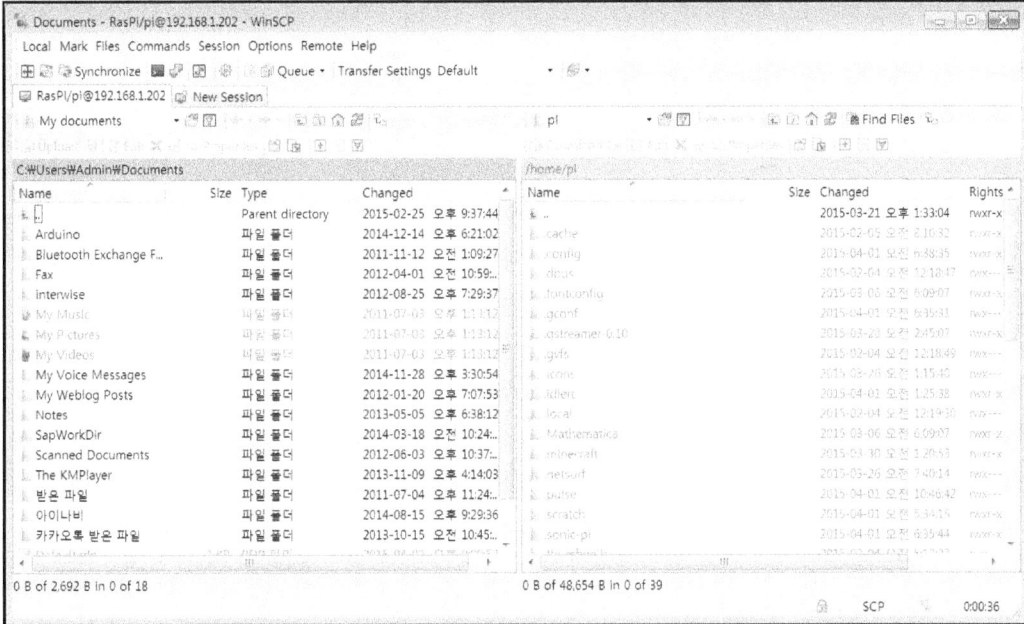

그림 18-9 <WinSCP> 이용한 원격 드라이브 연결

● Linux, Mac에서의 파일 전송

Linux에서는 SCP 프로그램이 기본으로 탑재되지 않은 것이 있다. Raspberry Pi 시스템에는 SCP server 프로그램이 기본적으로 탑재되어 있어서 특별히 따로 설치할 필요가 없다. SCP 가 설치되지 않은 시스템에서는 해당 프로그램을 설치한다.

```
sudo apt-get install scp
```

원격 시스템에 접속하기 위해서는 다음과 같은 형식으로 명령을 실행한다.

```
scp   [option]   [[user@]from-host:]from-filepath   [[user@]to-host:]to-filepath
```

위 명령에서 특정 host가 local host인 경우는 명령을 실행하는 사용자가 이미 해당 host에 특정 user로 logon한 상태이므로 명령에서 지정하지 않고 File Path만 지정하면 된다.

이 명령은 기본적으로 From-Host에서 To-Host로 자료를 복사하는 작업을 수행하므로 반대 방향으로 복사가 필요하면 별도의 명령을 실행해야 한다.

Chapter 19 　시스템 모니터링

Chapter 주요 내용

시스템이 정상적으로 운영되기 위해서는 시스템이 사용하는 기본적인 resource가
충분히 확보되어야 하는데, 시스템을 운영하는 담당자는 항상 시스템이 정상적으
로 작동하고 있는지 확인하고, 정상적으로 작동하지 않으면 어떤 문제가 있는지
확인하여 조치하는 것이 필요하다. 여기서는 Raspberry Pi 시스템의 여러
resource의 현재 상태를 확인해 보는 방법을 살펴 볼 것이다.

다음과 같은 항목에 대한 내용을 포함하고 있다.
- CPU, memory 및 task 모니터링
- 저장창치 모니터링
- /porc 폴더와 process 정보 모니터링

19.1 CPU, Memory 및 Task

CPU와 memory는 시스템이 가지고 있는 resource이고, 이들 resource를 사용하여 사용자가 지시한 작업을 하는 것이 task 또는 process 이다. 따라서 현재의 작업 처리상태에 문제가 없는지 확인하기 위해서는 시스템에서 가용한 resource와 현재 resource를 사용되고 있는 process에 대해서 모니터링하는 것이 필요하다.

19.1.1 시스템 상태 상태확인

19.1.1.1 top 명령 - 시스템 종합 정보 확인

시스템의 전반적인 상태를 확인하고자 할 때 top 명령을 사용할 수 있다.

[명령 형식]

```
top      [ options ]
```

[명령 개요]
- 시스템에 대한 실시간 정보를 제공해 준다.
- 필요 권한   -- 일반 권한

[상세 설명]
- Top 명령은 운영 시스템에 대한 실시간 정보를 제공해 준다. 여기서는 시스템 전체에 대한 요약 정보뿐만 아니라 Linux kernel이 관리하고 있는 개별 process나 thread에 대한 목록 자료를 함께 제공해 준다.
- 여기서 제공되는 모든 정보들은 화면에서 제공하는 내부 명령행을 사용하여 사용자들이 원하는 방식으로 조정해서 조회할 수 있고, 이러한 조정 내역은 계속 저장되어 다음에 다시 사용할 수 있다.
- 여기서 제공되는 정보는 정해진 간격으로 계속적으로 새로운 정보로 갱신하여 보여 준다.

[주요 option]

-h	Print help and then exit.
-b : Batch-mode operation	Starts top in 'Batch' mode, which could be useful for sending output from top to other programs or to a file. In this mode, top will not accept input and runs until the iterations limit you've set with the '-n' Shell option or until killed.
-d : Delay-time interval as: -d ss.tt (secs.tenths)	Specifies the delay between screen updates, and overrides the corresponding value in one's personal configuration file or the startup default. Later this can be changed with the 'd' or 's' interactive commands.
-H : Threads-mode operation	Instructs top to display individual threads. Without this Shell option a summation of all threads in each process is shown. Later this can be changed with the 'H' interactive command.
-p : Monitor-PIDs mode as: -pN1 -pN2 ... or -pN1,N2,N3 ...	Monitor only processes with specified process IDs. This option can be given up to 20 times, or you can provide a comma delimited list with up to 20 pids. Co-mingling both approaches is permitted.
-u | -U : User-filter-mode as: -u | -U number or name	Display only processes with a user id or user name matching that given. The '-u' option matches on effective user whereas the '-U' option matches on any user (real, effective, saved, or filesystem). The 'p', 'u' and 'U' Shell options are mutually exclusive.

[사용 Example]

다음은 top 명령을 실행한 결과 화면을 보여 준다.

```
pi@raspberrypi ~ $ top
```

```
pi@raspberrypi: ~
top - 10:21:43 up 14:49,  3 users,  load average: 0.16, 0.28, 0.35
Tasks: 140 total,   1 running, 139 sleeping,   0 stopped,   0 zombie
%Cpu(s): 22.2 us,  6.7 sy,  0.0 ni, 71.0 id,  0.0 wa,  0.0 hi,  0.0 si,  0.0 st
KiB Mem:    380780 total,   358992 used,    21788 free,    27276 buffers
KiB Swap:   102396 total,        0 used,   102396 free,   189176 cached

  PID USER      PR  NI  VIRT  RES  SHR S  %CPU %MEM    TIME+  COMMAND
 5586 pi        20   0 98476  16m  14m S  20.2  4.5  7:03.79 lxtask
 3732 pi        20   0 21856  15m 5644 S   4.6  4.2  4:07.57 Xvnc
 5796 pi        20   0  5220 2452 2064 R   1.6  0.6  0:00.36 top
 2298 xrdp      20   0 19996 9.9m 1988 S   0.7  2.7  2:58.52 xrdp
    3 root      20   0     0    0    0 S   0.3  0.0  0:07.30 ksoftirqd/0
    7 root      20   0     0    0    0 S   0.3  0.0  0:28.57 rcu_preempt
  156 root      20   0     0    0    0 S   0.3  0.0  0:13.10 usb-storage
 3138 mysql     20   0  318m  37m 9160 S   0.3 10.0  4:24.75 mysqld
 3641 pi        20   0  108m  19m  17m S   0.3  5.2  3:11.30 lxpanel
 3667 pi        20   0 19896 4832 4424 S   0.3  1.3  0:09.95 gvfs-afc-volume
 3774 pi        20   0  110m  23m  20m S   0.3  6.4  3:32.93 lxpanel
 5660 root      20   0     0    0    0 S   0.3  0.0  0:00.72 kworker/0:2
    1 root      20   0  2148 1360 1256 S   0.0  0.4  0:03.75 init
    2 root      20   0     0    0    0 S   0.0  0.0  0:00.00 kthreadd
    5 root       0 -20     0    0    0 S   0.0  0.0  0:00.00 kworker/0:0H
    8 root      20   0     0    0    0 S   0.0  0.0  0:00.00 rcu_sched
    9 root      20   0     0    0    0 S   0.0  0.0  0:00.00 rcu_bh
   10 root       0 -20     0    0    0 S   0.0  0.0  0:00.00 khelper
   11 root      20   0     0    0    0 S   0.0  0.0  0:00.01 kdevtmpfs
   12 root       0 -20     0    0    0 S   0.0  0.0  0:00.00 netns
   13 root       0 -20     0    0    0 S   0.0  0.0  0:00.00 perf
   14 root      20   0     0    0    0 S   0.0  0.0  0:00.06 khungtaskd
   15 root       0 -20     0    0    0 S   0.0  0.0  0:00.00 writeback
```

그림 19-1 시스템 모니터링 - top 명령

이 화면에서 제공되는 정보는 사용자가 특별한 지시를 하지 않아도, 시간이 지나면 화면이 새로운 내용으로 계속 갱신되는 것을 알 수 있다.

화면 위의 header 부분은 전체적인 summary 자료이고, 화면 아래의 목록 부분은 개별 process나 thread에 대한 상세정보를 보여주는 부분이다.

화면 header 영역과 list 영역 사이에 있는 부분이 내부 명령행이다. 여기서 필요한 명령을 내려서 화면에서 보이는 내용과 보이는 형태를 여러 가지로 조정해 볼 수 있다. 또한 필요하면 특정 process를 종료하기 위해서 kill 등의 작업을 할 수 있다.

다음은 header에 표시되는 정보에 있는 항목에 대한 설명이다

%CPU	us	사용자 application에 할당된 량
	sy	시스템 application에 할당된 량
	ni	nice된 process에 할당된 량
	id	Idle
	wa	I/O waiting process에 할당된 량
	hi	hardware interrupt waiting process에 할당된 량
	si	software interrupt waiting process에 할당된 량
	st	hypervisor에 뺏긴 량
process 목록	PID	process id
	PPID	parent process의 process id
	Command	process에서 처리하는 명령 또는 프로그램
	PR	process의 우선순위
	VIRT	사용하는 가상메모리(virtual memory)의 양
	RES	사용하고 있는 상주메모리(resident memory)의 양
	SHR	사용하고 있는 공유메모리(shared memory)의 양
	S	process 상태
	TIME	Task 시작 이후 사용한 CPU 시간

사용할 수 있는 명령에 대한 상세한 자료가 필요하면 help 자료를 사용할 수 있다. 'h'를
누르면 사용할 수 있는 전체 command 목록을 확인할 수 있다. 여기서 조정한 조회형태를
저장하여 다음에도 계속 사용하고자 하면 'w'를 눌러 설정 사항을 저장할 수 있다. 프로그
램 실행을 종료하려면 'q'를 누른다.

```
Help for Interactive Commands - procps-ng version 3.3.3
Window 1:Def: Cumulative mode Off. System: Delay 3.0 secs; Secure mode Off.

  Z,B        Global: 'Z' change color mappings; 'B' disable/enable bold
  l,t,m      Toggle Summaries: 'l' load avg; 't' task/cpu stats; 'm' mem info
  1,I        Toggle SMP view: '1' single/separate states; 'I' Irix/Solaris mode
  f,F        Manage Fields: add/remove; change order; select sort field

  L,&,<,> .  Locate: 'L'/'&' find/again; Move sort column: '<'/'>' left/right
  R,H,V   .  Toggle: 'R' norm/rev sort; 'H' show threads; 'V' forest view
  c,i,S   .  Toggle: 'c' cmd name/line; 'i' idle tasks; 'S' cumulative time
  x,y     .  Toggle highlights: 'x' sort field; 'y' running tasks
  z,b     .  Toggle: 'z' color/mono; 'b' bold/reverse (only if 'x' or 'y')
  u,U     .  Show: 'u' effective user; 'U' real, saved, file or effective user
  n or #  .  Set maximum tasks displayed
  C,...   .  Toggle scroll coordinates msg for: up,down,left,right,home,end

  k,r        Manipulate tasks: 'k' kill; 'r' renice
  d or s     Set update interval
  W          Write configuration file
  q          Quit
             ( commands shown with '.' require a visible task display window )
Press 'h' or '?' for help with Windows,
any other key to continue
```

19.1.1.2 free 명령 - memory 현황

free 명령은 시스템의 전체적인 memory 사용 상태에 대한 정보를 보여 준다

[명령 형식]

free   [options]

[명령 개요]

- 시스템의 전체적인 memory 사용 상태를 보여준다.
- 필요 권한   -- 일반 권한

[상세 설명]

free 명령은 시스템에 있는 physical memory, swap memory, buffer/cache memory에 대해서 전체량, 사용량, 여유량을 요약해서 보여준다.

[주요 option]

--help	Print help.
-k, --kilo	Display the amount of memory in kilobytes. This is the default.
-m, --mega	Display the amount of memory in megabytes

[사용 Example]

다음은 free 명령을 실행한 결과 화면이다.

```
pi@raspberrypi ~ $ free
              total       used       free     shared    buffers     cached
Mem:         380780     359936      20844          0      27560     187772
-/+ buffers/cache:      144604     236176
Swap:        102396          0     102396
```

19.1.1.3 ps 명령 - process snapshot

ps 명령은 현재 시스템에서 실행되고 있는 모든 process list 정보를 보여 준다.

[명령 형식]

ps   [options]

[명령 개요]

- 현재 시스템에서 실행되고 있는 모든 process list 정보를 보여 준다
- 필요 권한　--　일반 권한

[상세 설명]
option을 지정하지 않으면 현재 logon 사용자가 직접 실행한 process만 표시해 주고, background에서 실행되고 있는 process들은 제외한다.

[주요 option]

r	Restrict the selection to only running processes.
-N, --deselect	Select all processes except those that fulfill the specified conditions (negates the selection).
-e	Select all processes.　Identical to -A.
-a	Select all processes except both session leaders (see getsid(2)) and processes not associated with a terminal.
-C cmdlist	Select by command name.　This selects the processes whose executable name is given in cmdlist.
--pid pidlist	Select by process ID.　Identical to -p and p.
--ppid pidlist	Select by parent process ID.　This selects the processes with a parent process ID in pidlist.　That is, it selects processes that are children of those listed in pidlist.
-u userlist	Select by effective user ID (EUID) or name.　This selects the processes whose effective user name or ID is in userlist. The effective user ID describes the user whose file access permissions are used by the process (see geteuid(2)).　Identical to U and --user.

-t ttylist	Select by tty. This selects the processes associated with the terminals given in ttylist. Terminals (ttys, or screens for text output) can be specified in several forms: /dev/ttyS1, ttyS1, S1. A plain "-" may be used to select processes not attached to any terminal.
-f	Do full-format listing. This option can be combined with many other UNIX-style options to add additional columns. It also causes the command arguments to be printed. When used with -L, the NLWP (number of threads) and LWP (thread ID) columns will be added. See the c option, the format keyword args, and the format keyword comm.

[사용 Example]

다음은 option을 지정하지 않고 ps 명령을 실행한 결과 화면이다. 현재 terminal 화면에서 ps 명령을 실행하고 있는 상태이므로, bash, ps 만 목록에 표시되고 있다.

```
pi@raspberrypi ~ $ ps
  PID TTY          TIME CMD
 5752 pts/0    00:00:01 bash
 6135 pts/0    00:00:00 ps
```

다음은 선택조건을 -a로 지정하고 –f option으로 process에 대한 정보를 full 방식으로 나타 낸 것이다.

```
pi@raspberrypi ~ $ ps -af
UID        PID  PPID  C STIME TTY          TIME CMD
pi        3481  3402  0 May28 tty1     00:00:01 -bash
pi        3507  3481  0 May28 tty1     00:00:00 /bin/sh /usr/bin/startx
pi        3524  3507  0 May28 tty1     00:00:00 xinit /etc/X11/xinit/xinitrc -- /etc/X11/xin
pi        3529  3524  0 May28 tty1     00:00:00 /usr/bin/ck-launch-session /usr/bin/dbus-lau
pi        3629  3529  0 May28 tty1     00:00:00 /usr/bin/lxsession -s LXDE-pi -e LXDE
pi        3632     1  0 May28 tty1     00:00:00 /usr/bin/dbus-launch --exit-with-session x-s
pi        3639  3629  0 May28 tty1     00:00:00 openbox --config-file /home/pi/.config/openb
pi        3641  3629  0 May28 tty1     00:03:54 lxpanel --profile LXDE-pi
pi        3648     1  0 May28 tty1     00:00:00 /usr/lib/arm-linux-gnueabihf/lxpolkit
pi        3672     1  0 May28 tty1     00:00:05 /usr/lib/arm-linux-gnueabihf/libmenu-cache1/
pi        5349  3629  0 09:11 tty1     00:00:01 pcmanfm --desktop --profile LXDE-pi
pi        6139  5752  0 13:42 pts/0    00:00:00 ps -af
```

아래은 자료에서 나타내는 항목에 대한 설명이다

항목	설명
PID	process id
PPID	parent process의 process id
C	process의 CPU 사용량
STIME	process시작시간
TTY	process가 연결된 terminal
UID	user id
TIME	Task 시작 이후 사용한 CPU 시간
CMD	process를 실행한 명령과 argument

ps 명령으로 많은 process가 표시될 때 원하는 process만 선택하기 위해서 grep 명령을 사용하여 출력 자료중에서 원하는 자료만 선택할 수도 있다. 다음은 ps명령으로 출력되는 전체 process 목록 중에서 <Motion> 프로그램에 관련된 process만 조회한 것이다.

```
pi@raspberrypi ~ $ ps -ef | grep motion
motion    6835    1  1 19:07 ?        00:01:19 /usr/bin/motion
pi        7053  6586  0 20:16 pts/0    00:00:00 grep --color=auto motion
```

19.1.1.4 window를 통한 시스템 monitoring

Raspberry Pi의 window 로 접속한 경우에는 window 화면을 통하여 시스템을 모니터링할 수 있는 기능을 제공하는 Task Manager를 이용할 수 있다. Application Menu인 **Menu →Accessories →Task Manager**을 실행하면 아래와 같이 Task Manager 화면이 나타난다.

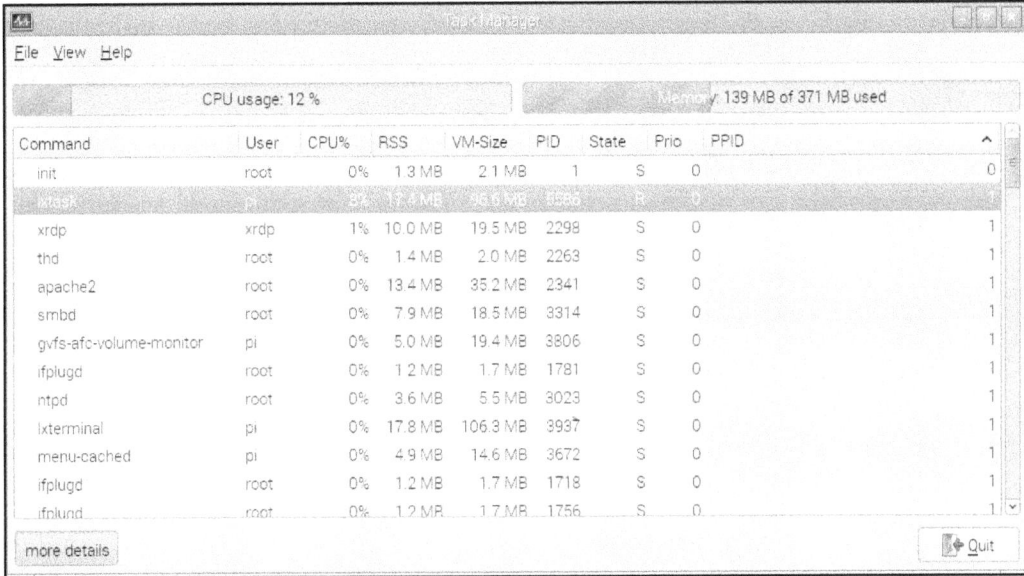

Command	User	CPU%	RSS	VM-Size	PID	State	Prio	PPID
init	root	0%	1.3 MB	2.1 MB	1	S	0	0
ktask	pi	8%	17.4 MB	46.6 MB	8586	R	0	1
xrdp	xrdp	1%	10.0 MB	19.5 MB	2298	S	0	1
thd	root	0%	1.4 MB	2.0 MB	2263	S	0	1
apache2	root	0%	13.4 MB	35.2 MB	2341	S	0	1
smbd	root	0%	7.9 MB	18.5 MB	3314	S	0	1
gvfs-afc-volume-monitor	pi	0%	5.0 MB	19.4 MB	3806	S	0	1
ifplugd	root	0%	1.2 MB	1.7 MB	1781	S	0	1
ntpd	root	0%	3.6 MB	5.5 MB	3023	S	0	1
lxterminal	pi	0%	17.8 MB	106.3 MB	3937	S	0	1
menu-cached	pi	0%	4.9 MB	14.6 MB	3672	S	0	1
ifplugd	root	0%	1.2 MB	1.7 MB	1718	S	0	1
ifplugd	root	0%	1.2 MB	1.7 MB	1756	S	0	1

그림 19-2 window Task Manager

이 프로그램은 시스템의 CPU와 memory 같은 리소스가 현재 어떤 상태에 있는지를 보여 주며, 현재 실행되고 있는 여러 가지 Task에 대해 사용자가 원하는 유형의 task에 대한 정보를 보여 준다.

화면의 정보는 사용자가 특별한 지시를 하지 않아도, 시간이 경과하면 화면에 새로운 내용으로 계속 갱신되는 것을 알 수 있다. 갱신되는 시간 간격은 메뉴 **View →Preferences**에서 변경할 수 있다.

또한 아래 화면과 같이 상단의 View 메뉴를 이용하면 여러 가지 종류의 task를 선택적으로 조회할 수 있다.

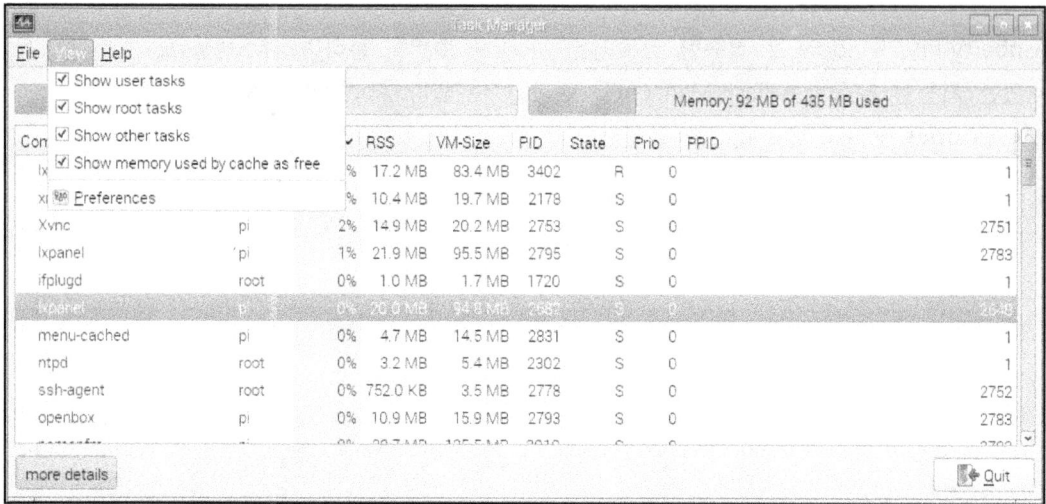

19.1.2 process 죽이기

현재 실행되고 있는 process의 처리가 더 이상 필요 없거나, process의 진행상태에 문제가 있는 경우 해당 process를 지정하여 처리를 중단할 수 있다.

19.1.2.1 kill 명령 - PID를 이용한 process 종료

시스템에 실행되고 있는 process에서 대해서 종료하도록 지시하는 것이 kill 명령이다.

[명령 형식]

```
kill  [ options ]   <signal>   <PID>
```

[명령 개요]
- 현재 실행되고 있는 process를 종료시킨다.
- 필요 권한   -- 일반 권한

[상세 설명]

kill명령은 대상이 되는 process를 직접적으로 처리하는 것이 아니라 해당 process에 특정 처리를 하라는 signal을 보내고, signal에 해당하는 작업을 실제로 하는 것은 그 signal을 받은 process의 책임이다. 따라서 해당 process가 signal을 받고 아무 일도 하지 않으면 signal을 보낸 효과가 없다.

Linux에서 사용할 수 있는 signal은 모두 64가지가 있는데, 주요한 signal은 다음과 같은 것이 있다.

signal no.	signal code	설명
1	SIGHUP	hang-up. 현재 연결 종료. 통상 재초기화할 때 사용한다
2	SIGINT	초기화
3	SIGQUIT	정상 종료
4	SIGILL	
5	SIGTRAP	
6	SIGABRT	Abort
7	SIGBUS	

8	SIGFPE	
9	SIGKILL	Application을 종료
10	SIGUSR1	
11	SIGSEGV	
12	SIGUSR2	
13	SIGPIPE	
14	SIGALRM	alarm
15	SIGTERM	Terminate. kill 명령의 default
16	SIGSTKFLT	
17	SIGCHLD	
18	SIGCONT	continue
19	SIGSTOP	Stop
20	SIGTSTP	
~중략		
34 ~ 49	SIGRTMIN ~ SIGRTMIN+15	
50 ~ 64	SIGRTMAX-14 ~ SIGRTMAX	

Kill 명령에서 signal을 지정할 때는 number를 지정하거나, code 전체 또는 일부를 지정할 수 있다. 즉 SIGKILL인 경우 -9, -SIGKILL, -KILL 등의 형태를 사용할 수 있다.

특별히 signal을 지정하지 않으면 SIGTERM(15)를 default로 사용한다.

PID는 현재 실행되고 있는 특정 process에 부여되어 있는 process id를 의미한다. process list를 조회하면 통상 PID column이 있는데, 이것이 그 process에 할당된 PID이다.

특별한 처리를 위해서 정상적인 PID를 지정하는 대신 음수 PID를 사용할 수 있다. 음수 PID는 모든 process group를 선택할 때 사용하는데, process group에 대해서는 ps 명령의 PGID column을 참조하기 바란다. 또 PID가 -1 인 경우는 kill process 자신과 init를 제외한 모든 process를 지칭할 때 사용한다

[주요 option]

-<signal> -s <signal> --signal <signal>	Specify the signal to be sent. The signal can be specified by using name or number. The behavior of signals is explained in signal(7) manual page.
-l, --list [signal]	List signal names. This option has optional argument, which will convert signal number to signal name, or other way round.
-L, --table	List signal names in a nice table.

다음은 <Motion> 프로그램에 관련된 process만 조회한 것이다.

```
pi@raspberrypi ~ $ ps -ef | grep motion
motion    6835      1  1 19:07 ?        00:01:19 /usr/bin/motion
pi        7053   6586  0 20:16 pts/0    00:00:00 grep --color=auto motion
```

이제 위의 PID 6836 <Motion> 프로그램 process를 중단하고자 한다. 다음과 같이 kill 명령을 수행하고 다시 동일한 명령을 수행해서 결과를 확인한다. 그러면 해당 process가 더 이상 보이지 않는 것을 확인할 수 있다.

```
pi@raspberrypi ~ $ sudo kill 6835

pi@raspberrypi ~ $ ps -ef | grep motion
pi        7075   6586  0 20:27 pts/0    00:00:00 grep --color=auto motion
```

19.1.2.2 killall 명령 - name을 이용한 process 종료

시스템에 실행되고 있는 process 중에서 특정 command를 처리하는 process만 선택해서 signal을 보내는 것이 killall 명령이다.

[명령 형식]

```
killall  [ options ]  <signal>  <name>
```

[명령 개요]

- 시스템에서 특정 command를 처리하는 process만 선택해서 종료시킨다.
- 필요 권한 -- 일반 권한

[상세 설명]

- killall은 지정된 command를 실행하고 있는 모든 process에 signal을 보낸다. 특별히 signal을 지정하지 않으면 SIGTERM을 기본으로 사용한다.

[주요 option]

-e, --exact	Require an exact match for very long names. If a command name is longer than 15 characters, the full name may be unavailable (i.e. it is swapped out). In this case, killall will kill everything that matches within the first 15 characters. With -e, such entries are skipped. killall prints a message for each skipped entry if -v is specified in addition to -e,
-i, --interactive	Interactively ask for confirmation before killing.
-l, --list	List all known signal names.
-s, --signal	Send this signal instead of SIGTERM.
-u, --user	Kill only processes the specified user owns. Command names are optional.

[사용 Example]

다음은 <Motion> 프로그램에 관련된 process만 조회한 것이다.

```
pi@raspberrypi ~ $ ps -ef | grep motion
motion    6835     1  1 19:07 ?        00:01:19 /usr/bin/motion
pi        7053  6586  0 20:16 pts/0    00:00:00 grep --color=auto motion
```

다음은 <Motion> 프로그램 명령을 수행한 process에 대해서 killall 명령을 실행한 다음 다시 <Motion> 프로그램 명령을 실행하는 process의 상태를 조회한 것이다. 앞에서 실행되고 있던 process가 사라진 것을 알 수 있다.

```
pi@raspberrypi ~ $ sudo killall motion

pi@raspberrypi ~ $ ps -ef | grep motion
pi        7187  6586  0 20:41 pts/0    00:00:00 grep --color=auto motion
```

19.1.2.3 window 이용

Raspberry Pi의 window 로 접속한 경우에는 window 화면을 통하여 시스템을 모니터링할 수 있는 기능을 제공하는 Task Manager를 이용할 수 있다.

window의 Application Menu인 **Menu →Accessories →Task Manager**을 실행하면 아래와 같이 Task Manager 화면이 나타난다.

또한 아래와 같이 사용자가 필요한 task를 선택하여 작업을 중단하거나 재실행할 수 있으며, 필요한 경우는 종료할 수 있다. 이렇게 명령을 입력하지 않고도 task를 관리할 수 있는 기능을 제공해 준다.

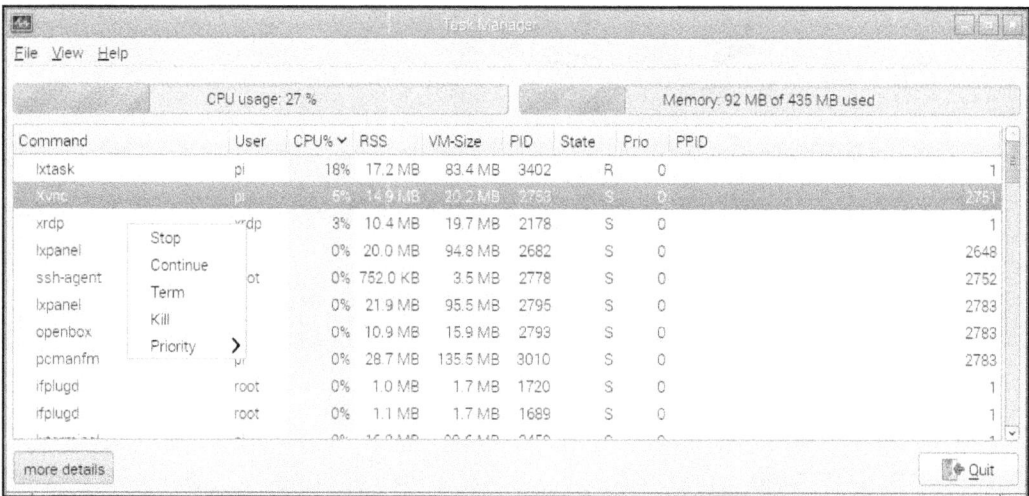

그림 19-3 window 프로세스 죽이기

다음은 이 화면에서 처리할 수 있는 작업이다.
- Stop
- continue
- Terminate
- Kill
- Priority 조정

19.2 저장장치 모니터링

19.2.1 저장공간 확인

19.2.1.1 df 명령 - file system 디스크 공간 확인

시스템의 전반적인 디스크 저장장치 사용 상태를 확인하고자 할 때 df 명령을 사용할 수 있다.

[명령 형식]

```
df    [ option ]   <device-file>
```

[명령 개요]
- 시스템의 전반적인 디스크 저장장치 사용 상태를 보여준다.
- 필요 권한   -- 일반 권한

[상세 설명]
- 이 명령은 시스템에 mount되어 있는 file system에 대한 저장공간의 사용상태를 보여준다.
- device file을 지정할 때는 partition에 해당하는 /dev에 등록된 device file을 지정한다. 특정 device를 지정하지 않으면 mount되어 있는 모든 device file에 대한 정보를 보여준다.

[주요 option]

--help	display this help and exit
-a, --all	include dummy file systems
-l, --local	limit listing to local file systems
-t, --type=TYPE	limit listing to file systems of type TYPE
-T, --print-type	print file system type

[사용 Example]

다음은 df 명령을 실행한 결과이다. 각각의 개별 device의 file system에 대한 디스크 사용 현황을 알 수 있을 뿐만 아니라 root(/)에 할당된 file system의 자료를 보면 전체 디스크에 대한 현황을 알 수 있다.

```
pi@raspberrypi ~ $ df -T
Filesystem       Type      1K-blocks      Used Available Use% Mounted on
rootfs           rootfs     7621756   4596368   2615176  64% /
/dev/root        ext4       7621756   4596368   2615176  64% /
devtmpfs         devtmpfs    186124         0    186124   0% /dev
tmpfs            tmpfs        38080       608     37472   2% /run
tmpfs            tmpfs         5120         0      5120   0% /run/lock
tmpfs            tmpfs        76140         0     76140   0% /run/shm
/dev/mmcblk0p5   vfat         60479     19119     41361  32% /boot
/dev/mmcblk0p3   ext4         27633       984     24356   4% /media/SETTINGS
/dev/mmcblk0p7   vfat         80643      6486     74157   9% /media/boot
/dev/sda1        ntfs      30254204    106244  30147960   1% /media/REAL_USB
/dev/mmcblk0p8   ext4       6412216    836252   5227192  14% /media/root0
```

19.2.1.2 du 명령 - directory별 디스크 사용 정보 확인

du 명령은 특정 directory와 그 하부에 있는 자료들이 디스크 공간을 어떻게 사용하고 있는지에 대한 정보를 보여준다.

[명령 형식]

du   [option] < directory | file >

[명령 개요]
- 지정된 directory나 file이 사용하고 있는 디스크 공간에 대한 정보를 보여준다.
- 필요 권한   -- 일반 권한

[상세 설명]
- 여기서 보여주는 것은 실제로 사용하고 있는 공간이 아니라 directory나 file에 할당된 디스크 공간 정보를 보여준다.
- directory를 지정한 경우는 그 하부에 있는 모든 directory에 대한 디스크 정보도 개별적으로 상세히 보여준다.

[주요 option]

--help	display this help and exit
-a, --all	write counts for all files, not just directories
-X, --exclude-from=FILE	exclude files that match any pattern in FILE
--exclude=PATTERN	exclude files that match PATTERN
-d, --max-depth=N	print the total for a directory (or file, with --all) only if it is N or fewer levels below the Shell argument; --max-depth=0 is the same as --summarize

[사용 Example]

다음은 pi 계정의 home directory에 있는 testdata 폴더에 대한 디스크 사용 상태를 확인한 것이다. 명령을 실행한 결과로 보여주는 자료를 보면 testdata 폴더 하부에 있는 모든 폴더에 대한 디스크 사용상태를 상세히 보여주고 있는 것을 확인할 수 있다.

```
pi@raspberrypi ~ $ du ./testdata
12        ./testdata/TestFolder02
8         ./testdata/TestFolder01/Link
12        ./testdata/TestFolder01/manual01
40        ./testdata/TestFolder01
8         ./testdata/TestFolder03
76        ./testdata
```

19.2.1.3 window를 이용한 디스크 사용 상태 확인

시스템에 window로 접속한 경우에는 File Manager 프로그램을 이용하여 디스크 사용 상태를 모니터링할 수 있다.

window Application Menu인 **Menu →Accessories →File Manager**을 실행하면 아래와 같이 File Manager 화면이 나타난다.

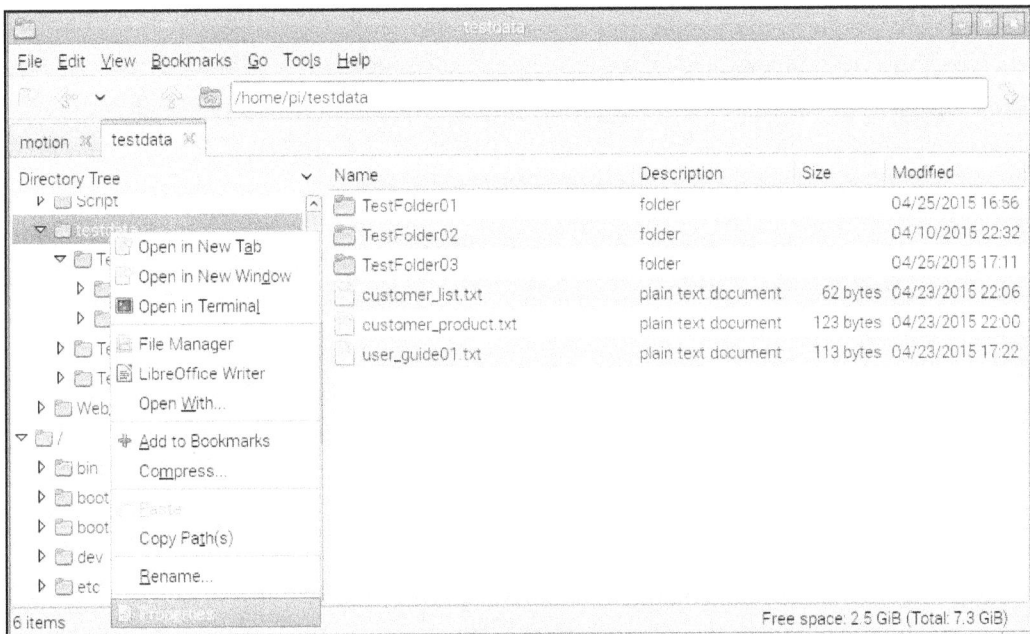

그림 19-4 window 폴더/파일 저장공간 사용 확인

원하는 폴더를 검색하면 그 하부에 있는 파일들의 디스크 공간 사용상태를 확인할 수 있다. 여기서 보이는 디스크 크기는 파일이 실제로 사용하고 있는 디스크 용량으로 할당된 디스크 공간은 아니다.

또한 원하는 파일이나 폴더를 선택하고 오른쪽 mouse 버튼을 눌러서 나타나는 메뉴에서 Properties를 사용하면 해당 파일이나 폴더에 할당된 디스크 공간에 대한 정보를 확인할 수 있다.

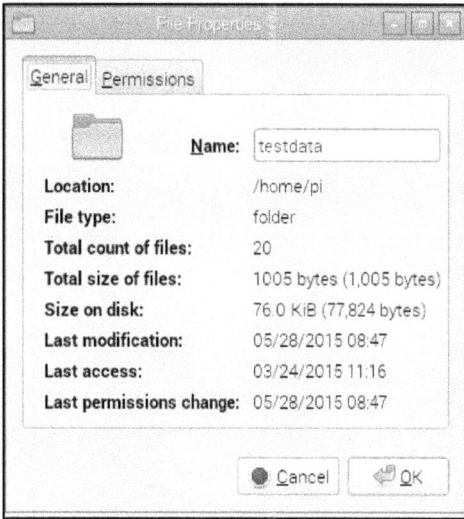

19.3 /proc 폴더와 process 정보

Linux에서 /proc directory는 운영체제의 기본 directory의 일부로 시스템이 관리하는
process에 대한 전반적인 정보를 제공해 준다. 여기에는 시스템 전반에 대한 요약정보뿐만
아니라 개별 process id에 대한 상세한 정보까지 함께 제공해 주고 있다. 여기서는 /proc에
있는 정보의 내용에 대해서 간략히 살펴본다.

19.3.1 /proc 폴더의 정보 종류

다음은 /proc directory에 있는 내용을 조회한 화면이다.

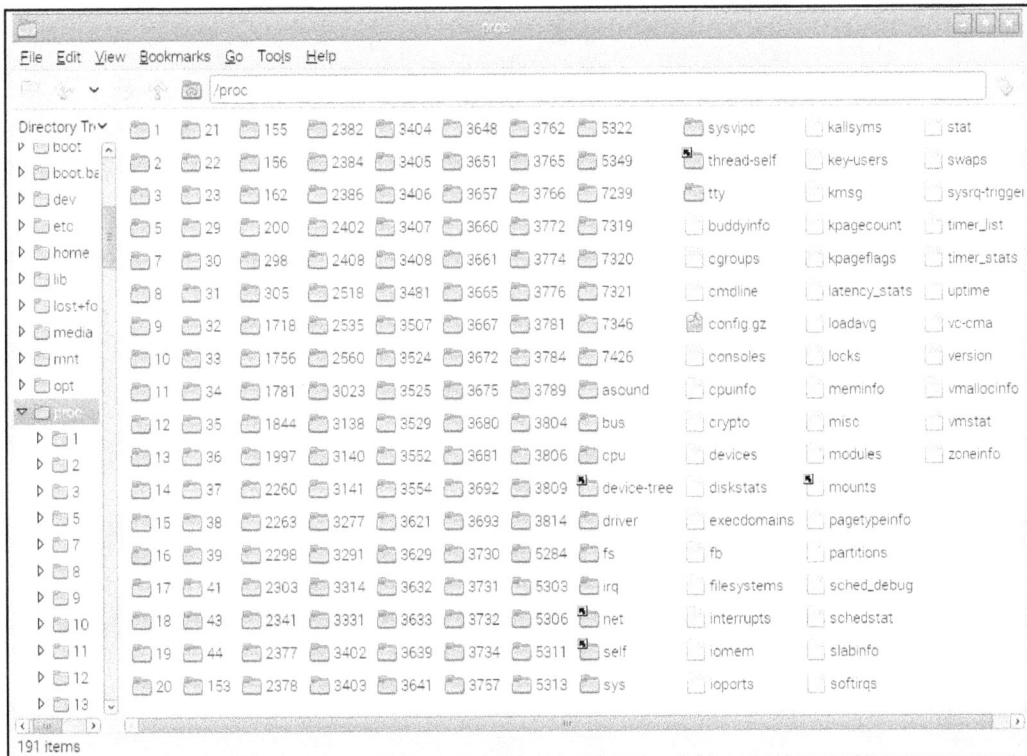

그림 19-5 /proc 폴더의 내용

먼저 /proc 내에 포함되어 있는 내용을 보면, 폴더 이름이 숫자로 되어 있는 많은 자료들이 있다. 이 숫자는 현재 시스템에서 실행되고 있는 각각의 process id를 의미한다. 각각의 process id에 대한 정보가 해당 폴더 내에서 관리되고 있는 것이다. 예를 들어 /proc/<PID>/cmdline을 보면 해당 프로세스를 실행한 command를 포함하고 있다.

다음으로 /proc 내에 여러 개의 개별 파일이 있는 것을 알 수 있는데, 이들은 시스템 전반에 대한 정보를 포함하고 있다. 예를 들어 /proc/meminfo를 보면 현재의 memory 상태를 확인할 수 있다.

19.3.2 /proc 폴더의 시스템 정보 확인

/proc 폴더 밑에는 시스템의 전반에 대한 상태 정보를 포함하고 있다.

19.3.2.1 CPU, Memory 정보

/proc에서는 시스템의 전체에 대한 CPU와 memory 관련 정보를 확인해 볼 수 있다.

다음은 /proc/meminfo의 내용을 확인한 것이다. 이것은 memory의 전반적인 상태를 보여 주고 있다. 잠시 후에 해당 파일의 내용을 다시 확인해 보면 내용이 변경된 것을 알 수 있다. 즉 시스템의 상태가 변경됨에 따라 memory 사용 상태가 변경되었으므로 이 파일의 내용도 자동으로 변경된 것을 의미한다.

```
MemTotal:        380780 kB
MemFree:          19768 kB
MemAvailable:    205052 kB
Buffers:          28956 kB
Cached:          175456 kB
SwapCached:           4 kB
Active:          185464 kB
Inactive:        140352 kB
Active(anon):     64036 kB
Inactive(anon):   61900 kB
Active(file):    121428 kB
Inactive(file):   78452 kB
Unevictable:          0 kB
Mlocked:              0 kB
SwapTotal:       102396 kB
SwapFree:        102392 kB
Dirty:                0 kB
Writeback:            0 kB
AnonPages:       121412 kB
Mapped:           79280 kB
Shmem:             4536 kB
Slab:             18480 kB
SReclaimable:     11764 kB
SUnreclaim:        6716 kB
KernelStack:       2040 kB
PageTables:        4100 kB
NFS_Unstable:         0 kB
Bounce:               0 kB
WritebackTmp:         0 kB
```

```
CommitLimit:       292784 kB
Committed_AS:     1052716 kB
VmallocTotal:      630784 kB
VmallocUsed:         2108 kB
VmallocChunk:      384300 kB
```

다음은 /proc/cpuinfo 파일의 내용을 확인한 것이다. 이 내용은 CPU에 대한 정보를 담고 있다.

```
processor       : 0
model name      : ARMv6-compatible processor rev 7 (v6l)
BogoMIPS        : 2.00
Features        : half thumb fastmult vfp edsp java tls
CPU implementer : 0x41
CPU architecture: 7
CPU variant     : 0x0
CPU part        : 0xb76
CPU revision    : 7

Hardware        : BCM2708
Revision        : 0010
Serial          : 0000000053e2c74b
```

다음은 /proc/version 파일의 내용을 확인한 것이다. 이 내용은 Linux version 정보를 담고 있다.

```
Linux version 3.18.11+ (dc4@dc4-XPS13-9333) (gcc version 4.8.3 20140303
(prerelease) (crosstool-NG linaro-1.13.1+bzr2650 - Linaro GCC 2014.03) ) #781
PREEMPT Tue Apr 21 18:02:18 BST 2015
```

19.3.2.2 file system 관련 정보

/proc에서는 시스템의 전체의 file system에 대한 정보를 확인해 볼 수 있다.

다음은 /proc/filesystems의 내용이다. 이것은 현재 시스템에서 지원하는 file system의 type
을 보여준다.

```
nodev    sysfs
nodev    rootfs
nodev    ramfs
nodev    bdev
nodev    proc
nodev    cgroup
nodev    tmpfs
nodev    devtmpfs
nodev    debugfs
nodev    sockfs
nodev    pipefs
nodev    rpc_pipefs
nodev    configfs
nodev    devpts
         ext3
         ext2
         ext4
         vfat
         msdos
nodev    nfs
nodev    nfs4
nodev    autofs
         f2fs
nodev    mqueue
         ntfs
```

다음은 /proc/partitions의 내용이다. 이것은 현재 설치되어 있는 디스크와 partition에 대한
정보이다. fdisk -l 명령을 실행해 보면 동일한 디스크와 partition들이 표시되는 것을 확인
할 수 있을 것이다.

```
major minor  #blocks  name

 179        0   15558144 mmcblk0
 179        1     832818 mmcblk0p1
```

```
179        2             1 mmcblk0p2
179        3         32768 mmcblk0p3
179        5         61440 mmcblk0p5
179        6       7876608 mmcblk0p6
179        7         81920 mmcblk0p7
179        8       6647808 mmcblk0p8
  8        0      30258240 sda
  8        1      30254208 sda1
```

다음은 /proc/mounts의 내용이다. 현재 mount되어 있는 file system에 대한 정보를 보여준다. 이 내용은 mount 명령을 실행해 보면 동일한 내용이 표시되는 것을 확인할 수 있을 것이다.

```
rootfs / rootfs rw 0 0
/dev/root / ext4 rw,noatime,data=ordered 0 0
devtmpfs /dev devtmpfs rw,relatime,size=186124k,nr_inodes=46531,mode=755 0 0
tmpfs /run tmpfs rw,nosuid,noexec,relatime,size=38080k,mode=755 0 0
tmpfs /run/lock tmpfs rw,nosuid,nodev,noexec,relatime,size=5120k 0 0
proc /proc proc rw,nosuid,nodev,noexec,relatime 0 0
sysfs /sys sysfs rw,nosuid,nodev,noexec,relatime 0 0
tmpfs /run/shm tmpfs rw,nosuid,nodev,noexec,relatime,size=76140k 0 0
devpts /dev/pts devpts rw,nosuid,noexec,relatime,gid=5,mode=620,ptmxmode=000 0 0
/dev/mmcblk0p5 /boot vfat
rw,relatime,fmask=0022,dmask=0022,codepage=437,iocharset=ascii,shortname=mixed,erro
rs=remount-ro 0 0
/dev/mmcblk0p3 /media/SETTINGS ext4 rw,nosuid,nodev,relatime,data=ordered 0 0
/dev/mmcblk0p7 /media/boot vfat
rw,nosuid,nodev,relatime,uid=1000,gid=1000,fmask=0022,dmask=0077,codepage=437,iocha
rset=ascii,shortname=mixed,showexec,utf8,flush,errors=remount-ro 0 0
/dev/sda1 /media/REAL_USB ntfs
ro,nosuid,nodev,relatime,uid=1000,gid=1000,fmask=0177,dmask=077,nls=utf8,errors=con
tinue,mft_zone_multiplier=1 0 0
/dev/mmcblk0p8 /media/root0 ext4 rw,nosuid,nodev,relatime,stripe=1024,data=ordered
0 0
```

19.3.3 /proc/<PID>/의 개별 process 정보 확인 방법

먼저 <Motion> 프로그램에 대한 process를 조회해 보면 아래와 같이 PID 9223 process가 있다. 해당 process에 대한 CMD 항목을 보면 "/usr/bin/motion"라는 내용이 표시되어 있다.

```
pi@raspberrypi ~ $ ps -C motion -f

UID        PID  PPID  C STIME TTY          TIME CMD
motion    9223    1  2 10:42 ?        00:00:01 /usr/bin/motion
```

이제 PID 세부정보를 확인하기 위해 /proc/9223 확인하면 내부에 많은 자료가 있는 것을 알 수 있다.

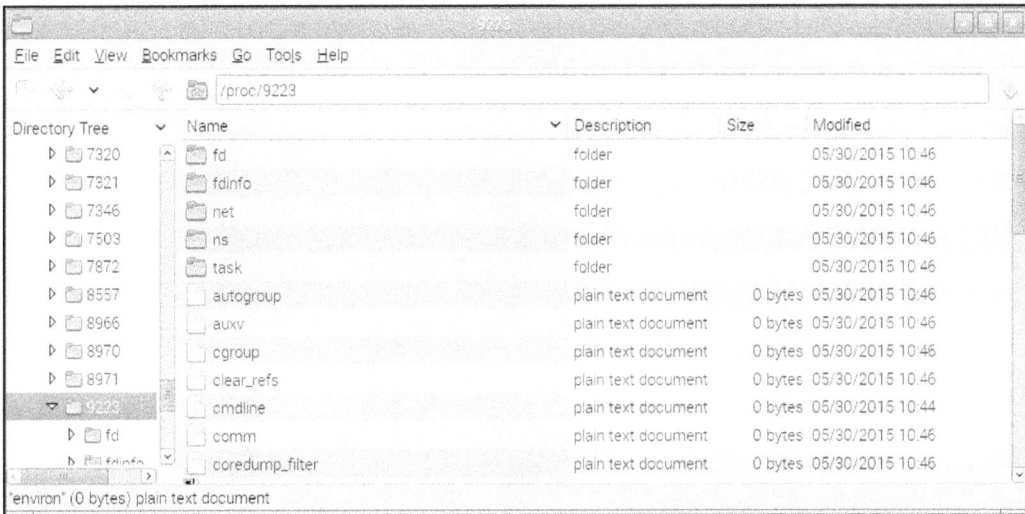

그림 19-6 /proc/<PID>/의 정보

/proc/9223/cmdline의 내용을 보면 다음과 같이 <Motion> 프로그램을 실행한 command 가 저장되어 있는 것을 알 수 있다. 위의 ps 명령에서 확인한 것과 동일한 내용임을 알 수 있다.

```
/usr/bin/motion
```

This Page is Left Intentionally Blank

Chapter 20   일괄 실행과 자동 실행

Chapter 주요 내용

여기서는 Linux 시스템에서 명령을 실행해하는 여러 가지 방법에 대해서 설명할 것이다. 명령을 하나씩 실행거나, 여러 명령을 한꺼번에 실행할 수도 있다. 또한 수동으로 실행할 수도 있고, 시스템이 자동으로 실행하도록 할 수도 있다.

이와 관련하여 여러 명령을 한번에 처리하기 위해서 사용하는 script 도구에 대해서 살펴볼 것이다. 일정한 주기로 명령을 실행해 주는 도구에 대해서도 살펴 볼 것이다.

다음과 같은 항목에 대한 내용을 포함하고 있다.
- 개별 실행과 일괄 실행
- 수동 실행과 자동 실행
- script를 통한 일괄 실행
- init script를 통한 자동 실행
- schedule에 의한 자동 실행

20.1 명령 실행 방식

Raspberry Pi 시스템에서 명령을 실행해하는 데는 여러 가지 방법이 있다. 사용자가 일일이 하나씩 실행할 수도 있고, 컴퓨터가 알아서 자동으로 처리해 줄 수도 있다. 여기서는 어떤 방식을 사용할 수 있는지에 대해서 살펴보기로 하겠다.

20.1.1 개별 실행과 일괄 실행

한번에 처리하는 명령의 개수를 기준으로, 개별 실행과 일괄 실행으로 구분할 수 있다.

● **개별 실행 방식**

이것은 사용자가 명령을 하나씩 처리하는 방식을 의미한다. 여러 개의 명령을 처리하고자 할 때 처음 명령을 실행하여 결과를 보고, 다시 새로운 명령을 실행해서 결과를 확인하는 방식으로, 앞에서부터 순차적으로 하나씩 실행해 나가는 방식을 말한다.

이 방식을 사용하면 사용자가 명령을 하나씩 처리해서 처리결과를 확인해 가면서 진행하므로, 정확한 처리가 가능하다는 장점이 있지만, 많은 명령을 반복적으로 처리를 해야 하는 경우는 매번 동일한 작업을 해야 하므로 사용자에게 많은 불편함을 줄 수 있다.

● **script를 통한 일괄 처리**

이것은 사용자가 일정한 묶음의 명령을 한번의 지시로 일괄 처리하는 방식을 의미하다. 사용자는 각각의 명령에 대해서 실행 지시를 하지 않고, 전체 명령 묶음에 대해서 한번만 실행을 지시한다. 그러면 그 묶음 속에 들어있는 여러 개의 명령이 한꺼번에 처리된다.

이때 여러 개의 명령을 하나의 단위로 묶는 것은 script라는 도구를 이용한다. 여러 개의 명령이 사용자의 개입 없이 한꺼번에 처리되므로, 처리하는 명령의 내용과 전후 명령들 간의 상호 관계에 대해서 잘 이해하고 있어야 하며, 처리가 진행되는 동안 예상하지 못한 문제가 발생하지 않도록 script를 잘 정의해 놓아야 한다.

이 방식을 사용하면 일정한 단위의 여러 개의 명령을 반복적으로 처리해야 하는 경우 한번의 지시로 전체 명령을 일괄 처리할 수 있으므로 매우 편리하다.

20.1.2 수동 실행과 자동 실행

처리를 지시하는 주체를 기준으로 수동 실행 방식과 자동 실행 방식으로 구분할 수 있다.

● **수동 실행**

이 방식에는 어떤 명령의 처리를 사용자가 지시한다. 실행이 필요한 시점을 사용자가 결정하고, 실행을 위해 입력하는 구체적인 명령의 내용도 사용자가 결정하여 명령을 지시하게 된다. 여기서 실행하는 명령은 개별 명령일 수도 있고, script로 정의된 명령의 묶음일 수도 있다. 어떤 형태이던, 실행의 시작을 사용자가 결정하는 것이다.

이 방식은 사용자가 모든 것을 결정해서 처리하므로 정확한 처리가 가능하지만, 사용자가 없는 경우는 처리가 불가능하므로 여러 가지 자동화가 필요한 작업에서는 불편함 점이 많을 것이다.

● **자동 실행**

이 방식에서는 사용자가 개입하지 않고, 시스템이 명령의 처리를 지시한다. 사전에 정해진 기준에 따라서 시스템이 명령의 실행 여부를 결정하고, 또한 사전에 정의된 형식으로 명령을 실행하게 된다.

이러한 자동 실행 방법에는 명령이 실행되는 시점에 따라서 아래의 여러 가지 방법을 사용할 수 있다.
- 첫째 시스템 시작/종료 연동 자동 실행은 시스템이 booting되거나 shutdown될 때 사전에 정의된 명령을 자동 실행하는 방법이다.
- 둘째 application 연동 자동 실행은 특정 application이 시작되거나 종료될 때 사전에 정의된 명령이 자동으로 실행되는 방법이다.
- 세 번째 주기적 자동 실행은 사전에 정의된 일정한 주기에 따라 사전에 정의된 명령이 자동으로 실행하는 방법이다.

이 방식은 일정한 명령을 일정한 기준에 따라 반복적으로 실행하는 경우는 사용자의 개입 없이 자동으로 처리할 수 있으므로 신속한 처리가 가능하고, 사전에 정의된 내용을 정확하게 처리할 수 있으므로 사용자의 실수로 인해 발생할 수 있는 문제를 예방할 수 있다.

20.2 script를 통한 명령 일괄 실행

여기서는 여러 개의 명령을 한번에 일괄 처리하기 위해서 사용하는 script 도구에 대해서 살펴볼 것이다. script에 대한 개념과 script를 작성하는 방법, script를 실행하는 방법 등에 대해서 논의할 것이다.

20.2.1 Shell과 script

20.2.1.1 script 란?

Linux 시스템에서는 shell이 명령을 실행하는데 중심적인 역할을 하고 있는데, 여러 가지 shell 프로그램 중에서 BASH가 기본적인 shell로 지정되어 있다. BASH는 terminal 환경에서 사용자가 입력한 명령을 받아서 그 명령의 의미를 해석하고, 지정된 방식에 따라 명령을 처리한 다음, 처리 결과를 사용자에게 되돌려 준다.

그런데 shell은 이렇게 terminal 환경에서 사용자가 입력한 명령을 단순히 처리해주는 기능 뿐만 아니라 C나 Java와 같은 일반적인 프로그래밍 언어처럼 일정한 규칙에 따라 처리를 할 수 있는 program을 작성해서 실행할 수 있는 기능을 제공하고 있다. shell에서 작성된 프로그램을 이용하면 여러 가지 자료를 읽어서 다양한 논리를 적용하여 원하는 연산과 명령을 실행하고, 처리 결과를 다양한 형식으로 출력할 수 있는 기능을 수행할 수 있다.

이러한 프로그래밍 기능을 제공하는 도구가 script이다. script는 shell 명령과 shell이 제공하는 각종 연산규칙을 이용해서 작성된 프로그램이다.

script는 java script처럼 프로그램이 실행되는 시점에 해당 명령이 컴퓨터 언어로 변환되어 실행된다. script로 작성된 명령은 실행되는 시점에 비로소 shell에게 전달되어 의미가 해석되고, shell에 의해서 실행되며, 그 결과도 shell을 통해서 처리된다. 즉 shell은 script에 대해서 Interpreter의 역할을 하는 것이다.

20.2.1.2 script에서 사용할 수 있는 명령

script에서는 일반적인 shell 명령은 모두 사용할 수 있다. 여러 개의 명령을 입력하여 순차적으로 한꺼번에 실행할 수도 있다. 기본적으로 terminal 환경에서 명령을 실행하는 것과 차이가 없다.

하지만 일반적인 shell 명령만 이용해서는 단순히 명령을 순서적으로 나열하는 것 이외에 복잡한 처리를 할 수 없다. script가 일반적인 프로그램처럼 다양한 작업을 처리하기 위해서는 일반적인 shell 명령 이외에 별도의 도구가 필요하다. 그래서 shell은 script에서 사용할 수 있는 복잡한 논리연산과 자료 조작을 할 수 있는 다양한 프로그램 도구를 제공해 주고 있다.

20.2.1.3 script 특징

script는 기본적으로 텍스트 파일 형식으로 작성되는 파일이다. 모든 텍스트 편집기를 이용해서 자료를 작성할 수 있다.

script 파일 이름은 통상 xxxx.sh 와 같은 확장자를 갖는 파일 이름을 가지고 있지만 꼭 그래야 할 필요는 없다. 확장자가 없는 파일 이름으로 저장되어도 실행에는 아무 지장이 없다.

script는 일반 shell 명령처럼 실행될 수 있는 하나의 프로그램이다. script 파일이 자체적으로 실행되려면 script 파일에 실행(execute) 권한이 부여되어 있어야 한다.

20.2.2 Shell의 명령 실행 방식

20.2.2.1 kernel의 system call 종류

● **fork 시스템 call**

이 call은 한 프로세스가 다른 프로세스를 실행시키기 위해 사용하는 시스템 호출 방식의 하나로 명령 실행이 필요할 때 child process가 생성되어 별도로 실행되는 형식이다.

이렇게 child process가 생성되면 새로운 Process ID가 부여되고, 새로운 프로세스를 위해 메모리가 할당된다. 새로운 process 생성을 위해서 fork()를 호출한 parent 프로세스의 기본 정보는 새로운 process 영역으로 모두 복사된다. 새로운 process가 생성되면 원래의 parent 프로세스는 그대로 실행되고, fork()를 이용해서 생성된 child 프로세스도 병렬적으로 실행된다.

이 call에서는 parent의 환경변수, 사용자 정보, 작업 directory 등이 모두 child로 복사되지만, child에서 변경한 것은 parent로 전달되지 않는다.

● **exec 시스템 call**

이 call은 한 프로세스가 다른 프로세스를 실행시키기 위해 사용하는 시스템 호출 방식의 하나로 명령 실행이 필요할 때 새로운 process를 생성하지 않고 parent process를 그대로 사용하되, parent process가 child process로 대체되는 방식이다.

기존 process를 그대로 사용하므로 기존의 Process ID를 그대로 사용하고, fork()처럼 새로운 메모리 공간을 할당하지 않고 기존 process의 메모리를 그대로 사용하는데, exec call를 호출한 parent 프로세스의 메모리에 새로운 child 프로세스의 코드를 overwrite하는 방식으로 실행되기 때문에, exec call을 호출한 parent 프로세스가 아닌 exec call에 의해 호출된 child 프로세스만 메모리에 남게 된다.

- **wait 시스템 call**

이 call은 parent process에서 새로운 child process가 생성되어 실행될 때 parent process는 child process가 종료될 때까지 아무 작업도 하지 않고 대기하도록 한다.

- **exit 시스템 call**

이 call은 call을 실행한 process를 종료하게 된다. 모든 process는 exit call으로 실행을 종료할 수 있다. child process에서 exit call을 사용하면 parent process에게 종료신호(exit signal)을 알리고, exit status를 전달한다.

20.2.2.2 명령의 종류에 따른 shell의 처리방법

Shell에서 실행하는 명령에는 내장명령과 내장명령이 있다.

내장 명령(internal command)은 shell 자체에 내장되어 있는 명령으로, 명령 실행에 필요한 실행파일이 따로 있는 것이 아니라 shell이 자체적으로 해석하여 실행해 주는 명령을 말한다. "cd", "echo"와 같은 명령은 내장명령의 하나이다.

반면 외부명령(external command)은 환경변수에 설정된 파일검색 경로를 이용해서 명령 실행에 필요한 실행파일을 찾아서 해당 실행파일을 실행하는 방식으로 처리되는 명령을 말한다. 즉 외부명령에 대응되는 실행파일이 있는 명령을 말하며, 통상 /bin directory 밑에 해당 명령에 대한 실행파일이 보관된다.

Shell에서는 내장명령과 외장명령을 처리할 때 서로 다른 process 처리방법을 사용하는데, 내장명령은 shell 자신의 process에서 명령을 처리하도록 되어 있으며, 반면 외장명령은 fork call을 사용하여 새로운 child process를 생성하여 처리하도록 되어 있다.

20.2.2.3 Bash의 작동 과정

init script는 Start-Stop-daemon을 사용하여 새로운 process를 생성할 수 있는 기능이 있다. init script는 fork 기능을 이용하여 현재 실행중인 프로세스에서 다른 프로세스를 생성하여 필요한 처리를 할 수 있도록 해준다.

다음은 Bash에서 init script의 기본적인 작동 방식을 보여주는 그림이다.

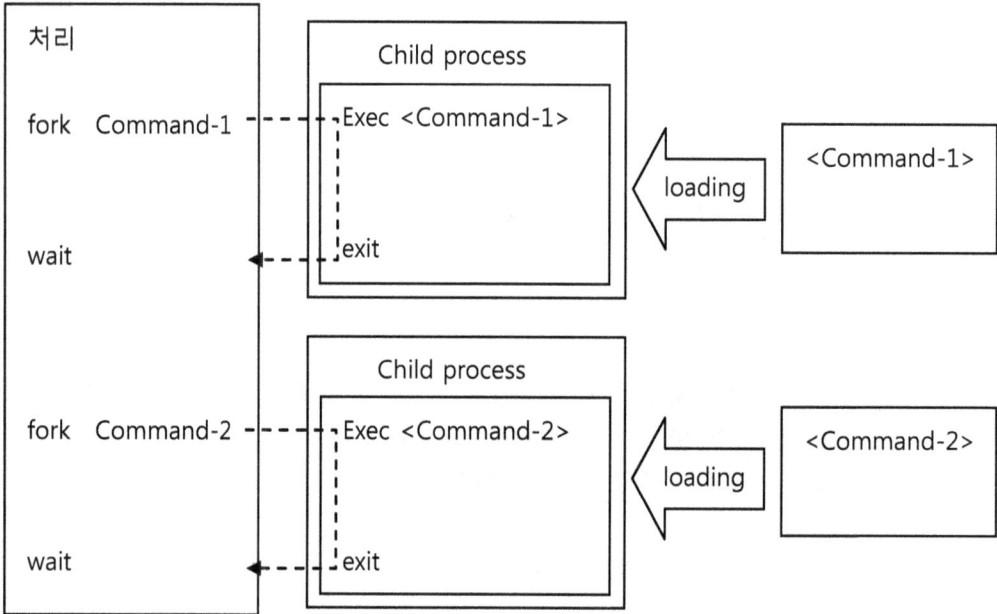

20.2.3 script 문법 기초

여기서는 script를 작성하기 위한 각종 규칙과 문법에 대해서 설명할 것이다.

20.2.3.1 script 정의

script는 기본적으로 텍스트 형식의 파일이다. 내부적으로 해당 파일이 script라는 정의가 있어서 일반적인 텍스트 파일과는 구분된다. 해당 파일일 script라는 것을 정의하는 것은 다음과 같이 행의 맨 처음에 입력하는 값이다.

```
#!/bin/bash
~
~ 중략
~
```

script를 작성할 때는 항상 이런 형식으로 시작한다. 여기서 #!은 쉬뱅(shebang)이라고 하는데, 해당 script를 실행할 때 어떤 shell을 사용하여 명령을 해석하고 실행할 것인지를 결정할 때, 그 뒤에 기술된 파일 경로에 있는 shell을 사용하라는 것을 의미한다. 위에서처럼 지정하면 /bin/bash에 있는 BASH를 이용하여 처리하라는 것이다.

지금부터는 가장 간단한 script 프로그램을 작성해서 실행해 보면서 script가 어떻게 구성되어 있으며, 어떻게 실행되는지를 설명하도록 하겠다. 여기서 사용할 예제는 화면에 "Hello World"라는 문구를 보여주고 처리를 종료하는 단순한 script이다.

텍스트 편집기를 이용해서 다음과 같은 내용을 입력하고 Home directory의 Script 폴더에 hello.sh 파일에 저장하도록 한다.

```
#!/bin/bash
echo "Hello World"
```

다음 명령을 실행하여 파일이 정상적으로 생성되어 있는지 확인한다.

```
pi@raspberrypi ~ $ cd Script
pi@raspberrypi ~/Script $ ls -l hello.sh
total 4
-rw-r--r-- 1 pi pi 30 Apr 29 16:43 hello.sh
```

아래와 같이 script를 작성하고 hello.sh 파일에 내용을 저장한다.

```
#!/bin/bash
echo "Hello World"
```

script 파일을 실행하기 위해서는 실행(execute) 권한이 부여되어 있어야 한다. 다음과 같이 파일에 실행(execute) 권한을 부여하고, 처리결과를 확인한다.

```
pi@raspberrypi ~/Script $ chmod +x hello.sh
```
```
pi@raspberrypi ~/Script $ ls  -l
```
```
total 4
-rwxr-xr-x 1 pi pi 30 Apr 29 16:43 hello.sh
```

모든 준비가 되었으므로 이 명령을 실행해 보겠다.

```
pi@raspberrypi ~/Script $ ./hello.sh
Hello World
```

이제 화면에 "Hello World"라는 문구가 표시되었다. 이렇게 해서 우리는 간단하지만 완벽한 script를 하나 작성해서 실행해 보았다. 모든 script는 내부적으로는 복잡한 로직을 가지고 있겠지만, 기본적인 틀은 이 script와 동일한 구조와 형태로 작성하고, 실행할 수 있는 것이다.

20.2.3.2 주석(comment)

script 각 행의 처음에 "#" 기호가 있는 것은 그 행이 단순히 주석이며 실행되지 않은 문장이라는 것을 표시한다. 기본적으로 다음과 같이 사용한다.

```
# comment
```

주석은 script를 작성할 때 여러 가지 중요한 참고사항을 적어 둘 때 사용한다. 또한 script 명령 문장의 일부분을 일시적으로 실행하지 않도록 하기 위해서 그 부분을 주석으로 처리하여 실행되지 않도록 할 수도 있다.

20.2.4 script 연산

20.2.4.1 대입 연산

script에서 변수를 새로 정의하거나, 변수에 어떤 값을 지정할 때는 대입(assignment)라고 하는데, 이럴 때 사용하는 연산자가 "="이다. 이런 방식을 assignment mode라고 하며, 기본적인 형식은 다음과 같다.

```
VARIABLE=Value
```

VARIABLE=Value에서 공백이 있어서는 안 된다.
ex) PIDDIR=/var/run/samba

변수에 대입되는 Value에 공백이 있는 경우는""을 사용하여 "xxx xxx" 형식으로 처리해야 한다.
ex) name="David John"

20.2.4.2 참조 연산

● 변수 값에 대한 참조

변수에 지정되어 있는 현재값을 참조하여 어떤 작업을 하고자 할 때는 $" 연산자를 사용하는데, 변수의 이름 앞에 "$"를 붙여서 $VARIABLE 형태로 사용한다. 이런 방식을 referencing mode하고 하며, 기본적인 형식은 다음과 같다.

```
$VARIABLE
```

다음은 간단한 대입과 참조를 표시한 예이다. PIDDIR을 정의하여 값을 할당하고 다음 문장에서 $PIDDIR의 형태로 변수에 할당되어 있는 값을 참조하여 사용한 것이다.

```
PIDDIR=/var/run/samba
NMBDPID=$PIDDIR/nmbd.pid
```

문자열 내부에서도 $변수명이 사용되면 변수의 값이 사용된다.
```
 "$변수명"        -- 변수의 값
```


● 변수명에 대한 참조

변수 이름을 그대로 사용하려면 ' '(single quote)를 사용한다.
```
 '$변수명'        -- 변수 이름이 사용된다.
```

문자열 내부에서 변수이름을 사용하려면 \ (escape)를 함께 사용한다.
```
" \ $변수명"        -- 변수 이름이 사용된다.
```

20.2.4.3 정수형 산술 연산

● 산술 연산자(arithmetic operators)

script에서 숫자로 계산하는 것을 산술 연산이라고 하며, 산술 연산자에는 다음과 같은 것
이 있다.

- + --더하기
- - --빼기
- * --곱하기
  -- expr에서는 \ *으로 사용한다.
- / --나누기
- ** --누승(exponentiation)
- % --modular, mod (정수 나누기에서 나머지 값)
- += --"plus-equal"(상수값 만큼 증가)
- -= --"minus-equal"(상수값 만큼 감소)
- *= --"times-equal"(상수값을 곱함)
- /= --"slash-equal"(상수값으로 나눔)
- %= -- "mod-equal"(상수값으로 나눈 나머지 값)

● 숫자 계산 결과의 대입 처리

숫자 계산결과를 다른 변수에 대입하는 작업은 다음과 같은 형식으로 처리한다. 여기서 operand와 operator에는 공백이 없어도 되고, 산술식에서 변수를 참조할 때는 $를 사용하지 않아도 된다.

✓ 기본형식   --- 변수= $((산술식))

```
n=$(($n+2))
n=$(( $n + 2 ))
n=$((n+2))
n=$(( n + 2 ))
```

[사용 Example]

```
#! /bin/bash
n=1

n=$(($n+1 ))
echo $n

n=$((n+1))
echo $n
```

● 숫자로 declare한 변수를 사용하는 방법

script에서 숫자에 해당하는 변수를 선언하면 해당 변수는 0으로 초기화 된다. 연산식에서 변수를 참조할 때 $를 사용하지 않아도 된다. 또한 연산식에 공백이 있으면 " "(double-quote)를 이용한다.

```
declare -i num
num=num+10
num=$num+10
```

[사용 Example]

```
#! /bin/bash

declare -i n

n=$n+1
echo $n

n="n + 1"
echo $n
```

● let 연산자를 이용하는 방법

let 연산자는 정수형 산술 연산을 수행하고 숫자 표현식을 테스트 한다. 연산식에서 변수를 참조할 때 $를 사용하지 않아도 된다. 또한 연산식에 공백이 있으면 " "(double-quote)를 이용한다.

```
let n=$n+10
let n="$n + 10"
let n=n+10
let n="n + 10"
```

[사용 Example]

```
#! /bin/bash
n=1

let "n= $n + 1"
echo $n

let "n=$n+1"
echo $n
```

● expr 명령을 이용한 산술연산

script에서 expr 명령을 이용해서 산술연산을 수행할 수 있다. expr 명령은 기본적으로 operand와 operator에는 공백이 필요하다. 주의할 점은 *을 사용할 때는 escape(\)을 함께 사용해야 한다.

이렇게 expr 명령을 이용해서 계산한 결과를 사용할 때는 ``(backtab)을 이용하여 연산식 전체를 에워싸여 한다.

n=`expr $n + 2`
n=`expr $n - 1`
n=`expr $n / 3`
n=`expr $n \ * 3`   -- *를 의미함

[사용 Example]

```
#! /bin/bash
n=1
n=`expr $n + 1`
echo $n
```

20.2.4.4 실수형 산술 연산

shell에서는 실수형 연산을 허용하지 않는다. 실수형 연산을 하려면 awk명령을 사용한다. 계산 결과를 사용할 때는 ``(backtab)을 이용하여 연산식 전체를 에워싸야 한다.

```
pi@raspberrypi:~ $ m=`awk -v x=2.66 -v y=5.22 'BEGIN{printf "%.2f\n", x*y}'`

pi@raspberrypi:~ $ echo $m
13.89
```

20.2.4.5 비교 연산자를 이용한 논리 연산

보통의 프로그램에서는 여러 가지 상태를 검사하여 상황을 판단하게 되는데, 이럴 때 필요한 것이 논리 연산이다. 논리연산은 처리의 결과가 참(true) 또는 거짓(false)으로 판명이 나는 연산을 말한다. 다음과 같은 연산을 할 수 있다.

이 연산자들은 두 개의 값을 비교하여 크기를 판단하고, 그 결과에 따라서 True 또는 False가 결정된다.

```
<operand-1>      <연산자>      <operand-2>
```

크기 비교 연산자에는 다음과 같은 것이 있다.
- =   -- operand-1와 operand-2가 같으면 True, 아니면 False
- -eq   -- operand-1와 operand-2가 같으면 True, 아니면 False
- !=   -- operand-1와 operand-2가 다르면 True, 아니면 False
- -ne   -- operand-1와 operand-2가 다르면 True, 아니면 False

- -gt   -- operand-1 > operand-2 이면 True, 아니면 False
- -ge   -- operand-1 >= operand-2 이면 True, 아니면 False
- -lt   -- operand-1 < operand-2 이면 True, 아니면 False
- -le   -- operand-1 <= operand-2 이면 True, 아니면 False

20.2.4.6 논리 연산자(logical operators)를 이용한 논리연산

이 연산자는 두 개의 조건식에 대해서 논리 연산을 해주는 연산자이다. 이들은 test 명령이나 if 테스트 대괄호 안에서 사용할 수 있다.

● **and 논리 연산자**

<조건식-1과 <조건식-2>의 값이 모두 True이면 True, 아니면 False

<조건식-1>	<연산자>	<조건식-2>

다음과 같은 연산자를 사용할 수 있다.
- -a   --
- &&   --

● **or 논리 연산자**

<조건식-1>과 <조건식-2>의 값 중에서 적어도 하나가 True이면 True, 아니면 False

<조건식-1>	<연산자>	<조건식-2>

다음과 같은 연산자를 사용할 수 있다.
- -o   --
- || --

● **결과 부정**

이 연산자는 조건식의 연산결과를 반대로 만드는 연산자이다. 조건식의 연산 결과가 True이면 False로 바꾸고, 기존 연산의 결과가 False이면 True로 변경해 준다.

<연산자>	<조건식 >

다음과 같은 연산자를 사용할 수 있다.
- !   --

20.2.4.7 파일 연산자를 이용한 논리 연산

이 연산자는 지정된 파일에 대해서 어떤 상태를 점검한 다음 그 결과를 알려주는 연산자이다. 주로 test명령에서 자주 사용한다. 점검 결과는 True 또는 False로 되돌려 준다.

```
<연산식>      <directory/file>
```

파일 연산자에는 다음과 같은 것이 있다.
- -a -- 해당 파일이 존재하면 True, 아니면 False
- -e -- 해당 파일이 있으면 True, 아니면 False
- -r -- 사용자가 해당 파일을 읽을 수 있으면 True, 아니면 False
- -w -- 사용자가 해당 파일을 쓸 수 있으면 True, 아니면 False
- -x -- 사용자가 해당 파일을 실행할 수 있으면 True, 아니면 False
- -o -- 사용자가 해당 파일의 소유자이면 True, 아니면 False
- -z -- 해당 파일의 크기가 0이면 True, 아니면 False
- -f -- 해당 파일이 파일이면 True, 아니면 False
- -d -- 해당 파일이 디렉터리이면 True, 아니면 False

20.2.5 script 실행 제어

20.2.5.1 조건에 따른 선택적인 처리

어떤 조건에 따라 여러 가지 명령을 별도로 처리하고자 할 때 사용하는 것이 if 문, case 문이다

● if 문

if 문은 지정된 조건식의 결과가 True인 경우에 then 다음에 지정된 문장들을 실행한다.

if	[조건식]
then	
	실행문
elif	[조건식]
then	
	실행문
else	
	실행문
fi	
if	[조건식] ; then
	실행문
elif	[조건식] ; then
	실행문
else	
	실행문
fi	

조건식에서 True, False를 판단하는 기준 값은 다음과 같다.
- True   -- 0   -- zero
- False   -- 1   -- non zero

문장은 if로 시작해서 fi로 끝나며, elif와 else는 필요한 경우 선택적으로 사용할 수 있다. 조건식은 앞뒤로 반드시 공백이 있어야 하고 if와 then을 같은 줄에 두려면 세미콜론(;)으로 분리해야 한다. 실행문은 하나 이상의 문장을 지정할 수 있다.

if에서 지정한 조건식 이외에 다른 여러 개의 조건식을 사용하고자 하면 elif 문을 선택적으로 사용할 수 있다. 앞에서 지정된 조건식의 결과가 False인 경우에는 다음 elif 문을 실행하게 되며, 더 이상 elif 문이 없는 경우 else가 있으면 해당 명령을 실행하고, 없으면 처리를 종료한다.

[사용 Example]

입력한 매개변수의 값에 따라서 선택적으로 처리한다.

```
#!/bin/bash
if   [ $1 -eq 0 ]; then
        echo "Correct numbe"   $1
else
        echo "wrong numbe"   $1
fi
```

다음과 같이 script를 실행해 보면 어떻게 선택적으로 처리가 되는지를 확인할 수 있다.

```
pi@raspberrypi ~/Script $ ./test.sh 0
correct 0
pi@raspberrypi ~/Script $ ./test.sh 4
wrong 4
```

● case 문

case 문은 변수의 값에 대해서 지정된 값에 따라 각각 선택적인 처리를 할 수 있는 문장이다.

```
case     $변수명     in
         A-value)
                  실행문
                  ;;
         B-value)
                  실행문
                  ;;
         *)
                  실행문
                  ;;
esac
```

이 문장은 case로 시작해서 esac로 끝나며, value) 문은 선택적으로 사용할 수 있다. 사용하고자 하는 value)의 개수는 제한이 없으며, *)는 앞에서 지정한 모든 value) 문의 값이 아닌 다른 값을 의미한다.
실행문은 하나 이상의 문장을 지정할 수 있으며 마지막은 항상 ";;"으로 종료해야 한다.

변수의 값이 value) 문에서 지정된 것과 동일하면, 그 다음에 지정된 문장들을 실행한다.
변수의 값이 앞에서 지정한 value) 의 값과 다르면, 다음 value) 문으로 넘어가며, 일치하는 것이 전혀 없으면, *)에서 지정한 문장을 실행하고, 이것도 없으면 처리를 종료한다.

[사용 Example]

다음은 case문을 이용하여 script를 실행한 사례이다.

```
#! /bin/bash
echo "input. Aa/Bb is correct"
read input
case $input   in
    Aa)
        echo "OK." $input
        ;;
    Bb)
        echo "OK." $input
        ;;
    *)
        echo "Error." $input
        ;;
esac
exit 0
```

다음과 같이 script를 실행해 보면 어떻게 선택적으로 처리가 되는지를 확인할 수 있다.

```
pi@raspberrypi ~/Script $ ./test_case.sh
```
```
input. AA/BB is correct
AA
OK. AA
```
```
pi@raspberrypi ~/Script $ ./test_case.sh
```
```
input. AA/BB is correct
AB
Error. AB
```

script를 실행하면 값을 입력하라는 메시지가 나오고, 필요한 값을 입력하고, Enter 버튼을 누르면 입력한 값이 따라서 정확한지를 판단하여 결과를 알려준다.

20.2.5.2 반복 처리

script에서 동일한 작업을 여러 번 반복하여 처리하고자 할 때 사용할 수 있는 문장이 있는데, while, until, for 문이 있다. 이들 문장은 기본적인 처리는 동일하고, 다만 처리 여부를 결정하는 조건식을 지정하는 방식과 조건식의 결과에 따른 처리 여부 결정만 다를 뿐이다.

● **while 제어문**

while 문은 지정된 조건식의 결과가 True일 때 처리를 계속한다.

```
while   [ 조건식 ];
    do
            실행문
    done
```

조건식은 앞뒤로 반드시 공백이 있어야 하고 끝에 ";"로 끝나야 한다. 실행문은 do-done 사이에 있어야 하며, 여러 문장을 지정할 수 있다.

조건식의 값이 True이면 다음에 지정된 실행문을 처리한다. 실행문의 처리가 완료되면 다시 조건식을 검사하여 처리의 계속 여부를 검사한다. 조건식의 결과가 False이면 처리를 종료하고 다음 문장으로 진행한다.

[사용 Example]
다음의 script를 작성하여 test_while.sh 파일에 저장하여 실행할 수 있도록 한다.

```
#! /bin/bash
number =0
while [ number -le 4 ] ;
    do
        echo "number" $number
        number=$(( $number + 1 ))
    done
echo "All is completed"
exit 0
```

다음과 같이 script를 실행해 보면 number의 숫자가 증가하면서 while문이 반복해서 실행되고, 그 값이 4보다 크면 처리를 종료하는 것을 알 수 있다.

```
pi@raspberrypi ~/Script $ ./test_while.sh
number 0
number 1
number 2
number 3
number 4
All is completed
```

● **until 제어문**

이 문장은 지정된 조건식의 결과가 False인 경우에, 즉 True가 될 때까지 처리를 계속하는 문장이다.

```
until  [ 조건식 ] ;
   do
         실행문
   Done
```

조건식은 앞뒤로 반드시 공백이 있어야 하고 끝에 ";"로 끝나야 한다. 실행문은 do-done 사이에 있어야 하며, 여러 문장을 지정할 수 있다.

조건식의 값이 False이면 다음에 지정된 실행문을 처리한다. 실행문의 처리가 완료되면 다시 조건식을 검사하여 처리의 계속 여부를 검사한다. 조건식의 결과가 True이면 처리를 종료하고 다음 문장으로 진행한다.

[사용 Example]
이것은 앞의 while문에서 사용한 것과 거의 유사한 것이지만, 단지 조건식의 내용만 변경한 것이다.

```
#! /bin/bash
number =0
until [ number -gt 4 ] ;
   do
        echo "number" $number
        number=$(( $number + 1 ))
   done
echo "All is completed"
exit 0
```

다음과 같이 script를 실행해 보면 number의 숫자가 증가하면서 until문이 반복해서 실행되고, 그 값이 4보다 크면 처리를 종료하는 것을 알 수 있다.

```
pi@raspberrypi ~/Script $ ./test_until.sh
number 0
number 1
number 2
number 3
number 4
All is completed
```

● for 제어문

이 문장은 어떤 변수의 값이 초기값에서 시작하여 조건식이 True이거나, 또는 변수의 값이
지정된 범위 내에 있는 경우에 처리를 계속하는 문장이다.

```
for (( 변수초기값; 조건식; 변수증감값 ))          ex) for ((num=1; num<=10; num++))
    do
          실행문
    done
for 변수 in  seq  초기값 마지막값'           ex) for num in 'seq 1 10'
    do
          실행문
    done
for 변수 in 값1   값2   값3...              ex) for num in 1 2 3 4 5 6 7 8 9 10
    do
          실행문
    done
```

여기서 지정하는 값은 반드시 숫자이고, 정수이어야 한다. 증가하는 값은 특별한 지정이 없
으면 1 이다.
초기값을 설정할 때는 "="를 사용하고, 조건식을 지정할 때는 =, >, >=, <, <=, <> 와 같은
연산자를 사용한다. 실행문은 do-done 사이에 있어야 하며, 여러 문장을 지정할 수 있다.

초기값에서 시작하여 일단 실행문을 처리하고, 값을 1 증가하여 처리여부를 판단한다.
증가된 값이 지정된 조건에 맞거나 최종값보다 크지 않으면 처리를 계속하다.
증가된 값이 지정된 조건에 맞지 않거나 최종값보다 크면 처리를 종료한다.

[사용 Example]

이것은 앞의 while문에서 사용한 것과 거의 유사한 것이며, 단지 조건식의 내용만 변경한 것이다.

```
#! /bin/bash
for  (( number=0;  number <= 4;  number++  ))
    do
          echo "number" $number
done
echo "All is completed"
exit 0
```

다음과 같이 script를 실행해 보면 number의 숫자가 증가하면서 for문이 반복해서 실행되고, 그 값이 4보다 크면 처리를 종료하는 것을 알 수 있다.

```
pi@raspberrypi ~/Script $ ./test_for.sh
number 0
number 1
number 2
number 3
number 4
All is completed
```

20.2.6 script 실행

20.2.6.1 script 파일 실행 준비

script는 일반적인 실행 프로그램처럼 binary 상태의 실행 파일은 아니지만, 하나의 프로그램으로서 자체적으로 실행될 수 있어야 한다. 따라서 script 파일에 실행(execute) 권한이 부여되어 있어야 한다. chmod 명령을 이용해서 원하는 권한을 부여할 수 있다. 파일의 권한에 대해서는 **[13.2 파일에 대한 권한 변경]**의 설명을 참조하기 바란다.

다음은 script를 작성한 다음, home directory의 Script 폴더에 test_run.sh 파일에 저장한다.

```
#! /bin/bash
echo "This is running test"
```

```
pi@raspberrypi ~ $ cd Script
pi@raspberrypi ~/Script $ ls  -l test_run.sh
-rw-r--r-- 1 pi pi 30 Apr 29 16:43 test_run.sh
```

이 상태에서 파일 경로와 script 파일이름을 입력하고 Enter 키를 눌러 script를 실행한다.

```
pi@raspberrypi ~/Script $ ./test_run.sh
-bash: test_run.sh: command not found
```

불행히도 bash가 그 명령을 실행할 수 없다고 한다. 왜 이런 오류가 발생하는가? 그 이유는 이 파일이 실행할 수 있는 상태가 아니기 때문이다. 위에서 test_run.sh 파일의 권한 정보를 살펴 보면 실행(execute) 권한이 없는 것을 알 수 있다.

다음으로 chmod 명령으로 script 파일에 실행(execute) 권한을 부여하고, 결과를 확인한다.

```
pi@raspberrypi ~/Script $ chmod +x test_run.sh
pi@raspberrypi ~/Script $ ls  -l test_run.sh
-rwxr-xr-x 1 pi pi 30 Apr 29 16:43 test_run.sh
```

이제 다시 script를 실행해 본다. script가 정상적으로 실행되는 것을 알 수 있다.

```
pi@raspberrypi ~/Script $ ./test_run.sh
This is running test
```

20.2.6.2 script 파일 실행

script 파일은 기본적으로 일반 shell 명령과 동일하게 실행할 수 있다. terminal 화면에서 수동으로 입력하여 실행할 수도 있고, 다른 script의 내부에서 실행할 수도 있다.

일반적으로 script파일을 실행할 때는 반드시 directory와 파일 이름을 함께 지정해야 한다. script 파일이 현재 작업 directory에 있는 경우에도 ./script-file처럼 directory를 반드시 지정해야 한다. 이것은 shell이 해당 명령을 찾을 때 현재 작업 directory를 검색하지 않기 때문이다. 만약 현재 작업 directory를 기본적으로 검색하도록 하기 위해서는 환경변수 PATH에 현재 작업 directory "./"를 추가해 주어야 한다.

앞에서 작성한 test_run.sh script를 이용해서 테스트를 해보겠다. 현재 작업 directory가 ~/Script인 상태에서 다음과 같이 script를 실행해 본다. 그러면 오류가 발생하는데, 이 메시지는 bash가 test_run.sh를 찾지 못한다는 것이다. 현재 작업 directory가 ~/Script에 있음에도 그 파일을 찾지 않는 것이다.

```
pi@raspberrypi ~/Script $ test_run.sh
-bash: test_run.sh: command not found
```

이번에는 현재 작업 directory를 명확하게 지정하여 실행해 본다. script가 정상적으로 실행된다.

```
pi@raspberrypi ~/Script $ ./test_run.sh
This is running test
```

일반적으로 shell이 명령을 실행할 때는 환경변수 PATH에서 지정한 경로를 이용하여 명령이 실제로 존재하는 위치를 찾게 되고, 명령을 찾지 못하면 그 명령을 실행하지 못하는 것이다. 아래는 환경변수 PATH에 어떤 값이 있는지를 확인해 본 것이다.

```
pi@raspberrypi ~/Script $ echo $PATH
/usr/local/sbin:/usr/local/bin:/usr/sbin:/usr/bin:/sbin:/bin:/usr/local/games:/usr/games
```

위의 값을 보면 현재 작업 directory는 없다. shell이 현재 작업 directory를 항상 찾도록 하려면, 여기에 현재 작업 directory를 의미하는 "./"를 추가해 주어야 한다.

아래는 export 명령으로 환경변수 PATH에 현재 작업 directory ./를 추가하고, 다시 확인해
본 것이다.

```
pi@raspberrypi ~/Script $ export PATH="$PATH:./"
pi@raspberrypi ~/Script $ echo $PATH
/usr/local/sbin:/usr/local/bin:/usr/sbin:/usr/bin:/sbin:/bin:/usr/local/games:/usr/games:./
```

이제는 파일 경로를 지정하지 않고 순수하게 script 파일 이름만으로 실행해 보자. 그러면
정상적으로 실행이 되는 것을 알 수 있다. 즉 PATH에서 지정해 준 경로가 적용이 된 것이
다.

```
pi@raspberrypi ~/Script $ test_run.sh
This is running test
```

20.3 init script를 통한 자동 실행

20.3.1 run level

20.3.1.1 run level 정의

Linux에서는 시스템이 처음 시작하거나 종료할 때 사전에 지정된 모든 작업을 처리하거나, 때때로 시스템 복구작업을 할 때 다른 사용자들이 사용하지 못하게 할 필요가 있다. 이렇게 시스템을 사용할 수 있는 사용자를 제한하거나, 특정 환경에서 실행할 수 있는 명령이나 프로그램의 종류를 구분하기 위해서 run level이라는 도구를 사용한다.

run level이란 시스템의 사용 용도나 상태에 따라 일정한 번호를 부여해 놓은 것이다. Linux에는 다음과 같은 run level이 정의되어 있다.

Level	의미	설명
0	Halt	시스템 종료
1	Single User Mode	단일 사용자만 허용되고 기본적인 시스템 기능만 제공한다. 통상 복구용으로 사용된다.
2	Multi User Mode	다중 사용자 모드 NFS(Network File System)를 지원하지 않는다
3	Multi User Mode	다중 사용자 모드이다. 완전한 networking 기능을 제공한다. X윈도우는 지원하지 않는다.
4	User Defined	시스템에서 사용되지 않는다. 사용자가 직접 정의하여 사용할 수 있다.
5	X window	X윈도우로 부팅할 때 사용한다.
6	Reboot	재시동

run level은 통상 시스템 관리자가 사용한다. 예를 들어 시스템 복구작업을 위해서 시스템 관리자만 사용할 수 있도록 하고, 다른 사용자는 접근을 하지 못하게 하려면 run level 1을 사용하고, X window를 사용하고자 하면 run level 5을 사용하면 그에 맞게 시스템이 상태를 조정해 준다.

시스템에서는 각 run level에 대해서 처리해야 하는 서비스 작업이 정의되어 있다. run level 이 특정 상태로 지정되면 그 run level에서 사전 정의된 작업들이 자동 실행되어 시스템이 원하는 상태로 전환되는 것이다.

20.3.1.2 runlevel 명령 - run level 확인

Linux시스템에서는 /etc/inittab 파일에서 다음과 같은 형식으로 default run level이 지정되어 있다. 시스템의 default run level를 변경하고자 하면 이 값을 변경해 주면 된다.

```
# The default runlevel.
id:2:initdefault:
```

현재의 run level을 확인하기 위해서는 다음과 같이 runlevel 명령을 사용한다.

[명령 형식]

runlevel   [option]

[명령 개요]
- 현재의 run level을 보여준다.
- 필요 권한   -- root 권한

[상세 설명]
- None

[주요 Option]

--help	Print a short help text and exit.

[사용 Example]

다음과 같이 실행해 보면 현재는 run level 2 상태라는 것이다.

```
pi@raspberrypi ~ $ runlevel
N 2
```

20.3.1.3 telinit 명령 - run level 전환

시스템 관리자가 필요한 경우 특정 목적을 위해서 다른 run level로 전환할 수가 있다. 그러면 시스템은 즉시 그 run level에서 사전에 정의된 내용에 따라 다른 환경으로 전환하게 된다. 예를 들면 현재 정상적으로 실행되고 있는 run level 2 상태에서 run level 6으로 변경을 하게 되면 시스템은 즉시 rebooting 작업을 하게 된다.

현재의 run level을 다른 것으로 전환하기 위해서는 다음과 같이 telinit 명령을 사용한다.

[명령 형식]

telinit   <run-level>

[명령 개요]

- 현재의 run level을 다른 것으로 전환한다.
- 필요 권한   -- root 권한

[상세 설명]

- None

[주요 Option]

--help	Print a short help text and exit.

[사용 Example]

다음과 같이 run level을 전환하기 전에 현재 상태를 확인하고 run level을 전환하는 작업을 한 것이다.

pi@raspberrypi ~ $ runlevel
N 5
pi@raspberrypi3:~ $ sudo telinit 3
pi@raspberrypi3:~ $ runlevel
5 3

20.3.2 booting sequence

시스템이 처음 시작할 때는 일정한 순서에 따라 정해진 작업을 실행하게 되는데, 이런 순서를 booting sequence라고 한다. 다음에는 booting sequence에 대한 기본 체계와 이를 이용하여 booting할 때 필요한 작업을 자동으로 실행하는 방법에 대해서 설명하도록 하겠다.

20.3.2.1 booting 체계

시스템을 처음 시작하면, 디스크에서 시스템 프로그램 정보를 읽고, 여러 가지 점검과 준비 작업을 한다. 그런 다음 다음과 같은 순서로 booting을 위한 초기화 작업을 하게 된다.

● **/sbin/init 프로그램 실행**

시스템이 처음 시작되면 /sbin/init을 실행한다. 이 프로그램은 kernel이 처음 실행하는 프로그램으로 Process ID 1번이 부여된다. 이 프로그램은 /etc/inittab 파일을 읽어서 default run level 등 init 실행을 위한 각종 설정 값을 확인하고, 다음 프로세스를 시작한다.

● **/etc/init.d/rcS 프로그램 실행**

시스템은 /etc/init.d/rcS를 실행한다. 이를 Sysinit 프로세스라고 하는데, 실제로 시스템 설정을 조정하거나 초기화 작업을 하는 script 프로그램이다. 여기서 시스템의 상태를 점검하고, Kernel 프로그램을 loading하는 작업을 한다.

● **/etc/init.d/rc 프로그램 실행**

시스템은 지정된 run level에 대해서 /etc/inittab 파일에서 정해진 방식으로 /etc/init.d/rc 프로세스를 실행하면서 run level을 전달한다.

다음은 /etc/inittab에 등록되어 있는 run level에 따른 실행 방식을 지정한 부분이다. 각각의 run level에 따라서 /etc/init.d/rc를 실행하고 있다.

```
l0:0:wait:/etc/init.d/rc 0
l1:1:wait:/etc/init.d/rc 1
l2:2:wait:/etc/init.d/rc 2
l3:3:wait:/etc/init.d/rc 3
l4:4:wait:/etc/init.d/rc 4
l5:5:wait:/etc/init.d/rc 5
l6:6:wait:/etc/init.d/rc 6
```

/etc/ directory 밑에는 rc0.d ~ rc6.d directory가 있으며, 각각의 directory 밑에는 해당 run level에서 start/stop될 init script가 link의 형태로 등록되어 있다.

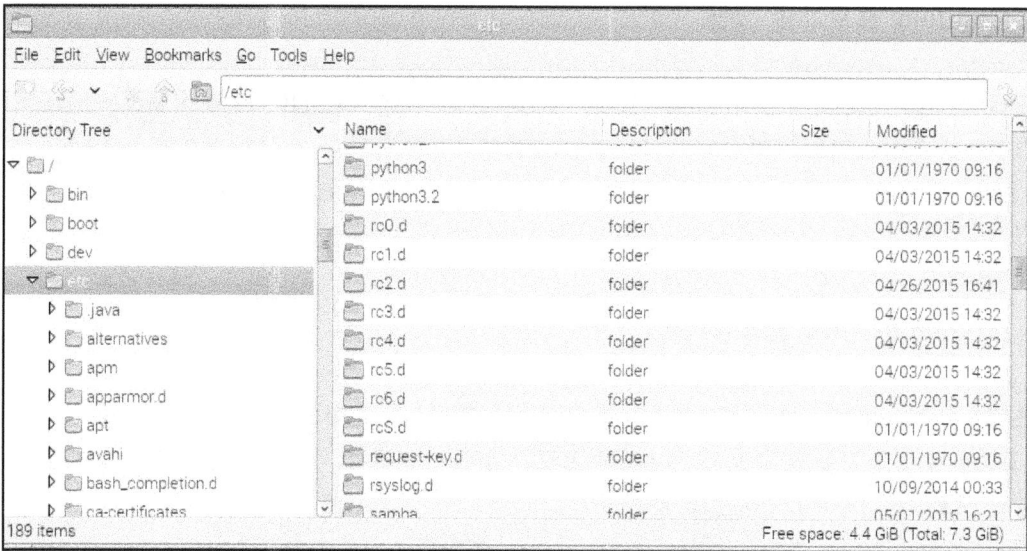

그림 20-1 run level에 대한 start/stop에 대한 init script

앞에서 실행된 /etc/init.d/rc 프로그램은 run level에 따라 각각 /etc/rc0.d ~ /etc/rc6.d directory 밑에 등록되어 있는 모든 init script를 실행하게 된다. booting sequence에서 run level에 따라 script가 자동 실행되는 기본 체계는 다음과 같다.

/etc/init.d/rc N   →/etc/init.d/rc   →/etc/rcN.d/script-link   →/etc/init.d/script

● **/etc/rc.local 파일에 등록되어 있는 script 실행**

앞 단계에서 run level에 따라 지정된 init script가 모두 처리된 다음에는 /etc/rc.local 파일에 등록된 작업이 실행된다. 이 작업은 run level 2, 3,4, 5 인 경우에만 실행된다. 사실 이것도 위의 init script 와 동일한 방식으로 작성된 rc.local이라는 init script에 의해서 처리가 되는 것이다. 기본적인 체계는 다음과 같다.

/etc/rcN.d/rc.local-link   →/etc/init.d/rc.local   →/etc/rc.local

● **login 허용**

위의 모든 작업이 완료되면 특정 사용자 계정으로 logon할 수 있도록 해준다.

20.3.2.2 pstree 명령 - booting process tree

시스템이 booting하면서 실제로 실행되는 여러 가지 process daemon들이 누구에 의해서, 어떤 순서로 실행되었는지에 대한 상관 관계를 확인할 수 있다. 이런 용도로 사용하는 것이 pstree 명령이다.

[명령 형식]

```
pstree   [option]
```

[명령 개요]

- 시스템이 booting하면서 실행되는 여러 process daemon들이 누구에 의해서, 어떤 순서로 실행되었는지에 대한 상관 관계를 보여준다.
- 필요 권한   -- 일반 권한

[상세 설명]

- None

[사용 예제]

```
pi@raspberrypi ~ $ pstree
init──┬──console-kit-dae───────64*[{console-kit-dae}]
      ├──cron
      ├──3*[dbus-daemon]
      ├──2*[dbus-launch]
      ├──dhclient
      ├──7*[getty]
      ├──2*[gvfs-afc-volume───────{gvfs-afc-volume}]
      ├──2*[gvfs-gdu-volume───────{gvfs-gdu-volume}]
      ├──2*[gvfs-gphoto2-vo]
      ├──2*[gvfsd]
      ├──2*[gvfsd-trash───────{gvfsd-trash}]
      ├──3*[ifplugd]
      ├──5*[leafpad]
      ├──lightdm──┬──Xorg
      │           ├──lightdm──┬──lxsession──┬──lxpanel───────{lxpanel}
```

```
       |              |              |              ├─openbox
       |              |              |              ├─pcmanfm───────{pcmanfm}
       |              |              |              ├─ssh-agent
       |              |              |              └─{lxsession}
       |              |              └─{lightdm}
       |              └─2*[{lightdm}]
       ├─2*[lxpolkit───────{lxpolkit}]
       ├─2*[menu-cached───────{menu-cached}]
       ├─nmbd
       ├─ntpd
       ├─polkitd───────2*[{polkitd}]
       ├─rsyslogd───────3*[{rsyslogd}]
       ├─smbd───────smbd
       ├─sshd───────sshd───────sshd───────bash───────pstree
       ├─thd
       ├─udevd───────2*[udevd]
       ├─udisks-daemon─┬─udisks-daemon
       |               └─2*[{udisks-daemon}]
       ├─wpa_cli
       ├─wpa_supplicant
       ├─xrdp───────{xrdp}
       └─xrdp-sesman───────xrdp-sessvc─┬─Xvnc
                                        ├─ck-launch-
sessi─┬─lxsession─┬─lxpanel───────{lxpanel}
      |           |              |                    |              ├─openbox
      |           |              |                    |              |
      ├─pcmanfm───────{pcmanfm}
      |           |              |                    |              └─{lxsession}
      |           |              |                    └─ssh-agent
      |           └─xrdp-chansrv───────{xrdp-chansrv}
```

위 결과 자료에는 여러 개의 process들이 서로 계층적인 관계를 가지고 있는 것을 확인할
수 있다. 상위 계층에 있는 process가 하위계층에 있는 process를 실행한 것을 의미한다.
계층도에서 init가 최상위에 있는데, 이것은 init가 booting할 때 처음 실행되는 process이
며, init가 그 하부에 있는 모든 process를 시작시켰다는 것을 의미한다.

20.3.3 init script 작성

20.3.3.1 init script

시스템이 booting하거나 shutdown하는 과정에서 사용되는 script를 init script라고 한다.
init script는 기본적으로 모두 /etc/init.d/ directory 밑에 넣어 두어야 한다.

init script에는 사용하는 용도에 따라 다음과 같이 여러 가지 종류가 있다.

- run level에 따라 특정 작업을 다르게 하기 위한 script
  시스템 관리를 위해 필요한 다양한 작업을 할 수 있다.

- run level에 따라 특정 application daemon을 처리하기 위한 script
  이런 init script는 그 script 이름을 application daemon 이름과 동일하게 만드는 것이
  보통이다. 예를 들어 <TightVNC> 프로그램에 대해 booting할 때 daemon을 실행하는
  script를 만들 수 있으며, 이런 init script는 /etc/init.d/tightvnc라는 이름으로 script를
  작성한다.

- run level에 무관하게 정상 실행할 때는 항상 실행하기 위한 script
  시스템 관리를 위해 필요한 다양한 작업을 할 수 있다.

20.3.3.2 run level 연동 init script 작성 방법

init script는 통상 다음과 같은 형식으로 작성한다. 처음에 설명하는 부분이 있고, 다음에는 변수를 선언하는 부분이 있으며, 그 다음에는 실제로 처리를 하는 부분으로 되어 있다.

```bash
#!/bin/bash
# Start/stop the testpgm_init daemon.
#
# script 설명
### BEGIN INIT INFO
# 주석항목:      주석 내용
### END INIT INFO

#variable 선언 및 value 할당
NAME= testpgm
SCRIPTNAME=/etc/init.d/"$NAME"

#요청에 따른 처리
case "$1" in       start)
                        실행문
                        ;;
                stop)
                        실행문
                        ;;
                restart)
                        실행문
                        ;;
                reload|force-reload)
                        실행문
                        ;;
                *)
                        실행문
                        ;;
esac
exit 0
```

처음에 있는 부분들은 모두 주석이다. 여기에는 init script의 성격에 대해서 설명하는 내용들이 포함되어 있다. 여기에 있는 내용은 단순한 설명이며, 시스템에 그런 형식으로 작동한다는 것을 설명하는 것이다.

```
~ 중략
### BEGIN INIT INFO
→ 주석의 시작을 표시한다.


# Provides:              testpgm_init
→script나 daemon의 이름을 지칭한다.


# Required-Start:        $all
→ 다른 모든 정상 프로세스들이 처리된 이후에 이 script가 start되는 것을 의미한다.


# Required-Stop:         $all
→ 다른 모든 정상 프로세스들이 처리된 이후에 이 script가 stop되는 것을 의미한다.


# Default-Start:         2 3 4 5
→시스템이 이 script를 start하는 run level을 말한다. 물론 이렇게 되도록 script를 등록해
야 한다.


# Default-Stop:          0 1 6
→시스템이 이 script를 stop하는 run level을 말한다. 물론 이렇게 되도록 script를 등록해
야 한다.


# Short-Description:     Short-Description for testpgm_init
→이 script에 대한 간략한 설명이다.


# Description:           Full-Description for testpgm_init
→이 script에 대한 상세한 설명이다.


### END INIT INFO
→ 주석의 종료를 표시한다.
~중략
```

다음에 정의하는 것은 해당 script에서 사용할 중요한 변수들이다. 여기서 정의되는 변수는 이 script내에서만 사용되며, script의 실행이 종료되면 없어지는 변수들이다.

마지막으로 정의하는 것이 실제 작업을 실행하는 부분이다. 여기서는 매개변수의 값에 따라서 각각의 처리를 정의하고 있다. booting sequence에서 해당 script를 실행할 때 실행 매개변수로 start, stop, restart 등을 지정하여 처리하게 된다. 그러면 init script는 매개변수 $1을 확인하고, 처리요청에 적절한 처리를 하게 되는 것이다.

20.3.3.3 application daemon 실행 init script 작성 방법

특정 application 연동 init script는 시스템이 booting/shutdown하는 과정에서 특정 application을 start/stop하기 위해서 사용한다. 즉 booting sequence에서 init script가 실행되고, init script 내에서 특정 application을 start/stop하게 된다. 실제로 daemon에 대한 처리는 init script 내에서 이루어진다.

/etc/rcN.d/KnnAppl link →/etc/init.d/Appl stop →/etc/init.d/Appl의 start-daemon Appl →Appl 실행

/etc/rcN.d/SnnAppl link →/etc/init.d/Appl start →/etc/init.d/Appl의 stop-daemon Appl →Appl 종료

따라서 이렇게 특정 application을 start/stop할 때는 실행문에서는 다음과 같은 문장을 사용한다.

■ start 하기 위한 명령

start_daemon -p $PIDFILE $DAEMON

start-stop-daemon --start --pidfile $PIDFILE --exec $DAEMON

■ stop 하기 위한 명령

stop_daemon -p $PIDFILE $DAEMON

killproc -p $PIDFILE $DAEMON

start-stop-daemon --stop --pidfile /$PIDFILE

다음은 특정 application을 start/stop시키는 init script의 일반적인 형식이다.

```
#!/bin/bash
# Start/stop the testpgm_init daemon.

~중략

#variable 선언 및 value 할당
PATH=/bin:/usr/bin:/sbin:/usr/sbin
DESC=" testpgm daemon"
NAME= testpgm
DAEMON=/usr/bin/testpgm
```

```
PIDFILE=/var/run/testpgm.pid
SCRIPTNAME=/etc/init.d/"$NAME"

#실행되는 프로그램 파일 확인
test -f $DAEMON || exit 0

#요청에 따른 처리
case "$1" in
        start)
                start-실행문
                실행문
                ;;
        stop)
                stop-실행문
                실행문
                ;;
        restart)
                start-실행문
                실행문
                stop-실행문
                실행문
                ;;
        reload|force-reload)
                실행문
                ;;
        *)
                실행문
                ;;
esac
exit 0
```

경우에 따라서 start/stop이 정상적으로 처리된 것을 확인하고, 정상적으로 처리되었을 때만 추가적인 작업을 하고자 할 때는 다음과 같은 형식으로 start-실행문이나 stop-실행문을 실행한다.

```
if ( start-실행문 또는 stop-실행문 ) ;   then
        실행문
else
        실행문
fi
```

20.3.4 run level 연동 booting 자동 실행

20.3.4.1 init script 등록 원리

init script를 작성하여 /etc/init.d에 저장한 다음에는 해당 script가 run level에 따라 자동 실행되도록 시스템에 등록해야 한다. 시스템에 등록한다는 것을 시스템적으로 자세히 살펴보면 원본 script 파일에 대해서 link을 만들어 놓은 것이다. 즉 link를 실행하면 원본 script 파일이 실행되는 것이다.

시스템에서 run level에 따라 자동 실행하는 script는 /etc/rc0.d/ ~ /etc/rc6.d/ directory 밑에 등록되어 있다. 즉 run level에 따라서 실행하고 싶은 script는 link를 만들어서 각각의 directory 밑에 넣어 두면 된다.

link를 만들 때 link 이름에 약간의 규칙이 있는데, 특정 run level에서 start하고자 하는 script는 Snn의 형태로 S와 번호를 붙여서 이름을 부여하고, stop하고자 하는 script는 Knn의 형태로 K와 번호를 붙여서 이름을 부여해야 한다. 시스템에서 해당 script를 실행할 때 S로 시작하는 script는 start 작업을 시켜주고, K로 시작하는 script에 대해서는 stop 작업을 지시한다. link 이름에 붙이는 번호 nn은 폴더 내에서 순서를 정할 목적으로 사용한다. 예를 들어 script motion에 대한 link 이름이 S01motion이면 start할 때 사용하는 것이며, K01motion이면 stop할 때 사용하는 것이다.

booting sequence에서 run level에 따라 script가 자동 실행되는 기본 체계는 다음과 같다.
/etc/init.d/rc N   →/etc/init.d/rc   → /etc/rcN.d/KnnAppl link   →/etc/init.d/Appl
stop →start Appl

                                      → /etc/rcN.d/SnnAppl link   →/etc/init.d/Appl
start →stop Appl

20.3.4.2 update-rc.d 명령 - init script 자동 등록

init script는 수작업으로 link를 만들어서 하나씩 등록하는 방법으로 등록할 수도 있지만, update-rc.d 명령을 사용하면 한번에 모든 작업을 처리해 준다.

[명령 형식]

update-rc.d   script   [option]

[명령 개요]
- init script를 한번에 자동으로 등록해 준다.
- 필요 권한   -- root 권한

[상세 설명]
통상 defaults option을 사용하여 init script를 등록한다. 그러면 run level 2, 3, 4, 5에 대해서는 해당 init script를 start하도록 SnnScript를 등록해 주고, run level 0, 1, 6에 대해서는 init를 stop하도록 KnnScript를 등록해 준다.

[주요 option]

defaults	run level에 자동으로 등록해 준다. If defaults is used then update-rc.d will make links to start the service in runlevels 2345 and to stop the service in runlevels 016.
start/stop	Instead of defaults one can give one or more sets of arguments specifying partic- ular runlevels in which to start or stop the service. Each of these sets of arguments starts with the keyword start or stop and a sequence number NN, followed by one or more runlevel numbers. The set is terminated by a solitary full stop character. When explicit specification, rather than defaults, is used there will usually be one start and one stop set. If different sequence codes are required in different runlevels then several start sets or several stop sets may be specified. If this is done and the same runlevel is named in multiple sets then only the last one counts. Therefore it is not possible to create multiple start or multiple stop links

	for a service in a single runlevel directory.
remove	When invoked with the remove option, update-rc.d removes any links in the /etc/rcrunlevel.d directories to the script /etc/init.d/name. The script must have been deleted already. If the script is still present then update-rc.d aborts with an error message.
disable/enable	When run with the disable [S|2|3|4|5] options, update-rc.d modifies existing runlevel links for the script /etc/init.d/name by renaming start links to stop links with a sequence number equal to the difference of 100 minus the original sequence number.
	When run with the enable [S|2|3|4|5] options, update-rc.d modifies existing runlevel links for the script /etc/init.d/name by renaming stop links to start links with a sequence number equal to the positive difference of current sequence number minus 100, thus returning to the original sequence number that the script had been installed with before disabling it.

20.3.4.3 init script 의 시작, 종료

특정 application에 대해서 init script이 등록되어 있는 경우, 다음 명령을 사용하면 해당 application에 대한 daemon을 즉시 실행하거나 또는 중지시킬 수 있다.

특정 application에 대한 daemon을 즉시 실행하는 명령은 다음과 같다.

[명령 형식]

```
sudo   service   <application-init-script>      [ start / stop ]
```

특정 application에 대한 daemon을 즉시 중지시키는 명령은 다음과 같다.

[명령 형식]

```
sudo   /etc/init.d/< application-init-script >   [ start / stop ]
```

20.3.5 run level 무관 booting 자동 실행

명령이나 script가 특정 application과 무관하게 항상 실행되도록 하려면 /etc/rc.local 파일에 등록하면 된다. 여기에 등록된 script는 통상 시스템이 정상 작동하는 상태인 run level 2 ~5 상태에서만 실행된다.

다음은 /etc/rc.local 파일의 내용이다.

```
#!/bin/sh -e
#
# rc.local
#
# This script is executed at the end of each multiuser runlevel.
# Make sure that the script will "exit 0" on success or any other
# value on error.
#
# In order to enable or disable this script just change the execution
# bits.
#
# By default this script does nothing.

# Print the IP address
_IP=$(hostname -I) || true
if [ "$_IP" ]; then
  printf "My IP address is %s\n" "$_IP"
fi

실행문

exit 0
```

"실행문"에 해당하는 부분에 원하는 shell 명령이나 script를 지정하면 booting할 때 자동 실행해준다. 필요한 경우는 여러 개의 실행문을 지정할 수 있다.

20.4 schedule에 의한 자동 실행

20.4.1 cron application

Raspberry Pi 시스템에서는 일정한 주기로 명령을 실행해 주는 cron이라는 강력한 도구가 있다. cron은 사전에 정의된 시간 규칙에 따라 정해진 명령을 실행해 주는 프로그램이다. cron 도구를 이용하면, 사용자는 복잡한 준비작업이나 특별한 프로그래밍을 작성하지 않고도 간단하게 원하는 명령을 원하는 시점에 주기적으로 실행할 수 있다.

cron은 시간의 흐름에 따라 어떤 시점에 어떤 명령을 실행해야 하는지를 정의하는 자료가 필요한데, 이 정보를 관리하는 곳이 crontab이라는 자료이다. cron application은 분 단위로 crontab에 있는 자료를 확인하여 실행할 명령이 있는지를 판단하고, 실행할 시점에 있는 명령을 실행해 주게 된다.

20.4.2 crontab명령 - crontab 관리

crontab은 성격에 따라 system crontab과 user crontab으로 구분된다.

먼저 system crontab은 시스템 수준에서 단일하게 정의되는 정보이다. 즉 시스템에서 하나만 정의되는 자료이다. 이는 /etc/crontab 파일에서 그 자료를 관리하고 있다. 필요한 정보를 추가하기 위해서는 해당 파일을 직접 수정하여 반영해야 한다. 이 파일을 수정하기 위해서는 root 권한이 필요하다.

다음으로 user crontab은 user별로 각각 정의되는 정보이다. 즉 사용자 별로 각각 구분하여 별도로 정의하는 것이다. 이는 /var/spool/cron/crontabs 폴더에서 정보를 관리하는데, 해당 자료를 직접 편집할 수는 없다. user crontab에 있는 자료를 관리하기 위해서 crontab 명령을 사용한다.

[명령 형식]

```
crontab   [option]
```

[명령 개요]

■ 주기적으로 실행할 내용을 포함하고 있는 crontab을 관리한다.

■ 필요 권한   -- 일반 권한

[상세 설명]

작업을 입력할 때는 한 행에 하나의 작업 일정을 입력하도록 한다. 하나의 작업 일정은 처리할 시간에 대한 지정과 실행할 명령에 대한 지정으로 구성되어 있다.

기본적인 입력 방식은 다음과 같다.

minute	hour	day	month	weekday	command

각 입력항목에 대한 상세 내용을 살펴보면 다음과 같다.

- minute   -- 분
- hour   -- 시   -- 24시간 형식의
- day   -- 일자
- month   -- 월
- weekday   -- 요일을 의미하는 숫자 -- 일요일 0, 월요일 1 ~ 토요일 6
- command   -- 실행할 명령

시간에 대한 각 항목을 지정할 때는 wildcard(*)가 허용된다. 즉 이것을 사용하면 해당 항목을 구분하지 않는다는 것이다. 예를 들어 day에 "*"를 사용하면 일자에 상관없이 실행하라는 것이다.

Ex1) 0 12 1 * * command   --- 매월 1일 12시 정각에 command를 실행한다.

Ex2) 30 20 * * 1 command   --- 매주 월요일 20시 30분에 command를 실행한다.

crontab 명령에는 user를 지정해야 하는데, 특별히 지정하지 않으면 현재의 사용자 계정을 이용한다. 지정된 작업일정을 실제로 실행할 때는 여기서 지정된 user의 권한으로 명령을 실행하게 된다. 만약 지정된 user가 해당 명령을 실행할 권한이 없으면 오류가 발생하게 된다. 따라서 root 권한이 필요한 경우는 sudo 명령으로 crontab 명령을 실행해야 한다.

[주요 option]

-u option	it specifies the name of the user whose crontab is to be used (when listing) or modified (when editing). If this option is not given, crontab examines "your" crontab, i.e., the crontab of the person executing the command.
-l option	it causes the current crontab to be displayed on standard output. See the note under DEBIAN SPECIFIC below.
-r option	it causes the current crontab to be removed.
-e option	It is used to edit the current crontab using the editor specified by the VISUAL or EDITOR environment variables. After you exit from the editor, the modi-fied crontab will be installed

	automatically. If neither of the environment vari- ables is defined, then the default editor /usr/bin/editor is used.
-i option	It modifies the -r option to prompt the user for a 'y/Y' response before actually removing the crontab.

[관련 Files]

/etc/cron.allow

/etc/cron.deny

/var/spool/cron/crontabs

[사용 Example]

먼저 현재 schedule job이 정의되어 있는지를 확인해 본다.

```
pi@raspberrypi ~ $ crontab -l
no crontab for pi
```

위의 처리 결과는 pi 사용자에 대해서 정의된 작업이 없다는 것을 말한다. 그럼 이번에는 필요한 작업을 입력해 보자. 아래 명령을 실행하면 nano 텍스트 편집기가 시작하고 기본적인 처리방법에 대해서 알려주는 자료들이 보일 것이다.

```
pi@raspberrypi ~ $ crontab -e
```

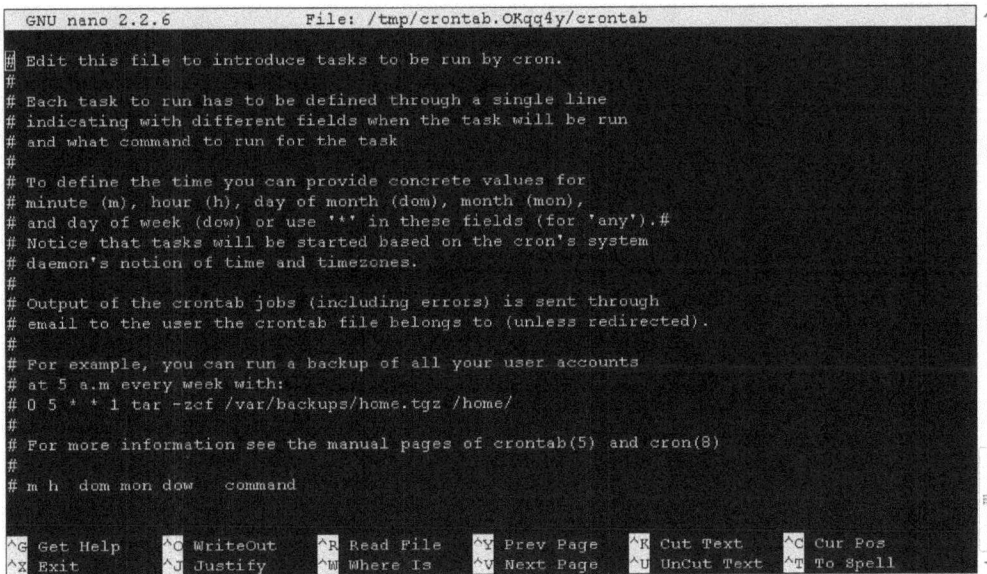

```
  GNU nano 2.2.6              File: /tmp/crontab.OKqq4y/crontab

# Edit this file to introduce tasks to be run by cron.
#
# Each task to run has to be defined through a single line
# indicating with different fields when the task will be run
# and what command to run for the task
#
# To define the time you can provide concrete values for
# minute (m), hour (h), day of month (dom), month (mon),
# and day of week (dow) or use '*' in these fields (for 'any').#
# Notice that tasks will be started based on the cron's system
# daemon's notion of time and timezones.
#
# Output of the crontab jobs (including errors) is sent through
# email to the user the crontab file belongs to (unless redirected).
#
# For example, you can run a backup of all your user accounts
# at 5 a.m every week with:
# 0 5 * * 1 tar -zcf /var/backups/home.tgz /home/
#
# For more information see the manual pages of crontab(5) and cron(8)
#
# m h  dom mon dow   command

^G Get Help    ^O WriteOut    ^R Read File   ^Y Prev Page   ^K Cut Text    ^C Cur Pos
^X Exit        ^J Justify     ^W Where Is    ^V Next Page   ^U UnCut Text  ^T To Spell
```

그림 20-2 crontab 편집

각 행의 처음에 "#" 기호가 있는 것은 그 행이 실행되지 않은 자료이며, 주석이라는 것을 표시할 때 사용하는 기호로서 사용자가 여러 가지 참고사항을 적어 둘 때 사용할 수 있다.

원하는 작업을 입력하면 된다. 우리의 설명에서는 다음 명령을 이용해서 설명을 할 것이다.

```
# Edit this file to introduce tasks to be run by cron.
# m h  dom mon dow    command
30 2 29 * * tar -zcf ~/backups/home.tgz    /home/pi
```

위에서 지정된 작업 일정은 매월 29일 2시 30분이 되면 지정된 형식의 tar 명령을 수행하라는 것이다. 여기서 tar 명령은 지정된 모든 문서를 모아서 하나의 파일로 만드는 작업을 하는데, 통상 컴퓨터의 자료를 backup할 목적으로 많이 사용한다.

위와 같이 입력하고 저장한 다음 편집을 종료한다. 이제 다시 작업 일정을 확인해 본다.

```
pi@raspberrypi ~ $ crontab -l
# Edit this file to introduce tasks to be run by cron.
# m h  dom mon dow    command
30 2 29 * * tar -zcf ~/backups/home.tgz    /home/pi
```

그러면 위와 같은 내용을 확인할 수 있을 것이다. 우리가 앞에서 입력한 내용이 그대로 보이는 것이다.

이제 지정된 시점에 되면 어떤 일이 발생했는지를 확인해 보자. 지정된 폴더에 archive 파일이 생성되어 있는 것을 확인할 수 있다.

```
pi@raspberrypi ~ $ ls ~/backups/ -l
total 27420
-rw-r--r-- 1 pi pi 28077386 Apr 29 14:48 home.tgz
```

Chapter 21 Office 및 Utility 프로그램

Chapter 주요 내용

여기서는 Raspbian서 기본적으로 사용할 수 있는 여러 가지 업무용 프로그램과 컴퓨터 사용에 필요한 여러가지 utility 프로그램에 대해서 소개할 것이다. 이러한 프로그램들 중에는이미 설치되어 있는 것도 있고, 추가로 설치해야 사용할 수 있는 것도 있다.

다음과 같은 항목에 대한 내용을 포함하고 있다.
- OpenOffice
- Gimp
- Scrot
- CUPS
- Web Browser

21.1 OpenOffice - 오피스 소프트웨어

21.1.1 사용할 수 있는 Offce 프로그램

실제 업무환경에서 문서를 작성하기 위해서는 워드프로세서나 스프레드시트, 프레젠테이션 도구와 같은 기능들이 필요하다. Raspberry Pi에서도 여러 가지 프로그램들을 이용하여 이러한 작업을 할 수 있다.

● **클라우드형 프로그램.**

인터넷 환경에서 web browser를 통하여 프로그램을 호출하고 업무문서를 작성할 수 있는 형태이다.

- Google Docs   -- Google에서 제공하는 서비스이다. -- http://docs.google.com
- Zoho   -- Zoho에서 제공하는 서비스이다.   -- http://www.zoho.com
- Office365   -- MS에서 제공하는 서비스이다.   -- http://office365.microsoft.com

● **설치형 프로그램**

특정 컴퓨터에 프로그램을 설치하여 독자적으로 실행하면서 업무문서를 작성할 수 있는 형태이다.

- AbiWorld   -- word processor
- Gnumeric   -- spread sheet
- Libre Office   -- 통합 도구

21.1.2 <Libre> Offce 프로그램

21.1.2.1 <Libre> Offce 요약

<Libre> Office 프로그램은 GNU 기반의 무료로 제공되는 오피스 프로그램으로, 아래와 같이 업무용 문서 작성에 필요한 대부분의 기능들을 제공하고 있다.

- Calc   -- 스프레드시트
- Draw   -- 벡터 기반 일러스트레이션 애플리케이션
- Impress   -- 프레젠테이션 애플리케이션
- Base   -- Database
- Formula   -- 수식 편집기
- Write   -- 워드프로세서

이 프로그램은 기본적으로 ODF(Open Document Format) 형식으로 파일을 저장하는데, MS Office 최신 버전을 비롯한 대부분의 오피스 패키지에서 지원한다. 물론 저장할 때 다른 포맷을 선택하여 문서를 저장할 수 있다. <Libre> Office는 Linux, 윈도우 및 OS X 용의 무료 버전이 제공된다.

프로그램 사용법에 대한 추가적인 정보는 다음을 참고하기 바란다.

- https://help.openoffice.org/

21.1.2.2 <Libre> Offce 프로그램 설치

Raspberry Pi에서 <Libre> Office 프로그램을 사용하기 위해서는 아래와 같이 프로그램을 설치한다. 해당 명령을 실행하면 프로그램 설치에 대한 점검을 한 후 설치여부를 확인하게 된다. 계속 진행을 선택하면 아래와 같이 설치 작업이 시작된다.

```
pi@raspberrypi ~ $ sudo apt-get install openoffice.org
Reading package lists... Done
Building dependency tree
Reading state information... Done
~
~ 중략
~
After this operation, 295 MB of additional disk space will be used.
Do you want to continue [Y/n]?
Get:1 http://mirrordirector.raspbian.org/raspbian/ wheezy/main libatk-wrapper-java
all 0.30.4-3 [31.2 kB]
~
~ 중략
~
Updating certificates in /etc/ssl/certs... 0 added, 0 removed; done.
Running hooks in /etc/ca-certificates/update.d....
done.
done.
Processing triggers for menu ...
```

21.1.2.3 <Libre> Offce 프로그램의 실행 및 사용

설치가 완료되면 window 의 application 메뉴에 새로운 메뉴가 추가된다. [Menu]를 보면
Office 메뉴가 추가되어 있고 그 밑에 여러 가지 프로그램 메뉴가 추가되어 있는 것을 확
인할 수 있다.

맨 위에 있는 메뉴 <Libre> Office는 작성하고자 하는 문서 유형을 선택할 수 있는 종합
메뉴화면에 해당한다. 해당 메뉴를 실행하면 다음 화면이 나오고, 여기서 작성하고자 하는
문서 유형을 선택하면 해당 문서를 작성하는 프로그램으로 넘어간다. 이렇게 문서를 선택
하는 대신 앞의 메뉴에서 문서 유형에 따라 각각의 원하는 메뉴를 선택해도 동일한 작업
을 할 수 있다

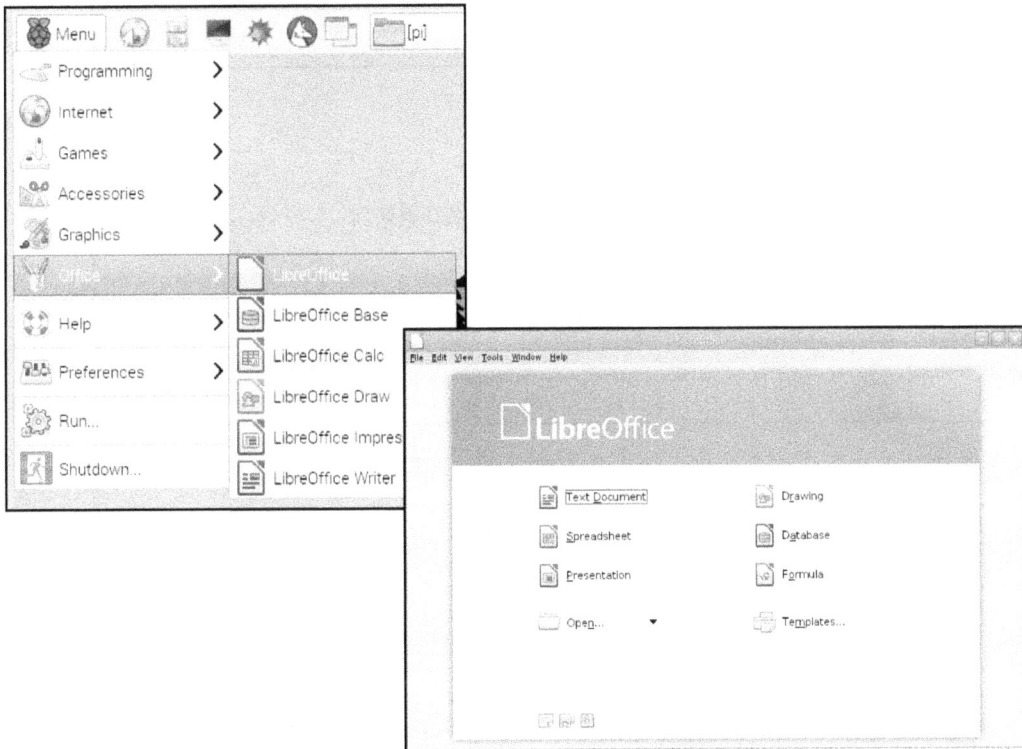

그림 21-1 <Libre> Office

아래는 각종 text 문서를 작성할 수 있는 word processor 프로그램 화면이다.

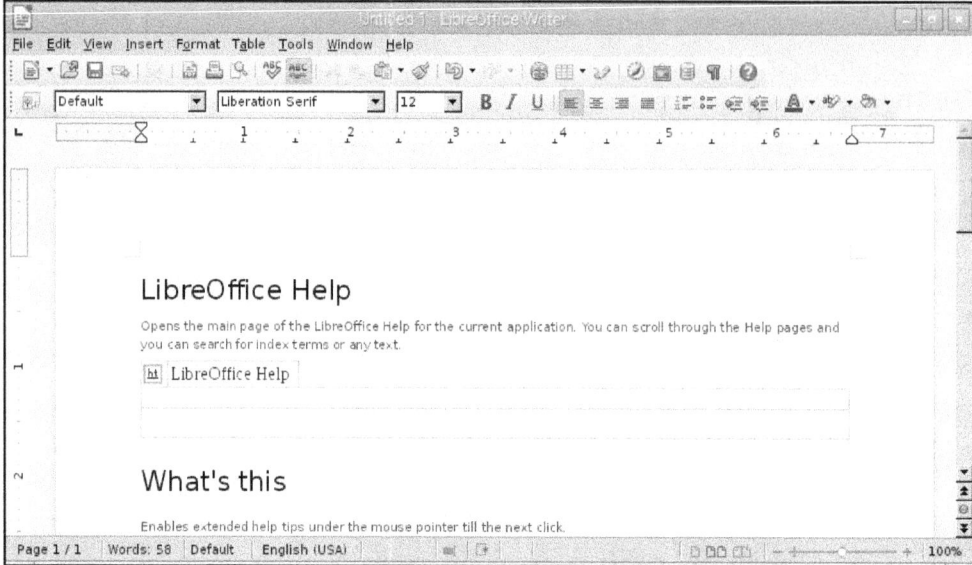

그림 21-2 <Libre> Offce word processor

다음은 계산 작업에 사용할 수 있는 spread sheet 프로그램이다.

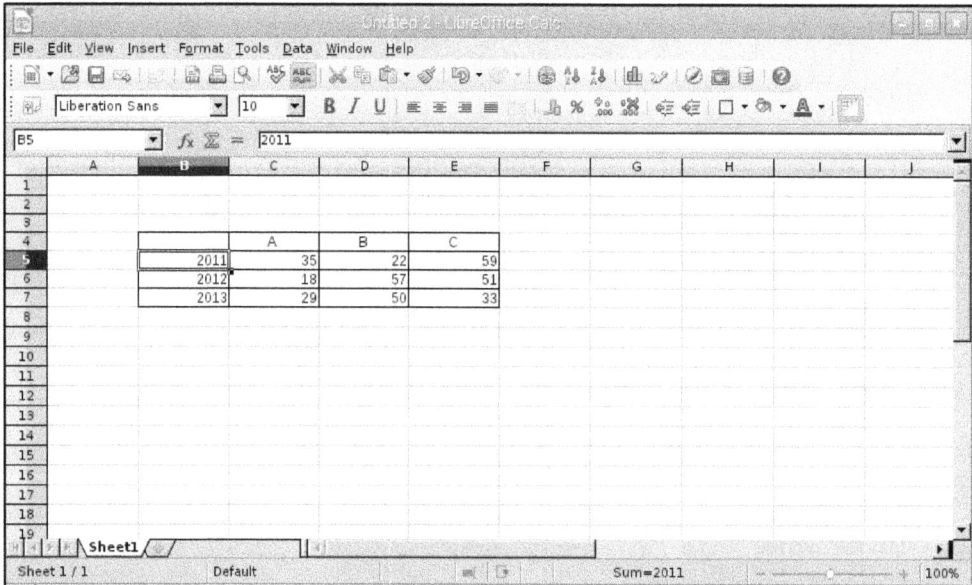

그림 21-3 <Libre> Offce spread sheet

21.2 <Gimp> 프로그램 - 이미지 파일 편집

Raspberry Pi에서 사진과 같은 비트맵 이미지를 편집하는 데는 Gimp(GNU Image Manipulation Program)를 사용할 수 있다. 상업용 이미지 편집 도구인 Adobe Photoshop과 interface을 할 수 있고, 강력한 비트맵 이미지 편집 기능을 제공한다

프로그램 사용법에 대한 추가적인 정보는 다음을 참고하기 바란다.

- http://www.gimp.org/

21.2.1 <Gimp> 프로그램 설치

아래와 같이 <Gimp> 프로그램을 설치한다. 해당 명령을 실행하면 프로그램 설치에 대한 점검을 한 후 설치여부를 확인하는데, 확인을 하면 아래와 같이 설치 작업이 시작된다.

```
pi@raspberrypi ~ $ sudo apt-get install gimp

Reading package lists... Done
Building dependency tree
Reading state information... Done
The following extra packages will be installed:
  gimp-data gstreamer0.10-ffmpeg gstreamer0.10-gconf gstreamer0.10-plugins-bad
~
~ 중략
~
Need to get 31.0 MB of archives.
After this operation, 119 MB of additional disk space will be used.
Do you want to continue [Y/n]?
Get:1 http://mirrordirector.raspbian.org/raspbian/ wheezy/main libgstreamer-
plugins-bad0.10-0 armhf 0.10.23-7.1+deb7u2 [761 kB]
Get:2 http://mirrordirector.raspbian.org/raspbian/ wheezy/main gstreamer0.10-
plugins-bad armhf 0.10.23-7.1+deb7u2 [1,858 kB]
Fetched 2,619 kB in 2s (970 kB/s)
Extracting templates from packages: 100%
~
~ 중략
~
Setting up gstreamer0.10-x:armhf (0.10.36-1.1) ...
Processing triggers for python-support ...
Processing triggers for menu ...
```

21.2.2 <Gimp> 프로그램 실행

설치가 완료되면 window 의 Application Menu에 새로운 메뉴가 추가된다. [Menu]를 보면
Graphics → GNU Image Manipulation Program 가 추가되어 있는 것을 확인할 수 있다.

프로그램을 실행하면 아래와 같은 화면이 나온다. 편집하고자 하는 파일을 선택하면 중앙
의 화면에 이미지가 표시되고, 여러 가지 편집 작업을 할 수 있다.

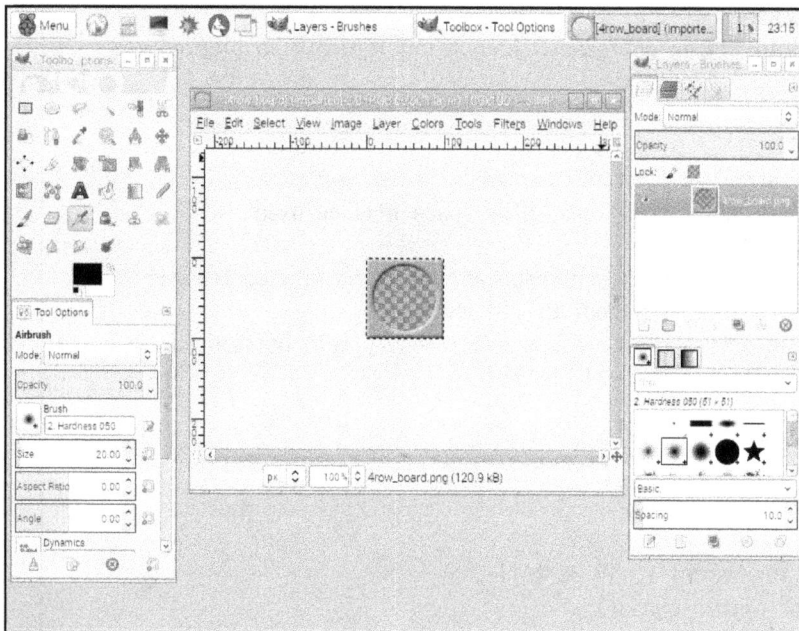

그림 21-4 이미지 편집기 <Gimp> 프로그램

21.3 <Scrot> 프로그램 - 화면 캡쳐

<Scrot> 프로그램을 이용하면 시스템의 화면에서 이미지를 캡쳐할 수 있다. 이를 위해서는 사전에 이 프로그램을 설치해야 한다.

21.3.1 <Scrot> 프로그램 설치

아래와 같이 <Scrot> 프로그램을 설치한다. 해당 명령을 실행하면 프로그램 설치에 대한 점검을 한 후 설치여부를 확인하게 된다. 계속 진행을 선택하면 아래와 같이 설치 작업이 시작된다.

```
sudo apt-get install scrot
Reading package lists... Done
Building dependency tree
Reading state information... Done
The following extra packages will be installed:
  giblib1
The following NEW packages will be installed:
  giblib1 scrot
0 upgraded, 2 newly installed, 0 to remove and 0 not upgraded.
Need to get 37.5 kB of archives.
After this operation, 148 kB of additional disk space will be used.
Do you want to continue [Y/n]? y
Get:1 http://mirrordirector.raspbian.org/raspbian/ wheezy/main giblib1 armhf 1.2.4-
8 [19.0 kB]
Get:2 http://mirrordirector.raspbian.org/raspbian/ wheezy/main scrot armhf 0.8-13
[18.5 kB]
Fetched 37.5 kB in 1s (27.8 kB/s)
Selecting previously unselected package giblib1:armhf.
(Reading database ... 77410 files and directories currently installed.)
Unpacking giblib1:armhf (from .../giblib1_1.2.4-8_armhf.deb) ...
Selecting previously unselected package scrot.
Unpacking scrot (from .../scrot_0.8-13_armhf.deb) ...
Processing triggers for man-db ...
Setting up giblib1:armhf (1.2.4-8) ...
Setting up scrot (0.8-13) ...
```

21.3.2 <Scrot> 프로그램을 이용한 화면 캡쳐

21.3.2.1 프로그램 실행 개요

다음 명령을 이용해서 시스템의 화면을 캡쳐할 수 있다. 화면을 캡쳐하는 방법에는 option에 따라 여러 가지 방식을 이용할 수 있다. 대표적인 기능으로는 전체 화면을 캡쳐하기, 선택된 화면을 캡쳐하기, focus 화면을 캡쳐하기, 지정시간 경과 후 캡쳐하기 등의 기능이 있다.

[명령 형식]

scrot [OPTION]

[명령 개요]
- 시스테의 화면을 캡쳐하여 이미지 파일로 저장해 준다.
- 필요 권한   -- 일반 권한

[상세 설명]
- None

[주요 option]

-h, --help	display this help and exit
-c, --count	Display a countdown when used with delay.
-d, --delay NUM	Wait NUM seconds before taking a shot.
-s, --select	Interactively select a window or rectangle with the mouse.
-u, --focused	Use the currently focused window.

21.3.2.2 전체 화면의 캡쳐

전체 화면을 캡쳐하기 위해서는 특별한 option을 지정하지 않고 프로그램을 실행한다. 아래와 같이 <Scrot> 프로그램을 실행한다.

```
pi@raspberrypi ~ $ scrot
```

그러면 현재 directory에 캡쳐된 파일이 "2015-03-26-074740_1280x1024_scrot.png" 같은 이름으로 저장이 된다. 해당 내용을 조회해 보면 다음과 같이 전체 화면이 캡쳐되어 있는 것을 확인할 수 있다.

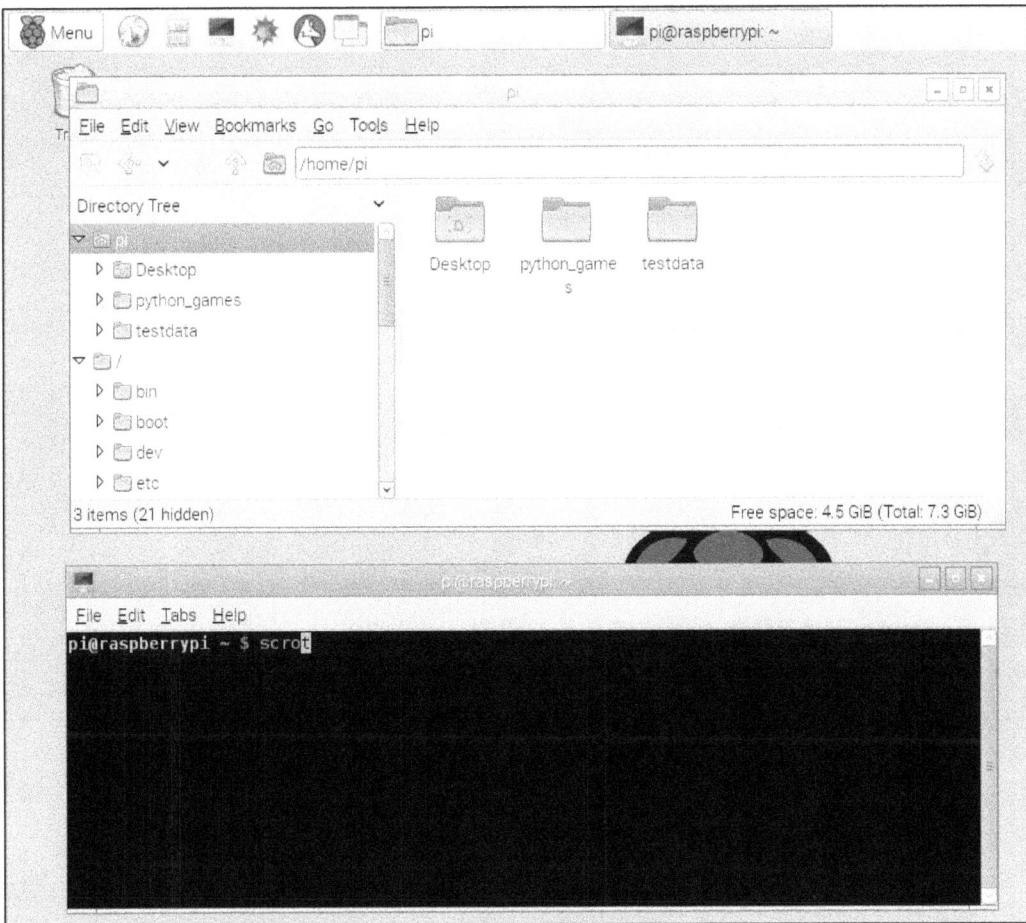

그림 21-5 <Scrot> 프로그램을 이용한 전체화면 캡쳐

21.3.2.3 부분 화면의 갭쳐

전체 화면이 아닌 화면의 일부만을 캡쳐하기 위해서는 "-s" option을 사용한다. 아래와 같이 <Scrot> 프로그램을 실행한다.

```
pi@raspberrypi ~ $ scrot -s
```

해당 명령을 실행한 후 화면에서 원하는 영역을 마우스로 drag 하여 캡쳐하고자 하는 영역을 지정한다. 작업이 완료되면 현재 directory에 캡쳐된 파일이 "2015-03-26-074914_946x466_scrot.png" 같은 이름으로 저장된다. 해당 내용을 조회해 보면 다음과 같이 지정된 화면이 캡쳐되어 있는 것을 확인할 수 있다.

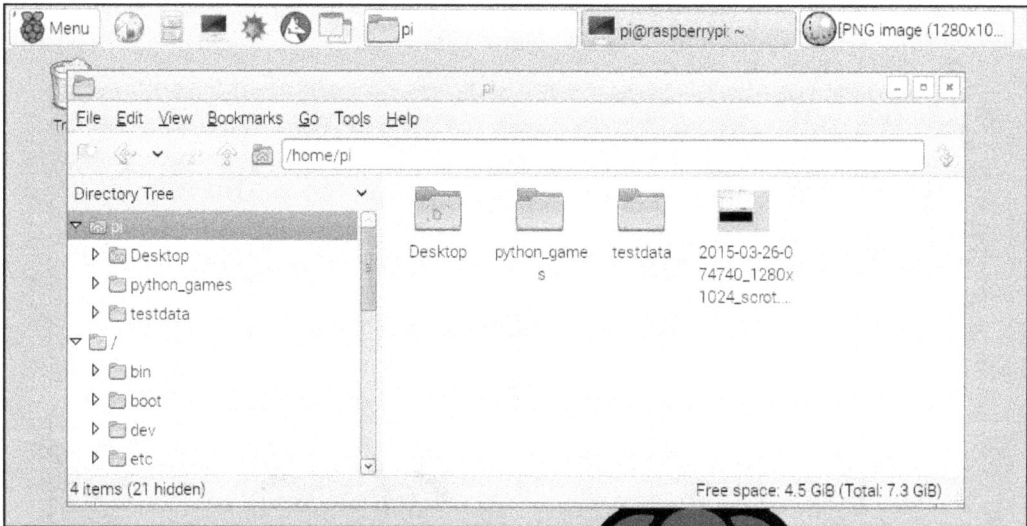

그림 21-6 <Scrot> 프로그램을 이용한 부분화면 캡쳐

21.4 CUPS 프로그램 - 네트워크 프린터 인쇄

Raspberry Pi에서는 인쇄를 하기 위해서는 별도의 도구가 필요하다. 이를 위해서 CUPS 프로그램이라는 도구를 사용할 수 있다. CUPS(Common Unix Printing System)는 Unix에서 pinter server 기능을 제공하는 프로그램이다. 이 프로그램을 이용하면 Raspberry Pi에 USB로 직접 연결된 printer 뿐만 아니라 네트워크에 있는 printer를 이용해서 인쇄를 할 수 있다.

여기서는 CUPS 프로그램을 설치하고, 이용하는 절차에 대해서 설명하도록 하겠다. 추가적인 정보는 다음을 참고하기 바란다.

- http://www.cups.org/

21.4.1 시스템 설치 직전의 print 상태

Raspberry Pi를 설치한 후 window에서 보면 Leafpad의 메뉴 **File→Print**나 web Browser의 메뉴 **Setting → Print**와 같이 Print 기능이 있다. 이 메뉴를 이용해서 Print를 해보면 아래와 같은 화면이 나타난다.

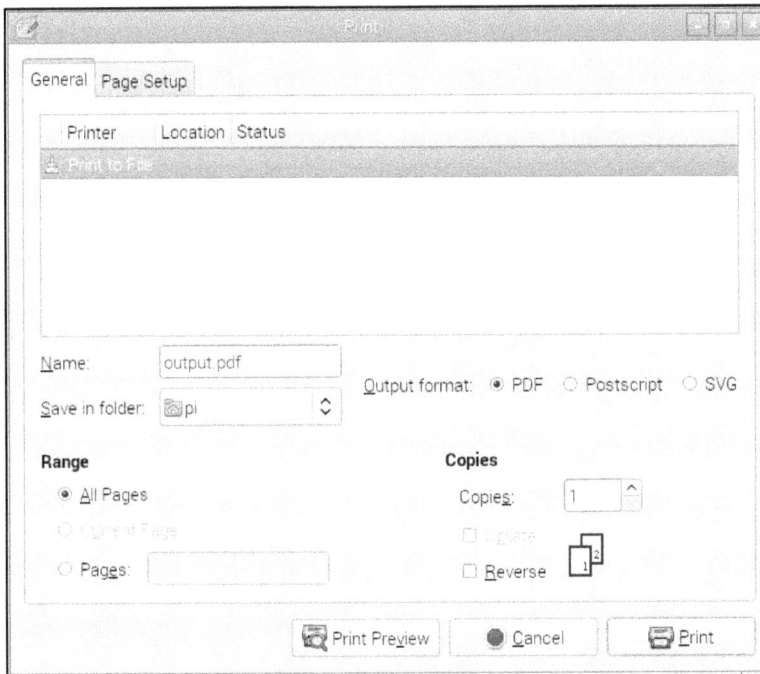

여기서 자세히 보면 실제 printer에 인쇄를 할 수 있는 것이 아니라 파일에 인쇄하는 기능만 사용할 수 있는 상태로 되어 있다. 이것은 Raspberry Pi 시스템에서 아직 printer가 정식으로 설치되지 않은 상태라는 것을 의미한다. 물론 여기서 파일로 인쇄한 다음, 해당 파일을 인쇄가 가능한 다른 컴퓨터로 옮겨서 실제 printer에 인쇄하는 것은 언제든지 가능하다. 하지만 Pi 시스템에서 직접 Printer로 인쇄를 하기 위해서는 다른 도구의 도움이 필요하다.

21.4.2 <CUPS> 프로그램 설치

아래와 같이 <CUPS> 프로그램을 설치한다. 해당 명령을 실행하면 프로그램 설치에 대한
점검을 한 후 설치여부를 확인하게 된다. 계속 진행을 선택하면 설치작업이 시작된다.

```
sudo apt-get install cups

pi@raspberrypi ~ $ sudo apt-get install cups
Reading package lists... Done
Building dependency tree
Reading state information... Done
The following extra packages will be installed:
  acl avahi-daemon bc bind9-host colord cups-filters cups-ppdc dc
~
~ 중략
~
  python-reportlab-accel sane-utils ssl-cert
0 upgraded, 72 newly installed, 0 to remove and 39 not upgraded.
Need to get 27.3 MB of archives.
After this operation, 73.1 MB of additional disk space will be used.
Do you want to continue [Y/n]? y
Get:1 http://mirrordirector.raspbian.org/raspbian/ wheezy/main giblib1 armhf 1.2.4-
8 [19.0 kB]
Get:1 http://mirrordirector.raspbian.org/raspbian/ wheezy/main libgusb2 armhf 0.
1.3-5 [16.5 kB]
Get:2 http://mirrordirector.raspbian.org/raspbian/ wheezy/main libsane-common ar
mhf 1.0.22-7.4 [722 kB]
Get:3 http://mirrordirector.raspbian.org/raspbian/ wheezy/main acl armhf 2.2.51- 8
[68.6 kB]
~
~ 중략
~
insserv: warning: script 'K01tightvnc' missing LSB tags and overrides
insserv: warning: script 'tightvnc' missing LSB tags and overrides
saned disabled; edit /etc/default/saned
Setting up mscompress (0.3-4) ...
Processing triggers for menu ...
```

21.4.3 <CUPS> 프로그램을 이용한 printer server 설정

<CUPS> 프로그램 설치가 완료되면, 이제 <CUPS> 프로그램에 의해 설치된 printer server 가 실제로 정상 작동할 수 있도록 설정작업을 하고, 실제 인쇄할 printer와 연결하기 위한 설정작업을 해야 한다.

먼저 프린터에 대한 관리자 권한을 특정 사용자 계정에게 부여해야 한다. 여기서는 pi 계 정에 프린터 관리 권한을 부여하도록 하겠다. usermod 명령으로 다음과 같이 처리한다. 이 것은 사용자 group lpadmin을 pi계정에 추가로 부여한 것이다.

```
pi@raspberrypi ~ $ sudo usermod -a -G lpadmin pi
```

<CUPS> 프로그램은 web browser를 이용해서 필요한 설정작업을 할 수 있는 방법을 제공 하고 있다. 필요한 작업을 하려면 Web browser를 열고 local host에서 기본 port 631을 사 용하면, 다음과 같이 <CUPS> 프로그램 설정화면에 접속할 수 있다.

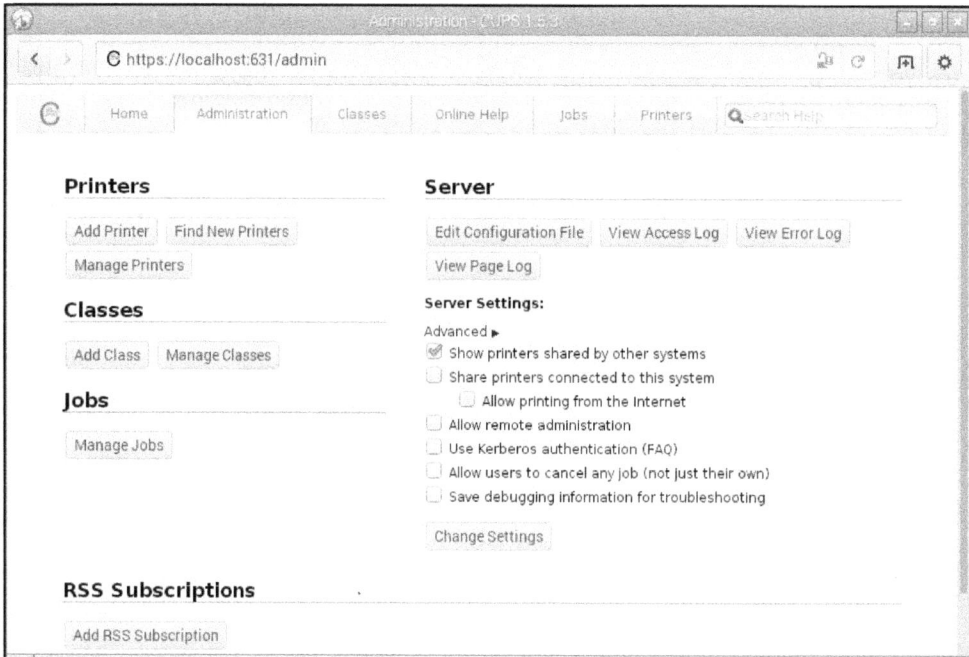

그림 21-7 <CUPS> 프로그램 설정

이 화면에서는 printer server를 추가, 삭제할 수 있고, 기존에 설치되어 있는 printer server 의 각종 설정 사항을 조정할 수 있으며, 현재 처리하고 있는 인쇄 작업 상태를 확인하고, 필요한 조치를 취할 수 있다.

[Administration] Tab에서 [Add Printer] 버튼을 이용해서 새로운 printer를 추가하는 작업을 시작한다. 그러면 <CUPS> 프로그램의 관리자에 대한 사용자계정과 암호를 입력하는 pop-up 화면이 나타나는데, 앞에서 프린터 관리자로 지정한 사용자 계정을 사용하도록 한다.

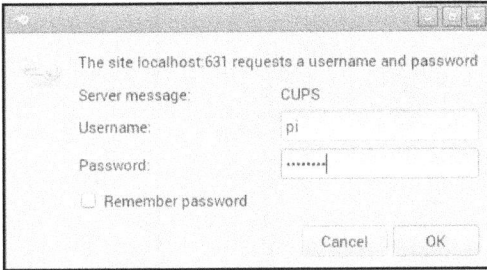

그러면 다음 화면에서 여러 가지 사용하고자 하는 프린터의 유형을 선택할 수 있다. 만약 네트워크에 설치되어 있는 프린터가 있다면 위와 같이 [Discovered Network Printers]에 해당 프린터 목록이 표시될 것이다. 사용하고자 하는 프린터를 선택한 다음 [Continue] 버튼을 눌러서 처리를 계속한다.

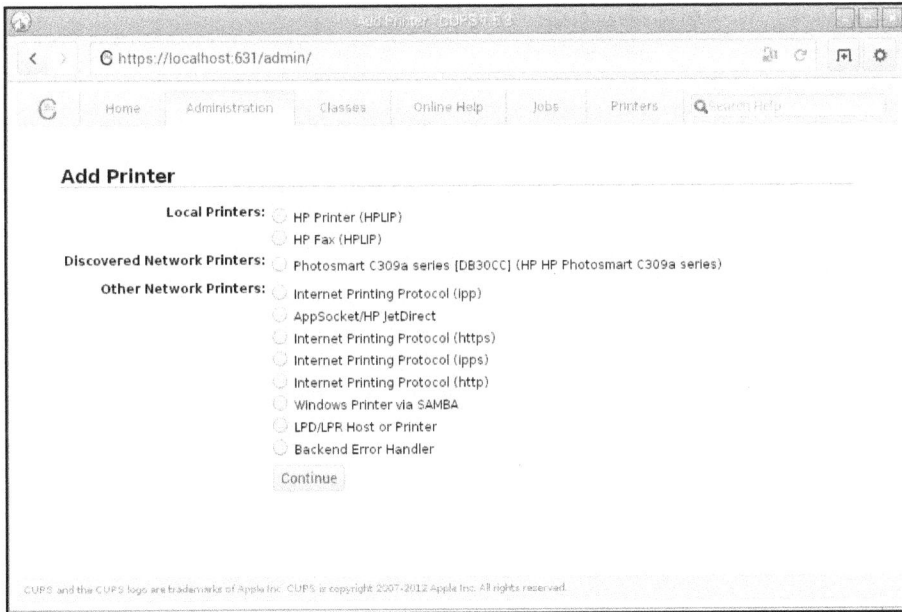

그러면 선택된 프린터를 설치하는 다음과 같은 화면이 나타날 것이다. 필요한 내용을 입력하고 [Continue] 버튼을 눌러서 처리를 계속한다.

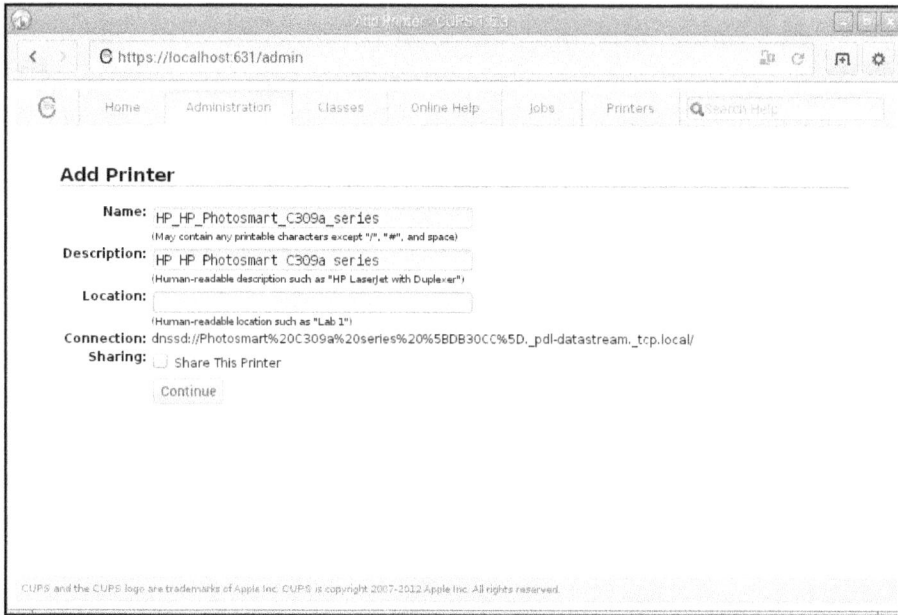

그러면 프린터 드라이브를 선택하는 다음과 같은 화면이 나오면 적절한 드라이브를 선택한 후 [Add Printer] 버튼으로 진행을 계속한다.

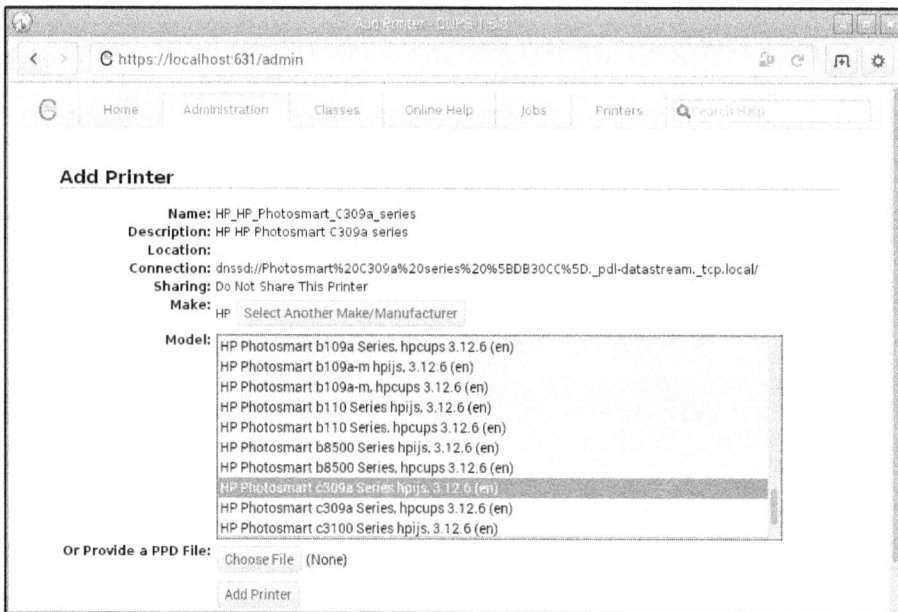

그러면 선택된 프린터가 설치되고, 해당 프린터에 대한 기본 설정값을 지정하는 다음 화면이 표시되는데, 원하는 값을 설정한 후 [Set Default Options] 버튼을 누른다.

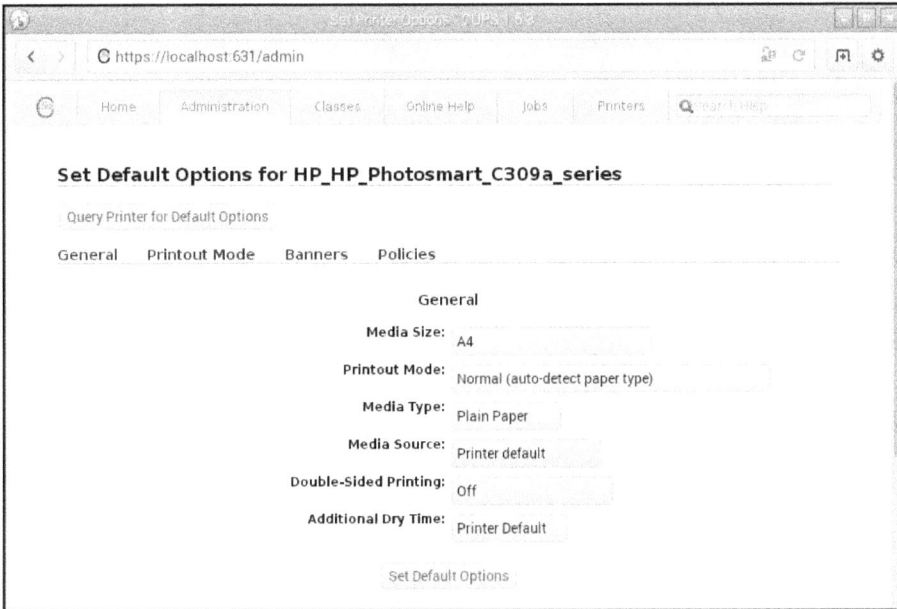

그러면 모든 설정이 완료된 후 프린터 설치가 완료되었음 알리는 화면이 표시된다.

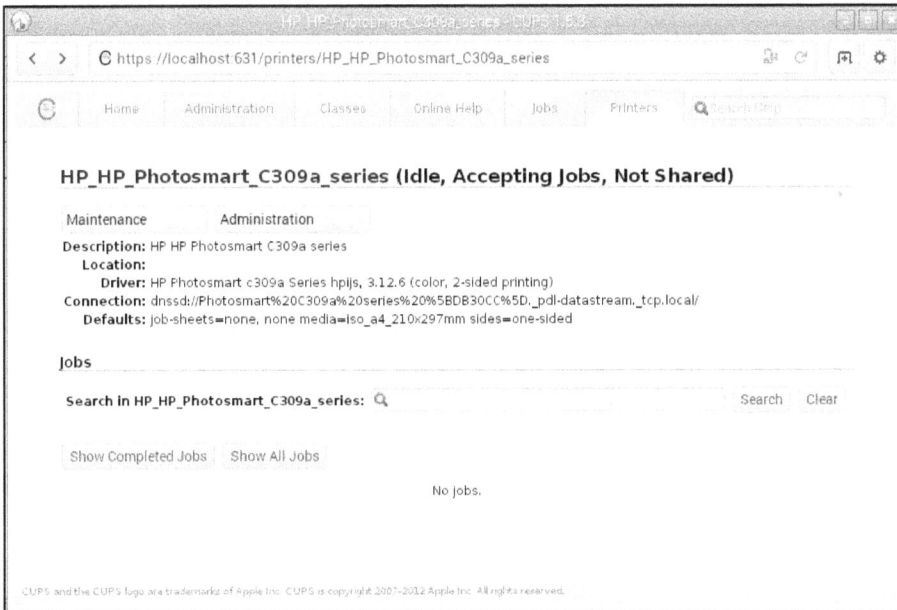

21.4.4 print 설치 확인 및 인쇄

desktop window의 Leafpad 메뉴 **File → Print**나 web Browser 메뉴 **Setting → Print**와 같은
메뉴를 이용해서 Print하면 다음과 같이 새로 설치된 프린터가 추가되어 있음을 알 수 있
다. 새로 설치된 프린터를 선택해서 인쇄하면 해당 printer로 내용이 인쇄되어 나올 것이다.

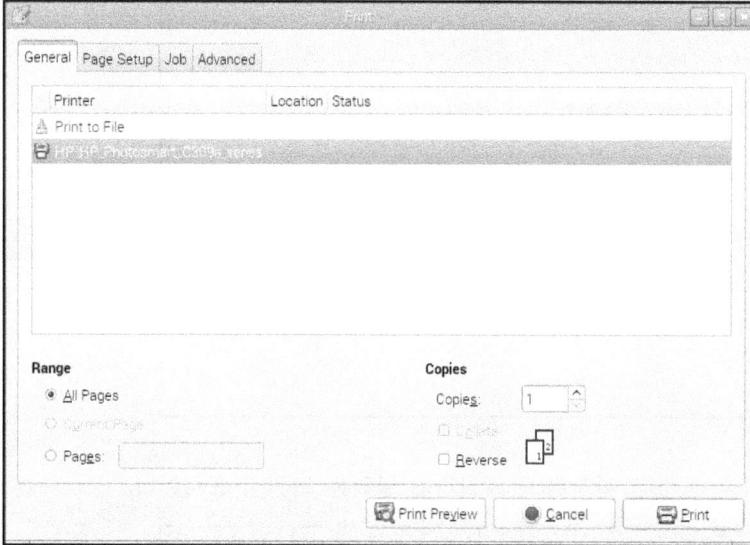

다음 화면은 실제로 문서를 인쇄를 하고 난 후 인쇄 Job의 현재 상태를 확인해 본 것이다.
현재 인쇄가 진행중인 것을 확인할 수 있다.

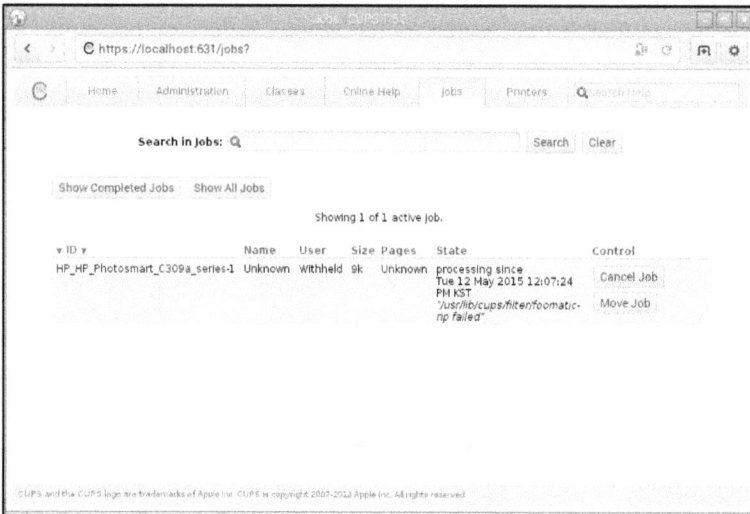

21.5 Web Browser 대안

Raspberry Pi에서는 기본적으로 Epiphany-browser가 기본 browser로 제공되고 있다. 이 browser는 과거에 제공되던 Midori 와 비교해서 속도가 비약적으로 개선되어 인터넷 환경에서 빠른 속도로 작업을 할 수 있으며, 전반적으로 사용하는데 큰 불편이 없다. 하지만 사용자의 개인적인 편의나 업무 환경에 따라 다른 browser를 사용해야 할 수도 있는데, 이때는 원하는 browser를 추가적으로 설치하여 사용할 수 있다.

한가지 고려할 점은 최신 버전의 browser는 많은 시스템 자원을 필요로 하는데 반해, Raspberry Pi는 강력한 컴퓨터가 아니므로 아무래도 하드웨어 성능의 제약을 받을 수 밖에 없다. 따라서 시스템의 성능과 browser 의 성능 사이에 적절한 균형을 맞추는 것이 필수적이다. 또한 Raspberry Pi 시스템의 처리 성능을 높이는 것이 필요하면, over-clocking 기능을 사용하는 것을 검토해볼 수 있다.

21.5.1 Chromium browser

이것은 Google의 오픈소스 프로젝트로 개발된 프로그램으로 Google Chrom과 비슷한 browser이다.

해당 프로그램을 설치하기 위해서는 다음과 같이 실행한다.

```
sudo ape-get install chromium-browser
```

21.5.2 Iceweasel browser

이 browser는 파이어폭스를 기반으로 한 것으로, 가능한 보다 간단한 코드로 구성된 HTML을 제공해 주므로 Chromium보다 속도가 빠르다.

해당 프로그램을 설치하기 위해서는 다음과 같이 실행한다.

```
pi@raspberrypi ~ $ sudo ape-get install iceweasel
```

This Page is Intentionally Left Blank

Chapter 22   멀티미디어

Chapter 주요 내용

여기서는 RasPi camera를 사용하기 위한 기초적인 내용을 먼저 설명하고 있다. 그 다음에는 RasPi camera를 이용하여 사진과 동영상을 촬영하는 방법을 설명하고 있으며, 촬영된 사진과 동영상의 내용을 확인하는 방법을 제시하고 있다.

아울러 이러한 동영상을 외부 컴퓨터에서 확인하거나 인터넷으로 방송하는 방법을 설명하고 있으며, 촬영한 동영상에서 실시간으로 움직임을 감지하여 기록하고 통지하는 방법에 대해서도 제시하고 있다.

다음과 같은 항목에 대한 내용을 포함하고 있다.
- Raspberry Pi camera 기본
- Raspberry Pi camera 처리 API
- Raspberry Pi camera를 이용한 사진 및 동영상 촬영
- 동영상 내용 확인하기
- 동영상을 외부 컴퓨터에서 보기
- 동영상을 인터넷으로 방송하기
- motion 감지 web camera 구축
- E-Mail 사용하기

22.1 Raspberry Pi camera 사용하기

22.1.1 카메라 관련 기본 개요

22.1.1.1 Raspberry Pi 전용 camera 설치

Raspberry Pi 전용 camera는 ribbon cable을 본체에 있는 CSI port에 연결하여 설치한다. camera의 종류와 설치하는 방법에 대해서는 **[3.9.2CSI port 지원 카메라 및 Raspberry Pi 전용 camera]**의 설명을 참조하기 바란다.

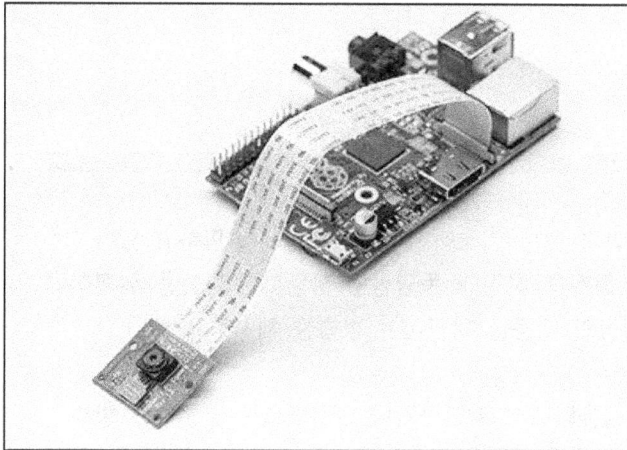

그림 22-1 Raspberry Pi camerar가 설치된 모습

22.1.1.2 Raspberry Pi camera 활성화 및 memory 조정

Pi camera를 사용하기 위해서는 먼저 camera가 반드시 활성화되어 있어야 하며, GPU memory가 적절하게 할당되어 있어야 한다. 이에 대한 구체적인 설정방법은 **[9.8.1 Raspberry Pi camera 활성화]**의 설명을 참조하기 바란다.

또한 Pi camera가 정상적으로 작동하려면 GPU가 적절하게 할당되어 있어야 하는데, 최소 128 Meg를 GPU에 할당하도록 한다. 이에 대한 구체적인 설정방법은 **[9.7.2 GPU memory 조정]**의 설명을 참조하기 바란다.

22.1.2 Raspberry Pi camera 처리 API

Raspberry Pi 시스템에서 RasPi 전용 camera기능을 처리하는 API에는 MMAL 방식과 V4L2 방식을 사용할 수 있다.

22.1.2.1 MMAL(Multi-Media Abstraction Layer)

Raspberry Pi A+/B+시스템은 Broadcom BCM2835에서 제작한 system board를 사용하는데, 여기서 그래픽을 처리하는 GPU는 VideoCore IV이다.

MMAL(Multi-Media Abstraction Layer)는 Videocore IV 장착 systems에서만 사용할 수 있는 Broadcom 전용 API이다. MMAL API는 OpenMAX를 기반으로 실행되는 API로서, OpenMAX 를 이용했을 때보다 시스템을 다루기 쉽다. MMAL API는 다른 API에 비해서 low level의 API로서, 보다 세밀한 그래픽 처리가 가능하고, 성능 면에서 보다 높은 기능 활용할 수 있다.

Raspberry Pi에서 MMAL API를 사용하는 camera도구로는 다음과 같은 것을 사용할 수 있다.
- Motion   -- 영상에서 움직임을 감지하여 촬영
- G-Streaming   -- 네트워크의 다른 컴퓨터로 영상 전송
- VLC   -- Web으로 영상 방송

MMAL에 대한 상세한 자료는 다음을 참조하기 바란다.
- http://www.jvcref.com/files/PI/documentation/html/index.html#features

22.1.2.2 V4L2 (Video For Linux2)

● **V4L (Video For Linux)와 V4L2(Video For Linux 2)**

V4L (Video For Linux)는 Linux에서 TV튜너나 USB웹 카메라 같은 다양한 비디오 장치에 대한 기능을 처리하는 표준 API이다. Video For Linux(V4L)의 인터페이스의 첫번째 버전은 Alan Cox에 의해서 Linux2.2에서 실행되었다. 1999년에 두번째 버전인 V4L2(Video For Linux 2)인터페이스 개발이 시작되었고, V4L에서 발견된 버그를 고치고 더 많은 디바이스를 지원하게 되었다.

V4L2 driver는 일반적인 kernel module처럼 실행됩니다. 이것은 관리자에 의해 load될 수도 있고, device file을 열 때 자동으로 load될 수도 있다. 드라이버들은 기본 "videodev" 커널 모듈을 사용합니다. 이 커널 모듈은 video device로 작업하기 위한 kernel device와 일치합니다.

● **Raspberry Pi용 UV4L (Userspace Video For Linux)**

Raspberry Pi 초기에는 V4L 기능을 사용할 수 없었다. 그래서 특정한 개발자 그룹이 Raspberry Pi에서 V4L을 사용하기 위해서 만들어 낸 비공식적인 V4L(Video4Linux)가 UV4L (Userspace Video4Linux) driver이다. 이 driver는 시스템의 firmware에 포함되지 않고, 별도로 설치되는 형식이므로 Userspace라고 한다. 이 driver를 이용하면 Linux에서 USB webcams 용으로 개발된 많은 표준 Linux Application을 Raspberry Pi에서 사용할 수 있다.

● Raspberry Pi용 V4L2 (Video For Linux 2)

Raspberry Pi가 선풍적인 인기를 얻게 되자, Raspberry Pi Foundataion에서 V4L2(Video4Linux2)기능을 시스템의 firmware에 포함시킬 필요성이 있어서 Broadcom과 협력하여 Raspberry pi 용으로 kernel-space V4L2 driver를 공식적인 개발하였다.

최근에 제공되는 Raspberry PI에는 kernel에 V4L2 driver가 포함되어 있고, Raspbian image 에는 V4L2-ctl 과 같은 V4L2 utilities들이 기본으로 포함되어 제공되고 있다. 이 driver는 firmware에 포함되어 운영되므로 별도의 설치가 필요 없고, UV4L보다 향상된 성능을 보여 준다. 이 driver를 이용하면 Linux에서 USB webcams 용으로 개발된 많은 표준 Linux Application을 Raspberry Pi에서 사용할 수 있다.
V4L2 driver는 /dev/video0~n과 같은 파일 장치를 통해서 interface를 할 수 있는데, 시스 템을 처음 설치했을 때는 이러한 장치가 보이지 않는다. 아래와 같이 확인해 보면 해당 장 치가 없다.

```
pi@raspberrypi ~ $ ls /dev/video*
ls: cannot access /dev/video*: No such file or directory
```

이 driver는 firmware에 포함되어 제공되고 있지만 비활성화 상태로 되어 있어서 해당 기 능을 사용하고자 하면 driver를 활성화시켜야 한다. 다음과 같은 modprobe 명령으로 활성 화시킨다. modprobe 명령 사용법에 대한 상세한 설명은 여기서 다루지 않을 것이므로, 추 가 자료가 필요하면 별도의 자료를 찾아보기 바란다.

```
sudo modprobe bcm2835-v4l2
```

이제 다시 장치를 확인해 보면 아래와 같이 장치가 활성화되어 있는 것을 확인할 수 있다.

```
pi@raspberrypi ~ $ sudo ls /dev/video*
/dev/video0
```

이제 dd 명령을 이용하여 해당 video0 device가 정상적으로 작동하는지 확인해 보자. 그러면 test_snap2.jpg 파일이 생성되어 있는 것을 확인할 수 있다.

```
pi@raspberrypi ~/Image_Camera $ dd if=/dev/video0 of=test_snap2.jpg bs=64M count=1
0+1 records in
0+1 records out
152064 bytes (152 kB) copied, 0.581062 s, 262 kB/s
pi@raspberrypi ~/Image_Camera $ ls -l
-rw-r--r-- 1 pi pi 2799282 May 13 14:06 test_snap1.jpg
-rw-r--r-- 1 pi pi  152064 May 16 23:07 test_snap2.jpg
```

그런데 V4L2 driver 활성화는 시스템이 작동 중에만 유효하고, 다음 booting에서는 계속 유지되지 않으므로, 시스템이 boot 할 때마다 다시 활성화시켜 주어야 한다. 시스템이 boot 할 때마다 자동으로 활성화되도록 하려면 */etc/rc.local* 파일에서 해당 내용을 설정하여 사용할 수 있다. init script를 사용하여 설정하는 방법은 [**20.3.3 init script 작성**]의 설명을 참조하기 바란다.

Raspberry Pi에서 V4L2 API를 사용하는 camera도구로는 다음과 같은 것을 사용할 수 있다.
- Motion   -- 영상에서 움직임을 감지하여 촬영
- Open CV
- VLC --RTSP 방식   -- Web으로 영상 방송
- Mjpg-streamming   -- Web으로 영상 방송
- luvcview   -- Web으로 영상 방송

22.1.3 Pi camera를 이용한 사진 및 동영상 촬영

22.1.3.1 Pi camera 촬영 명령 개요

Raspberry Pi 전용 camera를 이용하면 다음과 같은 명령을 실행할 수 있다. 명령에 따라 정지화면을 촬영하거나 동영상을 촬영할 수 있는 기능이 있다.

- raspistill 명령

  이 명령은 정지화면을 capture한다. 촬영한 이미지는 jpg 파일로 저장한다.

- raspiyuv 명령

  이 명령은 정지화면을 capture한다.

  이 명령은 encoder를 사용하지 않고, camera component에서 나오는 YUV or RGB output을 곧바로 파일로 보낸다.

- raspivid 명령

  이 명령은 동영상을 촬영한다. 촬영된 자료는 H264 format으로 파일에 저장한다.

모든 명령은 Shell에서 사용할 수 있고, MMAL API를 사용하도록 되어 있다. 모든 명령은 4개의 OpenMAX(MMAL) components인 *camera, preview, encoder* and *null_sink*를 사용한다. 먼저 모든 명령은 *camera* component를 사용한다. raspistill 명령은 *Image Encode* component를 사용하고, raspivid 명령은 *Video Encode* component를 사용하며, raspiyuv 명령은 *encoder* component를 사용하지 않고, *camera* component에서 나오는 YUV or RGB output을 곧바로 file로 보낸다.

The *preview* 화면은 선택적으로 사용할 수 있는데, 화면을 full screen이나 특정 크기의 사각형으로 처리할 수 있다. 만약 preview를 비활성화하면 *null_sink* component가 사용되어서 preview frame의 내용을 흡수하게 된다. preview frame은 exposure나 white balance settings을 계산하는데 사용되므로 비록 필요하지 않더라도 camera가 preview frames을 만들어 내는 것은 필요하다.

22.1.3.2 raspistill 명령을 이용한 사진 촬영하기

Raspberry Pi camera를 이용하여 사진을 촬영하기 위해서는 다음과 같이 raspistill 명령을 사용한다.

[명령 형식]

```
raspistill    [option]
```

[명령 개요]
- Raspberry Pi camera를 이용하여 사진을 촬영한다.
- 필요 권한   -- 일반 권한

[상세 설명]
- 사진 촬영을 시작하면, 일정시간 동안 사진으로 찍을 풍경에 대해서 preview 화면을 보여주고, 그 시간이 끝나면 최종적으로 파일로 저장을 한다.
- 이 프로그램은 기본적으로 jpg형식의 사진을 파일로 저장한다. 필요한 경우 encoder를 이용하여 다른 format으로 변환할 수 있다.

[주요 option]
- control option

-?, --help	: This help information
-w, --width	: Set image width <size>
-h, --height	: Set image height <size>
-q, --quality	: Set jpeg quality <0 to 100>
-o, --output	: Output filename <filename> (to write to stdout, use '-o -'). If not specified, no file is saved
-d, --demo	: Run a demo mode (cycle through range of camera options, no capture)
-v, --verbose	: Output verbose information during run
-t, --timeout	: Time (in ms) before takes picture and shuts down (if not specified, set to 5s)
-e, --encoding	: Encoding to use for output file (jpg, bmp, gif, png)
-tl, --timelapse	: Timelapse mode. Takes a picture every <t>ms

-set, --settings	: Retrieve camera settings and write to stdout

■ Preview option

-p, --preview	: Preview window settings <'x,y,w,h'>
-f, --fullscreen	: Fullscreen preview mode
-op, --opacity	: Preview window opacity (0-255)
-n, --nopreview	: Do not display a preview window

[사용 Example]

여기서는 정지상태의 사진을 찍어 보도록 하겠다.

```
pi@raspberrypi ~/Image_Camera $ raspistill -v -o test_snap1.jpg

raspistill Camera App v1.3.8

Width 2592, Height 1944, quality 85, filename test_snap1.jpg
Time delay 5000, Raw no
Thumbnail enabled Yes, width 64, height 48, quality 35
Link to latest frame enabled  no
Full resolution preview No
Capture method : Single capture

Preview Yes, Full screen Yes
Preview window 0,0,1024,768
Opacity 255
Sharpness 0, Contrast 0, Brightness 50
Saturation 0, ISO 0, Video Stabilisation No, Exposure compensation 0
Exposure Mode 'auto', AWB Mode 'auto', Image Effect 'none'
Metering Mode 'average', Colour Effect Enabled No with U = 128, V = 128
Rotation 0, hflip No, vflip No
ROI x 0.000000, y 0.000000, w 1.000000 h 1.000000
Camera component done
Encoder component done
Starting component connection stage
Connecting camera preview port to video render.
Connecting camera stills port to encoder input port
Opening output file test_snap1.jpg
Enabling encoder output port
Starting capture 0
Finished capture 0
Closing down
Close down completed, all components disconnected, disabled and destroyed
```

위와 같이 -v option을 사용하면 사진 촬영에 대한 여러 가지 시스템 정보를 확인할 수 있다. 사진을 촬영할 때 적용한 여러 가지 조건이나 사전의 모양이나 품질에 대한 정보 등을 보여준다.

지정된 preview 시간이 경과하면 사진의 내용이 파일로 저장된다. 사진의 크기는 width와 hight에서 지정한 크기에 따라 정해지며, 지정된 quailty에 따라서 정밀도가 정해진다.

```
pi@raspberrypi ~/Image_Camera $ ls -l
total 2736
-rw-r--r-- 1 pi pi 2799282 May 13 14:06 test_snap1.jpg
```

파일로 저장된 자료는 Pi의 window에서 [File manager]를 이용하여 [Image Viewer]를 이용하면 사진의 내용을 확인할 수 있다.

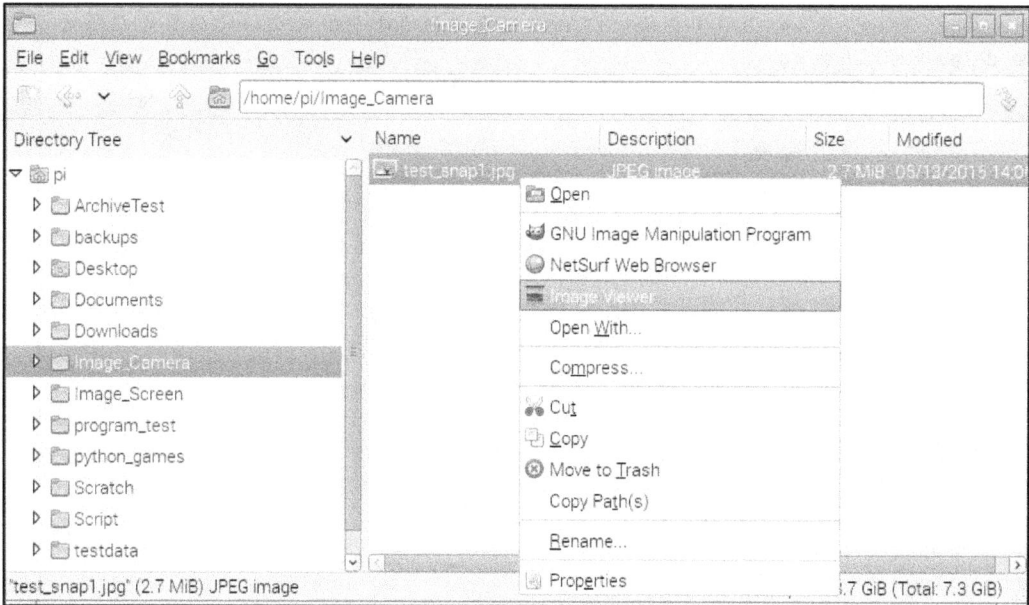

그림 22-2 window File manager의 Image Viewer

다음은 Image Viewer에서 사진의 내용을 확인한 것이다.

22.1.3.3 raspivid 명령을 이용한 동영상 촬영하기

Pi camera를 이용하여 동영상을 촬영하기 위해서는 다음과 같이 raspivid 명령을 사용한다.

[명령 형식]

raspivid   [option]

[명령 개요]

■ Raspberry Pi camera를 이용하여 동영상을 촬영한다.

■ 필요 권한   -- 일반 권한

[상세 설명]

■ 동영상 촬영을 시작하면, 지정된 시간 동안 찍을 풍경에 대해서 preview 화면을 보여 주고, 동시에 파일로 저장을 한다.

■ 이 프로그램은 기본적으로 h264 형식의 동영상 파일로 저장한다.

[주요 option]

■ Control option

-?, --help	: This help information
-w, --width	: Set image width <size>. Default 1920
-h, --height	: Set image height <size>. Default 1080
-b, --bitrate	: Set bitrate. Use bits per second (e.g. 10MBits/s would be -b 10000000)
-fps, --framerate	: Specify the frames per second to record
-pf, --profile	: Specify H264 profile to use for encoding
-o, --output	: Output filename <filename> (to write to stdout, use '-o -'). If not specified, no file is saved
-d, --demo	: Run a demo mode (cycle through range of camera options, no capture)
-v, --verbose	: Output verbose information during run
-t, --timeout	: Time (in ms) to capture for. If not specified, set to 5s. Zero to disable
-td, --timed	Cycle between capture and pause. -cycle on,off where on is

	record time and off is pause time in ms
-set, --settings	: Retrieve camera settings and write to stdout

■ Preview option

-p, --preview	: Preview window settings <'x,y,w,h'>
-f, --fullscreen	: Fullscreen preview mode
-op, --opacity	: Preview window opacity (0-255)
-n, --nopreview	: Do not display a preview window

[사용 Example]

여기서는 동영상을 찍어 보도록 하겠다.

```
pi@raspberrypi ~/Image_Camera $ raspivid -v -t 5000 -o test_motion1.h264
raspivid Camera App v1.3.12

Width 1920, Height 1080, filename test_motion1.h264
bitrate 17000000, framerate 30, time delay 5000
H264 Profile high
H264 Quantisation level 0, Inline headers No
H264 Intra refresh type (null), period -1


~
~ 중략
~

Exposure Mode 'auto', AWB Mode 'auto', Image Effect 'none'
Metering Mode 'average', Colour Effect Enabled No with U = 128, V = 128
Rotation 0, hflip No, vflip No
ROI x 0.000000, y 0.000000, w 1.000000 h 1.000000
Camera component done
Encoder component done
Starting component connection stage
Connecting camera preview port to preview input port
Starting video preview
Connecting camera stills port to encoder input port
Opening output file "test_motion1.h264"
Enabling encoder output port
Starting video capture
Finished capture
Closing down
Close down completed, all components disconnected, disabled and destroyed
```

위와 같이 -v option을 사용하면 동영상 촬영에 대한 여러 가지 시스템 정보를 확인할 수 있다. 동영상을 촬영할 때 적용한 여러 가지 조건이나 동영상의 모양이나 품질에 대한 정보 등을 보여준다.

지정된 preview 시간이 경과하면서 동영상의 내용이 파일로 저장된다. 동영상의 크기는 width와 hight에서 지정한 크기에 따라 정해지며, 지정된 quailty에 따라서 정밀도가 정해진다.

```
pi@raspberrypi ~/Image_Camera $ ls -l
-rw-r--r-- 1 pi pi 10130926 May 13 15:21 test_motion1.h264
```

22.1.4 동영상 내용 확인하기

Raspberry Pi 시스템에서 동영상을 play해 볼 수 있는 도구들에 대해서 살펴 볼 것이다.

22.1.4.1 <OMXplayer> 프로그램를 이용한 동영상 상영

OMXPlayer는 Raspberry Pi 시스템에 기본적으로 설치되어 있는 프로그램으로 Pi camera로 촬영된 동영상 파일 뿐만 아니라 일반적인 동영상을 Raspberry Pi 시스템에서 play할 수 있다.

[명령 형식]

omxplayer   [option]   <file-name>

[명령 개요]
- 동영상을 play해 준다.
- 필요 권한   -- 일반 권한

[상세 설명]
OMXPlayer는 Raspberry Pi의 XBMC에서 사용하기 위해서 개발된 아주 간단한 프로그램으로 단독으로 사용할 수 있지만, 기능이 많지는 않다.

[주요 option]

--win ´x1 y1 x2 y2´	Set position of video window

[사용 Example]

Raspberry Pi camera로 촬영한 파일을 이용해서 동영상을 play해 보겠다. 명령이 시작되면
동영상이 상영되고, 상영이 종료되면 다음과 같은 메시지가 나타난다.

```
pi@raspberrypi ~/Image_Camera $ omxplayer test_motion1.h264
Video codec omx-h264 width 400 height 300 profile 100 fps 25.000000
Subtitle count: 0, state: off, index: 1, delay: 0
V:PortSettingsChanged: 400x300@25.00 interlace:0 deinterlace:0 anaglyph:0 par:1.00
layer:0
have a nice day ;)
```

그림 22-3 <OMXplayer> 프로그램을 이용한 동영상 확인

22.1.4.2 <Mplayer> 프로그램을 이용한 동영상 상영

Raspberry Pi 시스템에서 동영상을 상영할 수 있는 프로그램 중에 <Mplayer> 프로그램는 여러 가지 다양한 기능을 제고해 주기 때문에 많이 사용되고 있는 프로그램이다.

이 프로그램은 다양한 format의 동영상 파일을 지원하며, 자체 시스템에 파일로 저장되어 있는 자료뿐만 아니라 인터넷상의 동영상 자료도 사용할 수 있다.

이 프로그램을 사용하기 위해서는 다음과 같이 설치 작업을 해야 한다.

```
sudo  apt-get  install  mplayer
```

해당 명령을 실행하면 프로그램 설치에 대한 점검을 한 후 설치여부를 확인하게 된다. 계속 진행을 선택하면 실제의 설치 작업이 시작된다.

```
pi@raspberrypi ~ $ sudo apt-get install mplayer
Reading package lists... Done
Building dependency tree
Reading state information... Done
The following extra packages will be installed:
  liblircclient0 liblzo2-2 libmpeg2-4 libxvmc1
Suggested packages:
  lirc mplayer-doc netselect fping
The following NEW packages will be installed:
  liblircclient0 liblzo2-2 libmpeg2-4 libxvmc1 mplayer
0 upgraded, 5 newly installed, 0 to remove and 39 not upgraded.
Need to get 2,700 kB of archives.
After this operation, 4,967 kB of additional disk space will be used.
Do you want to continue [Y/n]? y
~
~ 중략
~
Setting up liblircclient0 (0.9.0~pre1-1) ...
Setting up libmpeg2-4 (0.4.1-3) ...
Setting up libxvmc1 (2:1.0.7-1+deb7u2) ...
Setting up mplayer (2:1.0~rc4.dfsg1+svn34540-1+deb7u1) ...
```

● < Mplayer> 프로그램 실행

<Mplayer> 프로그램을 이용해서 동영상을 상영하려면 다음과 같은 형식의 명령을 사용한다.

[명령 형식]

mplayer [option] \<file\> [file-specific option]

mplayer [file | mms | http | rtp | ftp | u에 | unsv |smb]://[user:pass@]URL[:port] [options]

[명령 개요]
- 지정된 동영상을 상영한다.
- 필요 권한 -- 일반 권한

[상세 설명]
mplayer는 Linux에서 실행되는 동영상 실행 프로그램이다. 이 프로그램은 MPEG/VOB, AVI, ASF/WMA/WMV, RM, QT/MOV/MP4, Ogg/OGM, MKV, VIVO, FLI, NuppelVideo, yuv4mpeg, FILM, RoQ 파일처럼 자체 binary codec이 지원되는 많은 유형의 동영상을 실행할 수 있다. VCD, SVCD, DVD, Blu-ray, 3ivx, DivX 3/4/5, WMV, H.264 format의 영화도 감상할 수 있다. 참고로 Raspberry Pi camera에서 촬영한 동영상은 기본적으로 H.264 format으로 기록된다.

[주요 option]

-codecpath \<dir\>	Specify a directory for binary codecs.
-profile \<profile1,profile2,...\>	Use the given profile(s), -profile help displays a list of the defined profiles.
-quiet	Make console output less verbose; in particular, prevents the status line (i.e. A: 0.7 V: 0.6 A-V: 0.068 ...) from being displayed. Particularly useful on slow terminals or broken ones which do not prop-erly handle carriage return (i.e. ₩r).
-fps	
-cache	

[사용 Example]

pi camera로 촬영한 파일을 mkv로 변환한 동영상을 play해 보겠다. 명령이 시작되면 동영상이 상영되고, 상영이 종료되면 다음과 같은 메시지가 나타난다

```
pi@raspberrypi ~/Image_Camera $ mplayer test_motion1.mkv
```

```
pi@raspberrypi ~/Image_Camera $ mplayer test_motion1.mkv
MPlayer svn r34540 (Raspbian), built with gcc-4.6 (C) 2000-2012 MPlayer Team
mplayer: could not connect to socket
mplayer: No such file or directory
Failed to open LIRC support. You will not be able to use your remote control.
Playing test_motion1.mkv.
~
~ 중략
~
Reverting to normal Xlib
[swscaler @ 0x12c2380] No accelerated colorspace conversion found from yuv420p to
bgra.
[swscaler @ 0x12c2380] using unscaled yuv420p -> bgra special converter
V:   0.0   0/  0 ??% ??% ??,?% 0 0
Exiting... (End of file)
```

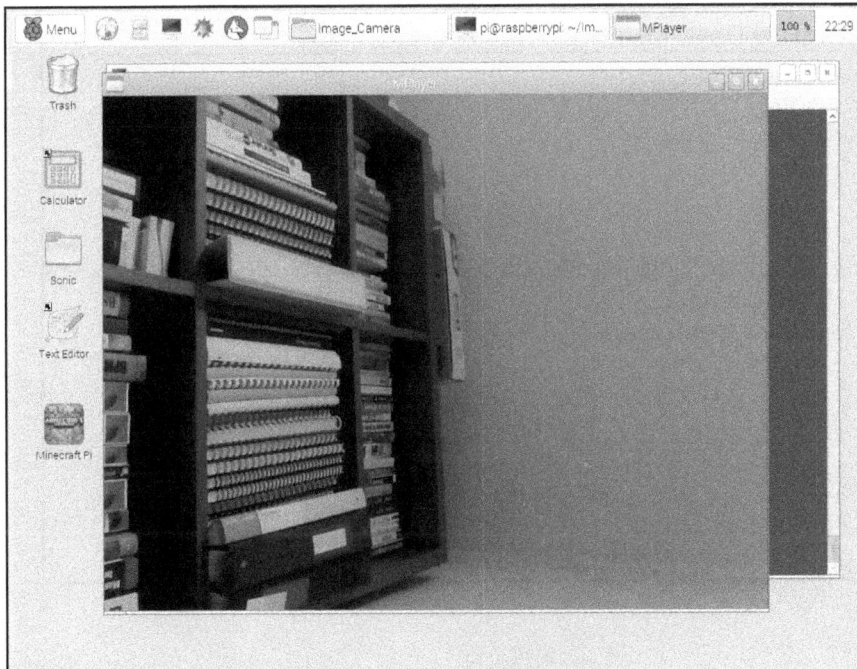

그림 22-4 <Mplayer> 프로그램을 이용한 동영상 확인

22.1.5 <FFMPEG> 프로그램을 이용한 동영상 format 변환하기

Pi에서 촬영한 동영상은 H264 format를 사용하는데, 이 형식은 일반 사용자들이 많이 사용하지 않는 형식이다. 이를 일반 사용자들이 많이 사용하는 동영상 format으로 변환하려면 FFMPEG 프로그램을 이용할 수 있다.

● **<FFMPEG> 프로그램 설치**

<FFMPEG> 프로그램을 사용하려면 해당 프로그램을 다음과 같이 설치해야 한다.

[명령 형식]

```
sudo   apt-get   install   ffmpeg
```

해당 명령을 실행하면 프로그램 설치에 대한 점검을 한 후 설치여부를 확인하게 된다. 계속 진행을 선택하면 아래와 같이 설치 작업이 시작된다.

```
pi@raspberrypi ~ $ sudo apt-get install ffmpeg
Reading package lists... Done
Building dependency tree
Reading state information... Done
~
~ 중략
~
0 upgraded, 8 newly installed, 0 to remove and 39 not upgraded.
Need to get 5,174 kB of archives.
After this operation, 13.4 MB of additional disk space will be used.
Do you want to continue [Y/n]? y
~
~ 중략
~
Setting up libavfilter2:armhf (6:0.8.17-1+rpi1) ...
Setting up ffmpeg (6:0.8.17-1+rpi1) ...
W: Operation was interrupted before it could finish
```

● 동영상 format 변환

<FFMPEG> 프로그램을 이용해서 동영상을 변환하려면 다음과 같은 형식의 명령을 사용한
다.

[명령 형식]

```
ffmpeg    [[in-file option]  [-I  in-file]      [out-file options] out-file
```

[명령 개요]

- 지정된 동영상을 다른 형식의 파일로 변환한다.
- 필요 권한   -- 일반 권한

[상세 설명]

- None

[주요 option]

-h, -?, -help, --help	Show help.
-formats	Show available formats. The fields preceding the format names have the following meanings: D Decoding available E Encoding available
-codecs	Show available codecs. The fields preceding the codec names have the following meanings: D Decoding available E Encoding available V/A/S Video/audio/subtitle codec
-i filename	input file name
-vframes number	Set the number of video frames to record.
-r fps	Set frame rate (Hz value, fraction or abbreviation), (default = 25).
-s size	Set frame size. The format is wxh (avserver default = 160x128, ffmpeg default = same as source). The following abbreviations are recognized:
-vcodec codec	Force video codec to codec. Use the "copy" special value to tell that the raw codec data must be copied as is.

[사용 Example]

여기서는 앞에서 pi로 촬영한 H264 형식의 동영상을 mkv 형식으로 변환해 보도록 하겠다.

```
pi@raspberrypi ~/Image_Camera $ ffmpeg -r 30 -i test_motion1.h264 -vcodec copy
test_motion1.mkv
```

```
ffmpeg version 0.8.17-6:0.8.17-1+rpi1, Copyright (c) 2000-2014 the Libav developers
  built on Mar 25 2015 00:39:58 with gcc 4.6.3
The ffmpeg program is only provided for script compatibility and will be removed
in a future release. It has been deprecated in the Libav project to allow for
incompatible Shell syntax improvements in its replacement called avconv
(see Changelog for details). Please use avconv instead.
[h264 @ 0x480660] Estimating duration from bitrate, this may be inaccurate

Seems stream 0 codec frame rate differs from container frame rate: 2400000.00
(2400000/1) -> 30.00 (30/1)
Input #0, h264, from 'test_motion.h264':
  Duration: N/A, bitrate: N/A
    Stream #0.0: Video: h264 (High), yuv420p, 1920x1080, 30 fps, 30 tbr, 1200k tbn,
2400k tbc
Output #0, matroska, to 'test_modion.mkv':
  Metadata:
    encoder         : Lavf53.21.1
    Stream #0.0: Video: libx264, yuv420p, 1920x1080, q=2-31, 1k tbn, 1200k tbc
Stream mapping:
  Stream #0.0 -> #0.0
Press ctrl-c to stop encoding
frame=  142 fps=  0 q=-1.0 Lsize=    9844kB time=10000000000.00 bitrate=
0.0kbits/s
video:9842kB audio:0kB global headers:0kB muxing overhead 0.017483%
```

작업이 완료된 후에 확인해 보면 다음과 같이 mkv 파일이 새로이 생성되어 있는 것을 확
인할 수 있다.

```
pi@raspberrypi ~/Image_Camera $ ls -l
-rw-r--r-- 1 pi pi 10080058 May 13 16:11 test_motion1.mkv
-rw-r--r-- 1 pi pi 10078296 May 13 14:51 test_motion1.h264
```

이제 mkv 파일을 동영상 play를 이용해서 실행해 보면 해당 내용을 확인해 볼 수 있다.

그림 22-5 mkv 파일을 이용한 동영상 확인

22.1.6 동영상을 외부 컴퓨터에서 보기

여기서는 Raspberry Pi에서 촬영한 동영상을 네트워크를 통하여 외부의 컴퓨터에서 조회하는 방법에 대해서 이야기한다.

네트워크를 통해서 동영상을 조회하는 방법에는 여러 가지 방법이 있겠지만 여기서는 <Netcat> 프로그램을 이용하는 방법을 사용하기로 한다.

22.1.6.1 동영상 자료 송신-수신의 기본 framework

여기서는 동영상 송신, 수신을 위해서 다음과 같은 체계를 이용하고자 한다.

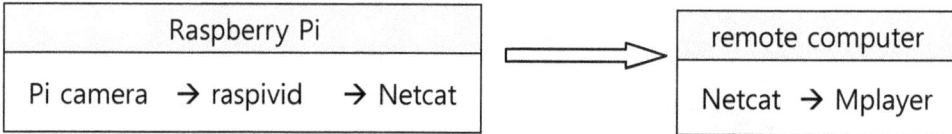

Raspberry Pi
Pi camera → raspivid → Netcat

→

remote computer
Netcat → Mplayer

간략하게 설명하면 Pi camera로 촬영한 자료를 <Netcat> 프로그램으로 넘겨주면, <Netcat> 프로그램은 이 자료를 network을 통하여 지정한 컴퓨터로 전송하게 된다. 그러면 remote computer에 있는 <Netcat> 프로그램이 해당 자료를 받아서 <Mplayer> 프로그램으로 전달하고, <Mplayer> 프로그램이 동영상을 받아서 상영하도록 한다.

이를 위해서는 remoter computer에서 <Netcat> 프로그램과 <Mplayer> 프로그램이 설치되어 있거나 이들과 동일한 역할을 하는 다른 프로그램이 설치되어 있어야 한다.

22.1.6.2 <Netcat> 프로그램으로 네트워크 동영상 송수신

<Netcat> 프로그램은 시스템 관리자들이 많은 사용하는 도구로 여러 가지 많은 기능을 가지고 있다. 네트워크에 있는 특정 컴퓨터 사이에 어떤 자료를 전송하고 수신하기 위해서 Netcat 명령을 사용할 수 있다.

● 네트워크에서의 자료 송신

네트워크에서 자료를 송신하는 컴퓨터에서는 다음과 같은 형식으로 명령을 실행한다.

[명령 형식]

nc [option] <receiver IP address> <port>

[명령 개요]
- ■ 이명령은 지정된 수신 IP address로 자료를 송신한다.
- ■ 필요 권한 -- 일반 권한

[상세 설명]
- ■ 자료의 송신 및 수신은 특정 port를 이용하여 처리되는데, default port는 5001을 사용한다.

[주요 option]

-h, --help	Show help.
-l	listen mode로 netcat를 실행한다. 이때 당연히 target host는 지정하지 않는다.
-p	port를 지정할 때 사용한다. 통상 -l option과 함께 사용한다.

● 네트워크에서의 자료 수신

네트워크에서 자료를 수신하는 컴퓨터에서는 다음과 같은 형식으로 명령을 실행한다.

[명령 형식]

```
nc   [option]        -p   <port>
```

[명령 개요]

- 이 명령은 네트워크를 통하여 지정된 port로 들어오는 자료를 수신한다.
- 필요 권한   -- 일반 권한

[상세 설명]

- 자료의 송신 및 수신은 특정 port를 이용하여 처리되는데, default port는 5001을 사용한다.

[주요 option]

-h, --help	Show help.
-l	listen mode로 netcat를 실행한다. 이때 당연히 target host는 지정하지 않는다.
-p	port를 지정할 때 사용한다. 통상 -l option과 함께 사용한다.

22.1.6.3 raspivid 명령으로 Raspberry Pi에서 동영상 전송

Raspberry Pi에서는 <Netcat> 프로그램이 기본적으로 설치되어 있어서 특별히 설치할 필요는 없다.

Raspberry Pi에서 camera로 촬영한 동영상 stream을 remoter 컴퓨터로 전송하는 명령을 수행한다.
terminal 프로그램에서 다음과 같은 명령을 수행한다.

[명령 형식]

```
raspivid  -t  999999  -o – | nc  <receiver IP address>  5001
```

이 명령은 먼저 raspivid 명령으로 Pi camera에서 동영상을 연속으로 촬영하되, 파일로 저장하지 않고 표준출력으로 보내는 것이다. 동영상은 멈추지 않고 연속해서 촬영을 해야 하므로 시간을 "999999"로 설정하였다. 동영상을 촬영할 때는 필요하면 다른 다양한 option을 지정할 수 있다.

다음은 촬영한 동영상은 표준출력으로 보내진 다음, pipe를 통하여 <Netcat> 프로그램으로 전달되고 <Netcat> 프로그램은 port 5001을 이용해서 remoter에 있는 수신 컴퓨터로 전송하는 것이다.

이때 수신자인 remoter computer를 지정하기 위해서는 수신자의 IP address를 지정해야 한다.

22.1.6.4 Linux 컴퓨터에서 동영상 받아 보기

운영체제가 Linux인 컴퓨터에서 네트워크를 통해서 동영상 stream을 받아 상영해 보기 위해서 <Netcat> 프로그램과 <Mplayer> 프로그램을 사용하도록 할 것이다. 만일 해당 컴퓨터에 프로그램이 설치되어 있지 않다면 다음과 같이 프로그램을 설치하도록 한다.

<Netcat> 프로그램은 다음과 같은 방식으로 설치한다.

```
sudo    apt-get    install    netcat
```

mplayer 프로그램은 다음과 같은 방식으로 설치한다.

```
sudo    apt-get    install    mplayer
```

프로그램 설치가 완료되면 해당 시스템을 rebooting 하여 정상적으로 작동하는지 확인한다.

Raspberry Pi 컴퓨터가 전송한 동영상 파일을 Linux 컴퓨터에서 수신하여 상영해 보기 위해서 다음 명령을 수행한다.

```
nc  -l -p 5001  |  mplayer -fps  31  -cache  1024  -
```

위에서 먼저 nc 명령에 의해 <Netcat> 프로그램이 작동하여 port 5001로 들어오는 동영상 stream을 받아서 pipe를 통하여 <Mplayer> 프로그램으로 넘겨준다. 그러면 <Mplayer> 프로그램이 받은 동영상 stream을 이용하여 동영상을 상영하게 되는 것이다.

다음은 실제로 네트워크를 통하여 동영상을 받아서 실행해 본 화면이다.

22.1.6.5 MS Window 컴퓨터에서 동영상 받아 보기

MS Window 컴퓨터에서 IP address를 확인하려면 Shell에서 ipconfig 명령을 사용한다.

```
ipconfig
```

운영체제가 MS Window인 컴퓨터에서 동영상 stream을 네트워크를 통해서 받아 상영해 보기 위해서 <Netcat> 프로그램과 <Mplayer> 프로그램을 사용하도록 할 것이다. 만일 해당 컴퓨터에 프로그램이 설치되어 있지 않다면 다음에서 프로그램을 download하여 설치하도록 한다.

- download MPlayer   -- http://mplayerwin.sourceforge.net/
- download Netcat   -- http://joncraton.org/media/files/nc111nt.zip
                       -- http://packetstormsecurity.com/files/download/31140/nc.exe

프로그램 설치가 완료되면 remote에서 전송되어 온 동영상을 수신하여 재생하기 위해서 Shell 프로그램에서 다음 명령을 수행하도록 한다.

```
[Path]\nc.exe -l -p 5001  |  [Path]\mplayer.exe  -fps 31  -cache  1024  -
```

위 명령을 수행하면 다음과 같이 동영상 파일이 재생되어 나온다.

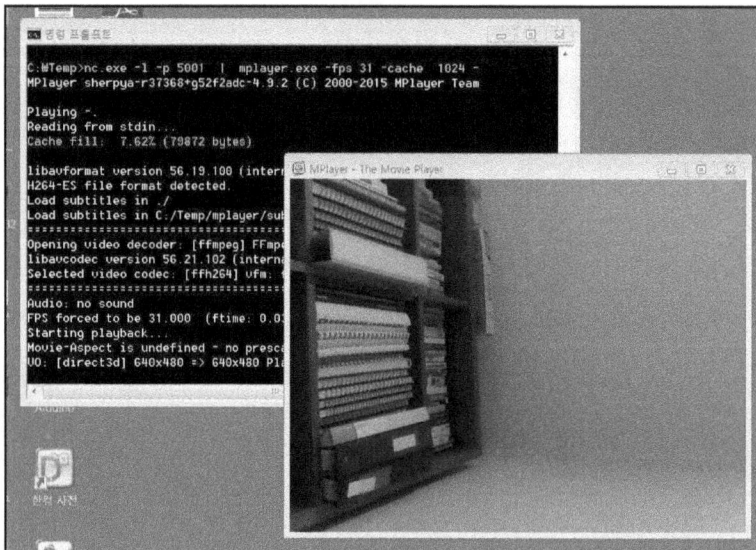

22.1.6.6 Mac 컴퓨터에서 동영상 받아 보기

Mac 컴퓨터에서는 <Mplayer> 프로그램을 설치해야 한다. 이것은 Mac Ports를 통해서 설치할 수 있다.

```
sudo  port  selfupdate
```

```
sudo  port  install  mplayer
```

프로그램 설치와 관련하여 추가적인 정보가 필요하면 다음 자료를 참조하기 바란다.
- http://www.mplayerhq.hu/
- http://www.macports.org/

프로그램 설치가 완료되면 remote에서 전송되어 온 동영상을 수신하여 재생하기 위해서 Shell 프로그램에서 다음 명령을 수행하도록 한다.

```
nc  -l  5001  |  mplayer -fps 31  -cache  1024
```

위 명령을 수행하면 다음과 같이 동영상 파일이 재생되어 나온다.

22.1.7 동영상을 인터넷으로 방송하기

22.1.7.1 동영상 자료 Web 전송 기본 framework

여기서는 동영상을 Web으로 방송하기 위해서 다음과 같은 체계를 이용하고자 한다.

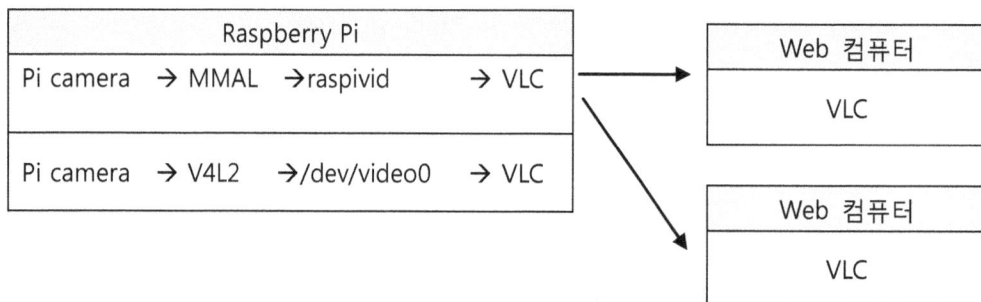

Raspberry Pi
Pi camera → MMAL →raspivid   → VLC
Pi camera → V4L2   →/dev/video0   → VLC

Web 컴퓨터
VLC

Web 컴퓨터
VLC

위의 그림을 간략히 설명하면 Pi camera에서 촬영한 동영상을 VLC 프로그램으로 넘겨주면, VLC 프로그램은 이 자료를 network을 통하여 Web으로 전송하게 된다. 그러면 인터넷상의 computer에 있는 VLC 프로그램이 해당 자료를 받아서 동영상을 재생하도록 한다.

동영상을 촬영할 때 raspivid 명령을 사용하면 MMAL API를 통하여 camera에서 동영상을 촬영하고, 이동영상을 표준출력으로 보내고, pipe를 통하여 VLC 프로그램으로 전달하게 된다.

반면 VLC에서 Raspberry Pi 시스템의 /dev/video0 장치를 사용하면 V4L2 API를 통하여 camera에서 동영상을 직접 촬영하게 된다.

이를 위해서는 Raspberry Pi와 Web상의 computer에서 VLC 프로그램이 설치되어 있거나 이들과 동일한 역할을 하는 다른 프로그램이 설치되어 있어야 한다.

VLC media player에 대한 자세한 설명과 프로그램 download를 위해서는 다음을 참조하기 바란다.
- http://www.videolan.org/

22.1.7.2 VLC server – Raspberry Pi에서 동영상 전송

먼저 Raspberry에서 VLC 프로그램이 설치되어 있어야 한다. 다음과 같이 VLC 프로그램을 설치한다.

```
sudo apt-get install vlc
```

프로그램 설치가 완료되면 Raspberry Pi 시스템에서 촬영한 동영상을 VLC 프로그램을 통하여 Web으로 전송할 수 있다. VLC 프로그램의 기본 형식은 다음과 같다

```
cvlc   <input-device-mode>://<input-device>    --sout  <stream-output & port>
```

이 명령은 앞 부분에 input stream에 대한 설정을 하고 있다.

- stream   stream형태로 들어오는 input
- V4L2   V4L2 driver를 통해서 들어오는 input
- file:///path/file   Plain media file
- http://host[:port]/file   HTTP URL
- ftp://host[:port]/file   FTP URL
- mms://host[:port]/file   MMS URL
- screen://   Screen capture
- dvd://[device]   DVD device
- vcd://[device]   VCD device
- cdda://[device]   Audio CD device
- udp://[[<source >]@[<bind >][:<bind port>]]   UDP stream sent by a streaming server

이 명령의 뒤 부분에는 --sout(stream output) option으로 stream output을 처리하는 여러 가지 설정을 하게 된다. 여기서 지정한 방식에 따라서 VLC client가 접속할 때 사용하는 방식이 달라진다. 여기서는 stream output를 보내는 port도 함께 지정한다. default port는 8554를 사용한다. VLC client에서 VLC server에 접근할 때는 이 port를 사용하게 된다. 다음은 많이 사용되는 처리방식에 대한 설명이다.

- http   -- '#standard{access=http,mux=ts,dst=:<port>}'
                -- VLC client 접속   -- http://URL:port/ 형식으로 접속한다.
- rtsp   -- '#rtp{sdp=rtsp://: =:<port>/}'
                -- VLC client 접속   -- rtsp://URL:port/ 형식으로 접속한다.

VLC를 이용한 여러 가지 Web 전송에 대해서는 다음을 참조하기 바란다.

- http://www.mybigideas.co.uk/RPi/RPiCamera/

먼저 MMAL driver를 사용하는 방식을 처리해 보겠다. 이를 위해서 raspivid 명령으로 동영상을 촬영하기 위해서 다음 명령을 실행한다.

```
raspivid  -t 999999  -o -  |
cvlc  stream:///dev/stdin  --sout
'#standard{access=http,mux=ts,dst=:8554}'  :demux=h264
```

이 명령에서 raspivid는 촬영한 동영상을 표준출력으로 보내고 이를 pipe를 통하여 VLC 명령으로 보낸다. 그러면 VLC는 /dev/stdin 장치를 통하여 그 동영상 자료를 읽어 들이게 된다. VLC는 받은 동영상을 stream output으로 처리하는데, http 형식을 사용하고, port 8554를 이용하여 처리한다. 이 경우는 VLC client가 접속할 때는 http://URL:port/ 형식을 사용해야 한다.

다음에는 V4L2 driver를 사용하여 동영상을 촬영하고, http 방식으로 stream output를 처리하는 것이다.

```
cvlc  v4l2:///dev/video0  --v4l2-width 640  --v4l2-height 480  --v4l2-chroma h264
--sout '#standard{access=http,mux=ts,dst=:8554}'  :demux=h264
```

이 명령에서는 dev/video0 장치를 통하여 V4L2 driver를 활용하여 동영상을 촬영하는 방식이다. VLC는 /dev/video0 장치를 이용하여 동영상 자료를 읽어 들이고, 해당 동영상을 stream output으로 처리하는데, http 형식을 사용하고, port 8554를 이용하여 처리한다. 이 경우는 VLC client가 접속할 때는 http://URL:port/ 형식을 사용해야 한다.

다음은 V4L2 driver를 활용하여 동영상을 촬영하고, RTSP 방식으로 stream output를 처리하는 형태이다.

```
cvlc  v4l2:///dev/video0  --v4l2-width 640  --v4l2-height 480  --v4l2-chroma h264
--sout '#rtp{sdp=rtsp://:8554/}'  :demux=h264
```

VLC는 /dev/video0 장치를 이용하여 동영상 자료를 읽어 들이고, 해당 동영상을 stream output으로 처리하는데 rtsp 형식을 사용하고, port 8554를 이용하여 처리하는 형태이다. 이 경우는 VLC client가 접속할 때는 rtsp://URL:port/ 형식을 사용해야 한다.

22.1.7.3 VLC client - MS Window에서의 동영상 확인

MS Window 컴퓨터에서 먼저 VLC 프로그램을 download 받아서 설치한다.

설치가 완료되면 프로그램을 실행한다. 그러면 아래와 같은 화면이 나타난다.

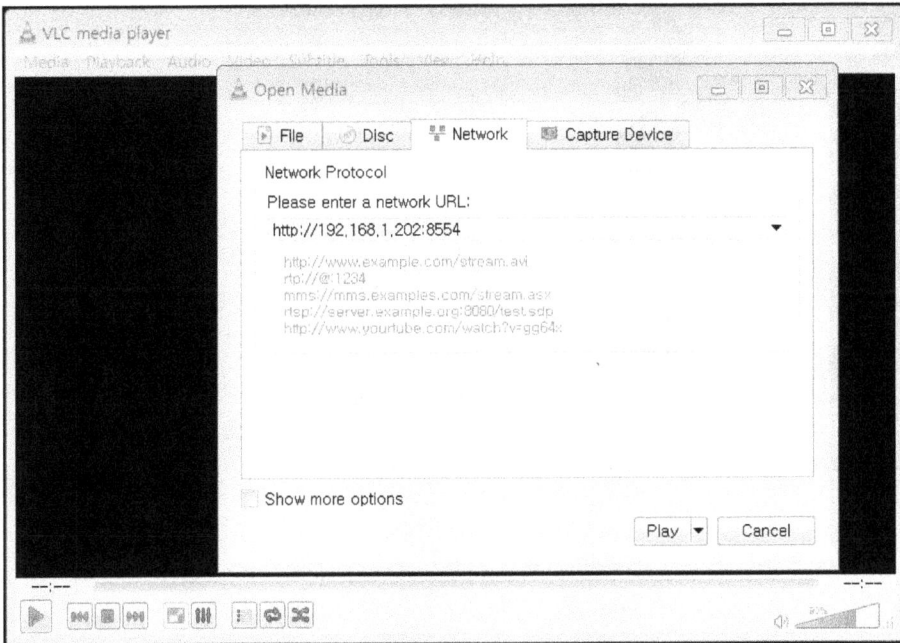

메뉴 **Media →Open Network Stream**을 선택하여 접속하고자 하는 VLC server에 대한 접속정보를 지정한다. 여기서는 Raspberry Pi에 대한 IP Address와 Port를 지정한다.

```
http://<VLC-Server IP address>:<VLC-server-Port>
```

설정 작업을 완료한 후 [Play] 버튼을 실행하면 Raspberry Pi에서 전송한 동영상 화면을 확인할 수 있다.

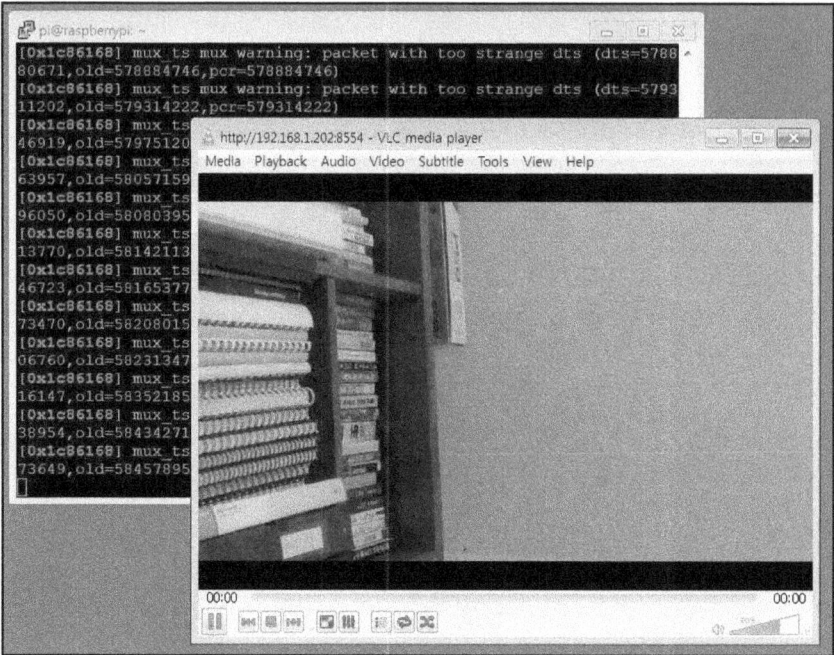

22.1.8 동작 감지 web camera 구축 - <Motion> 프로그램

22.1.8.1 동작 감지 동영상 Web 접속 기본 framework

<Motion> 프로그램은 카메라에서 오는 영상신호를 모니터링하는 프로그램이다. 이것은 영상에서 중요한 변동, 즉 움직임이 발생했는지를 감지해 내는 기능을 가지고 있다. 이 프로그램은 카메라로 촬영하는 화면을 인터넷으로 전송하여 web으로 실시간 내용을 확인할 수 있는 기능뿐만 아니라 화면에서 움직임이 감지되면 그 움직임을 이미지나 동영상으로 저장하는 기능도 가지고 있다.

여기서는 동작 감지 동영상을 Web으로 방송하기 위해서 다음과 같은 체계를 이용하고자 한다.

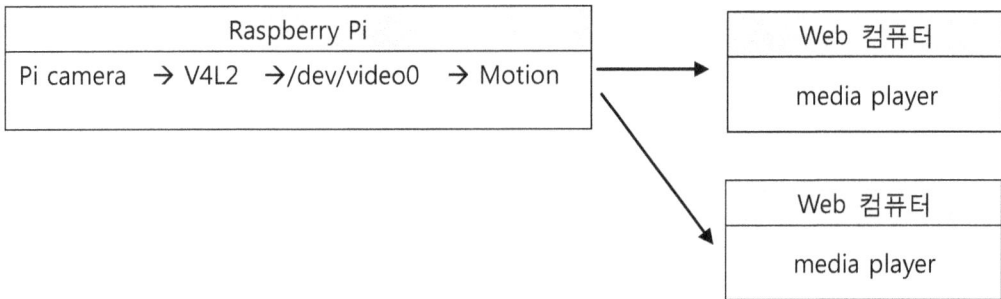

Raspberry Pi		Web 컴퓨터
Pi camera → V4L2 →/dev/video0 → Motion		media player

		Web 컴퓨터
		media player

이것은 <Motion> 프로그램으로 /dev/video0 장치를 사용하면 V4L2 API를 통해 동영상을 촬영하고, 촬영한 동영상을 network을 통하여 Web으로 전송한다. 그러면 인터넷상의 computer에서 streaming 자료를 처리할 수 있는 media player 프로그램으로 해당 자료를 재생한다.

이를 위해서는 Raspberry Pi에 <Motion> 프로그램이 설치되어 있어야 하고 Web상의 computer에는 streaming 동영상 자료를 처리할 수 있는 media player 프로그램이 설치되어 있어야 한다.

<Motion> 프로그램에 대한 여러 가지 자르는 다음을 참조하기 바란다.
- http://www.lavrsen.dk/foswiki/bin/view/Motion/WebHome

22.1.8.2 Raspberry Pi 시스템에서 동작 감지 작동

먼저 Raspberry에서 <Motion> 프로그램이 설치되어 있어야 한다. 다음과 같이 설치한다.

```
sudo apt-get install motion
```

프로그램 설치가 완료되면 <Motion> 프로그램에 대한 몇 가지 설정작업을 해야 한다.

이 프로그램에 대한 중요한 설정사항은 /etc/motion/motion.conf 파일에 저장되어 있다. 다음은 파일의 내용 중에서 중요한 항목만 발췌한 것이다. 텍스트 편집기를 이용해서 필요한 내용을 수정한다. 이 파일을 수정할 때는 root 권한이 필요하다.

```
~ 중략
~ 중략
# Start in daemon (background) mode and release terminal (default: off)
daemon off                → on으로 변경
~ 중략
~ 중략
# Videodevice to be used for capturing  (default /dev/video0)
# for FreeBSD default is /dev/bktr0
videodevice /dev/video0
~ 중략
~ 중략
# Threshold for number of changed pixels in an image that
# triggers motion detection (default: 1500)
threshold 1500
~ 중략
~ 중략
# Use ffmpeg to encode mpeg movies in realtime (default: off)
ffmpeg_cap_new on
~ 중략
~ 중략
# Codec to used by ffmpeg for the video compression.
# Timelapse mpegs are always made in mpeg1 format independent from this option.
# Supported formats are: mpeg1 (ffmpeg-0.4.8 only), mpeg4 (default), and msmpeg4.
# mpeg1 - gives you files with extension .mpg
# mpeg4 or msmpeg4 - gives you files with extension .avi
# msmpeg4 is recommended for use with Windows Media Player because
# it requires no installation of codec on the Windows client.
# swf - gives you a flash film with extension .swf
# flv - gives you a flash video with extension .flv
```

```
# ffv1 - FF video codec 1 for Lossless Encoding ( experimental )
# mov - QuickTime ( testing )
ffmpeg_video_codec swf
~ 중략
~ 중략
# The mini-http server listens to this port for requests (default: 0 = disabled)
webcam_port 8081          → 필요시 변경한다.
~ 중략
~ 중략
# Restrict webcam connections to localhost only (default: on)
webcam_localhost on    → off 로 변경
~ 중략
~ 중략
# Target base directory for pictures and films
# Recommended to use absolute path. (Default: current working directory)
target_dir /tmp/motion
~ 중략
~ 중략
```

- daemon에 대한 설정.

daemon이란 어떤 서비스 요청을 받았을 때 즉시 처리해 줄 수 있도록 사전에 미리 프로그램을 가동시켜 놓은 어떤 프로그램을 의미하는데, 통상 시스템이 boot 될 때 자동적으로 실행이 되도록 설정한다.

아래와 같이 daemon off로 되어 있는 부분을 daemon on으로 설정을 변경한다.

- videodevice에 대한 설정

videodevice /dev/video0 라는 설정은 <Motion> 프로그램이 V4L2 driver를 활용하여 /dev/video0 장치를 이용해서 영상을 촬영한다는 것을 의미한다.

- threshold에 대한 설정.

움직임의 민감도에 대한 설정이다. 장면이 얼마나 변동되어야 움직임으로 감지할 것인가에 대한 것이다.

숫자를 적게 하면 민감하게 하는 것이고, 큰 숫자는 둔하게 만드는 것이다.

- ffmpeg_cap_new에 대한 설정.

이 것은 움직임이 감지되었을 때 이미지와 함께 비디오 파일을 저장할 것인지를 지정하는 것이다.

- ffmpeg_video_codec에 대한 설정.

움직임이 감지되어 비디오 파일을 저장할 때 어떤 format으로 저장할 것인지를 지정하는 것이다.

- webcam_localhost에 대한 설정.

webcam을 network상의 다른 컴퓨터에서 연결하도록 허용할 것인지를 지정하는 것이다. 다른 컴퓨터에서 접속하도록 허용하기 위해서 webcam_localhost off 상태로 변경한다.

- webcam_port에 대한 설정.

network를 통하여 webcam에 연결하기 위해서는 port를 여기서 지정해야 하는데, 기본적으로 8081이 지정되어 있다. 다른 port를 사용하고자 하면 이 내용을 변경한다.

- target_dir에 대한 설정.

움직임이 감지되었을 때 이미지와 비디오 파일을 어디에 저장할 것인지를 지정한다.

다음은 /etc/default/motion 파일에서의 설정작업이다. 텍스트 편집기 프로그램을 이용해서 필요한 내용을 수정한다. 이 파일을 수정할 때는 root 권한이 필요하다.

```
# set to 'yes' to enable the motion daemon
start_motion_daemon=no          →yes로 변경
```

- start_motion_daemon에 대한 설정.

이 설정은 시스템이 booting될 때 <Motion> 프로그램을 자동으로 구동시킬 것인가에 대한 설정이다. 여기서 설정을 해 놓으면 Raspberry Pi 시스템이 작동할 때마다 수동으로 <Motion> 프로그램을 작동하지 않아도 된다. 참고로 우리는 **[20.3.3 init script 작성]**에서 init script이 무엇인지에 대해서 공부했다. 이 프로그램은 여기서 daemon을 start 한다고 설정해 놓으면 init script에서 자동으로 daemon을 시작하도록 프로그램이 만들어져 있는 것이다.

이제 <Motion> 프로그램을 작동시켜 보자. 다음 명령을 수행하면 <Motion> 프로그램이
작동하기 시작한다.

```
sudo serive motion start
```

다음 명령도 동일한 효과를 발휘한다.

```
sudo /etc/init.d/motion start
```

이 명령은 현재 motion daemon이 작동되지 않은 상태에서 daemon을 가동시키는 명령이
다. 다음에 시스템이 boot할 때는 앞의 설정에 의해서 자동으로 daemon이 시작하기 때문
에 이런 작업을 하지 않더라도 자동적으로 <Motion> 프로그램이 작동할 것이다.

프로그램을 작동을 시작한 상태에서 network상의 다른 컴퓨터에서 임의의 media player를
이용해서 camera 화면을 확인할 수 있다. 여기서는 앞에서 설치한 VLC 프로그램을 이용하
도록 하겠다. 메뉴 **Media →Open Network Stream**을 선택하여 <Motion> 프로그램이 실
행되고 있는 Raspberry Pi 시스템에 대한 접속정보를 지정한다. 이번에는 기본 port가
8081이므로 http://<URL>:8081/을 입력하고, [Play] 버튼을 누르면 카메라 화면을 실시간
으로 조회할 수 있다.

다음에는 <Motion> 프로그램이 과연 움직임을 포착해서 필요한 처리를 했는지 확인해 보
자. 카메라 앞에서 적당한 움직이는 동작을 만들 다음에 해당 움직임이 이미지나 동영상으
로 저장되는 /temp/motion 폴더의 내용을 확인한다.

```
pi@raspberrypi ~ $ ls /tmp/motion -l
-rw-r--r-- 1 motion motion   47533 May 17 20:47 07-20150517204646.swf
-rw-r--r-- 1 motion motion    9271 May 17 20:46 07-20150517204647-00.jpg
-rw-r--r-- 1 motion motion    9286 May 17 20:46 07-20150517204647-01.jpg
-rw-r--r-- 1 motion motion    7679 May 17 20:46 07-20150517204648-00.jpg
-rw-r--r-- 1 motion motion    7425 May 17 20:46 07-20150517204648-01.jpg
-rw-r--r-- 1 motion motion    8458 May 17 20:46 07-20150517204649-00.jpg
```

그러면 다음과 같이 여러 개의 jpg 형식의 사진과 swf 형식의 동영상이 저장되어 있는 것
을 알 수 있다. 이것은 어떤 움직임이 있을 때 그 움직임을 포착하여 내용을 저장한 것이
다.

22.2 E-Mail 사용하기

22.2.1 <SSMTP> 프로그램 - 메일 전송 에이전트

우리는 보통 outlook이나 기타 도구를 이용하여 gmail.com이나 hanmail.net과 같이 자신이 사용하는 E-mail server를 통하여 다른 사람들에게 E-mail을 보낼 수 있다.

Raspberry Pi에서도 동일하게 자신이 사용하는 E-mail server를 통하여 E-mail을 보낼 수 있다. 이러한 작업을 하기 위해서는 E-mail server와 연결하여 e-mail을 보내는 메일 전송 에이전트(Mail Transfer Agent) 프로그램이 필요하다.

우리는 Raspberry Pi에서 사용할 수 있는 MTA 중에서 <SSMTP> 프로그램을 사용하여 작업을 할 것이다. 이 프로그램은 매우 간단한 프로그램으로 설정 내용이 간단하고 사용하기 쉽다.

이 프로그램을 설치하기 위해서 다음 명령을 수행한다.

```
sudo   apt-get   install ssmtp
```

프로그램 설치가 완료되면, 해당 메일 전송 에이전트에 대한 설정을 해야 한다. <SSMTP> 프로그램 설치가 완료되면, <SSMTP> 프로그램에 대한 configuration 파일이 /etc/ssmtp/ssmtp.conf 파일에 생성되는데, 이 파일을 이용하여 설정 작업을 한다. 텍스트 파일 편집기를 이용해서 해당 파일의 내용을 수정한다.

다음은 주요 설정항목에 대한 설명이다. 메일 서버에 따라서 필요한 항목이 다를 수 있다.

- 송신 시스템
  - Hostname=　　　메일 서버와 연결하는 Raspberry Pi의 hostname이다

- 메일 server와 port 정보
  - mailhub=　　　　　　메일 server의 DNS 이름과 port이다.
    표준은 25 port를 사용하지만, 메일 server에 따라서 달라질 수 있다. 통상 SSL과 TLS에 대해서 port가 서로 다르다.
  - UseTLS=　　　　　　TLS(Transport Layer Security) 사용을 위한 설정이다
    YES　　　 -- TLS 사용
    NO　　　 -- SSL 사용
  - UseSTARTTLS=　　　TLS(Transport Layer Security) 사용을 위한 설정이다
    YES　　　 -- TLS 사용
    NO　　　 -- SSL 사용
  - rewriteDomain=　　　사용 domain.
    e-mail이 지정한 e-mail server에서 보낸 것이 아닌 것처럼 보이고자 할 때 사용할 domain을 지정한다.

- 보내는 사람의 메일 계정 및 인증 방법
  - root=　　　　　　　보내는 사람의 mail address
  - AuthUser=　　　　　메일서버의 사용자 계정이다. 계정@메일서버
  - AuthPass=　　　　　메일서버의 사용자 계정에 대한 암호이다.
  - AuthMethod=　　　 메일서버에 연결할 때 사용할 인증방법을 지정한다
  - FromLineOverride=　메일의 보내는 사람을 override 허용할 지 여부 지정.
    YES - Allow the user to specify their own From: address
    NO - Use the system generated From: address

다음은 gmail.com을 이용하여 메일을 전송하기 위한 설정의 예이다.

```
root=username@gmail.com
mailhub=smtp.gmail.com:587
rewriteDomain=gmail.com
Hostname=raspberrypi
AuthUser=username@gmail.com
AuthPass=password
AuthMethod=LOGIN
FromLineOverride=YES
UseTLS=YES
UseSTARTTLS=YES
```

/etc/ssmtp/ssmtp.conf 파일에 접근할 수 있는 권한을 제한하기 위해서 다음 명령을 실행한다.

```
chmod   774      /etc/ssmtp/ssmtp.conf
```

여기서 권한 부여한 권한의 의미는 다음과 같다. 이것은 root 사용자와 root 그룹은 모든 작업을 할 수 있지만 다른 사람은 읽기만 할 수 있게 한 것이다.
- 7   -- root user는 read, write, execute가 가능하다
- 7   -- root group은 read, write, execute가 가능하다
- 4   -- 기타 다른 user는 read가 가능하다.

이러한 방식으로 메일을 전송할 권한이 있는 user에게 필요한 권한을 부여할 수 있다.

<SSMTP> 프로그램의 설정 작업이 완료되면 terminal 화면에서 곧바로 e-mail을 발송할 수 있다. <SSMTP> 프로그램을 이용하여 e-mail을 보낼 때는 다음과 같은 명령을 사용한다.

[명령 형식]

```
ssmtp    <receiver-mail-address>
```

[명령 개요]

■ <SSMTP> 프로그램을 시작한다.

■ 필요 권한   -- 일반 권한

[상세 설명]

■ 표준입력을 통한 메일 작성

위 명령을 실행하면 <표준입력>을 통하여 <mail-content>를 입력하도록 한다. 표준 입력에서 메일 내용을 입력한 다음, 입력완료를 의미하는 ctrl + D를 누르면 메일발송 작업이 시작된다.

```
ssmtp    <receiver-mail-address>
>   <mail-content>                    ←표준 입력
```

■ 입력 redirection 기능을 이용한 메일 작성

입력 redirection 기능 <<을 이용하면 메일 내용을 보다 편리하게 입력할 수 있다. EOF 다음 라인부터 내용을 입력하고 입력이 완료되면 EOF를 입력한 다음 Enter를 눌 러서 명령을 실행한다.

```
ssmtp    <receiver-mail-address>  <<  EOF
<mail-content>
EOF
```

- Mail 내용은 다음과 같은 구분자를 이용해서 구성한다.
  - From: -- 메일 내에서 표시되는 송신자의 메일 address
  - To: -- 메일 내에서 표시되는 수신자의 메일 address
  - Cc: -- 메일 내에서 참조 수신자의 메일 address
  - Bcc: -- 메일 내에서 숨은 참조 수신자의 메일 address
  - Subject: -- 메일의 제목
  - 본문   -- 앞의 다른 항목과 사이에 공백 line을 추가한 다음 본문을 기술한다.

아래는 메일 내용을 구성해 본 사례이다.

```
To: receiver-email-address@gmail.com
From: sender-email-address@gmail.com
Subject: this is test subject

This is the mail body!
```

[주요 option]

-au*username*	Specifies username for SMTP authentication.
-ap*password*	Specifies password for SMTP authentication.
-t	Read message, searching for recipients. ``To:'', `Cc:'', and ``Bcc:'' lines will be scanned for people to send to. Any addresses in the argument list will be suppressed (not supported).
-v	Go into verbose mode.

[사용 Example]

Raspberry Pi에서 gmail을 통하여 다른 e-mail 계정으로 간단한 메일을 발송해 보겠다.

```
pi@raspberrypi ~ $ ssmtp omegakim@realomega.com
From: kim.dueggyu@gmail.com
To: omegakim@realomega.com
subject: test e-mail

This is test e-mail from Raspberry Pi.
```

다음은 입력 redirection 기능을 이용하여 보다 편리하게 처리하는 사례를 본 것이다.

```
pi@raspberrypi ~ $ ssmtp omegakim@realomega.com << EOF
From: kim.dueggyu@gmail.com
To: omegakim@realomega.com
subject: test e-mail
This is test e-mail from Raspberry Pi.
EOF
```

아래는 수신자의 e-mail address를 별도로 지정하지 않고, –t option을 사용하여 메일 내용 속에 있는 To:에서 지정한 address를 찾아서 이용하도록 한 것이다.

```
pi@raspberrypi ~ $ ssmtp   -t << EOF
From: kim.dueggyu@gmail.com
To: omegakim@realomega.com
subject: test e-mail
This is test e-mail from Raspberry Pi.
EOF
```

다음은 e-mail 수신을 outlook에서 확인한 것이다. gmail에서 보내온 e-mail이 확인된다.

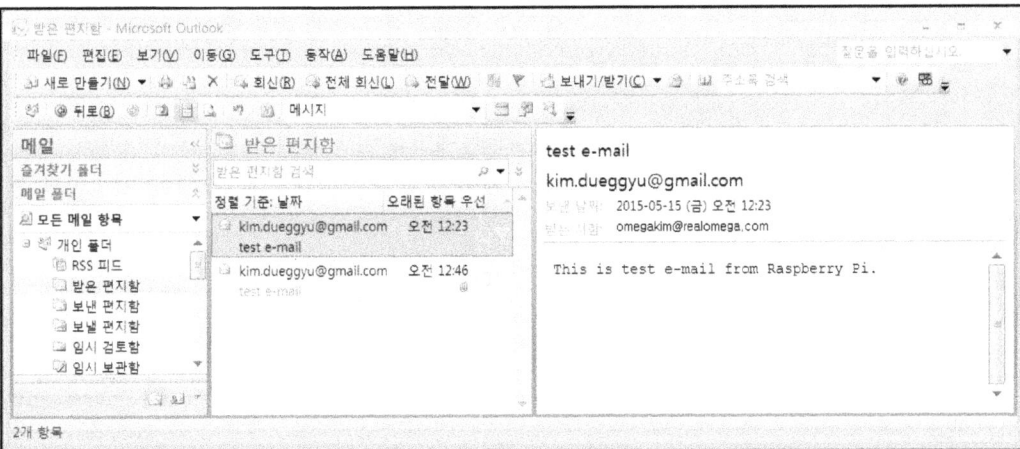

22.2.2 <MUTT> 프로그램 - 메일 전송 보조 도구

앞 절에서 설명한 것처럼 <SSMTP> 메일 전송 에이전트만 있으면 메일을 전송할 수 있지만 여러 가지로 불편한 점 많이 있다. Shell에서 메일을 발송할 때 메일 송신자, 수신자, 메일 본문 등을 메일 내용 속에 한꺼번에 입력해야 하며, 첨부파일을 전송할 수가 없다.

● **<MUTT> 프로그램 설치 및 설정**

이러한 불편을 해결해 주는 이메일 전송 도구가 있는데, 바로 <MUTT> 프로그램이다.

이 프로그램을 설치하기 위해서 다음 명령을 수행한다

```
sudo  apt-get  install  mutt
```

해당 프로그램을 사용하기 위해서는 사전에 설정 작업을 해야 한다. 설정은 통상 Logon 사용자의 home directory에서 숨김파일 .muttrc을 생성하여 처리한다. 텍스트 파일 편집기를 이용해서 해당 파일을 편집한다.

<MUTT> 프로그램에 대한 설정 항목은 여러 가지가 있는데, 추가적인 설명은 다음을 참조하도록 한다.

- http://www.mutt.org/
- https://blog.bartbania.com/raspberry_pi/consolify-your-gmail-with-mutt/

<MUTT> 프로그램은 local 컴퓨터에 있는 메일 전송 에이전트를 통하여 SMTP server로 메일을 발송할 수 있다. 아래는 local 컴퓨터에 설치되어 있는 <SSMTP> 메일 전송 에이전트를 통하여 메일을 발송하기 위한 설정이다.

```
# SMTP SETTINGS – Local Server
set  sendmail="/usr/sbin/ssmtp"
```

하지만 <MUTT> 프로그램은 remote에 있는 SMTP server와 직접 연결하여 메일을 발송할 수 있다. 아래는 그때 필요한 설정의 예를 보여준 것이다.

```
# SMTP SETTINGS – Remote Server
set smtp_url = 'smtp://kim.dueggyu@smtp.gmail.com:587/'
set smtp_pass = 'password'                # user password
```

기타 메일 발송과 관련된 여러 가지 정보를 설정 파일에서 지정할 수 있다.

```
# Mail Sender
set from = 'kim.dueggyu@gmail.com'
set realname = 'Kim.Dueg Gyu'
```

● <MUTT> 프로그램을 이용한 이메일 발송

<MUTT> 프로그램을 이용해서 메일을 보낼 때는 다음과 같은 형식으로 명령을 실행한다.

[명령 형식]

```
mutt  [options]    <receiver-mail-address>
```

[명령 개요]

- <MUTT> 프로그램을 이용해서 이메일을 보낸다.
- 필요 권한   -- 일반 권한

[상세 설명]

- 이 명령을 실행하면 메일의 구체적인 내용을 입력하고 전송하는 별도의 화면이 나타 난다. 메일 수신자, 제목, 메일 본문 내용을 입력하고 내용을 저장하면, 최종 확인 및 발송하는 화면이 나온다. 여기서 발송하는 작업을 선택하면 최종적으로 발송하는 절차 를 거치게 된다.

- 간단한 메일 작성 방법
  아래 형식을 사용하면 메일 본문을 Shell에서 한번에 입력할 수 있다.

```
echo < mail-body>  |  mutt  [options]   <receiver-mail-address>
```

  입력 redirection 기능 <<을 이용하면 메일 내용을 보다 편리하게 입력할 수 있다.
  EOF 다음 라인부터 내용을 입력하고 입력이 완료되면 EOF를 입력한 다음 Enter를 눌 러서 명령을 실행한다.

```
mutt  [options]   <receiver-mail-address>  <<  EOF
<mail- body>
EOF
```

[주요 option]

-h	Display help.
-b address	Specify a blind-carbon-copy (BCC) recipient
-c address	Specify a carbon-copy (CC) recipient
-s subject	Specify the subject of the message.
--	Treat remaining arguments as addr even if they start with a dash. See also "-a" above. 첨부파일이 있을 경우 메일 수신자와 구분하기 위한 구분자
-a file [...]	Attach a file to your message using MIME. When attaching single or multiple files, separating filenames and recipient addresses with "--" is mandatory, e.g. mutt -a image.jpg -- addr1 or mutt -a img.jpg *.png -- addr1 addr2. The -a option must be placed at the end of Shell options.

[사용 Example]

Raspberry Pi에서 gmail을 통하여 다른 e-mail 계정으로 간단한 메일을 발송해 보겠다.

```
pi@raspberrypi ~ $ mutt omegakim@realomega.com
```

위 명령을 실행하면 다음과 같이 메일 내용을 입력하는 화면이 나타난다. 처음 메일 수신자를 입력하고, 제목을 입력하는 화면이 나타난다.

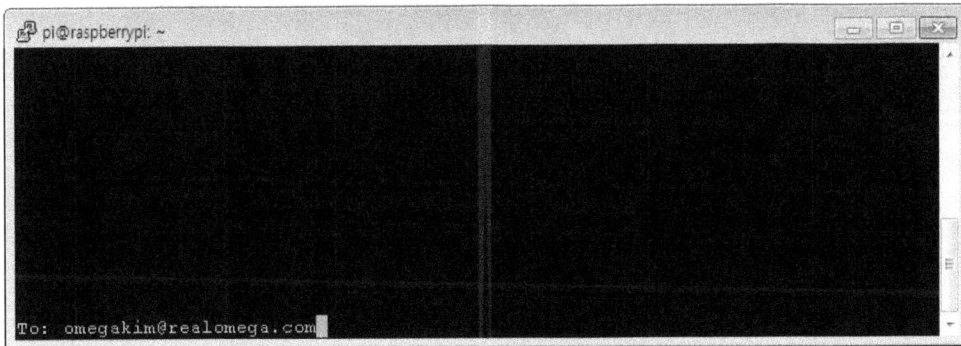

다음으로 다음과 같이 메일의 본문을 입력하는 화면이 나온다.

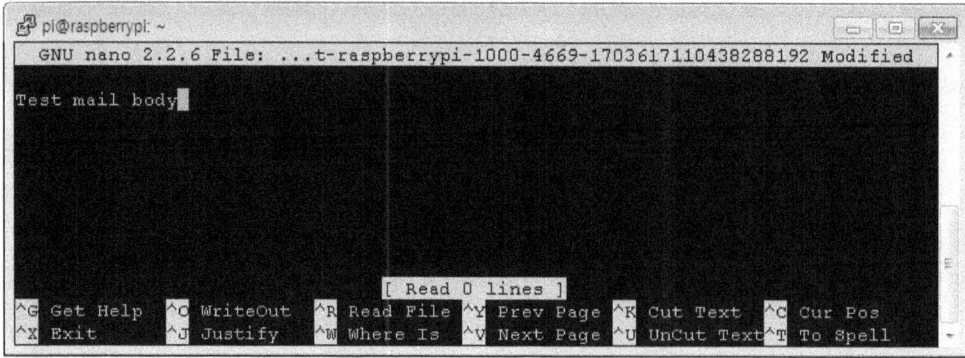

```
GNU nano 2.2.6 File: ...t-raspberrypi-1000-4669-1703617110438288192 Modified

Test mail body


                            [ Read 0 lines ]
^G Get Help  ^O WriteOut   ^R Read File  ^Y Prev Page  ^K Cut Text   ^C Cur Pos
^X Exit      ^J Justify    ^W Where Is   ^V Next Page  ^U UnCut Text ^T To Spell
```

마지막으로 다음과 같이 최종 발송 화면이 나타난다.

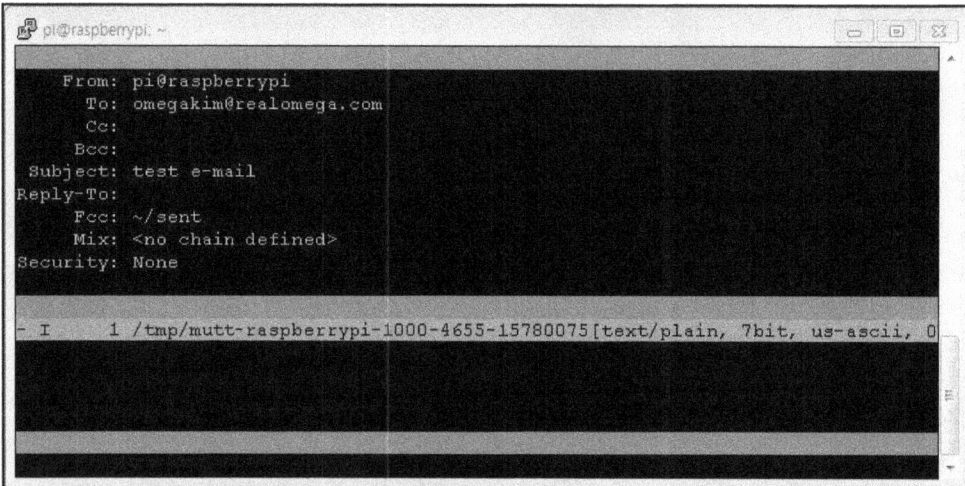

```
      From: pi@raspberrypi
        To: omegakim@realomega.com
        Cc:
       Bcc:
   Subject: test e-mail
  Reply-To:
       Fcc: ~/sent
       Mix: <no chain defined>
  Security: None


- I     1 /tmp/mutt-raspberrypi-1000-4655-15780075[text/plain, 7bit, us-ascii, 0
```

그림 22-6 <MUTT> 프로그램을 이용한 이메일 전송

이번에는 Shell에서 모든 내용을 입력하면서, pi 계정의 home directory에 있는 Image_Camera 폴더에 있는 test_snap1.jpg 파일을 첨부로 전송해 볼 것이다. 여기서 본문은 echo 명령을 통해서 입력한 다음 pipe를 통하여 MUTT 명령으로 전달되었다.

```
pi@raspberrypi ~ $ echo "This is test e-mail from Raspberry Pi." | mutt -s "test e-mail" -a ~/Image_Camera/test_snap1.jpg  -- omegakim@realomega.com
```

다음은 e-mail 수신자의 메일을 outlook에서 확인해 본 것이다. gmail에서 보내온 e-mail이 확인되며, 그 메일에는 파일이 첨부되어 있는 것을 알 수 있다.

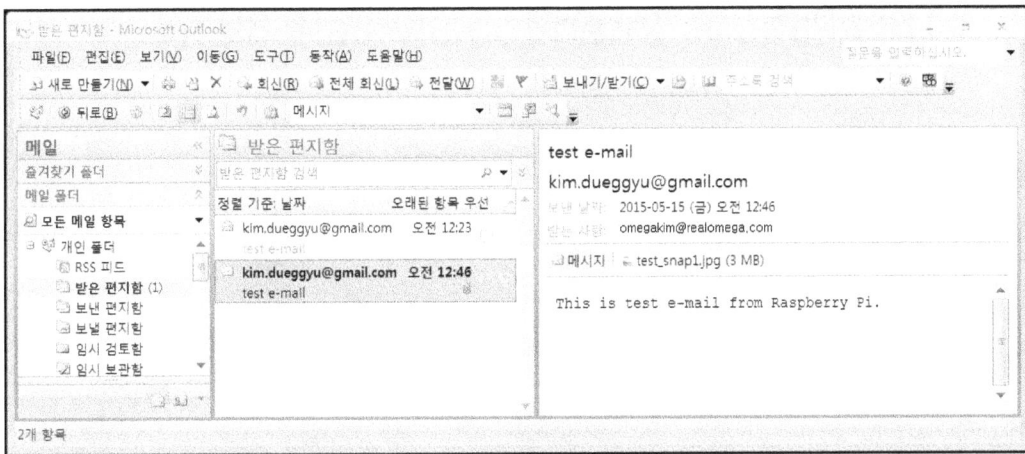

This Page is Intentionally Left Blank

Chapter 23   프로그램 작성

Chapter 주요 내용

여기서는 Raspbian 시스템에서 이용하여 여러 가지 프로그램을 작성하는 방법과 절차에 대해서 설명하고자 한다. 프로그램을 직접 작성하지 않고 간단한 조작만으로 시스템에서 여러 가지 작업을 할 수 있는 방법을 안내하고 있으며, Python, C, Java와 같이 본격적인 프로그램 language를 사용하는 방법도 함께 제시하고 있다.

다음과 같은 항목에 대한 내용을 포함하고 있다.
- 프로그램의 기본 개요
- Mathematica 또는 Wolfram language
- Sonic Pi
- Scratch language
- Python language
- C language
- Java language

23.1 프로그램 기본 개요

23.1.1 프로그램의 의의

Raspberry Pi 시스템에서는 시스템이 제공하는 기본적인 명령을 이용하여 여러 가지 작업을 할 수 있었다. 그리고 또 script라는 도구를 이용해서 여러 가지 명령을 조합하여 그 한 꺼번에 처리할 수 있게 하고, 때때로 자동으로 그 처리를 할 수 있었다. 하지만 이러한 방식에서는 기본적으로 시스템이 제공하는 명령이나 기능만을 사용할 수 있고, 기타 사용자가 원하는 다른 고유한 처리할 수가 없어서 여러 가지 많은 제약이 있다.

그래서 Raspberry Pi시스템은 시스템 명령이 제공해 주지 못하는 여러 가지 작업을 사용자가 자유롭게 처리할 수 있도록 하기 위해서, 원하는 작업을 처리해 줄 수 있는 프로그램을 직접 작성하여 실행할 수 있는 기능을 제공해 주고 있다. 사용자는 프로그램이 처리하는 내용을 자유롭게 정의하여 프로그램을 작성할 수 있으며, 일단 작성된 프로그램은 시스템 명령과 동일한 방식으로 실행할 수도 있다.

23.1.2 프로그램으로 할 수 있는 작업

컴퓨터에서 사용자가 별도의 프로그램을 개발하여 사용하는 것이 어떤 의미가 있는지, 또한 어떤 작업을 할 수 있는지를 검토해 보겠다.

- 사용자가 원하는 기능을 자유롭게 개발하여 사용할 수 있다. 기존 명령이나 기능에서 제공하지 않는 기능이 있으면 자체적으로 해당 기능을 개발하여 사용할 수 있다.
- 기존 명령이나 프로그램 기능을 활용할 수 있다. 프로그램 내에서 필요하면 기존의 시스템 명령이나 다른 프로그램을 호출하여 사용할 수 있다.
- 프로그램에 대한 입력을 자유롭게 정의할 수 있다. 단순한 terminal이 아니라 별도의 screen을 정의해서 사용할 수 있다.
- 프로그램 처리 결과를 다양한 형태로 자유롭게 정의하여 출력할 수 있다. terminal 뿐만 아니라 별도의 screen을 사용할 수도 있고, 별도의 display 장치를 사용하거나, 프린터로 출력할 수도 있다. Bar 코드를 인쇄할 수 있다.
- 통신 기능을 활용하여 원격에서 필요한 처리를 할 수 있다. 원격에 있는 컴퓨터들끼리 서로 통신을 하면서 자료를 주고 받거나, remote에 있는 client가 중앙의 server와 연결하여 필요한 처리를 할 수도 있다.

- 외부 기기와의 Interface를 통하여 시스템 외부의 장치와 통신하고, 통제할 수 있다. 외부 기기를 통해서 입력을 받거나 출력을 할 수도 있으며, 외부 장치를 조정할 수도 있다.
- 외부의 sensor로부터 각종 측정 값을 받아서 상황을 판단하고, 그에 따라 적절한 처리를 할 수 있는 기능을 구현할 수 있다.
- Embedded Program을 작성하여 외부 시스템을 자체적으로 직접 제어하는 시스템을 구축할 수도 있다.
- Database를 활용할 수 있는 프로그램을 작성할 수 있다. 수많은 자료를 체계적으로 관리하면서 사용자들에게 효율적인 자료관리를 할 수 있도록 도와줄 수 있다.
- Web을 활용할 수 있는 프로그램을 작성할 수 있다. Web site를 구축하여 여러 사용자들이 해당 site에 접속하여 필요한 정보를 획득하고 원하는 작업을 할 수 있도록 한다.

23.1.3 사용 가능 주요 Language 및 도구

Raspberry Pi에서 프로그램을 작성하기 위해서는 다양한 프로그램 language를 사용할 수 있다. 아래에 제시된 것은 Raspberry Pi에서 사용할 수 있는 것들 중에서 대표적인 일부에 해당하며, 이것 이외에도 활용할 수 있는 도구들이 많이 있다.

- Mathematica 또는 Wolfram
- Sonic Pi
- Scratch
- Python
- C
- Java

23.2 Mathematica 또는 Wolfram language

23.2.1 특징

Mathematica는 과학, 수학, 컴퓨터, 공학 등에서 필요한 전문적인 수학 계산을 손쉽게 해 주는 수치해석 전문 프로그래밍 도구로 Wolfram Research에서 1988년 개발되었다.

개발자인 Stephen Wolfram는 원래 입자물리학자인데, 입자물리학을 연구하면서 복잡한 수학계산을 할 목적으로 프로그램을 만들다가 프로그램 개발에 빠져 물리학을 포기하고, 프로그램 개발에 전념하게 되었는데, 이렇게 해서 개발한 프로그램이 바로 Mathematica이다.

Mathematica는 미분, 적분 등과 같은 복잡하고, 전문적인 수학계산에 많이 사용되는 도구로서, 거대한 연산도 빠르게 해낼 수 있다.

Mathematica는 Maple, MATLAB 같은 도구와 용도가 비슷하지만 기본적인 접근 방식이 다르다. 이러 한도구들은 수학계산을 할 때 일반적으로 수치해석적 방법으로 문제를 풀어낸다. 또한 수치계산 자체는 Fortran이나 C 와 같은 도구를 쓰는 편이 훨씬 빠를 수 있다. 하지만 Mathematica의 기본 특징은 기호연산(symbolic mathematics)을 할 수 있다는 것이다. Mathematica는 분석적 방법으로, 즉 마치 방정식을 풀거나 관계식을 유도하는 것처럼, 복잡한 수학계산식을 정리하고, 수학적으로 최적의 결과를 만들어내는 방식으로 문제를 해결한다.

2013년부터 Raspberry Pi에서 무료로 사용할 수 있게 되어서 Raspbian에서 기본 소프트웨어로 제공되고 있다. Raspberry Pi에서 Raspbian를 설치하면 desktop에서 Mathematica 과 Wolfram이 설치되어 있는 것을 확인할 수 있다.

Mathematica와 Wolfram에 대한 추가적인 정보는 다음을 참고하기 바란다.

- http://www.wolfram.com/language/
- http://www.raspberrypi.org/documentation/usage/mathematica/

또한 다음 blog도 참조하면 많은 도움이 될 것이다.

- wolfram   -- http://www.raspberrypi.org/tag/wolfram/
- mathematica   -- http://www.raspberrypi.org/tag/mathematica/
- wolfram language   -- http://www.raspberrypi.org/tag/wolfram-language/
- wolfram research   -- http://www.raspberrypi.org/tag/wolfram-research/

23.2.2 시작

Mathematica는 window 환경에서 이용할 수도 있는 terminal 환경에서도 이용할 수 있다.

23.2.2.1 window 환경에서의 시작

desktop 이나 applications menu에서 [Mathematica] 메뉴나 아이콘을 이용하면 해당 프로그램을 실행할 수 있다. 또는 terminal 화면에서는 "**mathematica**" 명령을 실행하면 동일한 작업을 할 수 있다.

program이 load되는 동안 mathematica logo 화면이 나타난다. 프로그램 loading이 완료되면, 두 개의 window 화면이 나타난다.

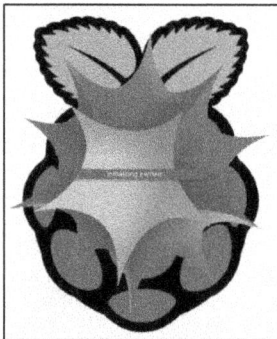

먼저 다음 화면은 Wolfram information dialogue이다. 이 화면은 Mathematica 와 관련된 여러 정보를 확인해 볼 수 있는 경로를 제공해 준다.

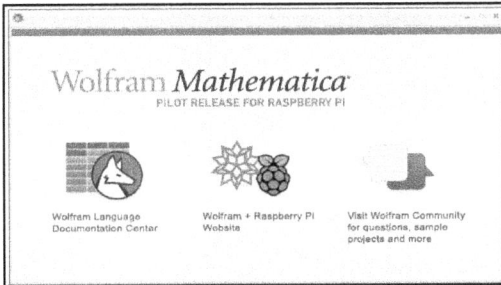

그림 23-1 Mathematica 또는 Wolfram language

The Wolfram information dialogue는 다음에 대한 web links를 제공해 주고 있다. 인터넷이 연결된 상태에서 해당 아이콘들을 누르면 web browser에서 해당 URL의 내용이 나타난다.

- Wolfram Language Documentation Center
- Wolfram + Raspberry Pi Website
- Wolfram Community

다음 화면은 Mathematica의 notebook 화면이다. 이 화면에서 필요한 여러 가지 계산이나 프로그램 작업을 할 수 있다.

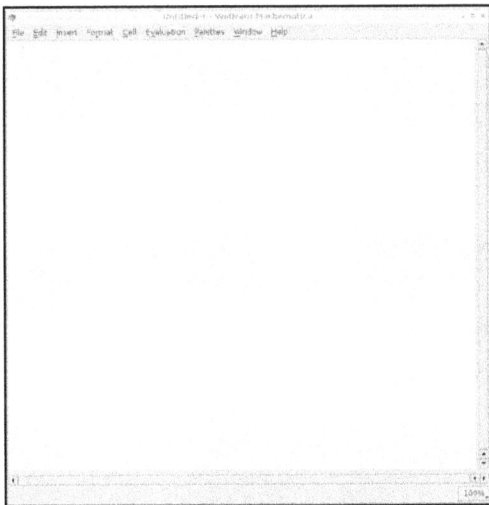

그림 23-2 Mathematica의 notebook

23.2.2.2 terminal 환경에서의 작업

terminal 화면에서 사용하고자 하면 "**wolfram**" 명령을 실행한다. 그러면 다음과 같은 작업화면이 나타난다. 이렇게 Shell에서 Wolfram language을 활용할 수 있다.

```
Wolfram Language                              _ □ x
File  Edit  Tabs  Help
Wolfram Language (Raspberry Pi Pilot Release)
Copyright 1988-2015 Wolfram Research
Information & help: wolfram.com/raspi

In[1]:= ?*Open
CellOpen     DeviceOpen    LinkOpen      NotebookOpen Open        SystemOpen

In[2]:= ?Sqrt
Sqrt[z] or Sqrt[z] gives the square root of z.

In[3]:= Sqrt[121]

Out[3]= 11

In[4]:=
```

그림 23-3 Shelld에서 Wolfram language 실행

여기서는 window환경에서 제공되는 interactive notebook 기능을 사용할 수는 없지만, In[x] / Out[x] 형식의 interface를 통하여 텍스트 기반의 programming 환경을 사용할 수 있다.

이 방식을 이용해도 Mathematica 기능은 동일하게 사용할 수 있다. 하지만 window 환경에서 제공되는 notebook을 실행하는데 필요한 GUI 처리가 필요 없으므로 window 환경에서보다 좀 더 빠르게 처리를 할 수 있는 장점이 있는 반면, notebook의 interactivity 기능과 멋있는 그래픽 인쇄 기능을 사용할 수 없는 단점이 있다.

프로그램 실행을 종료할 때는 Ctrl + D를 사용하면 된다.

23.2.3 Mathematica 사용법

여기서는 사례를 이용하여 Mathematica에서 notebook을 어떻게 사용하는지를 설명하도록 하겠다.

23.2.3.1 Mathematica에서의 Program 작성방법

● **script 입력 및 실행**

Notebook window에서 화면을 click하고 다음을 입력한다. Shift + Enter를 누르면 command를 실행하게 되고, 화면에 아래와 같이 "Hello world"를 인쇄한다.

```
Print["Hello world"]
```

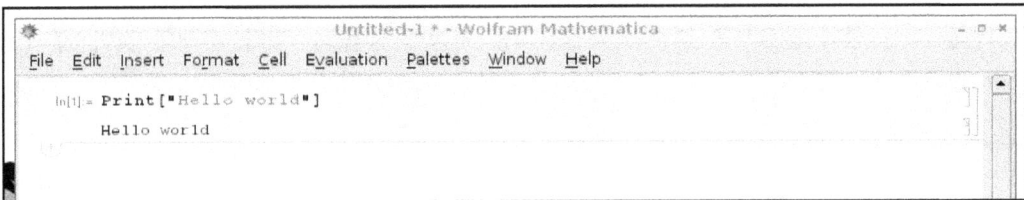

아래와 같은 형식으로 계산이 필요한 내용을 입력하면 수학적 계산을 할 수 있다.

```
In[2]:= 2 + 2

Out[2]= 4

In[3]:= 16254 / 32

Out[3]= 8127 / 16

In[4]:= 1024 * 32

Out[4]= 32768
```

● Notebook 편집

앞에서 입력한 내용을 마우스로 클릭하거나 상/하 화살표 키로 이동하여 내용을 수정하거나, 추가하거나, 삭제한 다음 Shift + Enter를 눌러서 그 자리에서 다시 명령을 실행할 수 있다.

이전에 저장된 notebook을 다시 open하여 작업할 수도 있는데, 그러면 이전에 입력한 내용이 input 과 output 내용 모두가 그대로 보이고, Shift + Enter를 이용해서 각각의 cell을 실행해 볼 수 있고, 메뉴에서 **Evaluation → Evaluate Notebook**을 이용해서 전체를 한꺼번에 실행해 볼 수도 있다.

● variable의 사용

프로그램을 하는 중에 필요하면 변수에 계산결과를 저장해 놓을 수 있다. 아래와 같이 입력한다. 참고로 각 행의 끝에 semicolon (;)을 입력하면 output이 인쇄되지 않도록 하는 것이다.

```
radius = 5;
diameter = 2 * radius;
circumference = 2 * Pi * radius;
area = Pi * radius^2;
```


● 기호 상수(Symbolic values)

아래에서는 π에 대한 기호상수 값을 가지고 있는 내부 정의 기호 Pi에 대해서 살펴보자. 우리가 "Pi"라고 입력했을 때, 이것은 π에 대한 실제값(true value)에 대한 참조를 계산식에 전달한 것으로, 이들이 소수점으로 전환되어 반올림되는 것이 아니라는 것을 의미한다.

```
In[19]:= Pi

Out[19]: π

In[20]:= tau = 2 * Pi

Out[20]: 2 π
```

기호상수에 대한 소수점 표현값(decimal representation)을 알고 싶은 경우는 N function을 사용한다

```
In[5]:= N[Pi]

Out[5]: 3.14159
```

기호상수에 대한 기본 정밀도는(significant figures)는 숫자 6 자리이다. 그래서 위의 결과 값이 숫자 6개로 되어 있다. 필요하면 아래와 같이 두 번째 인수에 더 큰 정밀도를 지정할 수도 있다.

```
In[6]:= N[Pi, 10]

Out[6]: 3.141592654
```

여기서 지정한 정밀도는 전체 숫자의 자리수이다. 위에서 보면 숫자 3과 함께 소수점 9자리가 표시되어 있는 것을 알 수 있다.

● **배열(Lists)**

집합 형태의 자료는 배열(list)에 자료를 저장할 수 있다.

```
nums = {1, 2, 3, 5, 8}
people = {"Alice", "Bob", "Charlotte", "David"}
```

● **범위(Range)**

Range function을 사용하면 숫자의 배열(list)을 쉽게 만들 수 있다.

```
Range[5]        (*The numbers 1 to 5*)
Range[2, 5]     (*The numbers 2 to 5*)
Range[2, 5, 2]  (*The numbers 2 to 5, in steps of 2*)
```

- **Table**

Table function은 배열 내의 값을 이용해서 새로운 배열자료를 만들어 낼 수 있다.

```
Table[i ^ 2, {i, 10}]     (*Squares of the numbers 1 to 10*)
Table[i ^ 2, {i, 5, 10}] (*Squares of the numbers 5 to 10*)
Table[i ^ 2, {i, nums}]  (*Squares of the items in the list nums*)
```

- **순환(Looping)**

Do function을 이용해서 지정회수나 배열 내의 항목 갯수만큼 반복 실행을 할 수 있다.

```
Do[Print["Hello"], {10}] (*Print "Hello" 10 times*)
Do[Print[i], {i, 5}] (*Print the numbers 1 to 5*)
Do[Print[i], {i, 3, 5}] (*Print the numbers 3 to 5*)
Do[Print[i], {i, 3, 5}] (*Print the numbers 1 to 5, in steps of 2*)
Do[Print[i ^ 2], {i, nums}] (*Print the square of each item in the list nums*)
```

- **Function Help**

function이름 앞에 question mark (?)를 붙인 다음 Shift + Enter 로 실행을 하면 해당 function에 대한 usage help을 얻을 수 있다. 다음은 function Sqrt에 대한 도움말을 확인한 것이다.

```
In[9]:= ? Sqrt
```

Sqrt[z] or $\sqrt{z}$ gives the square root of z.

● Function Search

Function 이름을 정확히 모를 때는 question mark (?)와 함께 function name의 일부분과 asterisk (*)를 wildcard로 사용하여 검색조건에 맞는 function 목록을 한꺼번에 조회할 수 있다. 아래는 이름에 "Device"라는 글자를 포함하는 모든 function을 찾은 결과이다.

```
In[15]:= ?Device*
```

```
In[15]:= ? Device*

▼ System

DeviceClose              DeviceObject             DeviceReadTimeSeries
DeviceConfigure          DeviceOpen               Devices
DeviceDriverRepository   DeviceOpenQ              DeviceStreams
DeviceExecute            DeviceRead               DeviceWrite
DeviceExecuteAsynchronous DeviceReadBuffer        DeviceWriteBuffer
DeviceInformation        DeviceReadLatest
```

필요하면 아래와 같이 여러 개의 wildcards를 사용할 수도 있다. 그러면 조건에 맞는 모든 function 들을 조회할 수 있을 것이다.

```
In[16]:= ?*Close*
```

```
In[16]:= ? *Close*

▼ System

AllowGroupClose          ClosenessCentrality      ShowClosedCellArea
AllowReverseGroupClose   CurveClosed              ShowGroupOpenCloseIcon
Close                    DeviceClose              SplineClosed
Closed                   LinkClose
CloseKernels             NotebookClose
```

● 주석(Comments)

괄호(( ))와 asterisk (*)를 사용하여 (*주석내용*)의 형태로 scripts 내에서 주석을 달아 놓을 수 있고, 이들은 나중에 실제 명령이 실행될 때는 무시된다.

```
Print["Hello"] (*Print "Hello" to the screen*)
```

23.2.3.2 프로그램 저장 format 및 재사용

한번 작성된 프로그램은 메뉴 **File → Save**를 이용하여 파일로 저장하여 재사용할 수 있다. 파일로 저장할 때는 여러 가지 format을 사용할 수 있는데, Wolfram notebook(.nb) 이나 Wolfram mathematica package(.m), Wolfram language package(.wl) 또는 일반 파일(.txt) 로 저장할 수도 있다.

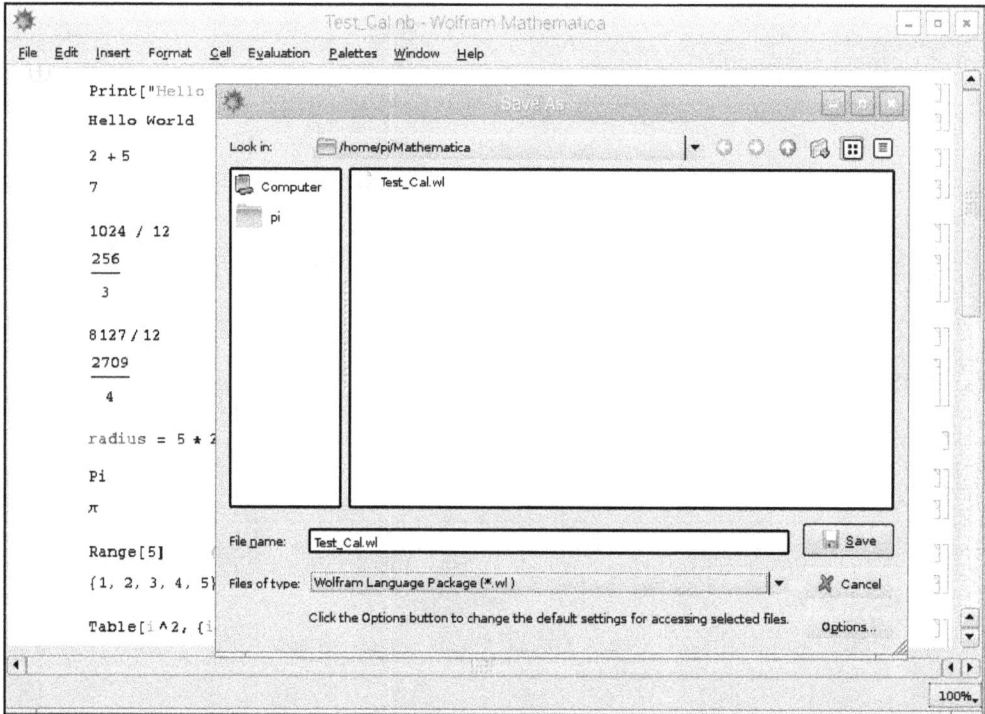

파일로 저장된 자료는 다시 open하여 그대로 다시 실행할 수도 있고, 수정하여 실행할 수도 있다. Shift + Enter를 이용해서 각각의 cell을 실행해 볼 수 있고, 메뉴에서 **Evaluation → Evaluate Notebook**을 이용해서 전체를 한꺼번에 실행해 볼 수도 있다.

● Shell에서 wolfram을 이용한 scripts 실행

Wolfram mathematica package(.m), Wolfram language package(.wl) 형태로 저장된 script는 Shell에서 wolfram 명령으로 직접 실행할 수도 있는데 이때는 -script flag를 사용한다. Print 명령이 있는 script를 저장하고 있는 test_print.m 파일을 Shell에서 직접 실행하고자 하면 다음과 같이 실행한다. 그러면 화면에 "Hello World" 라는 문구가 인쇄되어 나온다.

```
wolfram   -script        test_print.m
```

23.3 Sonic Pi

23.3.1 특징

Sonic Pi는 음향 처리 컴퓨팅 프로그램이다. 원래 학교에서 컴퓨터와 음악 교습을 지원하기 위해서 개발된 것으로 모든 사람들이 무료로 사용할 수 있는 live coding synth이다. 이것을 이용하면 code를 이용하면 Canons 부터 Dubstep까지 클래식과 현대음악 스타일의 작곡과 연주를 할 수 있다. Daft Punk나 Will.I.Am과 같은 funky music을 만들고 싶은데, cello를 어떻게 잡고, 어떻게 연주하는지 모르는 상황에서도, Sonic Pi를 이용하면 문제없이 할 수 있다. .

Sonic Pi는 Dr Sam Aaron가 개발한 오픈소스 프로그램 개발환경으로, 새로운 소리를 만드는 과정을 통해서 프로그래밍 개념을 탐구하고 가르치는 목적으로 개발되었다. 이것은 학습과정에서 창의성의 중요성을 강조하고, 사용자가 자신의 음악적인 아이디어를 실제로 전환하는 과정을 통제할 수 있는 틀을 제공하고 있다.

Sonic Pi에 대한 추가 정보나 Sonic Pi를 이용한 추가 학습 정보는 다음 자료를 참고하기 바란다.

- http://sonic-pi.net/
- https://www.raspberrypi.org/learning/sonic-pi-lessons/
- http://www.raspberrypi.org/documentation/usage/sonic-pi/README.md

23.3.2 시작하기

아래와 같이 desktop 이나 applications menu에서 Sonic Pi를 시작할 수 있다.

프로그램이 시작되면 다음과 같은 화면이 나타난다.

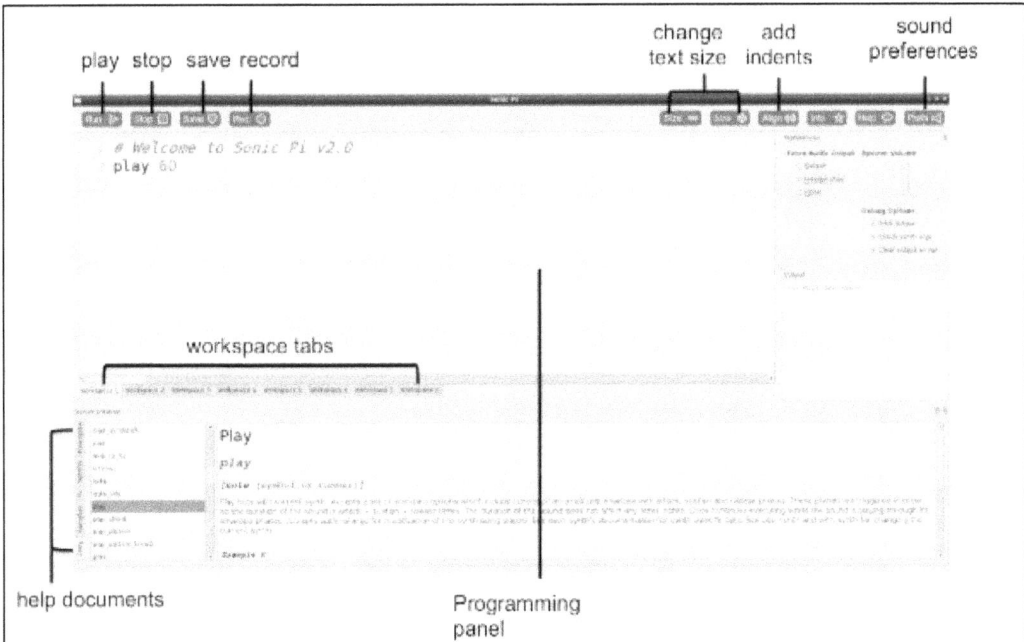

그림 23-4 Sonic Pi 의 시작화면

이 화면이 Sonic Pi 의 시작화면이다. 이것은 세 부분으로 되어 있다. 쪽, 윗부분에 있는 가장 큰 부분이 code를 작성하는 workspace 부분으로 Programming Panel이라고 한다. 오른쪽에는 프로그램을 실행했을 때 프로그램에 대한 여러 정보를 표시해주는 부분이 있는데 output panel이라고 한다. 그리고 window의 오른쪽 위에 있는 help 버튼을 누면 화면 아래 부분에 상세한 Help 정보를 보여주는 부분이 있는데 Help Panel 이라고 한다. 여기서는 다양한 명령 code와 synth sounds, samples 등에 대한 정보를 참조할 수 있다.

23.3.3 Sonic Pi 사용법

23.3.3.1 Step 1: First sounds with Sonic Pi

먼저 [Workspace 1]을 선택하여 아래와 같이 입력한다. 그런 다음 [Run] 버튼을 click해 본다. 어떤 일일 발생하는가? 그러면 beep 음이 들릴 것이다.

```
play 60
```

이번에는 아래와 같이 입력하고 [Run] 버튼을 눌러본다. 이번에는 아무 소리도 들리지 않고 workspace 아래에 오류 내용을 보여주는 부분이 나타날 것이다. 이것은 입력한 명령에 오류가 있을 때 오류내용이 있다는 것을 표시한다.

```
pley 60
```

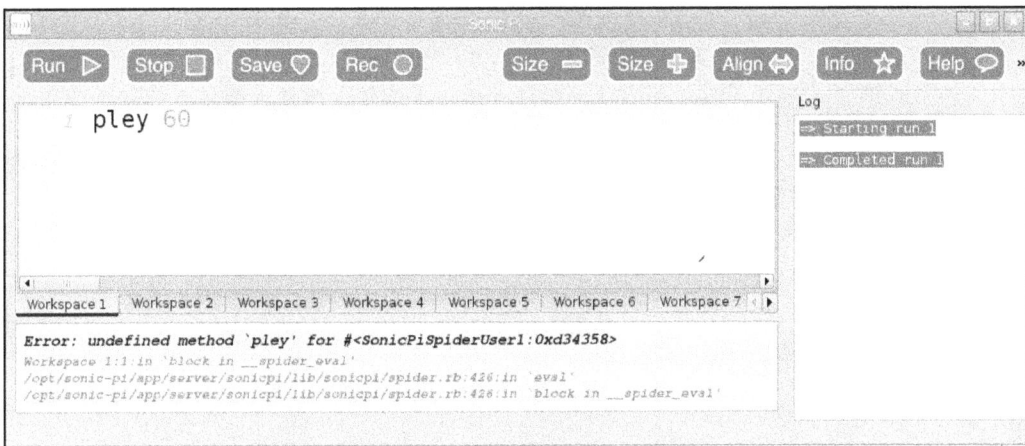

그림 23-5 Sonic Pi workspace

이제 다시 다음 내용을 입력하고 [Run] 버튼을 눌러서 실행해 본다.

```
play 60
play 67
play 69
```

그러면 컴퓨터에서 각각의 문장에 따라서 순차적으로 하나씩 어떤 소리가 나기는 하는데, 너무 빨라서 동시에 소리가 나는 것처럼 들려서 정확히 어떤 것인지 구분하기가 어렵다. 그래서 각각의 note 사이에 약간의 휴지시간를 주어서 구분해 보기로 한다. 이를 위해서는 각각의 play 문장 다음에 다음 명령을 사용할 수 있다.

```
sleep 1
```

sleep 문 다음에 지정한 숫자는 second 시간을 의미한다. 숫자 1은 1초를 이미하고, 0.5와 같이 소수점을 사용할 수도 있다. 이제 깔끔한 음조을 만들기 위해서 play 와 sleep 문을 이용하여 다음과 같이 입력한 다음 [Run] 버튼을 눌러서 음을 감상해 보자.

```
play 60
sleep 0.5
play 67
sleep 0.5
play 69
sleep 0.5
```

23.3.3.2 Step 2: Loop a tune

지금까지 Sonic Pi에 대해서 공부했으니,이제 음조를 만들기 위한 code를 작성해 보자.
[Workspace 2]를 선택하고 다음 code를 입력한다.

```
play 60
sleep 0.5
play 62
sleep 0.5
play 64
sleep 0.5
play 60
sleep 0.5
```

[Run] 버튼을 눌러서 실행하면 음조가 연주된다. 그런데, 어떤 곡에서 이 부분이 두번 연주되어야 한다면, 어떻게 두번을 반복할 수 있을까? 가장 간단한 방법은 위 문장을 두번 입력하는 방법일 것이다. 그 외에 또 다른 방법이 있는데, 지금 설명하고자 하는 loop 처리방법이다. 다음과 같이 do-end 문장을 입력하는데, 위의 모든 명령을 do와 end 사이에 입력한다.

```
2.times do
    문장
end
```

최종적으로 다음과 같이 입력하고 [Run] 버튼을 눌러 실행해 본다. 그러면 전체 내용이 두번 연주되는 것을 확인할 수 있다.

```
2.times do
  play 60
  sleep 0.5
  play 62
  sleep 0.5
  play 64
  sleep 0.5
  play 60
  sleep 0.5
end
```

위 사례에서 보면 do-end 사이의 문장들이 오른쪽으로 들어간 형태로 정렬되어 있다. 이는 작성되어 있는 프로그램 code들을 읽기 쉽게하고, 나중에 실행했을 때 오류가 있는 경우, bug을 쉽게 찾을 수 있도록 프로그램 code를 잘 정렬해 주기 위한 것이다. 이렇게 정렬하기 위해서는 space bar를 두번 눌러 자리를 정렬하면 된다.

앞에서는 반복 회수를 지정해서 음표를 반복했지만, 영원히 반복하고 싶을 때는 loop do 와 end 문장을 사용한다. 즉 다음과 같은 형식으로 사용하는 것이다

```
loop do
  play 60
  sleep 0.5
end
```

23.3.3.3 Step 3: MIDI notes and music notes

우리가 앞에서 play 문 다음에 지정한 숫자값은 어떤 음표이다. 사실 그들은 MIDI note이다. 이것은 우리가 피아노로 연주되는 노래를 연주하려면 Sonic Pi의 MIDI 음표로 변환해야 한다는 것을 의미한다. 두 음표 사이에는 다음과 같은 관계가 있다.

Music Note	C	D	E	F	G	A	B
MIDI Note	60	62	64	65	67	69	71

표 23-1 Music 음표와 MIDI 음표 값의 관계

만약 여러분이 연주하고자 하는 노래에 대해서 MIDI note를 만들어내고자 하면 아주 귀찮은 일이 될것이다. 다행히도 Sonic Pi에서는 표준 악보의 표현을 그대로 사용할 수가 있다.

이번에는 새로운 Workspace에서 아래와 같이 입력을 해보자. 그런 다음 연주를 해보고 앞에서의 MIDI 음표로 작성한 것과 동일한지를 점검해 본다.

```
play :c4
sleep 0.5
play :d4
sleep 0.5
play :e4
sleep 0.5
play :c4
sleep 0.5
```

23.3.3.4 Step 4: synthesizer를 이용한 sound 변경

이제 음악 곡조를 좀더 흥미있게 만들 때가 되었다. 우리는 synthesizer sound를 변경하여 이러한 소리를 만들 수 있는데, Sonic Pi에서의 기본 synth는 beep라고 한다. 다른 synth를 사용하기 위해서는 위의 code 중에서 그것을 사용하고자 하는 위치에 다음 형식의 문장을 사용하면 된다.

```
use_synth :name of synth
```

아래의 예에서는 synth fm을 이용해서 작업을 한 것이다.

```
use_synth :fm
2.times do
  play 60
  sleep 0.5
  play 67
  sleep 0.5
end
```

■ 사용할 수 있는 Synths

Sonic Pi에는 깨끗하게 들리는 많은 synths가 미리 포함되어 있다. 그 내용을 보려면 화면 위에 있는 [help] 버튼을 눌러서 help window가 나타나도록 하고, 그 왼쪽에 있는 Tab에서 [Synths]를 선택한다. 그런 다음 사용법에 대한 더 많은 정보를 알고 싶으면 원하는 synth 이름을 클릭하면 된다.

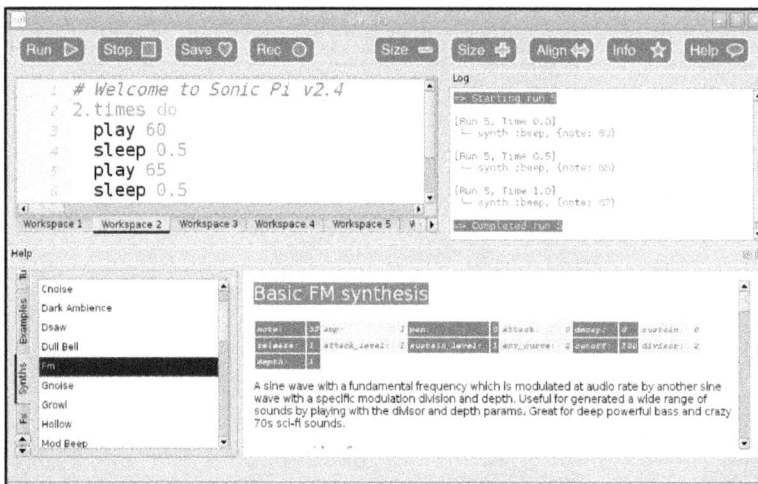

23.3.3.5 Step 5: Use samples

Sonic Pi에서 음표만을 사용하여 음악을 만들수도 있고, sample을 이용하여 음악을 만들 수도 있다.
sample은 사전 녹음된 음악이나 곡조로서 음악에 넣어서 곧바로 사용할 수 있다. 이것을 사용하면 아주 간단하게 여러분의 음악을 엄정한 음악으로 만들 수 있다.

Sample을 사용하기 위해서는 그것을 사용하고자 하는 음악 프로그램의 원하는 순서에서 다음 code의 문장을 추가한다.

```
sample :name of sample
```

아래의 예에서는 loop_amen 이라는 sample을 이용해서 작업을 한 것이다.

```
2.times do
  sample :loop_amen
  sleep 1.753
end
```

■ 사용할 수 있는 Samples

Sonic Pi에는 많은 sample이 포함되어 있다. 어떤 것이 있는지를 보려면 화면 위에 있는 [help] 버튼을 눌러서 help window가 나타나도록 하고, 그 왼쪽에 있는 Tab에서 [samples]를 선택한다. 그런 다음 사용법에 대한 더 많은 정보를 알고 싶으면 원하는 sample 이름을 클릭하면 된다.

23.3.3.6 Step 6: Playing two tunes at the same time

음악은 보통 반복되는 backing track이 있고, 그 위에 별도로 연주되는 melody가 있다. 우리는 지금까지 Sonic Pi에서 하나의 곡조만을 연주했는데, 이제는 두개의 곡조를 동시에 연주해 보도록 하겠다.

새로운 workspce을 열어서 작업을 하도록 한다. 두개의 곡조를 동시에 연주할 때 사용하고자 하는 code는 in_thread do 와 end 사이에 있어야 한다. in_thread do 아래에 원하는 곡조를 입력한다.

```
in_thread do
  곡조
end
```

여기서는 sample을 backing track으로 사용했다.

```
in_thread do
  loop do
    sample :loop_amen
    sleep 1.753
  end
end
```

이 첫번째 'thread'는 우리 음악의 melody 로 작동할 것이다. 그 아래 backing track or baseline으로 사용할 code를 아래와 같이 입력한다.

```
in_thread do
  16.times do
    play 75
    sleep 1.753
    play 74
    sleep 0.25
  end
end
```

모든 작업이 완료되었으면 [Run] 버튼을 눌러 연주를 해본다. 그러면 두개의 thread가 동시에 연주되는 것을 들을 수 있을 것이다.

23.3.3.7 Step 7: Live code!

Sonic Pi는 음악을 live coding하는 platform으로 개발되었으므로, 만들어진 code는 실제 세계에 맞게 조작, 수정, 변경, 조정될 수 있다. 이 말은 작업자는 미리 만들어진 프로그램을 연주하는 것이 아니라 자신들의 곡을 연주할 수 있다는 것을 의미한다. 그럼, 우리도 한번 해봐야 하지 않는가?

새로운 workspace에서 다음을 입력한다.

```
define :play_my_synth do
  use_synth :prophet
    play 50, attack: 0.2, release: 1.3
  sleep 0.5
end

loop do
play_my_synth
end
```

그런 다음 프로그램을 연주해 본다. 연주가 되는 동안, 아래와 같이 각 행의 처음에 # 기호를 입력하여 주석으로 만들어 본다. 연주가 어떻게 변하는지 확인해 본다.

```
# loop do
#   play_my_synth
# end
```

다음에는 code의 다른 일부를 변경하고, 다시 연주를 해 본다. 그러면 새로운 음악이 연주된다. 이제 여러분은 진정 멋있는 연주를 하고 있는 것이다.

23.4 Scratch language

23.4.1 특징

Scratch는 복잡한 프로그램 source code를 작성하지 않고도 visual tool을 이용하여 a drag-and-drop 방식으로 program을 만들 수 있는 도구로, animation이나 interactive art works, game 등을 개발할 수 있다. Scratch로 작업을 하는 동안 실제는 프로그램 code를 작성하지 않지만, 프로그래밍의 중요한 기본원칙과 기법들을 배울 수 있다. 따라서 프로그래밍을 처음 시작하는 사람들이 프로그래밍의 개념을 이해하고 다양한 훈련을 할 수 있는 최적의 도구이다

Scratch에 대해서 더 많은 정보가 필요하면 다음을 참조하기 바란다.

- http://pi.cs.man.ac.uk/download/Raspberry_Pi_Education_Manual.pdf
- http://scratch.mit.edu/
- http://scratched.media.mit.edu
- http://info.scratch.mit.edu/support
- http://scratch.mit.edu/forums/
- http://scratch.mit.edu/latest/shared
- http://learnscratch.org
- http://www.scratch.ie
- http://scratch.redware.com/index.php
- http://blogs.wsd1.org/etr/?p=395
- http://morpheus.cc/ict/scratch/default.htm

23.4.2 프로그램 시작

desktop이나 applications menu에서 다음과 같이 Scratch를 시작할 수 있다. 주의할 점은 Remote 접속에서는 정상적으로 실행되지 않는다는 것이다

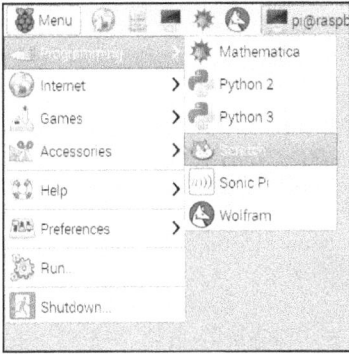

프로그램이 시작되면 다음과 같은 화면이 나타난다. 이 화면이 필요한 프로그램을 작성하고, test하는 작업을 할 수 있는 주요 화면이다.

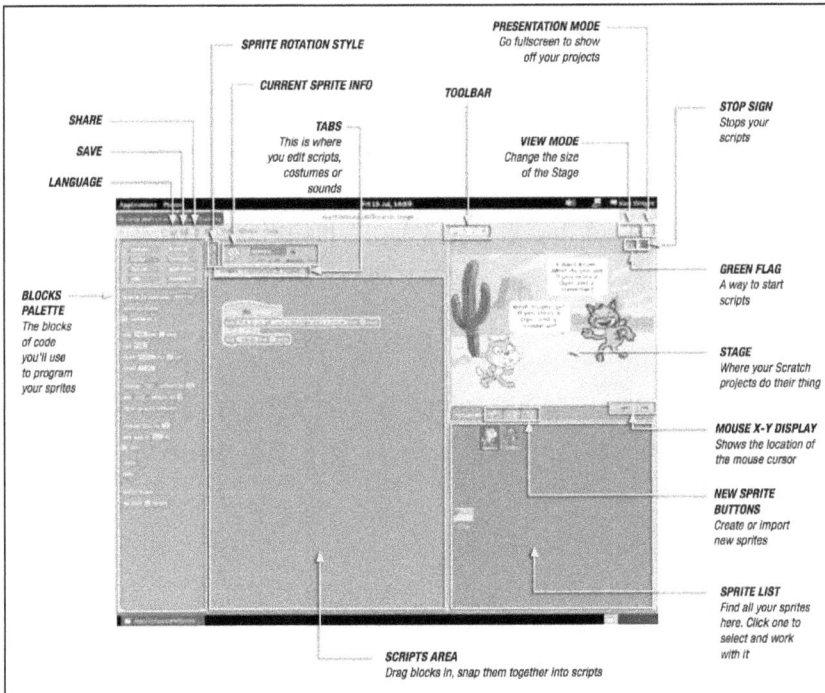

그림 23-6 Scratch overview

화면은 몇 개의 주요 영역으로 구성되어 있다. 하나씩 살펴보기로 하자.

- Block Palete 영역

  이 영역은 화면의 왼쪽에 있는 부분이다. 윗부분은 우리가 사용할 수 있는Palette가 유형별로 표시되어 있으며, 다음과 같은 8개의 palette를 사용할 수 있다.

  - Motion
  - Control
  - Looks
  - Sensing
  - Sound
  - Numbers
  - Pen
  - variable

  특정 palette를 클릭하면 그 palette에 대해서 사용할 수 있는 block들이 아래 부분에 표시된다. 여기에 있는 block들이 우리가 Scratch에서 프로그램 내에서 어떤 작업을 할 때 사용하는 명령이다. 이들 block중에서 사용하고자 하는 block은 선택하여 Script 영역으로 끌어다 놓으면 된다.

- Script 영역

  이 영역은 화면의 중앙에 있는 부분이다. Scratch에서 프로그램을 작성할 때 사용하고자 하는 명령을 이 영역에 가져와서 작업을 하게 된다. 즉 block palette에서 block을 선택하여 script 영역에 갖다 놓고 순서대로 정렬하고 서로 연결하여 프로그램을 작성하는 것이다. 프로그램을 실행하면 여기에 있는 명령들이 사전에 정해진 규칙에 따라 실행이 되는 것이다.

- Sprite 영역

  이 영역은 화면의 왼쪽 아래에 있는 부분이다. 여기서는 프로그램에서 사용하게 될 sprite 객체를 정의하는 부분이다. 여기서 정의된 sprite는 위에 있는 Stage 영역에 나타나게 된다.

- Stage영역

  이 영역은 화면의 오른쪽 위에 있는 부분이다. 여기서는 프로그램의 실행결과를 보여주는 부분인데, 앞에서 정의된 Sprite가 나타나서 프로그램이 지시한 대로 작동하는 것을 볼 수 있다.

23.4.3 프로그램 사용법 기초

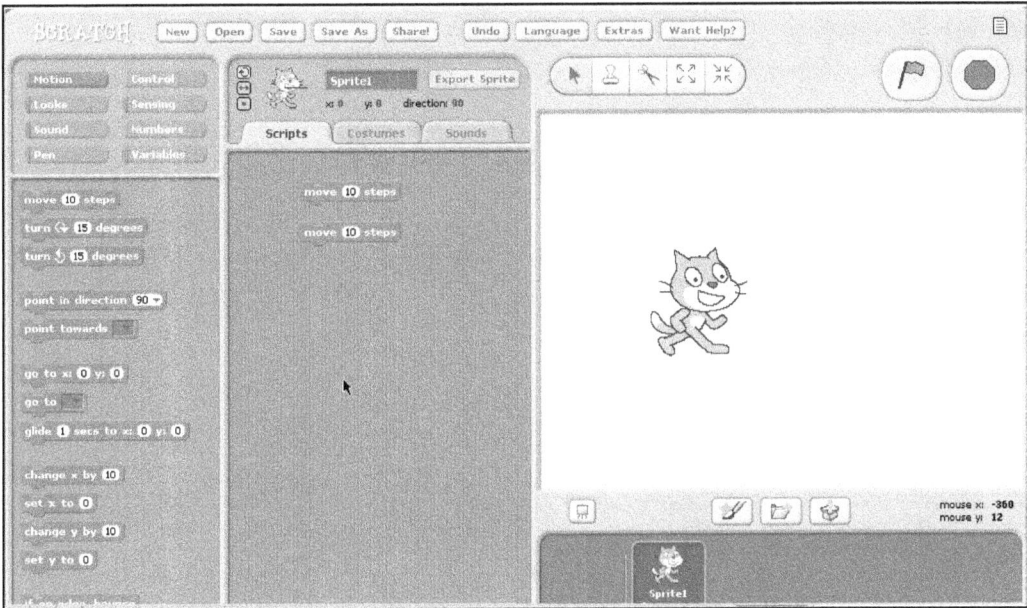

23.4.3.1 Sprite의 개념

Sprite는 Sprite 영역에서 정의되면, 그 위에 있는 Stage 영역에 나타나서 여러 가지 동작을 하게 되는데, 마치 무대에서 공연하는 주인공이나 배우와 같다라고 할 수 있다.

Scratch에서 Sprite는 프로그램을 수행했을 때 프로그램이 지시한 동작이나 명령을 수행하여 그 결과를 화면에 보여주는 역할을 하는데, 그림으로 만들어진 객체를 사용한다. Scratch에서는 통상 Sprite를 중심으로 하여 프로그램의 명령이 수행되고, 수행 결과도 Sprite에 대한 변화로 표시되는 형식으로 프로그램이 작성된다.

23.4.3.2 프로그램의 실행과 중단

화면 오른쪽 위에 있는 green flag 버튼과 red 버튼을 이용하여 프로그램을 실행하거나 중단할 수 있다. Green flag 버튼을 누르면 script에 지정된 명령들이 종료될 때까지 실행되고, red 버튼을 누르면 실행중인 프로그램의 작동이 중단된다.

23.4.3.3 Palette와 block

Scratch에서는 사용할 수 있는 명령들이 block palette의 형태로 분류하여 제공해 주고 있다. 모두 8가지의 palette를 사용할 수 있는데, 각 palette를 누르면 실제로 사용할 수 있는 명령을 의미하는 block들이 아래 부분에 표시된다. 아래는 가장 많이 사용되는 Motion palette과 Control palette에 대해서 세부 block의 내용들을 보여주고 있다.

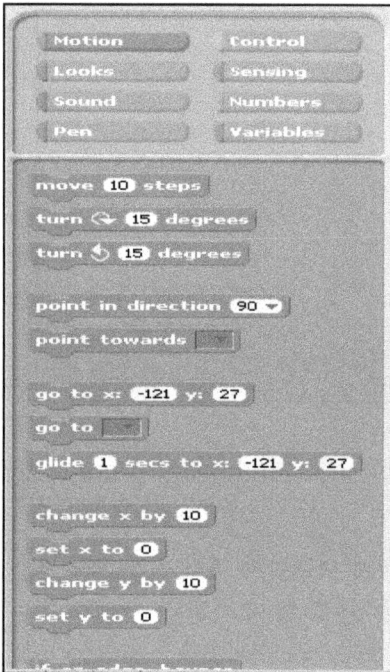

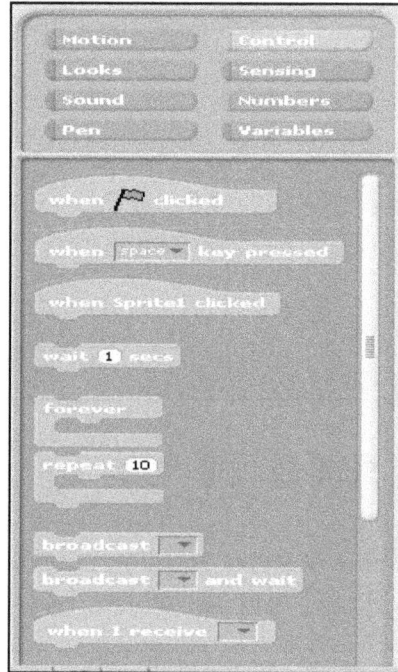

23.4.3.4 block의 세부 특성 지정

어떤 block들을 보면 block 내부에 흰색으로 표시된 부분이 있는데, 통상 이들은 작성하는 사람들이 원하는 값으로 수정할 수 있는 것을 의미한다. 각 block의 성격에 따라 다양한 항목에 대해서 특성값을 변경할 수 있도록 되어 있다. 아래의 move block에 있는 숫자는 한번 수행할 때 얼마나 이동할 지를 지정하는 값으로, 사용자가 원하는 값으로 자유롭게 수정할 수 있다. 옆에 있는 play drum block에서는 입력할 수 있는 특성값이 두 개가 있는 것을 알 수 있다.

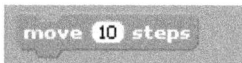

23.4.3.5 다른 명령과의 연결

Scratch에서의 각 block은 다른 block들과 서로 연관관계를 맺어야 한다. 이런 연관관계를 block들의 연결로 표현하게 된다. 이렇게 block들을 연결하는 작업이 결국은 프로그램을 작성하는 것이다.

먼저 아래의 move Block을 자세히 살펴보면, 위에 홈이 있고 아래에 돌출된 부분이 있다. 이들은 다른 block과 연결하는 기능을 수행한다. 위에 있는 홈은 이 block의 앞에 어떤 다른 block이 있어야 한다는 것을 의미하고, 아래 부분에 있는 돌출은 그 뒤에 또 다른 block이 있어서 서로 연결되어야 한다는 것을 의미한다. 옆에 있는 그림은 move block의 앞에 다른 block이 연결된 모습을 보여 주고 있다.

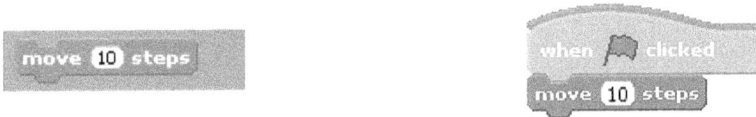

그런데 어떤 block을 보면 홈이나 돌출된 부분이 없는 것도 있는데, 이들은 그 지점에서 다른 block들과 연결할 수 없다는 것이다. 예를 들어 아래에 있는 block은 밑에는 돌출이 있는데, 위에는 홈이 없는 것을 볼 수 있다. 이것은 이 block 앞에는 다른 block이 올 수 없고, 이 Block 다음에는 어떤 block이 있어야 한다는 것을 의미한다.

이번에는 또 다른 block을 보기로 하겠다. 아래의 block을 가만히 보면 block의 내부의 윗부분에 돌출이 있는 것을 볼 수 있다. 이것은 block의 내부에 어떤 다른 block이 들어가야 한다는 것을 의미한다. 옆에 있는 그림은 그 forever block 내부에 다른 block들을 넣어서 작성한 내용이다. 이렇게 어떤 block 속에 다른 block들이 포함되어 있는 것은 외부 block이 실행되는 시점에는 그 내부에 포함되어 있는 모든 block들이 실행된다는 것을 의미한다.

23.4.3.6 다른 명령과의 연결 완료

Script 영역에서 작업을 할 때 관련 block들이 여러 완전하게 연결되어야 제대로 작성이 된 것이며, 서로 떨어져 있으면 아직 완료되지 않은 것을 의미한다.

script 영역에 block들이 아래의 왼쪽과 같은 상태에 있다면, 아직 작성이 완료되지 않은 상태이다. block들이 오른쪽에 있는 상태와 같이 되어 있다면 block들 간에 연결이 완료된 상태를 말한다.

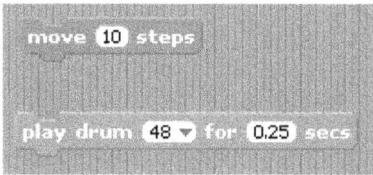

23.4.3.7 block들간의 처리 순서

Script 영역에 있는 block들은 기본적으로 위에서 시작하여 아래로 명령이 실행된다. 즉 block들이 아래/위로 서로 연결되어 있을 때, 위에 있는 block이 먼저 실행이 되고, 그 다음에 아래에 있는 부분이 실행되는 것이다. 서로 연결되어 있는 block의 종류는 상관하지 않는다. 서로 연결되어 있는 block이 동일 유형이든지, 아니면 다른 유형의 block이든지 관계없이 위에서부터 실행하게 된다. 아래는 동일한 유형의 block 들이 연결된 것과 다른 유형의 block들이 연결된 사례를 보여주고 있다.

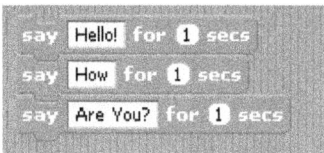

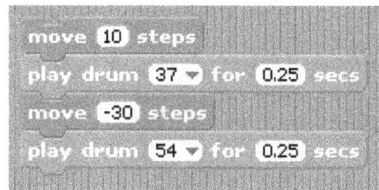

23.4.3.8 반복 실행

특정 block 명령들을 반복해서 실행하고자 할 때는 repeat block이나 forever block을 사용한다. 프로그램을 작성할 때는 반복하고자 하는 block들을 그 내부에 포함하면, 내부에 있는 모든 block들이 반복되어 실행이 될 것이다. 아래는 green flag를 눌렀을 때 한없이 실행되는 사례를 보여 주고 있다.

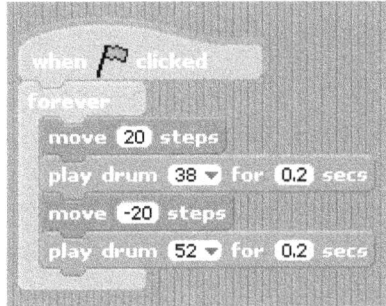

23.4.4 사례를 이용한 프로그램 작성 방법

우리는 예제를 가지고 사용법에 대해서 간단하게 설명하기로 하겠다.

23.4.4.1 고양이 sprite를 움직이기

Stage에 있는 고양이는 Scratch에서 사용할 수 있는 sprite의 하나이다. 처음 시작할 때는 텅 빈 stage에 고양이 sprite가 있을 것이다.

고양이를 움직이기 위해서 다음과 같은 작업을 한다.
- sprite 영역에서 cat sprite를 클릭한다.
- blocks palette에서 Control palette을 선택한다. 그러면 아래 부분에 여러 block들이 표시될 것이다.
- 여러 block들 중에서 [When green flag clicked] block을 drag하여 화면 중앙의 scripts area에 놓아둔다. 이 block은 어떤 작업을 시작하게 해주는 trigger block의 일종으로 화면 오른쪽 위에 있는 실행버튼(green flag)을 누르면 작업을 시작하라고 지시하는 용도로 사용된다.
- blocks palette에서 Motion palette을 선택한다. 그러면 아래 부분에 여러 block들이 표시될 것이다.
- 여러 block들 중에서 초록색의 [Move 10 steps] block을 script area에 추가하고, [When green flag clicked] block과 연결한다. 이 block에서 지정된 숫자 10은 한번 움직일 때 얼마나 움직일지를 지시하는 것이다. 이 숫자를 (-)로 지정하면 반대로 움직이게 될 것이다.
- 이제 화면 오른쪽 위에 있는 실행버튼(green flag)을 누르면 고양이가 움직이는 것을 볼 수 있다. 이 버튼을 누르면 위에서 [When green flag clicked] block에 의해서 프로그램 작동이 시작되는 것이다.
- 아래는 작업이 완료된 이후의 모습이다.

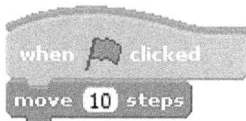

23.4.4.2 고양이 sprite의 외관모양 바꾸기

Scratch에서 sprite가 보이는 모양을 costumes이라고 한다. 모든 sprite는 각각 다른 costumes을 입을 수 있다. sprite의 costume을 변경하기 위해서는 다음과 같은 방식으로 작업한다.

- sprite 영역에서 작업하고자 하는 sprite를 클릭하여 선택한다. 화면 중앙의 Scripts area에서 [Costumes] tab을 클릭한다.
- 고양이는 두 개의 costumes이 있는 것을 볼 수 있다. [Copy]를 클릭하여 세 번째 costume을 만들면 새로운 cat costume이 나타날 것이다.
- 그러면 <costume3>를 선택하고, [Edit]를 클릭한다. 그러면 [Paint Editor] 화면이 열릴 것이다. 여기서 모든 버튼과 도구들을 작동해 보고 어떻게 되는지 실험해 보기 바란다.
- 다음으로 어떤 복장을 costume에 입힌 다음 [OK] 버튼을 누른다.
- costumes들을 바꿔보고 싶으면, Scripts tab을 누르고, block palette에서 보라색의 Looks palette을 누른 다음 [Switch to Costume] block을 script area에 추가하여 다른 blocks에 연결한다.
- 보라색의 [Switch to Costume] block에 있는 drop-down 메뉴에서 [costume3]를 선택한다.
- 이제 프로그램을 실행하면 costume이 변경되는 것을 확인할 수 있을 것이다.
- 아래는 작업이 완료된 이후의 모습이다.

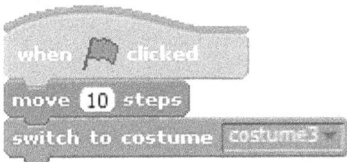

23.4.4.3 Sprite 추가하기

고양이 sprite가 마음에 들지 않으면 다른 sprite를 추가하거나 자신만의 sprite를 만들어 사용할 수도 있다. Sprites palette 위에는 새로운 sprite를 만드는데 사용되는 버튼이 세 개 있다.

- 첫 번째 아이콘은 [Paint your own sprite]이다. 이것을 클릭하면 [Paint Editor] window 이 열리고, 여기서 재미있는 characters를 만들기 위해서 여러 가지 도형이나, 선을 사용할 수 있고, 손으로 직접 그린 도형을 사용할 수도 있다.

- 두 번째 아이콘은 [Choose a new sprite]이다. 이것을 이용하면 Scratch내에 이미 만들어져 있는 것이거나 또는 Raspberry Pi에 저장되어 있는 것을 선택하여 사용할 수 있다. 이것을 클릭하여, sprite가 포함되어 있는 여러 folder들을 찾아서 원하는 것을 선택할 수 있다.

- 세 번째 아이콘은 [surprise sprite]이다. 눌러서 무슨 일이 일어나는지 확인해 보기 바란다.

23.4.5 로보틱스 및 센서들

단순히 소프트웨어에 의한 입력과 출력뿐만 아니라, Scratch를 센서보드와 로보틱스 시스템을
사용하는 외부 하드웨어와 연결하는 것도 가능하다. Multi-thread 특성과 프로세스 간의 강력한 메시징
시스템 덕분에 Scratch는 놀라울 정도의 고급 로보틱스 엔진을 만드는데 사용될 수 있으며,
Raspberry Pi를 간단한 로봇의 심장부에 가져다 놓을 수 있는 것 중에서 가장 간단한
방법이 될 것이다.

훨씬 강력하지만 상당히 복잡한 프로그래밍 언어인 Python과는 달리 Scratch는 외부 하드웨어와
의 커뮤니케이션을 위해 Raspberry Pi의 GPIO 포트를 이용할 수 없다. 따라서 물리적인 세계와의
대화를 위해서는 별도의 하드웨어를 필요로 한다.

23.4.5.1 PicoBoard를 이용한 센싱

SparkFun에 의해 디자인된 PicoBoard는 스크래치를 실행하는 컴퓨터에서 연결할 수 있는 애드온 모
듈로써 다양한 슬라이더 입력, 광센서, 버튼, 소리 센서, 외부 전자 장비를 모니터 할 수 있는 4쌍
의 악어 클립을 제공한다.

직렬 통신을 사용하는 원형 모델과 USB통신을 사용하는 변형 모델의 두 가지 종류의
PicoBoard가 있다. Raspberry Pi는 후자를 지원한다. 단순히 Raspberry Pi의 USB포트에
연결하고 Scratch를 재시작하기만 하면 Scratch 인터페이스에서 다양한 기능을 사용할 수
있다. 자세한 내용은 다음에서 확인하기 바란다.

- http://www.sparkfun.com/products/10311

23.4.5.2 LEGO를 이용한 로보틱스

애드온 센서 모듈 이외에 Scratch를 통해서 외부 로보틱스 시스템을 제어할 수도 있다. LEGO education WeDo 로보틱스 킷은 모터, 거리 센서, 속도 센서 등을 컴퓨터에 연결할 수 있도록 디자인 되어있으며, 이 센서들은 Scratch에 있는 전용 블록들을 이용해서 제어할 수 있다.

WeDo 킷은 어린이들이 로보틱스를 쉽게 시작할 수 있는 아주 좋은 도구이다. 일반 LEGO처럼 컴포넌트들을 같이 끼우면 되고, 잘못 끼워질 염려가 없으며, 전기 쇼크를 걱정하지 않아도 된다. WeDo 킷은 정규 LEGO 및 LEGO 테크닉 킷과도 호환되므로, 쉽고 빠르게 대규모 프로젝트를 구축하는 것도 가능한다. Scratch와 LEGO education WeDo 킷에 대한 자세한 정보는 다음 사이트를 참고하기 바란다.

- http://info.scratch.mit.edu/WeDo

23.5 Python language

23.5.1 Python이란?

Python은 1980년대 후반에 컴퓨터 과학과 수학을 위해서 개발되어, 1991년] 프로그래머인 Guido van Rossum이 발표한 고급 프로그래밍 언어로, 유연하면서도 강력한 기능을 가지고 있으면서도 사용하기 쉬운 programming language이다. 현재 Python은 비영리 단체인 파이썬 소프트웨어 재단이 관리하는 개방형, 공동체 기반 개발 모델을 가지고 있다.

Python은 플랫폼 독립적이며 인터프리터 방식의, 객체지향적, 동적 타이핑(dynamically typed) 대화형 언어이다. 또한 Python syntax는 명확한 표현이 가능한 문법 체계를 가지고 있으며, 읽기 쉬운 구조로 되어 있고, 표준 영어와 같은 keyword를 사용하고 있다.

Python은 초보자부터 전문가까지 폭넓은 사용자층을 보유하고 있다. 동적 타이핑(dynamic typing)을 지원하는 범용 프로그래밍 언어로, 다양한 플랫폼에서 쓸 수 있고, 라이브러리(모듈)가 풍부하여, 대학을 비롯한 여러 교육 기관, 연구 기관 및 산업계에서 이용이 증가하고 있다. 또 파이썬은 순수한 프로그램 언어로서의 기능 외에도 다른 언어로 쓰인 모듈들을 연결하는 풀언어(glue language)로써 자주 이용된다. 실제 파이썬은 많은 상용 응용 프로그램에서 스크립트 언어로 채용되고 있다.

Python에 대한 고급 과정의 정보가 필요하면 다음 내용을 추가로 검토해 보아야 한다.
- Python 2 와 Python 3
- Python의 관례
- Python을 사용하는 또다른 방법들
- Python library 설치
- GPIO 활용

Python Documentation에 대한 추가 자료가 필요하면 다음을 참조한다.

- https://www.python.org/doc

기타 다음 사이트들은 여러 가지 자료를 참조할 수 잇는 곳이다.

- http://wiki.python.org/moin/BeginnersGuide   -- 공식 초보자 가이드
- http://www.learnpython.org   -- 다운로드 가능한 무료 인터랙티브 튜토리얼
- http://learnpythonthehardway.org/   -- Zed A. Shaw의 Learn Python The Hard Way

23.5.2 시작

Python을 처음 접근하는 가장 좋은 방법은 Python IDLE를 통하는 방법이다. Python IDLE은 window 환경에서 이용할 수도 있고, terminal 환경에서도 이용할 수 있다.

23.5.2.1 window 환경에서의 시작

desktop이나 applications menu를 이용하여 Python을 시작할 수 있다. 메뉴 Python 2를 선택하면 Python 2 version의 통합 개발환경을 사용할 수 있고, 메뉴 Python 3를 선택하면 Python 3 version에 대한 통합 개발환경을 이용할 수 있다.

프로그램이 시작되면 다음과 같은 Python Shell 화면이 나타나는데, 이것이 프로그램을 작성하고 실행하는 주요 작업화면이 된다.

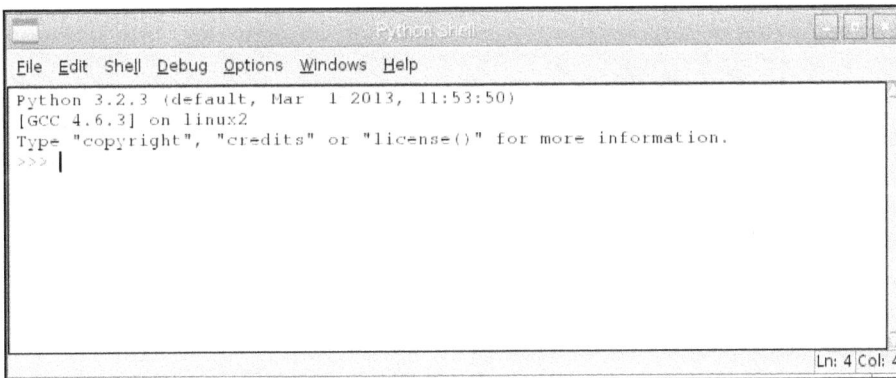

그림 23-7 Python Shell 화면

프로그램을 처음 실행하면 Python Shell 화면이 나타나는데, 이는 프로그램을 개발하는 시작화면이 된다.

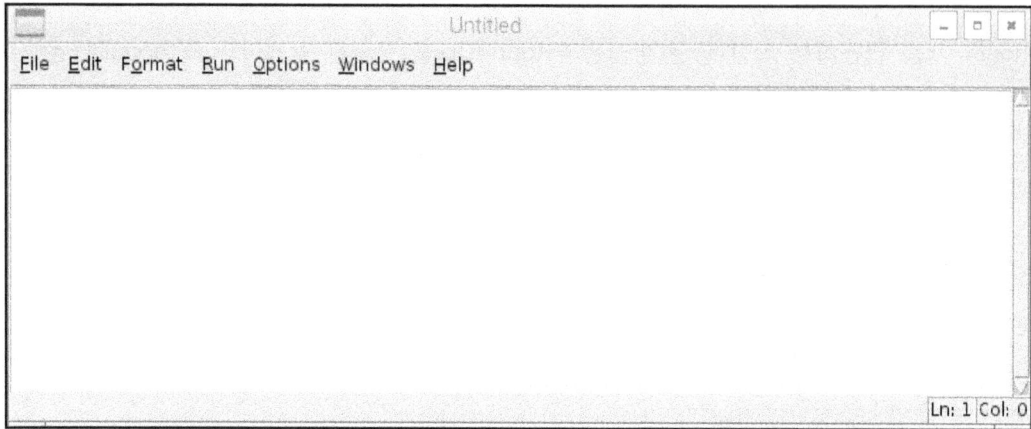

그림 23-8 Python window

하지만 이 Shell은 명령을 한 line씩 입력하도록 되어 있고 또 입력하지 마자 곧바로 실행되기 때문에 대량의 프로그램을 개발하는 것은 불편하다. 그래서 메뉴 **File → New Window**를 이용하여 새로운 화면을 열면, 대량의 프로그램을 일괄 입력하여 실행하거나 전체 내용을 파일로 저장하여 나중에 다시 사용할 수 있다

23.5.2.2 terminal 환경에서의 작업

terminal 화면에서 "python" 명령을 실행하면 Python 2 IDLE를 사용할 수 있고, "python3" 명령을 입력하면 Python 3 IDLE를 사용할 수 있다.

terminal 화면에서 시작하면 다음과 같은 화면이 나타난다.

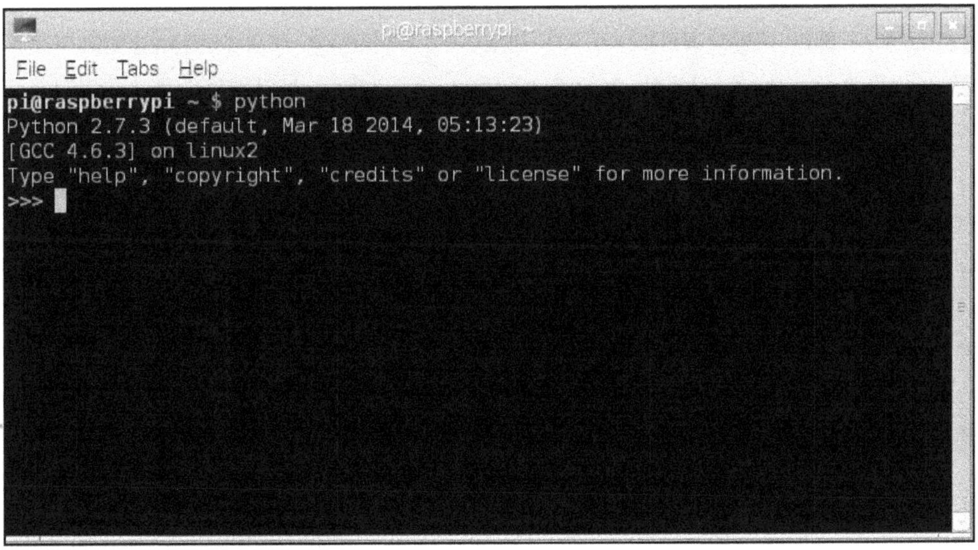

그림 23-9 terminal에서의 Python

23.5.3 Python의 통합 개발환경(IDLE)

통상 많은 개발 언어에서는 개발을 편리하게 하기 위해서 전문적인 통합 개발환경(IDLE)을 제공해 주고 있다. 통합 개발환경(IDLE, Integrated Development Environment) 란 프로그램 개발에 필요한 모든 도구를 사용하기 편리한 형태로 통합한 개발환경을 제공해 주는 개발 도구이다.

Python에서도 역시 통합 개발환경(IDLE)이 제공되고 있다. Python은 현재 Python 2 and Python 3의 두 가지 version을 사용할 수 있다. Python 3는 Python 보다 최신 version이지만 Python 2와 완벽한 호환성이 보장되지 않아서 과거에 Python 2로 개발된 많은 프로그램을 Python 3에서 처리할 수 없어서 당분간은 필요한 실정이다. 하지만 Python 3가 모든 면에서 새롭게 보완되었고, 보다 향상된 성능을 보여주기 때문에 향후는 모두 Python 3가 사용될 것이다.

Raspberry Pi 시스템에서는 Python 개발 환경 Python 2 와 Python 3가 함께 제공되고 있다. 사용자의 형편에 따라 어떤 것을 사용해도 무방하지만, 새로운 프로그램을 개발하는 것이라면 Python 3를 사용하는 것이 좋다.

Python IDLE는 사용자들에게 Python command를 입력할 수 있는 REPL (Read-Evaluate-Print-Loop, 읽기-평가- 인쇄-재시작) prompt을 제공해 준다. 이것은 말 그대로 REPL이므로 실제로 print 명령을 사용하지 않고도 명령의 실행결과를 화면에 표시해준다.

필요하면 variable를 사용할 수 있으며, 마치 계산하는 것처럼 사용할 수 있다. 몇 가지 예를 보자

```
>>> 1 + 2
3
>>> name = "Sarah"
>>> "Hello " + name
'Hello Sarah'
```

Python IDLE는 내부적으로 syntax highlighting 기능이 있으며 자동완성 기능도 일부 지원하고 있다. 또한 REPL 내에서 이전에 입력했던 명령을 다시 살펴 볼 수도 있는데, Alt + P (previous) 와 Alt + N (next) 키를 이용하면 앞/뒤로 이동하면서 내용을 확인할 수 있다.

23.5.4 Python 문법

23.5.4.1 Python 시작문

Python 프로그램을 시작할 때는 #!(shebang)으로 시작하는 것이 좋다. 이 행은 운영체제에게 Python 파일들을 어디에서 찾아야 하는지를 알려준다. 이 행은 IDLE 내에서 프로그램이 실행되거나 terminal에서 별도로 Python 명령을 호출할 때는 전혀 필요가 없고, 프로그램 파일명을 직접 호출하여 실행되는 경우에 필요한 것이다. Python으로 작성한 프로그램의 실행파일이 어디에 설치되었는지 상관없이 프로그램이 실행될 수 있도록 하기 위해 사용하는 것이다.

Python 프로그램의 첫 행은 통상 다음 문장으로 시작한다. 이 문장은 env 명령을 이용해서 환경변수(environment variable) $PATH를 이용하여 python 프로그램이 있는 곳을 찾아서 실행한다는 의미이다.

```
#!/usr/bin/env python
```

이 행은 Raspberry Pi 시스템에 어떤 Linux 배포판을 사용하더라도 운영체제가 Python의 위치를 찾을 때 문제없이 작동할 수 있도록 $PATH 환경변수을 참조하도록 지시한다. $PATH 변수는 실행 가능한 파일들이 저장되어 있는 디렉터리들의 목록을 가지고 있어 사용자가 콘솔이나 터미널 창에서 실행할 프로그램 이름을 쳤을 때 그 프로그램의 위치를 찾는데 사용된다.

어떤 Python 프로그램에서는 다음과 같이 시작하기도 하는데, 이것은 환경변수를 사용하여 프로그램이 있는 위치를 찾지 않고, 곧바로 /usr/bin/python에 있는 프로그램을 사용하라는 의미이다.

```
#!/usr/bin/python
```

23.5.4.2 간단히 인쇄하기

Python에서 "Hello world"를 간단하게 인쇄하려면 다음과 같은 명령을 사용한다. 아주 간단하다.

```
print("Hello world")
```

23.5.4.3 들여쓰기(Indentation)

C와 같은 개발 언어에서는 내부에 함께 포함되는 여러 행들을 하나로 묶기 위해서 braces { }를 사용하고, 내부포함을 시각적으로 표현하기 위해서 사용하는 각 행에 대한 들여쓰기는 개발자가 자유롭게 정렬하도록 하고 있다. 하지만 Python은 내부포함을 표시하기 위해서 braces { }를 사용하지 않고, 대신 들여쓰기를 반드시 하도록 강력하게 요구하고 있다. 만약 들여쓰기를 하는 것과 하지 않는 것은 단순히 보이는 모습을 정렬하는 것에 그치지 않고, 프로그램의 실행에 까지 영향을 미치게 되어 있다.

우선 아래에 C 프로그램과 Python 프로그램에서의 차이점을 살펴보기 바란다. C 언어에서는 들여쓰기를 사용하여 읽기 좋게 정렬하거나, 간단하게 압축할 수도 있어서 다양한 형태의 문장 배열이 가능하다.

```c
// 들여쓰기가 잘 된 C 프로그램
int factorial(int x)
{
    if(x == 0) {
        return 1;
    } else {
        return x * factorial(x - 1);
    }
}

// 읽기 어렵게 쓰인 C:
int factorial(int x) {
 if(x == 0) {return 1;} else
 {return x * factorial(x - 1); } }
```

다음은 C 프로그램과 동일한 내용의 Python 프로그램이다. Python에서는 C 언어에서와 같이 다양한 방식으로 배열하는 것이 허용되지 않고, 일정한 형식의 들여쓰기를 하도록 되어 있다.

```python
def factorial(x):
    if x == 0:
        return 1
    else:
        return x * factorial(x - 1)
```

다음은 Python에서 반복처리를 위해서 loop을 사용하는 사례이다.

```python
for i in range(10):
    print("Hello")
```

위에서는 들여쓰기가 반드시 필요하다. 들여쓰기 된 두 번째 행은 loop문의 일부이다. 만약 두 번째 행이 들여쓰기가 되어 있지 않으면 loop문 밖에 있다는 것을 의미한다. 다음 예를 보자. 이 code를 실행하면 두 print 문이 모두 loop 내부에 있는 것으로 처리되어 아래와 같은 결과가 나온다.

```python
for i in range(2):
    print("A")
    print("B")
```

```
A
B
A
B
```

그럼 이제 내용은 그대로 두고 단지 들여쓰기만 조정해서 다시 실행해 보도록 하겠다. 이번에는 print("A") 문은 loop 내부에 있고, print("B")는 loop 밖에 있는 것으로 처리되어 다른 결과가 나온다.

```
for i in range(2):
    print("A")
print("B")
```

```
A
A
B
```

다음 예제는 if 문에서의 들여쓰기에 대한 것입니다. True인 경우 2개의 print 문이 실행되고, False인 경우 또 다른 2개의 print 문이 실행되도록 하기 위해서 block 단위로 처리해야 하는 문장들이 들여쓰기로 정렬되어 있는 것을 볼 수 있습니다.

```
if True:
    print("Answer")
    print("True")
else:
    print("Answer")
    print("False")
```

23.5.4.4 변수(variable) 사용하기

프로그램 내에서 변수에 값을 저장하기 위해서는 다음과 같이 사용한다.

```
name = "Bob"
age = 15
```

앞에서 이런 변수에 대해서 사전에 자료형(type)을 지정하지 않았다. Python에서는 자료형 (type)이 자체적으로 추정되어 결정되고, 동적(dynamic)으로 변경할 수도 있다.

```
age = 15
age += 1   # increment age by 1
print(age)
```

23.5.4.5 주석(Comments)

주석(Comments)는 프로그램이 실행될 때 무시된다. 주석은 프로그램 작성자나 다른 사람 이 나중에 참조할 수 있는 여러 가지 정보를 기록해 두는데 사용된다. 주석을 표시할 때는 hash (#) 기호를 사용한다. 문장의 처음부터 시작할 수도 있고, 다른 문장의 뒤에서 시작할 수도 있다. 만약 여러 행의 주석을 표시하려면 triple quote(""")를 사용한다. 아래 code는 주석를 사용한 사례이다.

```
# this test program
age = 15
print(age)       # age is printed
"""
This is a very simple Python program that prints "Hello".
That's all it does.
"""
print("Hello")
```

23.5.4.6 Lists

Python에서는 모든 자료 형의 자료 집합을 표시할 때 배열(list) (어떤 언어에서는 array라고 도 한다)을 사용한다. 배열을 표시할 때는 square brackets [ ]을 사용하고 내부에 comma(,) 로 구분한다.

```
numbers = [1, 2, 3]
```

23.5.4.7 반복처리(Iteration)

어떤 자료형의 자료는 반복처리(iterable)가 가능하다. 이것은 내부에 포함되어 있는 자료에 대해서 순환처리(loop)가 가능하다는 것을 의미한다. 다음은 배열에 대한 사례이다. 이것은 배열 numbers에 포함되어 있는 각각의 item에 대해서 값을 인쇄해 준다.

```
numbers = [1, 2, 3]

for number in numbers:
    print(number)
```

```
1
2
3
```

여기서 배열 numbers 속에 있는 각 item을 표시하기 위해서 number라고 사용한 것을 주의해서 보기 바란다. Python에서는 변수(variable)의 성격을 설명하는 단어를 사용하도록 권장하고 있는데, 배열에 대해서는 복수형(plurals) 단어를 사용하고, item에 대해서는 단수형(singular) 단어를 사용하도록 권장하고 있다. 이렇게 하면 나중에 읽을 때 이해하기 쉽다.

반복처리가 가능한 또 다른 자료 유형들이 있다. 예를 들면 string 자료이다. 다음 code는 dog_name에 저장되어 있는 문장의 각각의 문장에 대해서 반복처리를 하여 인쇄를 해준다.

```
dog_name = "BINGO"

for char in dog_name:
    print(char)
```

```
B
I
N
G
O
```

23.5.4.8 Range

정수(integer) 자료 유형은 반복처리를 할 수 없다. 만약 반복처리를 시도하면 오류가 발생한다. 예를 들어 다음과 같은 code를 실행해 보자. 그러면 아래와 같은 오류가 발생할 것이다.

```
for i in 3:
    print(i)
```

```
TypeError: 'int' object is not iterable
```

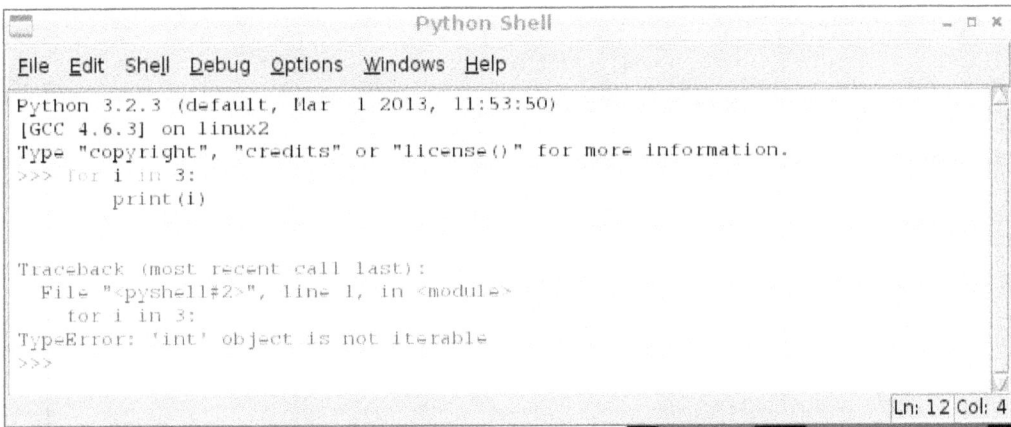

하지만 range function을 사용하면 반복처리가 가능한 객체를 만들어 낼 수 있다. 다음 사례를 보자. 여기서 range(3)은 0부터 세개의 숫자를 의미한다. range(5)는 숫자 0, 1, 2, 3, 4 (전체 5개). 만약 숫자 1부터 5까지의 자료가 필요하면 range(1, 5)을 사용한다.

```
for i in range(3):
    print(i)
```

23.5.4.9 Length

문자열(string)이나 배열(list)의 크기를 알고 싶으면 len function을 사용할 수 있다.

```
name = "Jamie"
print(len(name))  # print 5

names = ["Bob", "Jane", "James", "Alice"]
print(len(names))  # print 4
```

23.5.4.10 If statements

프로그램의 처리 흐름을 조정하고 싶으면 if 문을 사용한다.

```
name = "Joe"

if len(name) > 3:
    print("Nice name,")
    print(name)
else:
    print("That's a short name,")
    print(name)
```

23.5.5 Python 프로그램의 실행

23.5.5.1 Python files in IDLE

IDLE에서 Python file을 만들고 싶으면 메뉴에서 **File →New File**을 사용한다. 그러면 빈 window가 나타나는데, 이것은 Python prompt가 아니라, 그냥 empty file이다. 여기서 Python code를 작성하여, 파일로 저장하고, 실행할 수 있다. 실행을 하면 다른 window에 처리결과가 나타난다. 다음 문장을 새로운 window에 입력하고, 메뉴 **File → Save** 또는 Ctrl + S로 파일로 저장한 다음, 메뉴 **Run → Run Module** 이나 F5 키를 이용해서 실행을 할 수 있다. 처리결과가 원래의 Python shell window에 나타나는 것을 확인할 수 있다.

```
n = 0
for i in range(1, 101):
    n += i

print("The sum of the numbers 1 to 100 is:")
print(n)
```

23.5.5.2 Shell에서 Python files 실행하기

Python file을 작성할 때는 표준 텍스트 편집기인 Vim, Nano, LeafPad를 이용할 수 있고, 그렇게 만들어진 파일을 이용해서 Shell에서 그 파일을 Python script 처럼 실행할 수 있다. cd 명령으로 Python file(예를들어 test.py)이 있는 directory로 가서 python 명령을 실행하는데, python test.py 와 같은 형태로 명령을 실행한다. 아래는 파일을 이용해서 처리해 본 사례이다.

23.5.5.3 Python 프로그램 실행파일 이용하기

일반적으로 Python 프로그램을 실행하는 방법은 먼저 Python 프로그램을 호출하고 Python이 실행 프로그램 파일을 열어서 실행하도록 하는 것이다. 하지만 프로그램 첫 줄에 shebang 행을 써두었다면 Python을 호출하지 않고도 프로그램을 직접 실행할 수 있다. 이 방법은 사용자가 작성한 자신의 프로그램을 터미널에서 직접 실행시킬 수 있게 만드는 유용한 방법이다. 프로그램을 시스템의 $PATH 환경변수에 있는 위치로 복사를 하면, 프로그램 이름을 입력하는 것 만으로도 실행이 가능하다.

이를 위해서는 우선 Python 파일에 실행가능(executable) 속성을 부여한다.

```
$ chmod +x test.py
```

경로와 같이 파일 이름을 입력하여 직접 실행 해 본다.

```
$ ./ test.py
```

전체 경로를 입력하지 않고 실행하려면 $PATH에 등록되어 있는 디렉터리로 복사를 해준다. 여기서는 /usr/local/bin/을 사용하도록 한다.

```
$ sudo cp test.py /usr/local/bin/
```

이제 경로 없이 파일 이름 만으로 실행이 가능하다.

```
$ test.py
```

좀 더 기본 유틸리티처럼 사용하려면 확장자도 없애주면 된다. 이제는 "test" 라고 치는 것 만으로 실행이 가능하다.

```
$ sudo mv /usr/local/bin/test.py /usr/local/bin/test
```

23.5.6 Game을 통한 Python 학습

Raspberry Pi 시스템에서는 여러 가지 종류의 게임을 기본으로 제공하고 있다. Raspberry Pi 시스템에서 게임을 제공하는 것은 사용자들이 단순히 Raspberry Pi 시스템을 이용하여 게임을 즐기는 것 이외에 사용자들을 위한 또 다른 목적을 가지고 있다.

Raspberry Pi 시스템에 게임이 있는 것은 게임을 통하여 Python으로 프로그램을 개발할 수 있는 능력을 키울 수 있는 방법을 제공하는 것에 많은 의미를 두고 있다. 이를 위해 각 게임에 대해서 Python을 이용하여 게임과 상호 작용을 해 볼 수 있도록 해 주고, 게임에 대한 프로그램 source code를 제공해 주고 있어서 사용자가 마음대로 그 내용을 수정해서 실행해 볼 수 있는 환경을 제공해 주고 있다.

Raspberry Pi에서 기본으로 제공하는 Python 학습에 사용할 수 있는 game은 다음과 같다.
- Minecraft
- Python Games

23.5.6.1 Python Games

window 환경에서 Applications Menu **Menu→Games**을 보면 Python Games 메뉴가 있다. 여기서는 Python으로 개발한 많은 게임들을 실행해 볼 수 있고, 동시에 이들에 대한 프로그램 source code를 확인할 수 있으며, 그것들을 사용자가 원하는 대로 수정하여 실행해 볼 수도 있다.

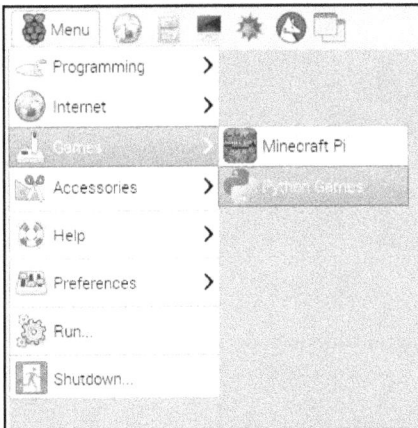

우선 해당 프로그램을 실행하면 아래의 오른쪽과 같은 확인 화면이 나타난다. 이 화면에서는 소리를 HDMI로 보낼 것인지, 헤드폰으로 보낼 것인지를 결정하기 위한 오디오 설정에 대한 선택을 할 수 있다. 여기서 원하는 항목을 선택하고 [OK] 버튼을 누른다.

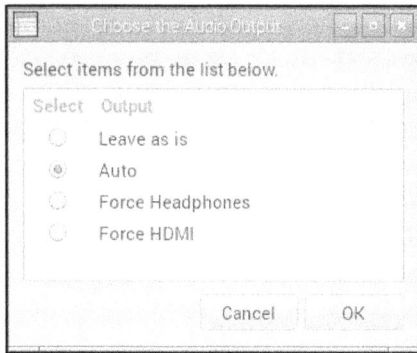

다음으로 실행할 게임 목록을 보여주는 화면이 나타난다. 게임 목록에서 원하는 게임을 선택하고 [OK] 버튼을 누르면 해당 게임이 실행된다.

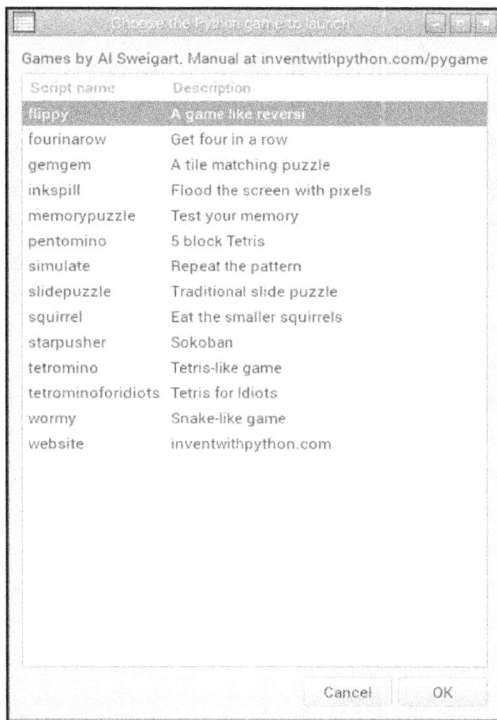

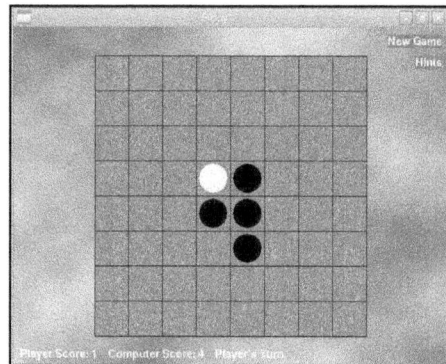

그림 23-10 Python Games

사용자들은 자유롭게 게임을 즐길 수 있다. 여기서 제공되는 모든 게임에 대해서는 프로그램의 source code가 제공된다. /home/pi/python_games 폴더를 보면 해당 source 코드와 관련 파일들이 있음을 확인할 수 있다.

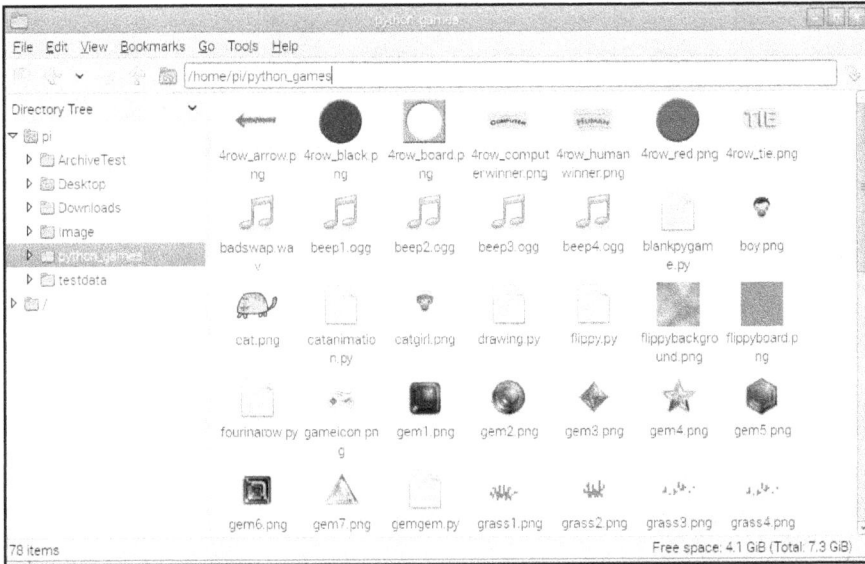

아래는 Flippy 게임에 대한 source코드를 Python 의 IDLE를 통해서 조회한 것이다. 사용자들은 게임의 source code가 어떻게 되어 있는지를 학습할 수 있고, 필요하면 해당 source code를copy하여 내용을 수정하여 실행해 볼 수도 있다. 필요하면 GPIO와 상호작용을 하거나, 게임이 종료됐을 때 외부의 전등이 켜지도록 프로그램을 수정할 수도 있다.

23.5.6.2 Minecraft PI

window 환경에서 applications menu **Menu →Games**을 보면 Minecraft Pi 메뉴가 있다. 여기서 Pi version 의 Minecraft 게임을 즐길 수 있다. Minecraft는 인기가 많은 sandbox open world-building game이다. 사용자들은 이 게임에서 Python code로 명령을 내리거나 간단한 script를 작성하여 게임 내용을 수정하여 즐기면서 Python을 쉽게 배울 수 있다.

우리는 여기서 게임을 하는 방법을 설명하고자 하는 것이 아니다. Python을 이용해서 게임을 조정해 보면서 Python이 어떻게 사용되는지를 설명하는 것이 우리의 목적이다.

메뉴에서 프로그램을 실행하면 아래와 같은 화면이 나타난다. 참고사항은 Remote 접속에서는 프로그램이 실행되지 않는다는 것이다. Start Game은 혼자서 하는 게임이고, Join Game은 네트워크 상에서 여러 사람이 같이 하는 게임이다.

그림 23-11 Minecraft 시작

Start Game으로 게임을 실행하면 다음과 같은 화면으로 게임을 시작한다. Minecraft가 실행되고 world가 생성되고 나면, Tab 버튼을 눌러 게임 내에서 focus를 다른 곳으로 옮겨서 마우스를 자유롭게 한다.

● Program Interface를 위한 Python shell window 실행

이제 Minecraft 게임에 연결하여 게임을 조정하기 위해서 Python 프로그램을 시작한다. 아래와 같이 [Menu]에서 Python 2 (IDLE 2)를 이용하여 Python window를 시작한다.

여러분은 Python shell window에서 명령을 하나씩 입력하여 곧바로 실행해 볼 수도 있고, 메뉴 **File → New window**를 이용하여 새로운 화면을 열어서 빈 화면에 전체 내용을 한꺼번에 입력하여 실행하거나, 파일로 저장하여 다음에 다시 사용할 수도 있다.

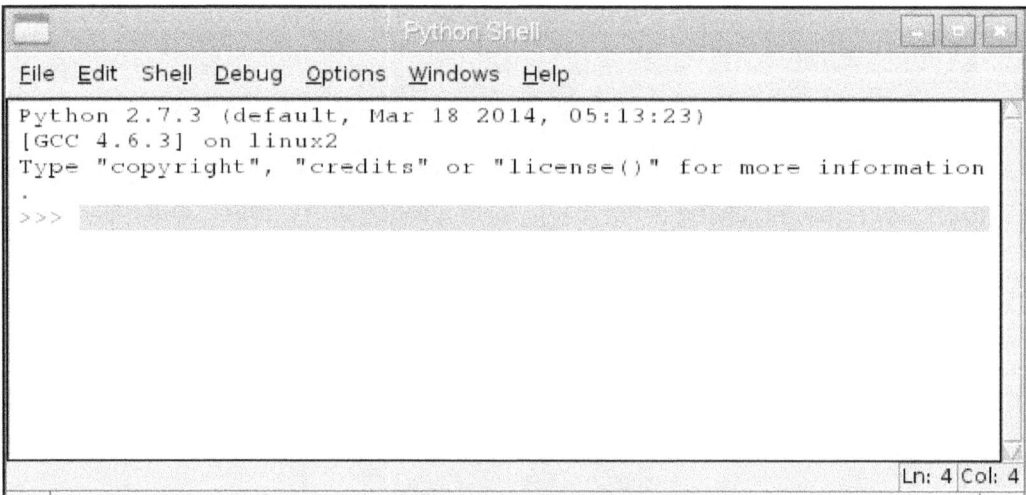

● Python과 Minecraft 게임의 연결

Python과 Minecraft가 상호 연동하도록 만들기 위해서 처음 할 일은 Minecraft library를 Python으로import하여 게임과 연결하고, 확인하는 것이다. 다음 작업을 한다.

```
from mcpi import minecraft
mc = minecraft.Minecraft.create()
mc.postToChat("Hello world")
```

아래는 Python shell window에서 위의 명령을 실행한 것이다.

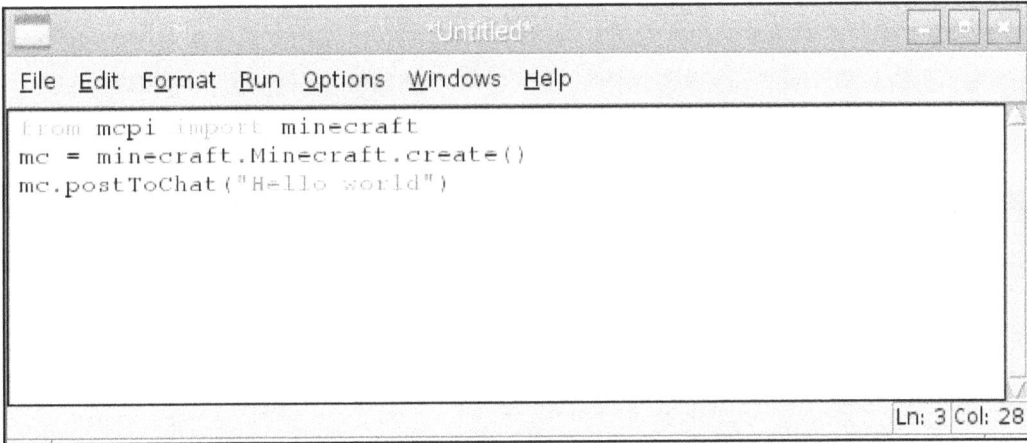

아래와 같이 화면에 "Hello world"라는 메시지가 화면에 표시되면 정상 처리된 것이다

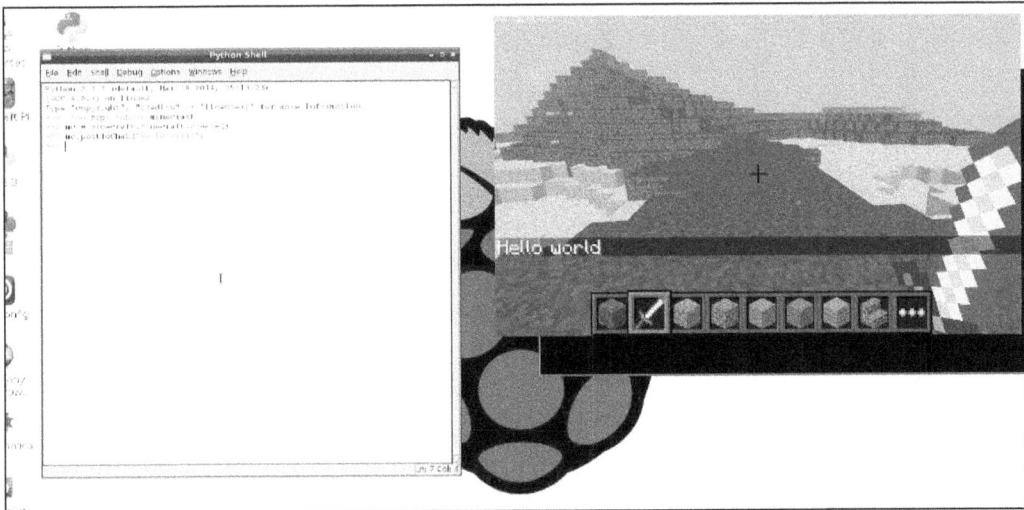

● 현재 위치 확인

현재 위치를 확인하기 위해서 다음 명령을 수행한다. :

```
pos = mc.player.getPos()
```

변수 pos은 현재 위치 정보를 가지고 있다. pos.x, pos.y, pos.z를 이용하여 좌표에 대한 정보를 알 수 있다. 좌표를 별도의 변수에 저장하는 방법은 Python의 unpacking 기법을 사용하는 것이다.

```
x, y, z = mc.player.getPos()
```

이제 x, y, z는 각각 여러분의 위치에 대한 좌표를 가지고 있다. x 와 z는 도보방향(f앞/뒤와 좌/우)이고 y는 up/down 방향이다. getPos()은 그 시점의 player의 위치정보를 알려 준다는 것에 주의하라. 만약 위치를 옮겼다면, 새로운 위치에 대한 정보를 알려면 함수를 다시 실행해야 해야 한다.

● 공중 부양

여러분의 현재 위치를 파악할 뿐만 아니라 공중 부양할 특정 위치에 지정할 수도 있다.

```
x, y, z = mc.player.getPos()
mc.player.setPos(x, y+100, z)
```

이 문장은 player를 공중에서 100 spaces 지점으로 이동시킨다. 이것은 여러분들이 하늘로 비행하고, 다시 출발지점으로 추락하는 것을 의미한다. 이제 다른 곳으로 공중부양을 해 보기 바란다.

● Set block

여러분은 mc.setBlock() 함수를 이용하여 일정한 좌표 집합에 Block을 설정할 수 있다.

```
x, y, z = mc.player.getPos()
mc.setBlock(x+1, y, z, 1)
```

이제 여러분이 서 있는 곳 옆에 stone block이 나타난다. 그것이 여러분 앞에 있지 않으면, 옆이나 뒤에 있을 수도 있다. Minecraft window로 돌아가서, 여러분 앞에 회색 block이 보일 때까지 마우스로 여기저기를 돌아다녀 보도록 한다.

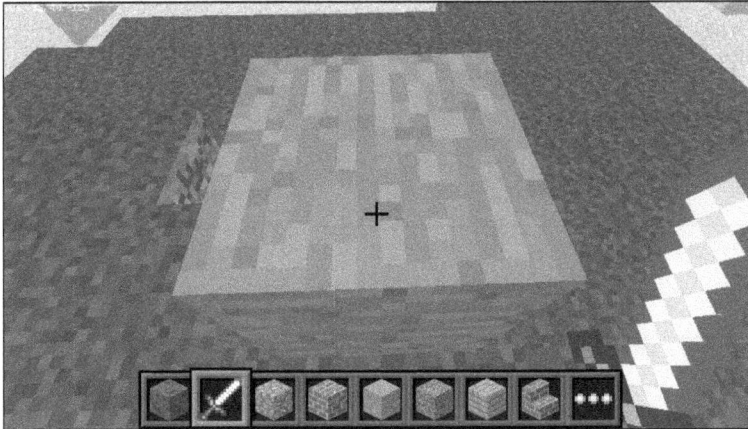

setblock 함수에 전달되는 인수는 x, y, z 와 id. x, y, z는 world에서의 위치 (우리는 x+1을 이용해서 player 있는 곳에서부터 one block 떨어진 곳을 지정했다)를 가리키고, id는 만들고자 하는 block의 유형을 가리키는데, 1 값은 stone을 의미한다. 아래의 다른 block도 시도해 보기 바란다.

- Air: 0
- Grass: 2
- Dirt: 3

이제 나타난 block을 이용해서 그것을 다른 것으로 변경해 보라.

```
mc.setBlock(x+1, y, z, 2)
```

여러분들은 이제 회색의 stone block이 여러분 눈앞에서 변경되는 것을 볼 수 있다.

● Block을 변수(variable)로

여러분은 변수(variable)를 사용하여 ID를 저장하면 코드를 더 읽기 쉽게 만들 수 있다. ID 는 block을 통해서 확인할 수 있고, 여러분이 이미 ID에 대한 값을 알고 있다면, 직접 지정 할 수도 있다.

```
dirt = block.DIRT.id
mc.setBlock(x, y, z, dirt)
```

```
dirt = 3
mc.setBlock(x, y, z, dirt)
```

● 특수 block

색상을 지정하기 위한 추가 설정항목이 있는 Wool 처럼 별도의 특성을 가진 block들이 있 다. 이러한 것을 설정하기 위해서는 setBlock 함수에서 네 번째의 선택적 parameter를 사 용할 수 있다.

```
wool = 35
mc.setBlock(x, y, z, wool, 1)
```

여기서 네 번째 parameter 1은 wool의 색상을 오렌지색으로 바꿔준다. 네 번째 parameter 가 없다면, 그 값은 default인 zero(0)로 설정되는데, 이것은 흰색을 의미한다. 다음은 다른 색상에 대한 값이다.

- 2: Magenta
- 3: Light Blue
- 4: Yellow

다른 숫자를 사용하여 block이 어떻게 변하는지 시도해 보자. 추가 특성을 가지고 있는 다 른 block으로는 다음과 같은 것이 있다. 상세한 내용에 대해서는 API reference를 참조하기 바란다.

wood	-- 17	-- oak, spruce, birch, etc;
tall grass	-- 31	-- shrub, grass, fern;
torch	-- 50	-- pointing east, west, north, south; and more. S

● Set blocks

setBlock으로 block 하나를 설정할 수 있지만, setBlocks을 이용하면 한번에 일정 공간에 blocks으로 채울 수도 있다.

```
stone = 1
x, y, z = mc.player.getPos()
mc.setBlocks(x+1, y+1, z+1, x+11, y+11, z+11, stone)
```

위 code는 10 x 10 x 10 정육면체 형태의 단단한 stone으로 block을 만들게 된다. setBlocks function을 이용하면 더 큰 block을 만들 수 있지만, 그것을 만드는 데는 더 많은 시간이 걸릴 것이다.

● 걸어 갈 때 block 떨어뜨리기

다음 code는 여러분이 걸어 갈 때 여러분 뒤로 꽃을 떨어뜨리게 할 것이다.

```
from mcpi import minecraft
from time import sleep

mc = minecraft.Minecraft.create()

flower = 38

while True:
    x, y, z = mc.player.getPos()
    mc.setBlock(x, y, z, flower)
    sleep(0.1)
```

이제 잠시 앞으로 걸어가고, 뒤돌아 가면서 뒤에 꽃이 있는지 확인해 보기 바란다.

우리는 while True loop를 사용했기 때문에 이 동작은 영원히 계속될 것이다. 멈추기 위해서는 Python window에서 Ctrl + C를 누른다.

공중으로 비행해 보고 공중에 꽃이 뿌려지는지 확인해 보기 바란다.

우리가 grass 위에서 걸을 때만 꽃을 뿌리기 원하면 어떻게 해야 할까? 현재 block이 어떤 유형인지를 알고 싶으면 getBlock 함수를 사용한다.

```
x, y, z = mc.player.getPos()  # player position (x, y, z)
this_block = mc.getBlock(x, y, z)  # block ID
print(this_block)
```

이것은 여러분이 안에 서 있는 block의 위치를 여러분에게 알려 줄 것이다. (air block에서는 0이 될 것이다).

우리는 우리가 서있는 block 유형을 알고 싶다. 이를 위해 y value에서 1을 뺀 다음, getBlock() 함수를 사용하여 우리가 서 있는 block의 유형을 결정할 수 있다.

```
x, y, z = mc.player.getpos()  # player position (x, y, z)
block_beneath = mc.getBlock(x, y-1, z)  # block ID
print(block_beneath)
```

위 문장은 우리에게 우리가 서 있는 block의 ID를 알려 준다. Loop 문을 사용하여 우리가 서 있는 block ID를 계속 인쇄하여 테스트 해보기 바란다.

```
while True:
    x, y, z = mc.player.getPos()
    block_beneath = mc.getBlock(x, y-1, z)
    print(block_beneath)
```

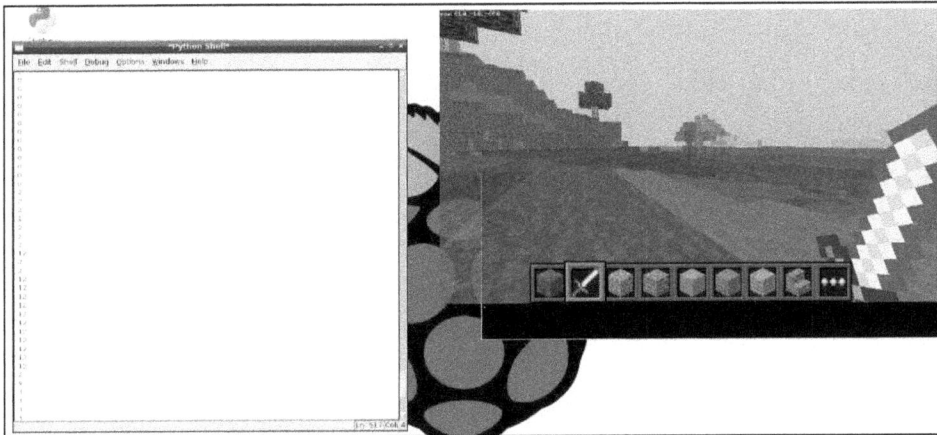

현재 우리가 꽃을 심을 곳을 결정하기 위해서 if 문을 사용할 수 있다.

```
grass = 2
flower = 38

while True:
    x, y, z = mc.player.getPos()  # player position (x, y, z)
    block_beneath = mc.getBlock(x, y-1, z)  # block ID

    if block_beneath == grass:
        mc.setBlock(x, y, z, flower)
    sleep(0.1)
```

다음은 우리가 서 있는 곳이 grass가 아닌 tile이라면, 이것을 grass로 변경할 수도 있을 것이다.

```
if block_beneath == grass:
    mc.setBlock(x, y, z, flower)
else:
    mc.setBlock(x, y-1, z, grass)
```

이제 앞으로 걸어가면서, 만약 grass 위에 걷고 있다면, 우리 뒤로 꽃을 뿌릴 수 있을 것이다. 만약 현재 위치가 grass가 아니라면, 그 위치가 grass로 변경될 것이다. 나중에 우리가 돌아다니다가 되돌아 가면, 그 자리가 grass로 변경되어 있으므로 이번에는 꽃이 뿌려지게 될 것이다.

● TNT blocks

다른 재미있는 block은 TNT이다. 정상적인 TNT block을 만들려면 다음 문장을 사용한다.

```
tnt = 46
mc.setBlock(x, y, z, tnt)
```

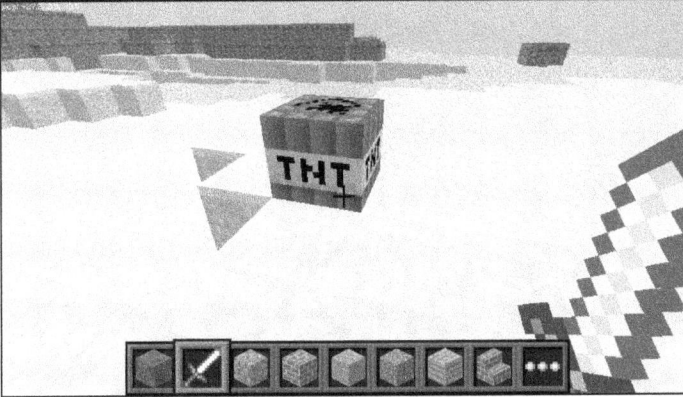

하지만 이 상태의 TNT block은 상당히 지루하다. 그래서 data로 1을 적용해 보자. 그런 다음 이제 sword을 사용하고, TNT block을 left click 해 본다 - 그러면 이것이 활성화되어 몇 초안에 폭발할 것이다.

```
tnt = 46
mc.setBlock(x, y, z, tnt, 1)
```

다음으로는 이제 커다란 육면체의 TNT blocks을 만들어 보자

```
tnt = 46
mc.setBlocks(x+1, y+1, z+1, x+11, y+11, z+11, tnt, 1)
```

이제 커다란 육면체의 TNT blocks이 나타난다. 계속 진행해서 block 하나를 활성화하고 어떤 일이 일어나는지 지켜보기 위해서 멀리 달아난다. 그러면 많은 것들이 한꺼번에 변경되는 화면을 만들어 주는데 진짜 하나의 show처럼 보일 것이다.

- **network game**

만약 여러 사람들이 각자의 Raspberry Pi를 local network에 연결해 두었다면, 그 사람들은 동일한 Minecraft world에 참가하면서 게임을 즐길 수 있다. 각각의 Player들은 Minecraft world에서 서로를 볼 수 있는 것이다.

- **API reference**

functions에 대한 더 광범위한 문서나 block ID에 대한 전체 목록을 알고 싶으면 stuffaboutcode.com에서 API reference를 다음 자료를 참고하기 바란다.
- http://www.stuffaboutcode.com/p/minecraft-api-reference.html

23.5.7 간단한 사례를 이용한 Python 학습

● **추정 Game Example**

이 프로그램은 대화식의 숫자 맞추기 게임으로, 사용자에게 1부터 99까지의 숫자를 맞추도록 한다.
여기서는 무작위 숫자를 얻기 위해서 randint 함수를 사용하고 있다. 이 프로그램은 while loop을 사용하여 사용자가 숫자를 맞출 때까지 계속 실행한다.

```
import random
n = random.randint(1, 99)
guess = int(raw_input("Enter an integer from 1 to 99: "))
while n != "guess":
    print
    if guess < n:
        print "guess is low"
        guess = int(raw_input("Enter an integer from 1 to 99: "))
    elif guess > n:
        print "guess is high"
        guess = int(raw_input("Enter an integer from 1 to 99: "))
    else:
        print "you guessed it!"
        break
    print
```

● 평균값 계산 Example

다음 사례는 3개의 값을 입력 받아서 평균값을 계산하는 프로그램으로 반드시 정수를 입력해야 한다.

```
# Get three test score
round1 = int(raw_input("Enter score for round 1: "))
round2 = int(raw_input("Enter score for round 2: "))
round3 = int(raw_input("Enter score for round 3: "))

# Calculate the average
average = (round1 + round2 + round3) / 3

# Print out the test score
print "the average score is: ", average
```

23.6 C language

23.6.1 개요

C 언어는 컴퓨터 기계가 이해하기 쉬운 형태의 명령 구조를 가지고 있어서 강력한 성능을 가지고 있으며, C 언어로 개발된 프로그램은 모든 컴퓨터에서 사용할 수 있을 정도로 이식성이 좋은 프로그램 개발언어이다.

Raspberry Pi에서도 C 언어를 사용하여 프로그램을 개발할 수 있다.

여기서는 C 언어를 어떻게 사용할 수 있는지에 대해서 설명하도록 하겠다. C 프로그램 작성에 대한 방법이나 문법에 대해서는 잘 알려져 있으므로, 여기서 별도로 구체적인 내용은 설명하지 않을 것이다.

보통 C 프로그램 개발 작업은 통합 개발환경 도구를 이용해서 하게 되겠지만, 여기서는 통합 개발환경 도구를 사용하지 않는 것을 전제로 설명한다.

23.6.2 프로그램 작성하기

전형적인 C 프로그램은 통상 다음과 같은 형태를 가지고 있다. 프로그램의 첫 행에서 header file을 지정한다. 그리고 main 함수가 프로그램을 본문에 해당하는 것이다.

```c
#include <stdio.h>


int main(void)
{


}
```

여기서는 숫자를 입력 받아서 계산을 한 다음, 그 결과를 화면에 보여주는 간단한 프로그램을 사례로 사용할 것이다. 아래와 같은 간단한 프로그램 code를 작성하여 사용할 것이다.

```c
#include <stdio.h>

int main(void)
{
        int i = 0;
        printf("Hello. input your number \n");
        fscanf(stdin,"%d", &i);
        printf("The calculation result is as follows \n");
        fprintf(stdout, "%d\n", i * 10);

        return 0;
}
```

23.6.3 프로그램 저장, compile 및 실행

● 프로그램 저장

작성된 프로그램은 파일로 저장한다. C 언어로 작성된 프로그램 source는 확장자가 ".c"인 파일에 저장한다. 우리는 ~/ program_test/ 폴더 속에 test_inout.c 파일에 내용을 저장하기로 한다. 이제 파일이 있는 폴더의 내용을 확인해 보면 아래와 같이 되어 있을 것이다.

```
pi@raspberrypi ~ $ cd program_test
pi@raspberrypi ~/program_test $ ls -l
-rw-r--r-- 1 pi pi  215 May  9 11:45 test_inout.c
```

● 프로그램 compile

작성이 완료된 프로그램을 실행하기 위해서는 먼저 프로그램을 compile하여 실행파일을 만들어야 한다. 이를 위해서는 gcc 명령을 사용한다.

[명령 형식]
```
gcc   -o  <execute-file>   <source-file>   -I<external-head-file-folder>
```

작성한 프로그램으로 compile을 해보자. 프로그램에 오류가 있으면 다음과 같은 오류가 나타날 것이다.

```
pi@raspberrypi ~/program_test $ gcc -o test_inout test_inout.c
test_inout.c: In function 'main':
test_inout.c:8:2: error: unknown type name 'f'
test_inout.c:8:16: error: expected ')' before string constant
```

개발한 프로그램 code에 오류가 없으면 아무 메시지도 출력되지 않고, 실행파일이 만들어진다. 다음은 내용을 확인한 것이다.

```
pi@raspberrypi ~/program_test $ ls -l
-rwxr-xr-x 1 pi pi 5990 May  9 11:43 test_inout
-rw-r--r-- 1 pi pi  215 May  9 11:45 test_inout.c
```

● 프로그램 실행

여기서 만들어진 실행파일은 test_inout 이다. 자세히 살펴보면 파일 속성에 실행 (executable) 속성이 자동으로 부여되어 있는 것을 확인할 수 있다. 이제 프로그램을 실행할 수 있는 상태가 되었으므로 다음과 같이 경로와 실행파일을 입력하여 실행한다.

```
pi@raspberrypi ~/program_test $ ./test_inout
Hello. input your number
5
The calculation result is as follows
50
```

자료를 입력하라는 메시지에 따라 숫자를 입력하면 프로그램이 정상적으로 작성되는 것을 알 수 있다.

23.7 Java language

23.7.1 개요

Java 언어는 Oracle에서 개발된 프로그램 개발 언어로서, 현재 전세계적으로 가장 많이 사용되고 있는 개발언어의 하나이다. Raspberry Pi에서도 Java 언어를 사용하여 프로그램을 개발할 수 있는데, 현재 "1.8.0" version을 사용할 수 있다.

여기서는 Java 언어를 어떻게 사용할 수 있는지에 대해서 설명하도록 하겠다. Java 프로그램 작성에 대한 방법이나 문법에 대해서는 잘 알려져 있으므로, 여기서 별도로 구체적인 내용은 설명하지 않을 것이다. 보통 Java 프로그램 개발 작업은 통합 개발환경 도구를 이용해서 하게 되겠지만, 여기서는 통합 개발환경 도구를 사용하지 않는 것을 전제로 설명한다.

23.7.2 현재의 version 확인하기

Raspberry Pi 시스템에서 java 설치 여부와 설치된 version을 확인하기 위해서는 다음 명령을 사용한다.

[명령 형식]

```
java    -version
```

[명령 개요]

■ 현재의 java version을 보여준다.

■ 필요 권한   -- 일반 권한

[상세 설명]

■ None

[주요 option]

[사용 Example]

현재 Raspberry Pi 시스템에서 실행해 보면 다음과 같은 결과가 나온다.

```
pi@raspberrypi ~ $ java -version
java version "1.8.0"
Java(TM) SE Runtime Environment (build 1.8.0-b132)
Java HotSpot(TM) Client VM (build 25.0-b70, mixed mode)
```

이런 결과가 나오는 것은 Raspberry Pi 시스템에 java가 설치되어 있다는 것을 의미한다. 현재 설치된 version에 대한 내용이 위와 같이 표시된다. java version "1.8.0"이 설치되어 있는 것을 알 수 있다.

23.7.3 프로그램 작성 및 실행

23.7.3.1 프로그램 source code 작성

전형적인 Java 프로그램은 통상 다음과 같은 형태를 가지고 있다. 프로그램의 첫 행에서 class를 정의하고, 그 내부에 main 함수가 프로그램을 본문에 해당하는 것이다.

```
public class ClassName
{
    public static void main(String args[])
    {


    }
}
```

여기서는 인쇄하는 간단한 프로그램을 사례로 사용할 것이다. 아래와 같은 프로그램 code 를 작성하여 사용할 것이다. class 이름을 HelloWorld로 정의하였다.

```
public class HelloWorld
{
    public static void main(String args[])
    {

        java.lang.System.out.println("Hello World.");
        java.lang.System.out.println("This is test program.");

    }
}
```

작성된 프로그램은 파일로 저장한다. Java 언어로 작성된 프로그램 source는 class 이름을 파일 이름으로 사용하고 확장자가 ".java"인 파일에 저장한다. 우리는 ~/ program_test/ 폴더 속에 HelloWorld.java 파일에 저장하기로 한다. 이제 파일이 있는 폴더의 내용을 확인해 보면 아래와 같이 되어 있을 것이다.

```
pi@raspberrypi ~ $ cd program_test
pi@raspberrypi ~/program_test $ ls -l
-rw-r--r-- 1 pi pi  152 May  9 13:21 HelloWorld.java
```

23.7.3.2 프로그램 compile 및 실행

● **프로그램 compile 및 class 파일 작성**

작성이 완료된 프로그램을 실행하기 위해서는 먼저 프로그램을 compile하여 class 파일을 만들어야 한다. 이를 위해서는 javac 명령을 사용한다.

[명령 형식]

javac   [option]   <source-file>

[명령 개요]
- 프로그램을 compile하여 class 파일을 만든다.
- 필요 권한   -- 일반 권한

[상세 설명]
- None

[주요 option]

[사용 Example]
작성한 프로그램으로 compile을 해보자. 프로그램에 오류가 있으면 다음과 같은 오류가 나타날 것이다.

```
pi@raspberrypi ~/program_test $ javac HelloWorld.java
HelloWorld.java:5: error: unclosed string literal
        java.lang.System.out.println("Hello World.);
                                     ^
HelloWorld.java:5: error: ';' expected
        java.lang.System.out.println("Hello World.);
                                                   ^
HelloWorld.java:6: error: illegal start of expression
        java.lang.System.out.println("This is test program.");
          ^
HelloWorld.java:6: error: ';' expected
```

```
      java.lang.System.out.println("This is test program.");
            ^
4 errors
```

개발한 프로그램 code에 오류가 없으면 아무 메시지도 출력되지 않고, class 파일이 만들어
진다. 다음은 내용을 확인한 것이다.

```
pi@raspberrypi ~/program_test $ ls -l
-rw-r--r-- 1 pi pi  448 May  9 13:09 HelloWorld.class
-rw-r--r-- 1 pi pi  152 May  9 13:21 HelloWorld.java
```

● class 프로그램 실행

class 파일을 이용해서 실행할 때는 다음과 같은 명령을 사용한다.

[명령 형식]

java   [option]   <class-file-name>

[명령 개요]

- class 파일을 이용해서 프로그램을 실행한다.
- 필요 권한   -- 일반 권한

[상세 설명]

- None

[주요 option]

[사용 Example]

여기서 만들어진 파일은 HelloWorld.class 이다. 이제 프로그램을 실행해 보자.

```
pi@raspberrypi ~/program_test $ java HelloWorld
Hello World.
This is test program.
```

프로그램이 정상적으로 작동되어 인쇄명령이 정상적으로 처리되는 것을 확인할 수 있다.

Chapter 24 Database와 Web 활용

Chapter 주요 내용

여기서는 많은 자료를 체계적으로 저장하고 분석하여 활용하는데 사용되는 database에 대해서 상세히 설명하고 있으며, HTML, script language, web 서버를 활용하여 인터넷으로 다른 사람들과 다양한 동적인 방법으로 서로 소통할 수 있는 방법에 대해서 논의할 것이다.

다음과 같은 항목에 대한 내용을 포함하고 있다.
- LAMP 개요
- MySQL Database
- Apache web server
- PHP web script language

24.1 LAMP 개요

24.1.1 Database와 Web의 필요성

지금까지 우리는 Raspberry Pi 시스템에서 단순히 terminal 화면에서 명령을 실행하여 그 결과를 확인하거나, 특정application 프로그램을 실행해서 그 프로그램이 제공하는 기능을 이용하여 제한적인 작업을 하는 것이 전부였다. 이 정도의 기능만으로는 우리가 필요로 하는 모든 요구사항을 충족시켜줄 수 없으며, 여러 가지 추가적인 기능이 필요하다

컴퓨터에서 자료를 단순 파일에 저장하여 사용하는 것은 저장하는 것도 불편하지만, 나중에 내용을 확인하거나, 체계적인 분석을 할 때도 불편하다. 더구나 자료의 개수가 많고, 구성이 매우 복잡한 경우는 단순 파일로는 처리에 한계가 있다. 따라서 우리가 작성한 많은 자료를 체계적으로 저장하고 분석하여 활용하기 위해서는 전문적인 자료관리 도구인 database 기능이 필요하다.

한편 현재는 많은 작업들이 인터넷을 통하여 이루어지고 있다. 이런 환경에서는 많은 사람들이 web을 통하여 시스템에 접근하도록 하고, 시스템이 가지고 있는 여러 가지 자료와 기능을 사용자들이 편리하게 활용하도록 하는 것이 필수적인 환경이 되었다. 이런 환경을 구축하기 위해서는 web site를 설치하고 운영해야 하는데, 이를 위해서는 web server가 필요하다.

또한 Web site에 있는 내용들이 단순 HTML 페이지인 경우는 고정된 내용만을 사용자들에게 제공할 수 있기 때문에 상황의 변화에 따라 새로운 내용을 제공해 줄 수 없고, 그렇게 하기 위해서는 HTML을 자주 변경해 주어야 하는 어려움이 있다. 사용자들에게 그때 그때의 상황에 맞게 다양한 동적인 web page를 제공하여 다양한 기능을 사용할 수 있도록 하기 위해서는 script language가 필요하다.

24.1.2 LAMP

Linux 시스템에서 해당 운영체제와 함께 database와 web server을 활용하여 web site를 구축할 수 있는 강력한 도구의 조합이 있는데, 바로 LAMP이다. LAMP는 Linux, Apache, MySQL, PHP의 조합을 의미하며, 기본 구성과 역할은 다음과 같다.

- OS   -- Linux
- Web server   -- Apache
- Database   -- MySQL
- script Language   -- PHP

이들 도구들은 기본적으로 무료로 활용할 수 있을 뿐만 아니라, 각각의 도구들이 제공하는 기능들이 매우 강력하여 필요한 작업을 하는데 전혀 손색이 없다. 또한 많은 사람들이 이들을 이용하여 수많은 web site를 만들고, 운영해 왔으므로, 앞선 사람들의 사례와 경험들을 얼마든지 참조할 수 있다는 것이다.

24.2 MySQL Database

24.2.1 관계형 database와 SQL

24.2.1.1 관계형 database

database는 많은 복잡한 자료를 체계적으로 저장하여 관리하고, 나중에 다양한 형식으로 자료를 쉽게 조회할 수 있는 기능을 제공해 주는 도구이다.

database 종류에는 여러 가지가 있지만, 세계적으로 많이 사용되고 있는 대부분의 database 형태는 관계형 database이다. 관계형 database(relational database) 라는 것은 그 내부의 많은 자료들이 단순히 독립적인 자료로서 따로 관리되는 것이 아니라, 여러 자료가 서로 관계를 가지면서 체계적으로 관리된다는 것이다. 이들 자료간의 관계는 사전에 내부에서 자료의 형태를 정의할 때 같이 정의가 되며, 그렇게 정의된 관계에 따라서 자료가 관리되면서 다양한 기능을 제공해 주고 있다.

24.2.1.2 MySQL 소개 및 특징

LAMP 조합에서 database로서 사용되는 것이 MySQL이다.

MySQL은 open source software 로서 기본적으로 무료로 사용할 수 있으며, 또한 MySQL과 연관된 다양한 open source 도구들도 함께 사용할 수 있다.

MySQL은 관계형 database 시스템으로 SQL을 이용하여 내부의 자료를 관리한다.

MySQL은 무료임에도 어떤 database에 못지 않는 강력한 기능을 제공해 주는 도구로서 현재 세계적으로 많은 web site를 구축하는데 사용되고 있다.

MySQL에 대한 상세한 자료는 다음을 참조하기 바란다.
- http://www.mysql.com/

24.2.2 MySQL database 설치

24.2.2.1 MySQL server 설치

Raspberry Pi에서 MySQL database을 설치할 때는 다음 명령을 사용한다.

```
sudo    apt-get    install    mysql-server
```

명령을 실행하면 다음 화면과 같이 root 계정에 대한 암호를 입력하는 화면이 아래와 같이
나온다.

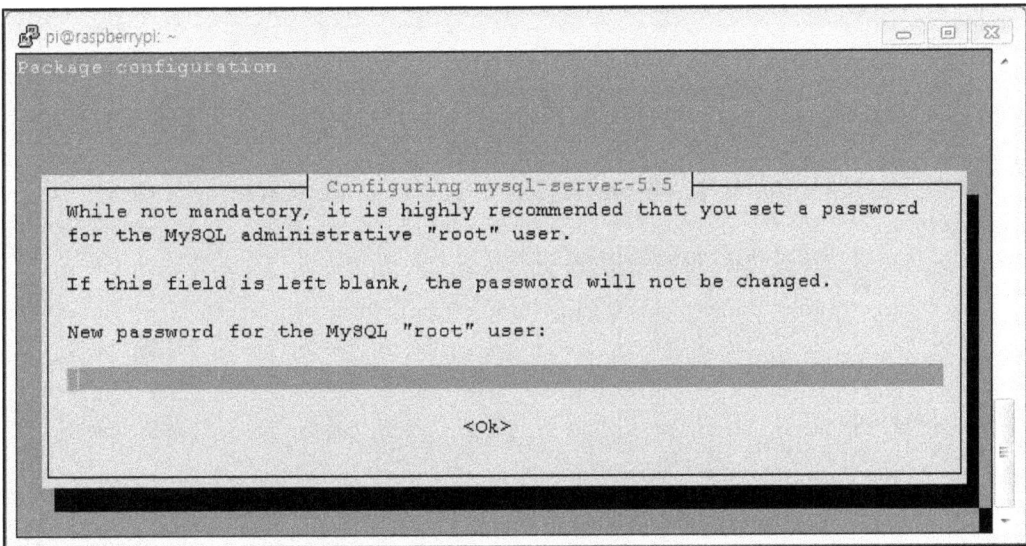

그림 24-1 MySQL server 설치의 root 계정

여기서 암호를 입력하고 [OK] 버튼은 누르면 암호를 다시 확인하는 화면이 나온다. 이전에
입력한 암호와 동일한 암호를 입력하고 [OK] 버튼을 누르면 설치작업이 다시 진행된다.

설치하는 과정에서 암호를 입력하는 root 계정은 MySQL 관리자로 사용되는 것으로 여기
서 사용되는 root 계정은 MySQL에서만 사용되는 계정으로, Raspberry Pi의 시스템 관리자
로 사용되는 root 계정과는 다른 것이다.

24.2.2.2 MySQL server 설정

MySQL server 설치가 완료되면 MySQL의 default 설정값을 조정하고자 하면 필요한 설정 작업을 해야 한다. MySQL server의 설정 관련 정보는 /etc/mysql/my.cnf 파일에 저장되어 있다. 아래는 중요한 정보를 발췌한 것이다.

```
#
# The MySQL database server configuration file.
#
# You can copy this to one of:
# - "/etc/mysql/my.cnf" to set global options,
# - "~/.my.cnf" to set user-specific options.
~ 중략
~ 중략
[client]
port            = 3306
socket          = /var/run/mysqld/mysqld.sock
~ 중략
~ 중략
# This was formally known as [safe_mysqld]. Both versions are currently parsed.
[mysqld_safe]
socket          = /var/run/mysqld/mysqld.sock
nice            = 0

[mysqld]
#
# * Basic Settings
#
user            = mysql
pid-file        = /var/run/mysqld/mysqld.pid
socket          = /var/run/mysqld/mysqld.sock
port            = 3306
basedir         = /usr
datadir         = /var/lib/mysql
tmpdir          = /tmp
lc-messages-dir = /usr/share/mysql
~ 중략
~ 중략
[mysqldump]
quick
quote-names
max_allowed_packet      = 16M

[mysql]
```

```
#no-auto-rehash # faster start of mysql but no tab completition
~ 중략
~ 중략
#
# * IMPORTANT: Additional settings that can override those from this file!
#   The files must end with '.cnf', otherwise they'll be ignored.
#
!includedir /etc/mysql/conf.d/
```

기본적인 MySQL server 설치가 완료되면 다음과 같은 추가 설정작업을 해야 한다. 먼저 MySQL하여금 database에 대한 정보를 보관할 database directory structure를 생성하도록 한다. 다음 명령을 사용하여 처리한다.

```
sudo  mysql_install_db
```

다음은 database에 대한 보안을 강화하기 위해서 몇 가지 위험한 defaults 설정값을 제거하고, database 시스템에 대한 허가받지 않은 접근을 차단하기 위해서 아래와 같은 간단한 security script를 실행한다.

```
sudo  mysql_secure_installation
```

이 명령을 수행하면 MySQL root 계정의 현재 암호를 확인하는 절차가 있고, 그 암호를 변경하는 절차가 나오는데, 필요에 따라 처리하면 된다. 이 명령에서는 다음 항목에 대한 처리 여부를 확인한다. 이들은 대부분 개발과정에서는 참조를 위해서 필요하지만, 실제 운영환경에서는 필요 없는 항목들이다.

- Remove anonymous users? [Y/n]
- Disallow root login remotely? [Y/n]
- Remove test database and access to it? [Y/n]
- Reload privilege tables now? [Y/n]

MySQL에 대한 설정 작업이 완료되면 새로운 설정작업을 곧바로 반영하여 MySQL을 실행하기 위해서 해당 application을 restart하면 된다. 다음 명령으로 처리하면 된다.

```
sudo  service mysql  restart
```

24.2.3 MySQL 관리 도구

24.2.3.1 MySQL Administrator - mysqladmin

MySQL Administrator는 MySQL database 시스템을 전체적으로 관리하는데 사용하는 관리 전용 utility 프로그램이다. 이 명령은 noninteractive 방식으로 사용된다.

이 프로그램은 MySQL server를 설치하면 해당 컴퓨터에 자동으로 설치된다. 하지만 네트워크상의 다른 컴퓨터에서 MySQL database가 있는 시스템에 원격으로 접속하여 관리작업을 하고자 하면, 해당 컴퓨터의 운영체제에 맞는 프로그램을 download하여 별도로 설치해야 한다.

Linux에서 이 프로그램을 설치하는 경우는 다음 명령을 사용할 수 있다.

```
sudo    apt-get    install    mysql-admin
```

이 프로그램은 mysqladmin 명령으로 실행하며, 명령의 기본형식은 다음과 같다.

[명령 형식]

```
mysqladmin   -u<user-id>     -p[password]     [option]    command     command....
```

[상세 설명]
- 명령의 option에서 user 와 password는 반드시 지정이 되어야 한다.

[주요 option]

--help, -?	Display a help message and exit.
--host=host_name, -h host_name	Connect to the MySQL server on the given host.
--user=user_name, -u user_name	The MySQL user name to use when connecting to the server.
-- password[=password], -p[password]	The password to use when connecting to the server. If you use the short option form (-p), you cannot have a space between the option and the password. If you omit the password value

	following the --password or –p option on the Shell, mysql prompts for one. Specifying a password on the Shell should be considered insecure. See Section 6.1.2.1, "End-User Guidelines for Password Security". You can use an option file to avoid giving the password on the Shell.

여기서 실행할 수 있는 주요한 기능은 다음과 같다.

command	Description	비고
create databasename	Create a new database	database 생성
debug	Instruct server to write debug information to log	
drop databasename	Delete a database and all its tables	database 삭제
extended-status	Gives an extended status message from the server	상세 정보 조회
flush-hosts	Flush all cached hosts	
flush-logs	Flush all logs	
flush-status	Clear status variables	
flush-tables	Flush all tables	
flush-threads	Flush the thread cache	
flush-privileges	Reload grant tables (same as reload)	
kill id,id,...	Kill mysql threads	사용자 접속 끊기
password [new-password]	Change old password to new-password in current format	계정 password 변경하기
old-password [new-password]	Change old password to new-password in old format	계정 password 변경하기
ping	Check if mysqld is alive	MySQL 실행 여부 확인
processlist	Show list of active threads in server	접속 사용자 확인
reload	Reload grant tables	
refresh	Flush all tables and close and open logfiles	
shutdown	Take server down	MySQL 종료

start-slave	Start slave	
stop-slave	Stop slave	
status	Gives a short status message from the server	요약 정보 조회
variables	Prints variables available	환경변수 확인
version	Get version info from server	버전 등 상세 정보

24.2.3.2 MySQL shell - mysql

MySQL shell은 MySQL database에서 접속하여 database 내에 있는 자료를 관리하는데 사용하는 프로그램이다. MySQL Administrator가 주로 MySQL database 시스템 자체를 관리하는 것이 주목적인 것과 비교된다.

이 프로그램에서 제공하는 주요한 기능은 다음과 같다.
- MySQL shell에 대한 상태 확인 및 변경
- database에 대한 각종 정보 확인
- database 생성 및 삭제
- table에 대한 각종 정보 확인
- database 내의 table에 있는 자료의 조작

이 프로그램은 MySQL server를 설치하면 해당 컴퓨터에 자동으로 설치된다. 하지만 네트워크상의 다른 컴퓨터에서 MySQL database가 있는 시스템에 원격 접속하여 작업을 하고자 하면, 해당 컴퓨터의 운영체제에 맞는 프로그램을 download하여 별도로 설치해야 한다.

Raspberry Pi에서 이 프로그램을 설치하는 경우는 다음 명령을 사용할 수 있다.

```
sudo   apt-get   install   mysql-client
```

MySQL shell에서 실행할 수 있는 명령에서는 두 가지 종류가 있는데, MySQL shell 명령과 표준 database SQL 명령이다.

MySQL shell 명령은 MySQL shell의 현재 상태를 확인하거나 shell의 향후 동작과 표현 방식에 영향을 미치기 위한 명령이다. 이 명령은 그 내부에서 자료를 보관하고 있는 database에는 직접적으로 영향을 주지 않는다.

database SQL 명령은 database 내에 보관되어 있는 자료를 직접적으로 조작하는 명령이다. 자료를 저장하는 database를 정의하고, 자료를 입력하거나 삭제하는 등 자료에 대한 정의와 자료를 입출력하는 작업을 수행하는 명령이다

MySQL shell 명령과 database SQL 명령에 대해서는 다음에서 상세히 다루도록 할 것이다.

24.2.3.3 MySQL 백업 - mysqldump

MySQL Dump는 MySQL database 시스템의 data를 backup하는데 사용하는 관리 전용 utility 프로그램이다. 이 명령은 noninteractive 방식으로 사용된다.

이 프로그램은 MySQL server를 설치하면 해당 컴퓨터에 자동으로 설치된다. 하지만 네트워크상의 다른 컴퓨터에서 MySQL database가 있는 시스템에 원격으로 접속하여 관리작업을 하고자 하면, 해당 컴퓨터의 운영체제에 맞는 프로그램을 download하여 별도로 설치해야 한다.

이 프로그램은 mysqldump 명령으로 실행하며, 명령의 기본형식은 다음과 같다.

[명령 형식]

mysqldump -u<user-id>   -p[password]   [option]   [database-name]   [table-name]

[상세 설명]
- 명령의 option에서 user 와 password는 반드시 지정이 되어야 한다.

[주요 option]

--help, -?	Display a help message and exit.
--host=host_name, -h host_name	Connect to the MySQL server on the given host.
--user=user_name, -u user_name	The MySQL user name to use when connecting to the server.
-- password[=password], -p[password]	The password to use when connecting to the server. If you use the short option form (-p), you cannot have a space between the option and the password. If you omit the password value following the --password or –p option on the Shell, mysql prompts for one. Specifying a password on the Shell should be considered insecure. See Section 6.1.2.1, "End-User Guidelines for Password Security". You can use an option file to avoid giving the password on the Shell.
--all-databases, -A	Dump all tables in all databases. This is the same as using the --databases option and naming all the databases on the Shell.

--all-tablespaces, -Y	Adds to a table dump all SQL statements needed to create any tablespaces used by an NDBCLUSTER table. This information is not otherwise included in the output from mysqldump. This option is currently relevant only to MySQL Cluster tables.

24.2.3.4 MySQL 백업 - mysqlimport

MySQL Dump는 MySQL database 시스템의 data를 복수하는데 사용하는 관리 전용 utility 프로그램이다. 이 명령은 noninteractive 방식으로 사용된다. 이 프로그램은 MySQL server 를 설치하면 해당 컴퓨터에 자동으로 설치된다.

이 프로그램은 MySQL server를 설치하면 해당 컴퓨터에 자동으로 설치된다. 하지만 네트 워크상의 다른 컴퓨터에서 MySQL database가 있는 시스템에 원격으로 접속하여 관리작업 을 하고자 하면, 해당 컴퓨터의 운영체제에 맞는 프로그램을 download하여 별도로 설치해 야 한다.

이 프로그램은 mysqlimport 명령으로 실행하며, 명령의 기본형식은 다음과 같다.

[명령 형식]

mysqlimport -u\<user-id>   -p[password]   [option] \<database-name> \<file-name>

[상세 설명]
- 명령의 option에서 user 와 password는 반드시 지정이 되어야 한다.

[주요 option]

--help, -?	Display a help message and exit.
--host=host_name, -h host_name	Connect to the MySQL server on the given host.
--user=user_name, -u user_name	The MySQL user name to use when connecting to the server.
--password[=password], -p[password]	The password to use when connecting to the server. If you use the short option form (-p), you cannot have a space between the option and the password. If you omit the password value following the --password or –p option on the Shell, mysql prompts for one. Specifying a password on the Shell should be considered insecure. See Section 6.1.2.1, "End-User Guidelines for Password Security". You can use an option file to avoid giving the password on the Shell.
--delete, -D	Empty the table before importing the text file.

--force, -f	Ignore errors. For example, if a table for a text file does not exist, continue processing any remaining files. Without --force, mysqlimport exits if a table does not exist.
--lock-tables, -l	Lock all tables for writing before processing any text files. This ensures that all tables are synchronized on the server.

24.2.4 MySQL shell 사용 - mysql

24.2.4.1 mysql 명령 기본 체계

MySQL database를 사용하기 mysql 명령을 사용한다. mysql 명령은 간단한 SQL shell 프로그램으로 자체적으로 database 명령을 입력하고, 편집하는 기능을 가지고 있다.

이 명령은 interactive 방식과 noninteractive 방식으로 사용할 있다. interactive 방식으로 사용될 때는 결과자료가 ASCII-table format으로 표시되고, noninteractive 방식으로 사용되면 처리결과가 tab-separated format으로 표현된다.

이 프로그램은 mysql 명령으로 시작하며, 해당 명령의 기본형식은 다음과 같다.

[명령 형식]

mysql   -u\<user-id>   -p[password]   [option]   \<database_name>

[주요 option]

--help, -?	Display a help message and exit.
--host=host_name, -h host_name	Connect to the MySQL server on the given host.
--user=user_name, -u user_name	The MySQL user name to use when connecting to the server.
-- password[=password], -p[password]	The password to use when connecting to the server. If you use the short option form (-p), you cannot have a space between the option and the password. If you omit the password value following the --password or –p option on the Shell, mysql prompts for one. Specifying a password on the Shell should be considered insecure. See Section 6.1.2.1, "End-User Guidelines for Password Security". You can use an option file to avoid giving the password on the Shell.

이 명령에서 지정하는 database-name은 향후 명령에서 사용할 database이다. 여기서 특정 database를 지정하지 않으면 나중에 실제 명령을 실행하기 전에 반드시 사용할 database를 별도로 지정해야 한다.

이 명령에서는 --user 또는 -u option을 사용하여 MySQL의 user id를 반드시 지정해야 한다. 특별히 지정하지 않으면 시스템의 현재 logon 사용자 계정을 사용하려고 시도한다.

사용자 계정에 대한 암호는 --password 또는 -p option을 사용하여 지정할 수 있는데, 단순히 option만 지정하고 실제 암호를 입력하지 않으면, 암호를 확인하는 별도의 prompt가 나타나서 암호를 입력받는다.

24.2.4.2 MySQL shell 프로그램 시작하기

MySQL database에서 작업하기 위해서는 먼저 MySQL shell 프로그램을 시작해야 한다.
MySQL shell 프로그램을 시작하기 위해서는 최소한 database user id와 암호를 지정해야
하는데, 다음과 같이 처리한다.

[명령 형식]

```
mysql  -u <user-id>   -p<password>   <database_name>
```

다음과 같이 명령을 입력하여 MySQL shell을 시작해 본다.

```
pi@raspberrypi ~ $ mysql -u root -p
```

```
Enter password:
Welcome to the MySQL monitor.  Commands end with ; or ₩g.
Your MySQL connection id is 62
Server version: 5.5.43-0+deb7u1 (Debian)

Copyright (c) 2000, 2015, Oracle and/or its affiliates. All rights reserved.

Oracle is a registered trademark of Oracle Corporation and/or its
affiliates. Other names may be trademarks of their respective
owners.

Type 'help;' or '₩h' for help. Type '₩c' to clear the current input statement.

mysql>
```

그러면 database user에 대한 암호를 입력하는 prompt가 나타나고 필요한 암호를 입력하
면, MySQL에 대한 접속이 이루어 지고, MySQL에 대한 기본적인 정보를 보여준다.

모든 접속이 완료되면 "mysql>" prompt가 나타나는데, 여기서 MySQL shell 명령과 표준
database SQL 명령을 입력하여 작업을 수행할 수 있다

24.2.4.3 MySQL shell 명령 사용하기

● MySQL 명령

MySQL shell 명령은 MySQL shell의 현재 상태를 확인하거나 shell의 향후 동작과 표현 방식에 영향을 미치기 위한 명령이다.

모든 명령은 ";" 이나 " \ g" 또는 " \ g" 로 끝나야 한다.

MySQL shell에서는 사용할 수 있는 MySQL 명령들은 다음과 같다. 각 명령에서 " \ "로 표현된 것은 해당 명령에 대한 축약 명령이다.

명령	축약	description
?	\ ?	Synonym for `help`.
help	\ h	Display this help.
clear	\ c	Clear command.
connect	\ r	Reconnect to the server. Optional arguments are db and host.
edit	\ e	Edit command with $EDITOR.
exit	\ q	Exit mysql. Same as quit.
quit	\ q	Quit mysql.
use	\ u	Use another database. Takes database name as argument.
source	\ .	Execute an SQL script file. Takes a file name as an argument
status	\ s	Get status information from the server.
system	\ !	Execute a system shell command.
warnings	\ W	Show warnings after every statement.
nowarning	\ w	Don't show warnings after every statement.
delimiter	\ d	Set statement delimiter.
delimiter	\ d	Set statement delimiter.
ego	\ G	Send command to mysql server, display result vertically.
go	\ g	Send command to mysql server.
pager	\ P	Set PAGER [to_pager]. Print the query results via PAGER.
nopager	\ n	Disable pager, print to stdout.
tee	\ T	Set outfile [to_outfile]. Append everything into given outfile.

notee	\ t	Don't write into outfile.
print	\ p	Print current command.
prompt	\ R	Change your mysql prompt.
rehash	\ #	Rebuild completion hash.
charset	\ C	Switch to another charset. Might be needed for processing binlog with multi-byte charsets

● MySQL 명령에 대한 도움말

MySQL shell에서 처리할 수 있는 shell이나 표준 database SQL 명령에 대한 도움말이 필요
하면 help명령을 사용할 수 있다.

다음은 use 명령에 대한 도움말을 확인해 본 것이다.

```
mysql> help use ;

mysql> help use
Name: 'USE'
Description:
Syntax:
USE db_name

The USE db_name statement tells MySQL to use the db_name database as
the default (current) database for subsequent statements. The database
remains the default until the end of the session or another USE
statement is issued:

USE db1;
SELECT COUNT(*) FROM mytable;    # selects from db1.mytable
USE db2;
SELECT COUNT(*) FROM mytable;    # selects from db2.mytable

URL: http://dev.mysql.com/doc/refman/5.5/en/use.html

mysql>
```

위의 결과를 보면 use 명령에 대한 설명, 사용하는 문법과 처리 방법에 대해서 도움말을
보여준다.

● MySQL shell 종료

MySQL shell에서 처리를 종료하고 BASH shell 상태로 돌아가려면 exit 명령이나 quit 명령을 실행한다. 아래와 같이 처리하면 MySQL shell이 종료하고 BASH shell로 돌아 온다.

```
mysql> exit;
Bye
pi@raspberrypi ~ $
```

특정 명령이 실행되는 도중에 강제로 처리를 중단하고 싶으면 CTRL + C를 눌러서 해당 명령을 중지한다. 만약 중단되지 않을 때는 다시 한번 CTRL + C를 눌러서 MySQL shell 자체를 강제로 중단(aborted)할 수 있다.

● **MySQL shell에 대한 현재의 상태 확인**

MySQL shell이 현재 어떤 상태에 있는지를 확인하기 위해서는 status 명령을 사용한다. 그러면 현재 상태에 대한 정보를 표시해 준다.

```
mysql> status;
--------------
mysql  Ver 14.14 Distrib 5.5.43, for debian-linux-gnu (armv7l) using readline 6.2

Connection id:          65
Current database:
Current user:           root@localhost
SSL:                    Not in use
Current pager:          stdout
Using outfile:          ' '
Using delimiter:        ;
Server version:         5.5.43-0+deb7u1 (Debian)
Protocol version:       10
Connection:             Localhost via UNIX socket
Server characterset:    latin1
Db      characterset:   latin1
Client characterset:    utf8
Conn.  characterset:    utf8
UNIX socket:            /var/run/mysqld/mysqld.sock
Uptime:                 4 hours 32 min 9 sec

Threads: 1  Questions: 773  Slow queries: 0  Opens: 213  Flush tables: 2  Open
tables: 24  Queries per second avg: 0.047
--------------
```

위의 내용을 보며 MySQL의 version과 관련 정보를 확인할 수 있다. 현재 사용되는 database에 대한 정보를 알 수 있는데 아직까지 특별한 database가 지정되지 않은 상태이다. 또한 현재 사용된 database user에 대한 정보를 확인할 수 있다.

● 사용할 database의 지정

향후 표준 database SQL 명령에서 사용할 database를 지정할 때는 use 명령을 사용한다. mysql 명령을 실행할 때 처음부터 database 이름을 지정한 경우는 별도의 지정을 하지 않아도 무방하다. 또한 현재 특정 database를 사용하고 있는 상태에서 다른 database로 변경하고자 할 때도 use 명령을 사용한다.

아래는 현재 database가 지정되어 있지 않은 상태에서 use 명령으로 "mysql" 이란 database를 지정하고, 다시 status 명령으로 현재 상태를 확인한 것이다.

```
mysql> use mysql;

Reading table information for completion of table and column names
You can turn off this feature to get a quicker startup with -A

Database changed
mysql> status;
--------------
mysql  Ver 14.14 Distrib 5.5.43, for debian-linux-gnu (armv7l) using readline 6.2

Connection id:          67
Current database:       mysql
Current user:           root@localhost
SSL:                    Not in use
Current pager:          stdout
Using outfile:          ''
Using delimiter:        ;
Server version:         5.5.43-0+deb7u1 (Debian)
Protocol version:       10
Connection:             Localhost via UNIX socket
Server characterset:    latin1
Db      characterset:   latin1
Client characterset:    utf8
Conn.  characterset:    utf8
UNIX socket:            /var/run/mysqld/mysqld.sock
Uptime:                 4 hours 39 min 59 sec

Threads: 1  Questions: 836  Slow queries: 0  Opens: 213  Flush tables: 2  Open
tables: 24  Queries per second avg: 0.049
--------------
```

current database에 "mysql" 이란 database가 지정되어 있는 것을 확인할 수 있다.

● 명령의 편집

실행해야 하는 명령이 길어서 Shell에서 입력하기 어려운 경우 edit 명령을 사용하면 vim 편집기 화면에서 명령을 입력하거나 편집할 수 있다. vim 사용하는 방법에 대해서는 **[16.4.3 vim 텍스트 편집기]**를 참고하기 바란다.

```
mysql> use edit;
```

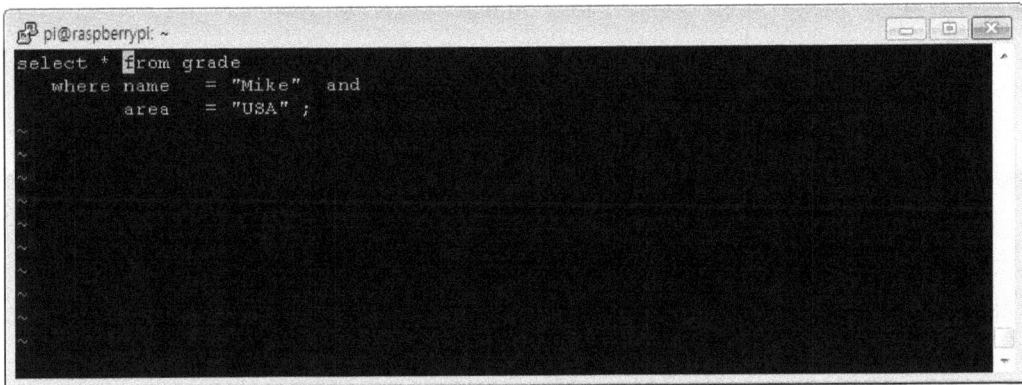

모든 내용을 입력하고 저장한 다음 해당 프로그램을 종료하고 나오면, 추가 입력을 의미하는 "->" prompt가 나타나는데, 여기서 shell 명령 실행을 의미하는 "\ g"을 입력하고, Enter 키를 눌러서 명령을 실행하면 된다.

```
mysql> edit
    -> \ g
```

24.2.5 database SQL

24.2.5.1 database SQL 소개

모든 관계형 database에서는 그 내부의 자료를 관리할 때는 SQL(Structured Query Language)이라는 형태의 특별한 명령을 이용한다. SQL을 이용하여 database 내에서 자료의 형태와 내용을 정의할 수 있으며, database 안으로 자료를 입력하거나, 입력되어 있는 자료를 수정할 수 있으며, 또한 입력되어 있는 자료를 조회할 수 있다.

database 관리에 필요한 SQL의 주요한 기능은 다음과 같다.

- database 조회   -- show
- database 정의   -- create/drop database
- 권한 관리   -- grant
- table 정의   -- create/change/drop table
- table 내용 조회   -- describe/explain table
- table 자료 입력   -- insert table
- table 자료 수정   -- update table
- table 자료 삭제   -- delete table
- table 자료 조회   -- select table

우리는 여기서 모든 SQL 기능을 설명하지 않을 것이며, 작동원리를 설명하는데 필요한 최소한의 정도까지만 기능을 소개할 것이다. 추가적인 학습은 별도의 방법을 통해서 학습하기 바란다.

24.2.5.2 database 정보 조회 - SHOW

MySQL에서 server 상태에 대한 정보나 database, table 등에 대한 정보를 조회하고자 할 때 show 명령을 사용할 수 있다.

```
show   <database-information-object>    ;
```

다음은 show 명령에서 처리 가능한 주요한 항목이다.
- SHOW DATABASES [like_or_where]   -- MySQL의 database 목록
- SHOW GRANTS FOR user
- SHOW TABLE STATUS [FROM db_name] [like_or_where]   -- table들의 상태 정보
- SHOW [FULL] TABLES [FROM db_name] [like_or_where] -- table 목록

다음은 MySQL에 어떤 database가 있는지를 확인하기 위한 명령이다.
```
mysql> show databases;

+--------------------+
| Database           |
+--------------------+
| information_schema |
| mysql              |
| performance_schema |
+--------------------+
3 rows in set (0.00 sec)
```

다음은 현재의 database인 mysql에서 어떤 table들이 있는지를 확인하기 위한 명령이다.
```
mysql> show tables;

+---------------------------+
| Tables_in_mysql           |
+---------------------------+
| columns_priv              |
| db                        |
| event                     |
| func                      |
~  중략
~  중략
| time_zone_transition_type |
| user                      |
+---------------------------+
24 rows in set (0.01 sec)
```

24.2.5.3 database 생성 － CREATE DATABASE

MySQL database 시스템에서는 복수 개의 database를 정의하여 동시에 운영할 수 있다. MySQL에서 관리하는 모든 자료는 database 내부에 저장된다. 따라서 특정 자료를 저장하고자 하면 반드시 그 자료를 저장할 database가 사전에 생성되어 있어야 한다.

이 작업을 하기 위해서는 database에 대한 CREATE privilege가 있어야 한다.

새로운 database를 생성할 때는 다음과 같은 create 명령을 사용한다.

```
create   database      [IF NOT EXISTS]    <database-name>     [option]
```

[IF NOT EXISTS] 문은 database가 존재하지 않는 경우만 생성작업을 하고, 있는 경우는 처리를 하지 않음으로써 오류가 발생하지 않도록 하는 것이다.

다음은 MySQL에 새로운 database "raspi_db"를 생성하고 그 결과를 다시 조회한 것이다.

```
mysql> show databases;

+--------------------+
| Database           |
+--------------------+
| information_schema |
| mysql              |
| performance_schema |
+--------------------+
3 rows in set (0.00 sec)

mysql> create database raspi_db ;

Query OK, 1 row affected (0.00 sec)

mysql> show databases ;

+--------------------+
| Database           |
+--------------------+
| information_schema |
| mysql              |
| performance_schema |
| raspi_db           |
+--------------------+
4 rows in set (0.00 sec)
```

24.2.5.4 database 삭제 – DROP DATABASE

더 이상 사용하지 않는 자료를 완전히 제거하기 위해서는 이전에 정의되어 있던 database 를 삭제하면 된다. 이럴 때 사용하는 명령이 drop database 명령이다.

이 명령을 사용하면 database가 삭제될 뿐만 아니라 그 속에 포함되어 있던 모든 table과 table에 저장되어 있던 모든 자료도 함께 삭제된다.

이 작업을 하기 위해서는 database에 대한 DROP privilege가 있어야 한다.

```
drop  database    [IF EXISTS]    <database-name>
```

IF EXISTS 문은 database가 존재하는 경우만 삭제작업을 하고, 없는 경우는 처리를 하지 않음으로써 오류가 발생하지 않도록 하는 것이다.

다음은 MySQL에 정의되어 있던 database "raspi_db"를 삭제하고 결과를 조회한 것이다.

```
mysql> show databases ;

+--------------------+
| Database           |
+--------------------+
| information_schema |
| mysql              |
| performance_schema |
| raspi_db           |
+--------------------+
4 rows in set (0.00 sec)
mysql> drop database raspi_db ;
Query OK, 0 rows affected (0.02 sec)
mysql> show databases;

+--------------------+
| Database           |
+--------------------+
| information_schema |
| mysql              |
| performance_schema |
+--------------------+
3 rows in set (0.00 sec)
```

24.2.5.5 database user 생성   – CREATE/DROP USER

MySQL에 접근하는 모든 user는 사전에 생성되고, 적절한 권한이 부여되어 있어야 한다.

Database user는 운영체제의 사용자와는 구분되는 user이며, 운영체제와는 독립적으로 database 내에서 자체적으로 정의된다.

Database user를 생성하기 위해서는 CREATE USER 명령을 사용한다.

```
CREATE USER
        < user-id@host-name   [   IDENTIFIED BY 'password'   ]      >
        [ ,< user-id@host-name   [   IDENTIFIED BY 'password'   ]      > ] ...
```

database user가 생성되면 database "mysql"의 table 'user'에 해당 내용이 저장된다.

새로 생성되는 user-id에 대해서 IDENTIFIED BY를 지정하면, user-id를 생성할 때 password 를 함께 지정할 수 있고, password가 지정되지 않으면, password가 없는 상태로 user-id가 생성된다.

기존의 database user를 삭제하기 위해서는 DROP USER 명령을 사용한다.

```
DROP USER
        < user-id@host-name >
        [ ,< user-id@host-name > ]...
```

다음은 database "mysql"의 table 'user'에 대한 정보를 확인한 것이다.

```
mysql> use mysql ;

Database changed

mysql> describe user ;

+----------------------+-------------------+------+-----+---------+-------+
| Field                | Type              | Null | Key | Default | Extra |
+----------------------+-------------------+------+-----+---------+-------+
| Host                 | char(60)          | NO   | PRI |         |       |
| User                 | char(16)          | NO   | PRI |         |       |
| Password             | char(41)          | NO   |     |         |       |
| Select_priv          | enum('N','Y')     | NO   |     | N       |       |
| Insert_priv          | enum('N','Y')     | NO   |     | N       |       |
| Update_priv          | enum('N','Y')     | NO   |     | N       |       |
| Delete_priv          | enum('N','Y')     | NO   |     | N       |       |
| Create_priv          | enum('N','Y')     | NO   |     | N       |       |
| Drop_priv            | enum('N','Y')     | NO   |     | N       |       |
~ 중략
~ 중략
| max_user_connections | int(11) unsigned  | NO   |     | 0       |       |
| plugin               | char(64)          | YES  |     |         |       |
| authentication_string| text              | YES  |     | NULL    |       |
+----------------------+-------------------+------+-----+---------+-------+
42 rows in set (0.03 sec)
```

다음은 database "raspi_db"에서 'admin'@'localhost'를 생성한 다음, database "mysql"의 table 'user'에 저장되어 있는 user-id 정보를 확인한 것이다. 해당 user-id가 생성되어 있는 것을 알 수 있다.

```
mysql> create user  'admin'@'localhost' identified by  'xxxxxx'  ;

Query OK, 0 rows affected (0.00 sec)

mysql> use mysql ;

Database changed

mysql> select Host, User from user ;

+----------------+------------------+
| Host           | User             |
+----------------+------------------+
| 127.0.0.1      | root             |
| ::1            | root             |
| localhost      | admin            |
| localhost      | debian-sys-maint |
| localhost      | pi               |
| localhost      | root             |
+----------------+------------------+
7 rows in set (0.01 sec)
```

24.2.5.6 user 권한 관리 - GRANT / REVOKE

MySQL에서 하는 모든 작업에 대해서는 사전에 해당 권한이 부여되어 있어야 한다. 사용자 root는 모든 권한이 사전에 부여되어 있다.

새로운 권한을 부여할 때는 GRANT 명령을 사용하고, 권한을 박탈할 때는 REVOKE 명령을 사용한다.

```
GRANT
     priviage_type [(column_list)]
  [ ,priviage_type [(column_list)]] ...
  ON [ TABLE  | FUNCTION  | PROCEDURE ]
     < *  | *.*  | db_name.*  | db_name.tbl_name  | tbl_name  | db_name.routine_name  >
  TO    < user-id@host-name  [ IDENTIFIED BY 'password'  ]  >
     [ ,< user-id@host-name  [ IDENTIFIED BY 'password'  ]  > ] ...


REVOKE
     priviage_type [(column_list)]
  [ ,priviage_type [(column_list)]] ...
  ON [ TABLE  |  FUNCTION  | PROCEDURE ]
     < *  | *.*  | db_name.*  | db_name.tbl_name  | tbl_name  | db_name.routine_name  >
  FROM   < user-id@host-name >
        [ ,< user-id@host-name > ]...
```

권한이 적용되는 database나 table 등을 지정할 때 wildcard(*)를 사용할 수 있다. Wildcard 가 지정되면 모든 object에 대해서 적용되는 것을 의미한다.

GRANT 명령에서 지정한 user-id가 해당 database 내에 이미 정의되어 있는 user-id가 아니면, 임의로 CREATE USER하는 것에 대한 특별한 제한규정이 없으면 새로운 user-id를 생성하고, 그 user-id에 대해서 권한을 부여한다. 새로 생성되는 user-id에 대해서 IDENTIFIED BY를 지정하면, user-id를 생성할 때 password를 함께 지정할 수 있고, password가 지정되지 않으면, password가 없는 상태로 user-id가 생성된다.

host_name을 지정할 때 이름의 일부에 wildcard(%)를 사용하면, 해당 조건이 적용되는 모든 경우에 권한이 적용된다는 의미이다. 다음을 예를 참조하라.

- '%.com'   -- xxxxxx.com 형태의 모든 host에 적용된다.
- '%.example.net'   -- xxxx.example.net 형태의 모든 host에 적용된다.

GRANT와 REVOKE에서 사용할 있는 Privileges Type은 다음과 같다.

Privilege	Meaning and Grantable Levels
ALL [PRIVILEGES]	Grant all privileges at specified access level except GRANT OPTION
ALTER	Enable use of ALTER TABLE. Levels: Global, database, table.
ALTER ROUTINE	Enable stored routines to be altered or dropped. Levels: Global, database, procedure.
CREATE	Enable database and table creation. Levels: Global, database, table.
CREATE ROUTINE	Enable stored routine creation. Levels: Global, database.
CREATE TEMPORARY TABLES	Enable use of CREATE TEMPORARY TABLE. Levels: Global, database.
CREATE USER	Enable use of CREATE USER, DROP USER, RENAME USER, and REVOKE ALL PRIVILEGES. Level: Global.
CREATE VIEW	Enable views to be created or altered. Levels: Global, database, table.
DELETE	Enable use of DELETE. Level: Global, database, table.
DROP	Enable databases, tables, and views to be dropped. Levels: Global, database, table.
EXECUTE	Enable the user to execute stored routines. Levels: Global, database, table.
GRANT OPTION	Enable privileges to be granted to or removed from other accounts. Levels: Global, database, table, procedure, proxy.
INDEX	Enable indexes to be created or dropped. Levels: Global, database, table.
INSERT	Enable use of INSERT. Levels: Global, database, table, column.
LOCK TABLES	Enable use of LOCK TABLES on tables for which you have the SELECT privilege. Levels: Global, database.
PROCESS	Enable the user to see all processes with SHOW PROCESSLIST.

	Level: Global.
REFERENCES	Enable foreign key creation. Levels: Global, database, table, column.
RELOAD	Enable use of FLUSH operations. Level: Global.
SELECT	Enable use of SELECT. Levels: Global, database, table, column.
SHOW DATABASES	Enable SHOW DATABASES to show all databases. Level: Global.
SHOW VIEW	Enable use of SHOW CREATE VIEW. Levels: Global, database, table.
SHUTDOWN	Enable use of mysqladmin shutdown. Level: Global.
SUPER	Enable use of other administrative operations such as CHANGE MASTER TO, KILL, PURGE BINARY LOGS, SET GLOBAL, and mysqladmin debug command. Level: Global.
TRIGGER	Enable trigger operations. Levels: Global, database, table.
UPDATE	Enable use of UPDATE. Levels: Global, database, table, column.
USAGE	Synonym for "no privileges"

아래와 같이 grant 명령을 실행하기전의 상태를 확인한 것이다.

```
mysql> show grants for 'pi'@'localhost' ;
ERROR 1141 (42000): There is no such grant defined for user 'pi' on host
'localhost'
```

pi@localhost 계정에 대해서 권한을 부여하면서 암호를 함께 지정하여 GRANT 명령을 실행한 다음, 다시 권한 부여상태를 조회해 본 것이다. 지정한 권한 내용을 확인할 수 있다.

```
mysql> grant all on *.* to 'pi'@'localhost' identified by 'xxxxxx' ;
Query OK, 0 rows affected (0.00 sec)

mysql> show grants for 'pi'@'localhost' ;
+---------------------------------------------------------------------------+
| Grants for pi@localhost
|
+---------------------------------------------------------------------------+
| GRANT ALL PRIVILEGES ON *.* TO 'pi'@'localhost' IDENTIFIED BY PASSWORD
'*9817606F8D7B598221D07445C7A03B71A6E83239' |
+---------------------------------------------------------------------------+
1 row in set (0.01 sec)
```

24.2.5.7 table 생성 – CREATE TABLE

MySQL에서 관리하는 모든 자료는 특정 database 내부에 있는 table에 저장된다. 따라서 특정 자료를 저장하고자 하면 특정 database 내부에 반드시 그 자료를 저장할 table이 사전에 생성되어 있어야 한다.

create table 작업을 하기 전에는 반드시 use 명령으로 database가 지정이 되어 있어야 한다. 이 작업을 하기 위해서는 table에 대한 CREATE privilege가 있어야 한다.

새로운 table를 생성할 때는 다음과 같은 CREATE TABLE 명령을 사용한다.

```
CREATE   TABLE      [IF NOT EXISTS]    <table-name>
  (
    <col_name>   <data_type> [NOT NULL  |  NULL] [DEFAULT default_value]
               [AUTO_INCREMENT]  [UNIQUE [KEY]  |  [PRIMARY] KEY]    ,
    <col_name>   <data_type> [NOT NULL  |  NULL] [DEFAULT default_value]
               [AUTO_INCREMENT]  [UNIQUE [KEY]  |  [PRIMARY] KEY]    ,
    <col_name>   <data_type> [NOT NULL  |  NULL] [DEFAULT default_value]
               [AUTO_INCREMENT]  [UNIQUE [KEY]  |  [PRIMARY] KEY]
  )
```

[IF NOT EXISTS] 문은 database가 존재하지 않는 경우만 생성작업을 하고, 있는 경우는 처리를 하지 않음으로써 오류가 발생하지 않도록 하는 것이다.

각 column에서 사용할 수 있는 주요 data_type은 다음과 같다.

- BIT[(length)]
- INT[(length)] [UNSIGNED] [ZEROFILL]
- INTEGER[(length)] [UNSIGNED] [ZEROFILL]
- REAL[(length,decimals)] [UNSIGNED] [ZEROFILL]
- FLOAT[(length,decimals)] [UNSIGNED] [ZEROFILL]
- DECIMAL[(length[,decimals])] [UNSIGNED] [ZEROFILL]
- NUMERIC[(length[,decimals])] [UNSIGNED] [ZEROFILL]
- DATE
- TIME

- TIMESTAMP
- DATETIME
- YEAR
- CHAR[(length)]
- VARCHAR(length)
- BLOB

다음은 database "raspi_db" 내에 새로운 table "employee"를 생성할 것이다.

- id   -- INT   -- PRIMARY KEY, AUTO_INCREMENT
- name   -- VARCHAR(50)
- birth   -- DATE
- position_code   -- CHAR(10)
- dept_code   -- CHAR(10)
- manager_name   -- VARCHAR(50)
- sales   -- DECIMAL(10,0)
- salary_rate   -- NUMERIC(6,2)

아래와 같이 table을 생성하고 show 명령으로 생성된 결과를 확인한 것이다.

```
mysql> create table  employee
     (  id              INT PRIMARY KEY  AUTO_INCREMENT ,
        name            VARCHAR(50)                 ,
        birth           DATE                        ,
        position_code   CHAR(04)                    ,
        dept_code       CHAR(04)                    ,
        manager_name    VARCHAR(50)                 ,
        sales           DECIMAL(10,0)               ,
        salary          NUMERIC(5,0)
     );
Query OK, 0 rows affected (0.03 sec)

mysql> show tables ;

+--------------------+
| Tables_in_raspi_db |
+--------------------+
| employee           |
+--------------------+
1 row in set (0.00 sec)
```

24.2.5.8 table 삭제 – DROP TABLE

더 이상 사용하지 않는 자료를 완전히 제거하기 위해서는 이전에 정의되어 있던 table를 삭제하면 된다. 이럴때 사용하는 명령이 drop table 명령이다.

이 명령을 사용하면 table이 삭제되면서 그 속에 포함되어 있던 모든 자료도 함께 삭제된다. 이 작업을 하기 위해서는 table에 대한 DROP privilege가 있어야 한다.

```
DROP   TABLE  [IF EXISTS]    < table -name>
```

IF EXISTS 문은 table가 존재하는 경우만 삭제작업을 하고, 없는 경우는 처리를 하지 않음으로써 오류가 발생하지 않도록 하는 것이다.

다음은 database "raspi_db"에 정의되어 있던 .table "employee_new"를 삭제하고 그 결과를 다시 조회한 것이다.

```
mysql> show tables ;

+-------------------+
| Tables_in_raspi_db |
+-------------------+
| employee          |
| employee_new      |
+-------------------+
2 rows in set (0.00 sec)

mysql> drop table employee_new ;
Query OK, 0 rows affected (0.02 sec)

mysql> show tables ;

+-------------------+
| Tables_in_raspi_db |
+-------------------+
| employee          |
+-------------------+
1 row in set (0.01 sec)
```

24.2.5.9 table 정보 조회 – EXPLAIN / DESCRIBE

특정 database 내에 있는 table에 대한 정보를 조회하고자 할 때 describe 명령이나 explain명령을 사용할 수 있다.

```
<describe | desc | explain >      <table-name>   [col_name]
```

Show 명령으로 table 관련 정보를 조회할 수 있다. 다음을 참조하기 바란다.
- SHOW CREATE TABLE
- SHOW TABLE STATUS
- SHOW INDEX

다음은 "raspi_db"에 정의되어 있는 employee table에 대한 내용을 확인해 본 결과이다. 해당 table에 정의되어 있는 각 field에 대한 상세한 정보가 표시되어 있는 것을 확인할 수 있다.

```
mysql> desc employee ;
+---------------+---------------+------+-----+---------+----------------+
| Field         | Type          | Null | Key | Default | Extra          |
+---------------+---------------+------+-----+---------+----------------+
| id            | int(11)       | NO   | PRI | NULL    | auto_increment |
| name          | varchar(50)   | YES  |     | NULL    |                |
| birth         | date          | YES  |     | NULL    |                |
| position_code | char(4)       | YES  |     | NULL    |                |
| dept_code     | char(4)       | YES  |     | NULL    |                |
| manager_name  | varchar(50)   | YES  |     | NULL    |                |
| sales         | decimal(10,0) | YES  |     | NULL    |                |
| salary        | decimal(5,0)  | YES  |     | NULL    |                |
+---------------+---------------+------+-----+---------+----------------+
8 rows in set (0.01 sec)

mysql>
```

24.2.5.10 table 자료 입력 – INSERT

database 내에 있는 특정 table에 자료를 입력하고자 할 때 INSERT 명령을 사용한다.

```
INSERT  INTO  <table-name>
    ( < col_name >    ,    < col_name >    ,    < col_name >         )
VALUES
    ( {expr | DEFAULT}  ,   {expr | DEFAULT}  ,   {expr | DEFAULT}      )
INSERT  INTO  <table-name>
   SET  < col_name >   = {expr | DEFAULT}          ,
        < col_name >   = {expr | DEFAULT}          ,
        < col_name >   = {expr | DEFAULT}
```

다음은 "raspi_db"에 정의되어 있는 employee table에 자료를 insert 해 보도록 하겠다.

```
mysql> INSERT   INTO  employee
        SET    name           = "John"    ,
               birth          = "1960-05-17",
               position_code  = "11111",
               dept_code      = "E1000",
               manager_name   = "Mike",
               sales          = "300000",
               salary         = "600000" ;

Query OK, 1 row affected, 3 warnings (0.01 sec)

mysql> select * from employee ;

+----+------+------------+---------------+-----------+--------------+--------+--------+
| id | name | birth      | position_code | dept_code | manager_name | sales  | salary |
+----+------+------------+---------------+-----------+--------------+--------+--------+
|  1 | John | 1960-05-17 | 1111          | E100      | Mike         | 300000 |  99999 |
|  2 | John | 1960-05-17 | 1111          | E100      | Mike         | 300000 |  99999 |
|  3 | John | 1960-05-17 | 1111          | E100      | Mike         | 300000 |  99999 |
+----+------+------------+---------------+-----------+--------------+--------+--------+
1 rows in set (0.00 sec)
mysql>
```

위 자료는 Insert 작업을 3회 실시한 후 해당 table에서 자료를 조회하는 select 명령을 실행한 것이다. 모두 3개의 자료가 입력되어 있는 것을 확인할 수 있고, 각각의 자료에 대한 id를 보면 특별한 값을 지정하지 않았지만 자동으로 순차적으로 번호가 부여되어 있는 것을 알 수 있다.

24.2.5.11 table 자료 조회 – SELECT

database 내에 있는 특정 table에 자료를 조회하고자 할 때 SELECT 명령을 사용한다.

```
SELECT
   [ ALL | DISTINCT | DISTINCTROW ]
   < col_name | expression >   [, < col_name | expression > ...]
   [ FROM         < tbl_name [[AS] alias]   [ table_join_reference  ] >
   [ WHERE        < col_name  < comparison-operator > expression >  [ < logical-operator >
                  < col_name  < comparison-operator > expression >  ] ... ]

   [ GROUP BY { col_name | expr | position }    [ASC | DESC], ...]
   [ HAVING       < col_name  < comparison-operator > expression >  [ < logical-operator >
                  < col_name  < comparison-operator > expression >  ] ... ]

   [ ORDER BY { col_name | expr | position }    [ASC | DESC], ...]   ]
```

- **SELECT column**
  조회하고자 하는 column을 지정한다.
  "*" 라고 지정하면 모든 column을 의미한다.
  여러 개의 column이 있으면 ","로 구분한다.

- **FROM**
  조회하고자 하는 table을 지정한다.

- **WHERE**
  조회하고자 하는 자료의 조건을 지정하는 것이다
  통상 column에 대한 조건을 지정한다
  ex) name   = "Mike"
      sales < "30000"

- **GROUP**
  지정한 column 조합에 대해서 동일한 키 값을 가지는 경우에는 하나로 처리하는 것이다. 여러 개의 column을 지정할 수 있다.

- **HAVING**

  GROUP 처리하는 경우에 GROUP에 대한 조건을 지정하는 것이다.

- **ORDER BY**

  조회된 자료의 정렬 순서를 지정하는 것이다.

- **FROM의 table_join_ reference**
  - [INNER | CROSS] JOIN   tbl_name [[AS] alias]   < join_expr
  - STRAIGHT_JOIN   tbl_name [[AS] alias]   < join_expr>
  - {LEFT|RIGHT} [OUTER] JOIN   tbl_name [[AS] alias]   < join_expr>

  여기서 <join_expr>은 < ON conditional_expr | USING (column_list) >의 형식이다.

- **logical-operator**

Name	Description
AND, &&	Logical AND
NOT, !	Negates value
||, OR	Logical OR
XOR	Logical XOR

- **comparison-operator**

Name	Description
<=>	NULL-safe equal to operator
=	Equal operator
>=	Greater than or equal operator
>	Greater than operator
<=	Less than or equal operator
<	Less than operator
!=, <>	Not equal operator
IS NULL	NULL value test
IS NOT NULL	NOT NULL value test
ISNULL( )	Test whether the argument is NULL

IS	Test a value against a boolean
IS NOT	Test a value against a boolean
BETWEEN ... AND ...	Check whether a value is within a range of values
NOT BETWEEN ... AND ...	Check whether a value is not within a range of values
LIKE	Simple pattern matching
NOT LIKE	Negation of simple pattern matching
IN( )	Check whether a value is within a set of values
NOT IN( )	Check whether a value is not within a set of values
INTERVAL( )	Return the index of the argument that is less than the first argument
GREATEST( )	Return the largest argument
LEAST( )	Return the smallest argument

다음은 table employee의 모든 column에 대한 자료를 조회한 것이다. 모든 column을 표시하기 위해서 "*"을 사용하였다.

```
mysql> select * from employee ;

+----+-------+------------+---------------+-----------+--------------+--------+--------+
| id | name  | birth      | position_code | dept_code | manager_name | sales  | salary |
+----+-------+------------+---------------+-----------+--------------+--------+--------+
|  1 | John  | 1960-05-17 | 1111          | E100      | Mike         | 300000 | 99999  |
|  2 | John  | 1960-05-17 | 1111          | E100      | Mike         | 300000 | 99999  |
|  3 | John  | 1960-05-17 | 1111          | E100      | Mike         | 300000 | 99999  |
|  4 | John  | 1960-05-17 | 1111          | E100      | Mike         | 300000 | 99999  |
|  5 | Bill  | 1960-05-17 | 4444          | E400      | Anderson     | 500000 | 99999  |
|  6 | James | 1970-05-17 | 6666          | D100      | Anderson     | 300000 | 99999  |
+----+-------+------------+---------------+-----------+--------------+--------+--------+
6 rows in set (0.01 sec)
mysql>
```

다음은 table employee의 column 일부만 선택하고, where 조건으로 하나의 column에 대한 조건을 지정하여 처리한 경우이다.

```
mysql> select id, name, sales from employee where  id >= 3;

+----+-------+--------+
| id | name  | sales  |
+----+-------+--------+
|  3 | John  | 300000 |
|  4 | John  | 300000 |
|  5 | Bill  | 500000 |
|  6 | James | 300000 |
+----+-------+--------+
4 rows in set (0.00 sec)
mysql>
```

다음은 table employee의 column 일부만 선택하고, where 조건으로 두개의 column에 대한 조건을 지정하여 처리한 경우이다.

```
mysql> select id, name, sales from employee where  id >= 3 and sales=300000 ;

+----+-------+--------+
| id | name  | sales  |
+----+-------+--------+
|  3 | John  | 300000 |
|  4 | John  | 300000 |
|  6 | James | 300000 |
+----+-------+--------+
3 rows in set (0.01 sec)
mysql>
```

24.2.5.12 table 자료 변경 – UPDATE

database 내에 있는 특정 table의 자료를 변경하고자 할 때 UPDATE 명령을 사용한다.

```
UPDATE   table_name
    SET   < col_name >   = {expr | DEFAULT}              ,
          < col_name >   = {expr | DEFAULT}              ,
          < col_name >   = {expr | DEFAULT}
    [ WHERE   < col_name   < comparison-operator > expression >   [ < logical-operator >
              < col_name   < comparison-operator > expression >   ] ... ]
```

- ■ SET column

  수정하고자 하는 column을 지정한다.

  여러 개의 column이 있으면 ","로 구분한다.

  DEFAULT를 지정하면 해당 column의 자료 유형에 따라 default값이 지정된다.

- ■ WHERE의 comparison-operator   -- SELECT의 설명을 참조한다.
- ■ WHERE의 logical-operator   -- SELECT의 설명을 참조한다.

다음은 table employee의 일부 자료를 조회한 것이다.

```
mysql> select * from employee where id <= 3 ;

+----+--------+------------+---------------+-----------+--------------+--------+--------+
| id | name   | birth      | position_code | dept_code | manager_name | sales  | salary |
+----+--------+------------+---------------+-----------+--------------+--------+--------+
|  1 | John   | 1960-05-17 | 1111          | E100      | Mike         | 300000 | 99999  |
|  2 | John   | 1960-05-17 | 1111          | E100      | Mike         | 300000 | 99999  |
|  3 | John   | 1960-05-17 | 1111          | E100      | Mike         | 300000 | 99999  |
+----+--------+------------+---------------+-----------+--------------+--------+--------+
```

다음은 table employee에서 id 1의 자료의 name을 수정한 것이다.

```
mysql> update employee set name = "Davinchi" where id = 1 ;

Query OK, 1 row affected (0.01 sec)
Rows matched: 1  Changed: 1  Warnings: 0
```

다음은 위의 자료를 다시 조회한 것이다. id 1의 자료에서 name이 변경되어 있는 것을 알
수 있다.

```
mysql> select * from employee where id <= 3 ;
+----+----------+------------+---------------+-----------+--------------+--------+--------+
| id | name     | birth      | position_code | dept_code | manager_name | sales  | salary |
+----+----------+------------+---------------+-----------+--------------+--------+--------+
|  1 | Davinchi | 1960-05-17 | 1111          | E100      | Mike         | 300000 | 99999  |
|  2 | John     | 1960-05-17 | 1111          | E100      | Mike         | 300000 | 99999  |
|  3 | John     | 1960-05-17 | 1111          | E100      | Mike         | 300000 | 99999  |
+----+----------+------------+---------------+-----------+--------------+--------+--------+
```

24.2.5.13 table 자료 삭제 – DELETE

database 내에 있는 특정 table의 자료를 삭제하고자 할 때 DELETE 명령을 사용한다.

```
DELETE  FROM   table_name
  [ WHERE  < col_name  < comparison-operator > expression > [ < logical-operator >
             < col_name  < comparison-operator > expression >  ] ... ]
```

- WHERE의 comparison-operator   -- SELECT의 설명을 참조한다.
- WHERE의 logical-operator   -- SELECT의 설명을 참조한다.

다음은 table employee의 일부 자료를 조회한 것이다.

```
mysql> select * from employee where id <= 3 ;

+----+----------+------------+---------------+-----------+--------------+--------+--------+
| id | name     | birth      | position_code | dept_code | manager_name | sales  | salary |
+----+----------+------------+---------------+-----------+--------------+--------+--------+
|  1 | Davinchi | 1960-05-17 | 1111          | E100      | Mike         | 300000 | 99999  |
|  2 | John     | 1960-05-17 | 1111          | E100      | Mike         | 300000 | 99999  |
|  3 | John     | 1960-05-17 | 1111          | E100      | Mike         | 300000 | 99999  |
+----+----------+------------+---------------+-----------+--------------+--------+--------+
3 rows in set (0.01 sec)
```

다음은 table employee에서 id 3의 자료를 삭제한 것이다.

```
mysql> delete employee where id = 3 ;

Query OK, 1 row affected (0.01 sec)
Rows matched: 1  Changed: 1  Warnings: 0
```

다음은 위의 자료를 다시 조회한 것이다. id 3의 자료가 삭제된 것을 알 수 있다.

```
mysql> select * from employee where id <= 3 ;

+----+----------+------------+---------------+-----------+--------------+--------+--------+
| id | name     | birth      | position_code | dept_code | manager_name | sales  | salary |
+----+----------+------------+---------------+-----------+--------------+--------+--------+
|  1 | Davinchi | 1960-05-17 | 1111          | E100      | Mike         | 300000 | 99999  |
|  2 | John     | 1960-05-17 | 1111          | E100      | Mike         | 300000 | 99999  |
+----+----------+------------+---------------+-----------+--------------+--------+--------+
2 rows in set (0.01 sec)
```

24.3 Apache web server

24.3.1 Web server 와 Apache

24.3.1.1 Web server

인터넷상에서 web site를 설치해 놓으면, 사람들이 web browser를 통하여 해당 site에 접속할 수 있고, 사람들이 원하는 자료를 조회하거나, 기타 필요한 다양한 작업을 할 수 있다.

이러한 web site를 설치하여 운영하기 위해서는 반드시 web server가 필요하다. 사람들은 web browser를 통해서 여러 가지 client 요청을 web site로 보내는데, 이때 client가 보낸 요청을 받아서 내용을 해석하고, 필요한 처리를 한 다음, 다시 해당 web site의 web 페이지의 내용을 client에게 되돌려 주는 기능을 수행하는 application이 web server이다.

이러한 web server에는 web site를 구성하는데 필요한 다양한 HTML 파일을 관리하고 있으며, 필요한 경우 database에 등록되어 있는 자료를 조회할 수 있는 기능도 수행한다.

24.3.1.2 Apache 소개 및 특징

LAMP 조합에서 web server로서 사용되는 것이 Apache이다. Apache는 1995년 처음 소개되었는데, web srver의 시초라고 할 수 있다.

Apache는 open source software 로서 기본적으로 무료로 사용할 수 있으며, 또한 Apache와 연관된 다양한 open source 도구들도 함께 사용할 수 있다.

Apache는 무료임에도 어떤 web server에 못지 않는 강력한 기능을 제공해 준다. Apache는 전세계적으로 많은 web site의 server로 채택되었는데, 현재 전세계 web site의 50% 이상이 Apache를 사용하고 있다고 한다.

Apache에 대한 상세한 자료는 다음을 참조하기 바란다.
- http://www.apache.org/

24.3.2 Apache web server 설치

24.3.2.1   Apache server 설치

Raspberry Pi에서 Apache를 설치할 때는 다음 명령을 사용한다.

```
sudo    apt-get    install    apache2
```

Apache 설치가 완료된 후 관련 process가 정상적으로 실행되고 있는지를 확인한 것이다.

```
pi@raspberrypi ~ $ ps -ef | grep apache
root      14034      1  0 22:33 ?        00:00:00 /usr/sbin/apache2 -k start
www-data 14037 14034  0 22:33 ?        00:00:00 /usr/sbin/apache2 -k start
www-data 14039 14034  0 22:33 ?        00:00:00 /usr/sbin/apache2 -k start
www-data 14040 14034  0 22:33 ?        00:00:00 /usr/sbin/apache2 -k start
pi        14120 12889  0 22:34 pts/2    00:00:00 grep --color=auto apache
```

이제 Apache web server가 설치되었으므로 정상적으로 작동하는지 확인을 해보도록 하겠다. Web server가 정상적으로 작동되는지를 확인하기 위해서는 Web browser에서 web server로 접속을 해보아야 한다.

web server로 접속하기 위해서는 web server의 주소를 알아야 한다. Raspberry Pi에 대한 IP address 주소를 알기 위해서는 ifconfig 명령을 사용할 수 있다.

```
pi@raspberrypi ~ $ ifconfig
eth0      Link encap:Ethernet  HWaddr b8:27:eb:e2:c7:4b
          inet addr:192.168.1.202  Bcast:192.168.1.255  Mask:255.255.255.0
          UP BROADCAST RUNNING MULTICAST  MTU:1500  Metric:1
          RX packets:208019 errors:0 dropped:0 overruns:0 frame:0
          TX packets:179762 errors:0 dropped:0 overruns:0 carrier:0
          collisions:0 txqueuelen:1000
          RX bytes:15347780 (14.6 MiB)  TX bytes:166783146 (159.0 MiB)

lo        Link encap:Local Loopback
          inet addr:127.0.0.1  Mask:255.0.0.0
          UP LOOPBACK RUNNING  MTU:65536  Metric:1
          RX packets:480423 errors:0 dropped:0 overruns:0 frame:0
          TX packets:480423 errors:0 dropped:0 overruns:0 carrier:0
          collisions:0 txqueuelen:0
          RX bytes:2502326143 (2.3 GiB)  TX bytes:2502326143 (2.3 GiB)

wlan0     Link encap:Ethernet  HWaddr 48:02:2a:87:cb:26
          UP BROADCAST MULTICAST  MTU:1500  Metric:1
          RX packets:0 errors:0 dropped:0 overruns:0 frame:0
          TX packets:0 errors:0 dropped:0 overruns:0 carrier:0
          collisions:0 txqueuelen:1000
          RX bytes:0 (0.0 B)  TX bytes:0 (0.0 B)

pi@raspberrypi ~ $
```

먼저 Raspberry Pi 자체의 내부에서 web server에 접속해 보자. Raspberry Pi 내부에서 자체에 대한 주소가 필요할 때는 자체를 의미하는 loopaback device인 "lo" 의 IP address인 127.0.0.1을 사용할 수도 있고, localhost라는 이름을 사용할 수도 있다.

우선 Raspberry Pi의 window에서 web browser를 열어서 web server로 접속을 해보자. 접속하는 주소는 localhost 또는 127.0.0.1을 사용하면 된다. 그러면 다음과 같은 화면이 나타난다.

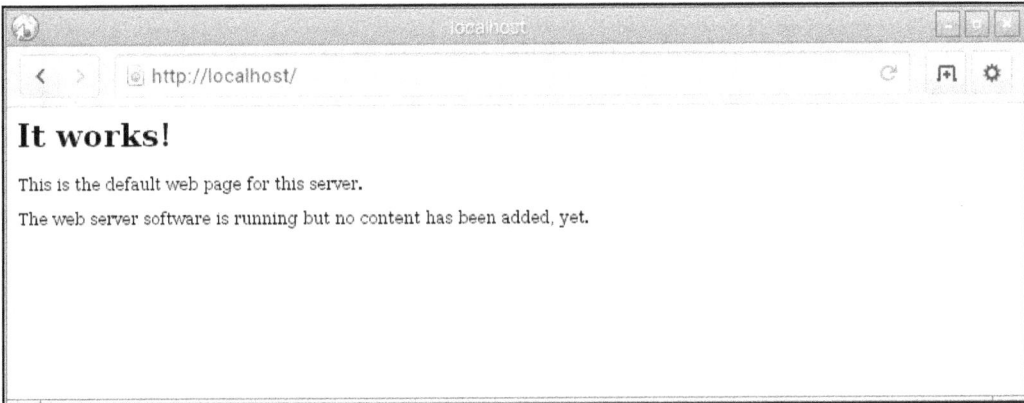

그림 24-2 Apache web server에 대한 내부접속

이것은 Raspberry Pi에 설치된 Apache web server가 내부적으로 접속한 web browser에 대해서 정상적으로 작동하는 것을 의미한다.

이제 외부에서 접속해 보도록 하자. Raspberry Pi 시스템의 외부에서 접근할 때는 Ethernet 를 의미하는 eth0에 지정되어 있는 IP address인192.168.1.202를 사용할 수 있다.

아래는 같은 LAN 네트워크에 있는 MS Window가 설치되어 있는 다른 컴퓨터에서 Raspberry Pi에 설치되어 있는 web server에 접속하는 경우이다.

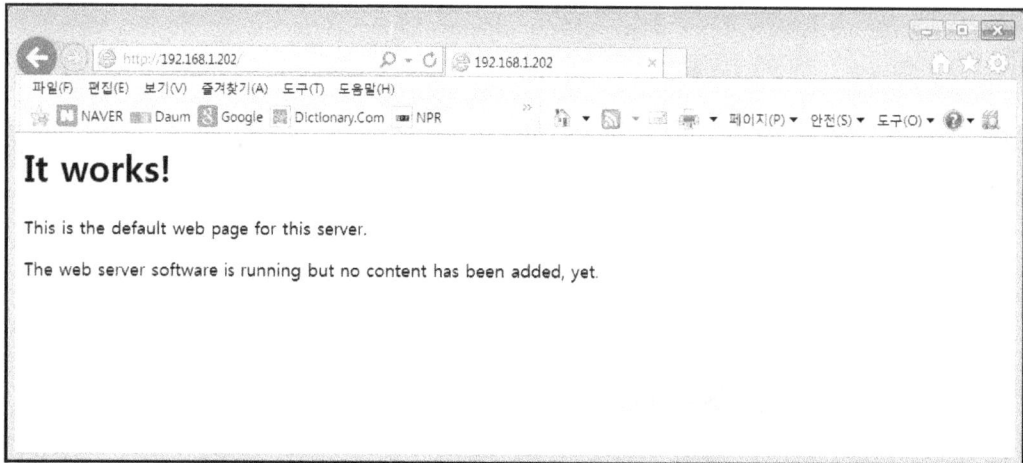

그림 24-3 Apache web server에 대한 외부접속

MS explorer에서 역시 이전의 내부 접속과 마찬가지로 동일한 화면이 나타나는 것을 확인 할 수 있다. 이것으로 Apache web server가 정상적으로 작동하는 것을 알 수 있다.

24.3.2.2 Apache server 설정

Apache에 대한 설정 정보는 /etc/apache2/ 폴더에 있다. 여기에 있는 설정 file들 간에는 서로 계층적인 관계가 있는데, 전체적인 구조는 다음과 같다.

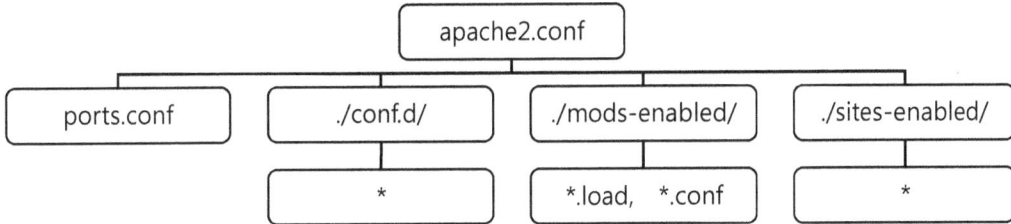

```
                        ┌──────────────────┐
                        │   apache2.conf   │
                        └──────────────────┘
        ┌──────────────┬──────────┴──────────┬────────────────┐
┌──────────────┐ ┌──────────────┐ ┌──────────────┐ ┌──────────────┐
│  ports.conf  │ │   ./conf.d/  │ │ ./mods-enabled/│ │./sites-enabled/│
└──────────────┘ └──────────────┘ └──────────────┘ └──────────────┘
                        │                │                 │
                 ┌──────────────┐ ┌──────────────┐ ┌──────────────┐
                 │      *       │ │ *.load,  *.conf│ │      *       │
                 └──────────────┘ └──────────────┘ └──────────────┘
```

주요 설정 file 목록은 다음과 같다.

- /etc/apache2/apache2.conf 설정파일
- /etc/apache2/ports.conf 설정파일
- /etc/apache2/./conf.d/ 설정파일

- ./mods-available/ 설정파일
- ./mods-enabled/ 설정파일
    - *.load 설정파일
    - *.conf 설정파일

- ./sites-available/ 설정파일
- / sites-enabled/ 설정파일

● /etc/apache2/apache2.conf 파일

이 파일은 Apache의 중심이 되는 설정 파일이다. 다음은 /etc/apache2/apache2.conf 의 내용이다. 이 파일에서 다른 설정파일들을 include하고 있음을 알 수 있다.

```
~ 중략
~ 중략
# ErrorLog: The location of the error log file.
# If you do not specify an ErrorLog directive within a <VirtualHost>
# container, error messages relating to that virtual host will be
# logged here.  If you *do* define an error logfile for a <VirtualHost>
# container, that host's errors will be logged there and not here.
#
ErrorLog ${APACHE_LOG_DIR}/error.log

#
# LogLevel: Control the number of messages logged to the error_log.
# Possible values include: debug, info, notice, warn, error, crit,
# alert, emerg.
#
LogLevel warn

# Include module configuration:
Include mods-enabled/*.load
Include mods-enabled/*.conf

# Include list of ports to listen on and which to use for name based vhosts
Include ports.conf
~ 중략
~ 중략
# Include generic snippets of statements
Include conf.d/

# Include the virtual host configurations:
Include sites-enabled/
```

● /etc/apache2/ports.conf 파일

이 파일은 Apache web server에서 사용하는 port를 정의하는 곳이다. 특정 하나의 port에는 하나의 web site를 지정할 수 있다. 필요하면 여러 개의 port를 정의하여 여러 개의 web site를 운용할 수 있다.

다음은 ports.conf 의 내용이다.

```
# If you just change the port or add more ports here, you will likely also
# have to change the VirtualHost statement in
# /etc/apache2/sites-enabled/000-default
# This is also true if you have upgraded from before 2.2.9-3 (i.e. from
# Debian etch). See /usr/share/doc/apache2.2-common/NEWS.Debian.gz and
# README.Debian.gz

NameVirtualHost *:80
Listen 80

<IfModule mod_ssl.c>
    # If you add NameVirtualHost *:443 here, you will also have to change
    # the VirtualHost statement in /etc/apache2/sites-available/default-ssl
    # to <VirtualHost *:443>
    # Server Name Indication for SSL named virtual hosts is currently not
    # supported by MSIE on Windows XP.
    Listen 443
</IfModule>

<IfModule mod_gnutls.c>
    Listen 443
</IfModule>
```

위의 <NameVirtualHost>는 하나의 port를 정의하는 것이다. 외부에서 특정 web site에 접근하고자 할 때 web server의 IP address와 함께 해당 web site를 지칭하는 port를 사용한다. 여기에 정의되는 각각의 항목에 대해 ./sites-enabled/000-default 파일의 <VirtualHost>에서 해당 web site에 대한 세부 내용을 설정해야 한다. 즉 다음과 같이 정의 내용이 연결이 되는 것이다.

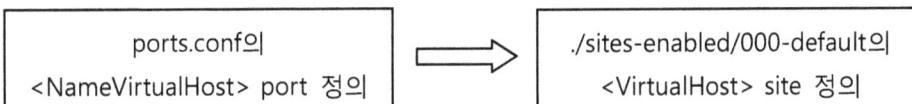

ports.conf의 <NameVirtualHost> port 정의	⟹	./sites-enabled/000-default의 <VirtualHost> site 정의

● ./mods-available/의 설정파일과 ./mods-enabled/의 설정파일

이 곳은 Apache가 module을 load하는 곳과 해당 module이 필요로 하는 설정 내용을 담고 있는 곳이다. 하지만 통상 내용을 변경할 일이 거의 없다.

./ mods-available/ 폴더는 필요한 사항을 정의하는 곳이며, 정의된 내용을 활성화하여 사용하고자 하면 ./ mods-enabled/ 폴더에 넣어면 된다. ./mods-enabled/ 폴더에 있는 설정 파일은 모두 ./mods-available/ 폴더의 동일 파일에서 설정한 내용을 지칭하고 있는 link 파일이다.

● **./sites-available/의 설정파일과 / sites-enabled/의 설정파일**

여기는 각 web site에 대한 구체적인 내용을 설정하는 곳이다. Web site에서 사용하는
HTML이 관리되는 directory와 관련 CGI 프로그램들이 관리되고 있는 곳에 대한 정보들을
관리하고 있다.

./ sites-available/ 폴더는 필요한 사항을 정의하는 곳이며, 정의된 내용을 활성화하여 사용
하고자 하면 ./ sites-enabled/ 폴더에 넣으면 된다. ./ sites-enabled/ 폴더에 있는 설정 파일
은 모두 ./ sites-available/ 폴더의 동일 파일에서 설정 내용을 지칭하고 있는 link 파일이다.

다음은 ./sites- available/default 또는 ./sites-enabled/000-default 파일의 내용이다.

```
<VirtualHost *:80>
        ServerAdmin webmaster@localhost

        DocumentRoot /var/www
        <Directory />
                Options FollowSymLinks
                AllowOverride None
        </Directory>
        <Directory /var/www/>
                Options Indexes FollowSymLinks MultiViews
                AllowOverride None
                Order allow,deny
                allow from all
        </Directory>

        ScriptAlias /cgi-bin/ /usr/lib/cgi-bin/
        <Directory "/usr/lib/cgi-bin">
                AllowOverride None
                Options +ExecCGI -MultiViews +SymLinksIfOwnerMatch
                Order allow,deny
                Allow from all
        </Directory>

        ErrorLog ${APACHE_LOG_DIR}/error.log

        # Possible values include: debug, info, notice, warn, error, crit,
        # alert, emerg.
        LogLevel warn

        CustomLog ${APACHE_LOG_DIR}/access.log combined
</VirtualHost>
```

위의 내용은 port 80에 대한 web site의 내용을 정의한 것으로 ServerAdmin, DocumentRoot, ScriptAlias, ErrorLog, LogLevel, CustomLog 등에 대한 내용을 정의하고 있다. 설정내용에서 <DocumentRoot>에 대한 정의를 보면 /var/www가 지정되어 있는데 이것은 이 web site에서 사용되는 모든 HTML 자료가 /var/www 폴더에 저장되어 있다는 것이다.

해당 폴더에 있는 내용을 보면 아래와 같이 index.html 이라는 파일이 저장되어 있다.

```
pi@raspberrypi ~ $ ls /var/www -l
-rw-r--r-- 1 root root 177 May 20 22:33 index.html
```

해당 파일의 내용을 보면 아래와 같이 HTML tag를 이용하여 내용이 기술되어 있다.

```
<html><body><h1>It works!</h1>
<p>This is the default web page for this server.</p>
<p>The web server software is running but no content has been added, yet.</p>
</body></html>
```

이 파일을 window의 web browser에서 열어 보면 아래와 같은 화면이 나온다. 앞에서 우리가 Apache server를 설치한 후 처음 접속했을 때 보여준 바로 그 내용인 것을 알 수 있을 것이다.

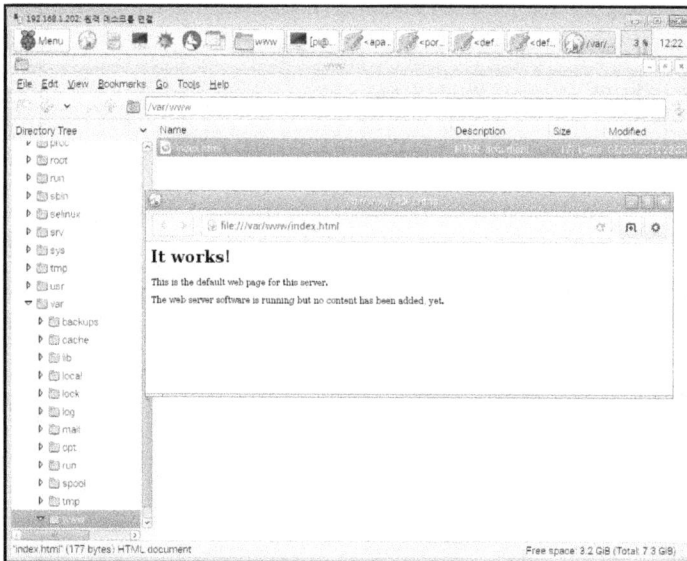

Index.html 파일은 web site에서 특별한 의미를 가지는 파일이며, 해당 web site가 시작할 때 특별히 지정되지 않아도 처음 실행되는 HTML 파일이다.

24.3.3 HTML 문법 요약

24.3.3.1 HTML

HTML(Hyper-Text Markup Language)는 인터넷 web 페이지를 정의하는 기본 언어이다. web 페이지는 tag 형태의 HTML 문서 형태로 구성되어 있으며, 인터넷을 통하여 전송되고, web browser를 통하여 표현이 된다. HTML은 web 페이지가 web browser를 통하여 사용자에게 보여질 때, 원하는 그림과 텍스트를 보여주고, 특정 항목에 대해서 정해진 작업을 수행할 수 있도록 사전에 정의된 기능을 지정하기 위해서 사용된다.

HMTL tag란 <tag> 형태로 정의되는 구분자로서 각 tag에 대해서 특정한 기능이 부여되어 있다. 특정 tag는 항상 시작과 종료가 정의되며, 그 내부에 다른 tag를 포함할 수 있으며, 그 자체로 다른 tag와 구분된다.

HTML은 두 가지 형식이 있다.
특정 tag 하나가 시작과 종료를 동시에 표현하면서 독립적으로 정의되는 형태
시작 tag와 종료 tag가 짝을 이루어 정의되는 형태

HTML에 대한 상세한 내용은 다음을 참고하기 바란다.
▪   http://www.w3schools.com/html/default.asp

24.3.3.2 HTML 구조

HTML로 구성한 web page는 기본적으로 다음과 같은 형태를 가진다.

```
<HTML>
    <HEAD>

    </HEAD>

    <BODY>

    </BODY>
</HTML>
```

24.3.3.3 HTML 주요 Tag

구분	Tag		설명
선언	<!DOCTYPE	>	문서 문법 및 namespace 선언
	<!--	-->	comment
기본구성	<html>	</html>	html 문서의 시작과 종료를 정의
	<head>	</head>	html 문서의 내용을 정의
	<body>	</body>	html 문서의 본문을 정의
Header	<title>	</title>	html 문서의 제목을 정의
	<meta	/>	언어, 작성자, 기술방식 등 문서의 형태 정의
	<link	/>	문서의 형식을 정의하는 css 문서 연결
	<script	/>	사용할 script를 정의
Frame	<frameset>	</frameset>	frameset을 정의한다.
	<frame	/>	Frameset 내의 frame을 정의한다.
	<iframe>	</iframe>	frame을 정의한다.
모양	 	새행
	<hr	/>	가로선
	<p>	</p>	문단 구분 및 표현

	<div>	</div>	문단의 영역 구분
	<span>	</span>	문단 구분
	<b>	</b>	문장 표시 bold
	<i>	</i>	문장 표시 italic
	<hn>	</hn>	문구 강조를 위해 1~5까지 텍스트의 크기를 지정함
	<font>	</ font >	font를 지정함
	<style>	</style>	style 정의
목록	<ul>	</ul>	번호 없는 목록
	<ol>	</ol>	번호 있는 목록
	<li	/>	번호 있는/없는 목록의 내부 항목 자료
	<dl>	</dl>	정의 목록
	<dt>	</dt>	정의 목록 제목
	<dd>	</dd>	정의 목록 내부 항목 자료
table	<table>	</table>	table의 최상위 tag
	<th>	</th>	table의 제목행의 요소
	<tr>	</tr>	table의 행
	<td>	</td>	table의 행에 있는 shell
양식	<form>	</form>	양식의 최상위 요소
	<input	/>	양식의 입력 요소
link	<img	/>	image 파일 link
	<a>	</a>	url에 link하거나 position을 정의한다.

24.3.4 간단한 HTML Web 페이지

24.3.4.1 다른 URL에 대한 link 사용

다음은 특정 문장에 다른 홈페이지의 URL을 link하여 해당 문장을 click하면 지정된 URL로 화면이 전환되는 것을 보여준다.

```
<!DOCTYPE html>
<html>
<body>
<p><a href=" http://www.raspberrypi.org/">Visit our homepage for many
information</a></p>
</body>
</html>
```

해당 HTML을 실행하면 아래와 같이 URL이 연결된 문장이 나타난다.

Visit our homepage for many information

그림 24-4 HTML과 Hyper-link

위의 문장을 마우스로 클릭하면 아래의 화면으로 전환된다.

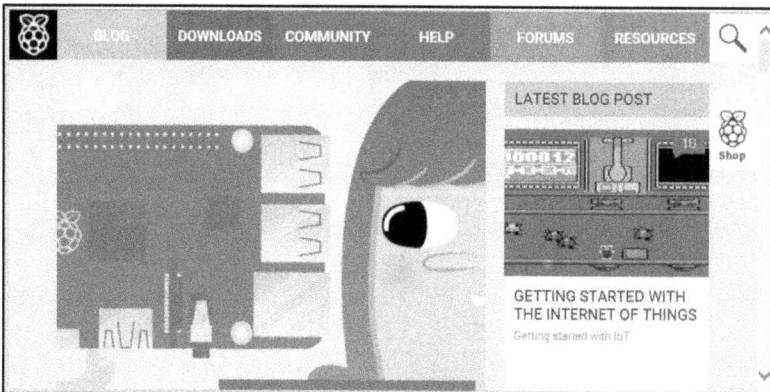

24.3.4.2 table

다음은 table을 정의하면서 동시에 table의 제목을 지정한 예이다.

```html
<!DOCTYPE html>
<html>
<head>
<style>
table, th, td {
    border: 1px solid black;
    border-collapse: collapse;
}
th, td {
    padding: 5px;
}
</style>
</head>
<body>
<table style="width:100%">
  <tr>
    <th>Firstname</th>
    <th>Lastname</th>
  </tr>
  <tr>
    <td>Jill</td>
    <td>Smith</td>
  </tr>
  <tr>
    <td>Eve</td>
    <td>Jackson</td>
  </tr>
</table>
</body>
</html>
```

위의 HTML을 실행하면 아래와 같이 Table 자료가 화면에 나타난다.

Firstname	Lastname
Jill	Smith
Eve	Jackson

그림 24-5 HTML table 사례

24.3.4.3 iframe 사용

다음은 iframe tag를 사용하여 화면의 일부에 frame을 정의하고 다른 URL의 내용을 보여주는 사례이다.

```html
<!DOCTYPE html>
<html>

<body>

<p>The following is the home page of www.raspberrypi.org.</p>

<iframe width="100%" height="300px" src="http://www.raspberrypi.org/"
name="iframe_a"></iframe>
<p><a href="http://www.raspberrypi.org/help" target="iframe_a">raspberrypi
help</a></p>

<p>When the target of a link matches the name of an iframe, the link will open in the
iframe.</p>

</body>

</html>
```

위의 HTML을 실행하면 아래와 같이 화면 중간에 다른 web site의 내용을 보여주는 frame 이 만들어진다.

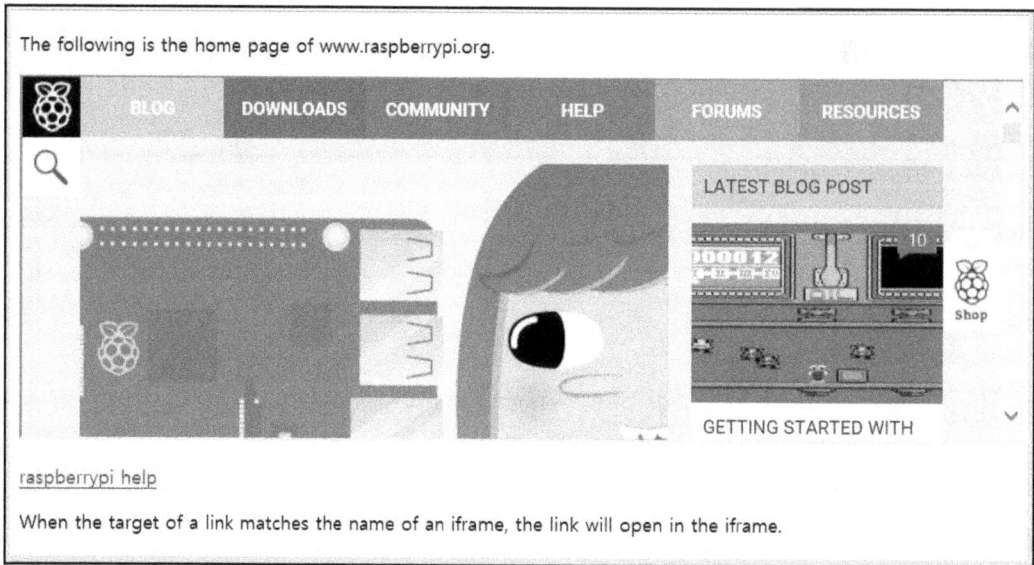

그림 24-6 HTML iframe 사례

화면 아래에 있는 "raspberrypi help" 문장을 누르면 frame에서 기존에 보이던 내용이 다른 내용으로 변경되는 것을 확인할 수 있다.

24.3.4.4 style 사용

● **internal styling (internal CSS)**

internal styles은 해당 문서 내부에서 HTMP <head> 부분에서 style을 정의한다. 여기서 정의한 내용은 해당 문서에만 적용되고 다른 문서에는 적용되지 않는다.

```
<!DOCTYPE html>
<html>
<head>
<style>
body {background-color:lightgrey}
h1    {color:blue}
p     {color:green}
</style>
</head>
<body>

<h1>This is a heading</h1>
<p>This is a paragraph.</p>

</body>
</html>
```

위에서 head 부분에서 body, h1, p tag에 대해서 style이 정의되었다. 아래 결과를 보면 style에서 지정한 내용대로 각각의 tag에 style이 적용되어 있는 것을 확인할 수 있다.

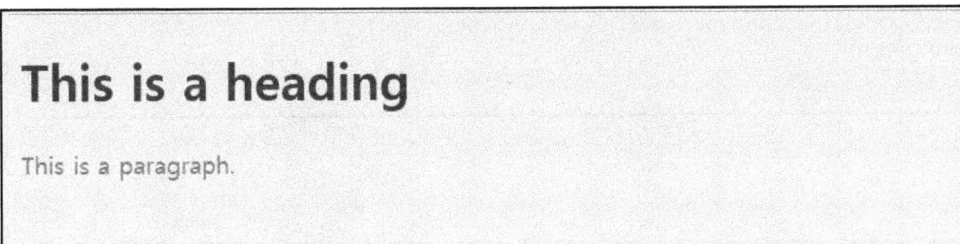

This is a heading

This is a paragraph.

그림 24-7 HTML internal styling 사례

- **external styling (external CSS)**

external styles은 별도의 외부 CSS file에 저장하고 해당 HTMP 페이지의 <head> 부분에서 link tag을 사용하여 연결된다.

external style sheet는 여러 page에 동일한 style을 적용하고자 할 때 편리하다. 이런 방식을 사용하면, CSS 파일의 내용만 변경하면 그것이 적용되는 모든 web site의 페이지를 한꺼번에 변경할 수 있다.

```
<!DOCTYPE html>
<html>
<head>
    <link rel="stylesheet" href="styles.css">
</head>
<body>

<h1>This is a heading</h1>
<p>This is a paragraph.</p>

</body>
</html>
```

다음은 위의 script에서 참조한 파일이름이 "styles.css" 인 CSS style 파일이다.

```
<style>
body {background-color:lightgrey}
h1    {color:blue}
p     {color:green}
</style>
```

앞장의 internal style 형식과 동일한 내용을 web 페이지를 작성할 수 있다.

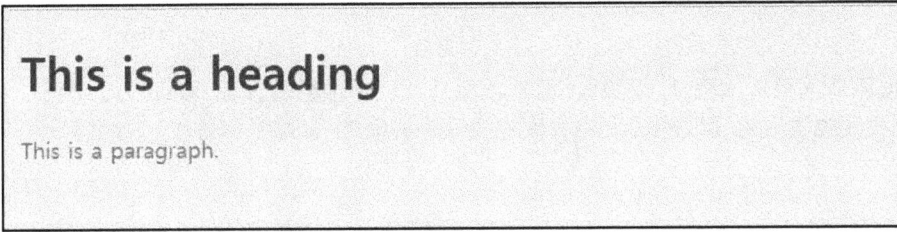

This is a heading

This is a paragraph.

그림 24-8 HTML external styling 사례

24.3.4.5 form을 이용한 자료 입력

다음은 form tag를 사용하여 화면에 자료를 입력할 수 있는 자리를 만들고, 자료가 입력된 후 화면에서 특정 버튼을 누르면 입력된 자료를 web server로 전송하는 방법을 보여주는 사례이다.

```html
<!DOCTYPE html>
<html>
<body>

<form action="action_page.php" method="POST">

First name: <input type="text" value="Mickey">   <br>
Last name: <input type="text" name="lastname" value="Mouse"> <br>

<input type="radio" name="sex" value="male" checked>Male <br>
<input type="radio" name="sex" value="female">Female      <br>

<input type="submit" value="Send">
</form>

<p>If you click "Send", the form-data will be sent to a page called
"action_page.php".</p>
<p>The first name will not be submitted, because the input element does not have a
name attribute.</p>

</body>
</html>
```

- Input의 name 속성

  Input을 정의할 때 지정한 name 속성은 해당 form 내에서 해당 입력값을 지정하는 key의 역할을 한다. 따라서 name속성이 지정되지 않으면 form 내에 있는 자료를 구분할 수 없다. 따라서 form에서 지정한 method인 GET나 POST방식을 이용하여 form 자료를 web server로 보낼 때 name속성이 지정되지 않은 자료는 전송하지 않는다.

- Input의 type: submit 속성

  submit 유형의 input은 form input 자료를 web server의 form-handler로 보내는 버튼을 정의하는 것이다. form-handler는 통상 입력 자료를 처리하는 web server에 있는 script 파일인데, form tag의 action 속성에서 지정된다.

- form의 action 속성

  action 속성은 form 자료를 web server로 submit할 때 수행해야 할 다음 동작을 지정한다. 통상form 자료는 web server에 있는 특정 web page 파일이 지정된다. submit하는 가장 간단한 방법은 form 내에 정의된 submit 버튼을 이용하는 것이다.

- form의 method 속성

  method 속성은 form 자료를 web server로 전송할 때 사용되는 HTTP 전송방식을 지정하는데, GET과 POST를 사용할 수 있다.

  특별히 지정하지 않으면 GET방식이 default 값이다. GET방식을 사용하면 전송되는 form data는 요청 page 주소와 함께 아래와 같이 표시된다.

  ```
  action_page.php?firstname=Mickey&lastname=Mouse
  ```

  GET 방식은 전송하는 자료의 양에 제한이 있어서 많은 자료를 처리하는 곳에서는 사용하기에 부적절하다. 이 방식을 사용하면 전송 URL에 전송자료가 함께 표시되므로 표시된 내용을 그대로 즐겨찾기 등에 함께 보관해서 나중에 다시 사용할 수 있다.. 따라서 GET 방식은 자료 양이 많지 않고 민감하지 않은 자료를 전송할 때 사용하는 것이 좋다.

  POST 방식은 내부적인 function을 이용해서 web server로 자료를 전송하기 때문에 전송하는 자료가 URL에 표시되지 않는다. 따라서 web server의 자료를 변경하거나 password와 같은 민감한 자료를 처리할 때는 POST 방식을 사용하는 것이 좋다.

24.4 PHP web script language

24.4.1 HTML 과 PHP

24.4.1.1 HTML

인터넷상에서 모든 web server는 client인 web browser를 통하여 어떤 요청을 받고, 그에 따라 필요한 자료를 web browser에 전달하여 사람이 이해할 수 있는 일반적인 내용으로 표현하기 위해서 HTML을 사용하게 된다. HTML(Hyper-Text Markup Language)은 web server가 web browser와 통신하면서 서로 자료를 주고 받을 수 있도록 해주며, 사람들에게 처리 결과를 되돌려 준다.

이러한 HTML에는 기본적으로 static HTML과 dynamic HTML이 있다. static HTML은 web page에서 표현되어 있는 내용이 항상 고정되어 있으며, 시간이 흘러도 그 내용이 변하지 않은 것을 말한다. 따라서 그 내용을 수정하고자 하면 그 페이지를 표현하는 HTML의 내용 자체를 수정해야 한다. 반면 dynamic HTML은 여러 가지 조건에 따라서 web page의 내용을 다양한 형태로 바꿀 수 있는 기능을 가진 HTML을 의미하며, 원하는 조건을 적용하여 기본 web page로 HTML을 바꾸지 않고도 다양한 자료와 형태로 내용을 전달할 수 있는 기능을 가지고 있다. 이러한 dynamic HTML을 구성하기 위해서는 별도의 도구가 필요한데, 이런 용도로 사용되는 것이 PHP 이다.

우리는 여기서 모든 HTML 기능을 설명하지 않을 것이며, 작동원리를 설명하는데 필요한 최소한의 정도까지만 기능을 소개할 것이다. 추가적인 학습은 별도의 방법을 통해서 학습 하기 바란다.

24.4.1.2 PHP 개요 및 특징

PHP는 static HTML로 구성된 고정된 web page에 dynamic HTML을 가미하여 이용자의 요청이나 상황에 따라 다양하게 변동되는 동적인 web page을 활용할 수 있도록 하는 도구이다.

PHP는 open source software 로서 기본적으로 무료로 사용할 수 있으며, 또한 PHP와 연관된 다양한 open source 도구들도 함께 사용할 수 있다.

PHP는 무료임에도 어떤 web server에 못지 않는 강력한 기능을 제공해 준다. PHP는 전세계적으로 많은 web site를 구축하는데 사용되었는데, 현재 전세계 web site의 40% 이상이 PHP를 사용하고 있다고 한다.

PHP에 대한 상세한 자료는 다음을 참조하기 바란다.
- http://php.net/
- http://www.w3schools.com/php/default.asp

24.4.2 PHP 및 MySQL 접속 도구 설치

Raspberry Pi에서 PHP를 설치할 때는 다음 명령을 사용한다.

```
sudo    apt-get    install    php5
```

PHP를 설치하면 PHP가 Apache와 통합적으로 연동할 수 있도록 기존에 설치되어 있던 Apache 의 내용들이 자동적으로 조정된다.

그리고 다양한 동적인 web page를 구성하기 위해서 PHP는 database에 있는 다양한 정보를 활용해야 한다. 이를 위해서 PHP가 MySQL의 database에 접속하여 필요한 작업을 할 수 있어야 하는데, 이를 위해서는 다음 프로그램을 추가로 설치해야 한다.

```
sudo    apt-get    install    php5-mysql
```

이 프로그램을 통하여 PHP는 MySQL의 특정 database에 접근하여 자료를 참조하고, 이를 이용해서 만든 동적인 HTML을 Apache에서 전달하여 web 페이지로 표시될 수 있게 한다.

각 component 들 간의 전체적인 연관관계에 대한 구성도는 아래와 같다.

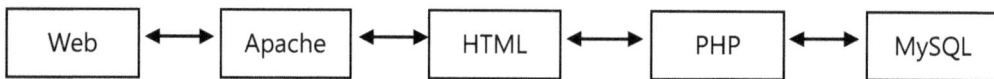

Web browser에서 특정 Apache에 있는 web site를 호출하면 그기에 연결되어 있는 HTML 파일을 호출하고, 그 HTML 파일에 PHP 처리가 필요한 부분이 있으면 PHP를 호출하며, PHP에서는 필요한 경우 MySQL을 호출하여 내부의 database에 있는 각종 자료를 참조하여 동적 HTML을 만들어서 기존에 있던 정적인 HTML과 통합하여 처리될 수 있도록 한다.

Apache는 원래 사용자가 web site에 접속할 때 /var/www/ 폴더에 있는 index.html을 기본적인 web 페이지로 사용하도록 되어 있다. 그런데 PHP가 설치되면 처리방식이 조금 수정되는데, /var/www/ 폴더에 index.html 파일이 있으면, 그 파일을 사용하고, 만약 그 파일이 없으면 다음으로 index.php 파일을 찾아서 그 파일의 내용에 따라 기본적인 web page를 보여 주게 된다.

PHP 설치 작업이 완료되었으면, PHP가 정상적으로 작동하는지 확인을 해 보도록 하자. 먼저 다음과 같은 내용을 텍스트 파일을 만든다. 이 파일의 의미는 PHP에서 phpinfo( )라는 함수를 실행한 다음 그 결과를 HTML로 만드는 것이다. 이 파일을 /var/www/ 폴더에 index.php라는 이름으로 저장한다.

```
<!php
    phpinfo();
?>
```

그런 다음 web browser을 열어서 http://<IP address>/index.php를 입력하고 실행해 본다. 그러면 다음과 같은 화면이 나오면 PHP가 정상적으로 작동 중인 것을 의미한다. 화면을 밑으로 내려가면 MySQL에 대한 내용도 함께 표시되는 것을 확인할 수 있다.

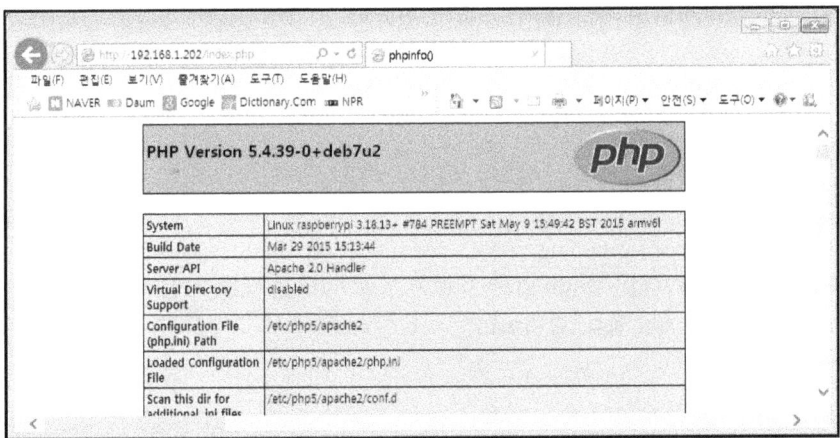

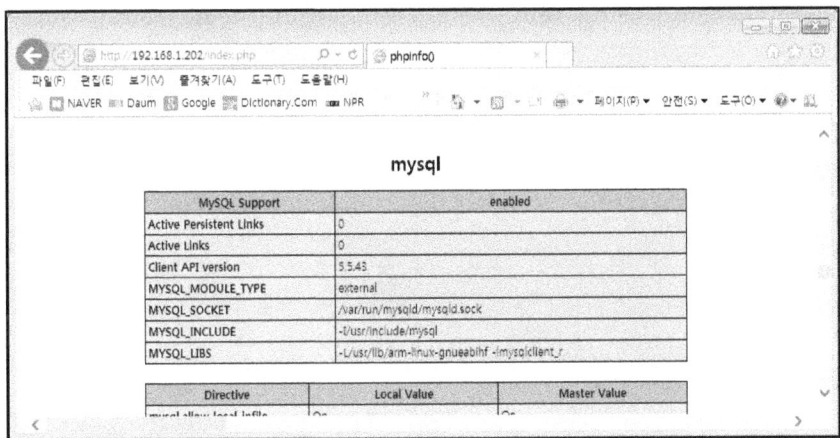

그림 24-9 PHP info

24.4.3 PHP 문법 요약

web페이지에 정적인 HTML tag만 있으면 해당 페이지는 항상 동일한 내용을 보여줄 수 밖에 없다. 하지만 PHP를 이용해서 이러한 HTML의 내용에 변화를 주게 되면, 해당 페이지는 새로이 변경된 내용을 보여 주게 될 것이다. 이렇게 PHP는 정적인 HTML 페이지의 내용을 동적으로 바꿔주는 역할을 한다. 따라서 정적인 HTML의 내부에서 요청한 상황에 따라 새로운 HMTL을 만들어서 기존의 정적인 HTML tag와 통합되어서 완전한 하나의 페이지를 구성하는 HTML 문서가 된다.

PHP 문법에 대한 추가적인 참고사항은 다음을 참고하기 바란다.

- http://php.net/docs.php
- http://www.w3schools.com/php/default.asp

24.4.3.1 PHP 기본 구조

PHP는 <?php ?> tag 형식이나 <script language="php"> </script>형식을 사용하여 일반 HTML tag와 구분한다. 어떤 것을 사용해도 무방하다.

다음은 <?php ?> tag를 사용한 경우이다

```
<!DOCTYPE html>
<html>
<body>
    <?php
        php-statement-1  ;
        php-statement-2  ;
    ?>
</body>
</html>
```

다음은 <script language="php">   </script> tag를 사용한 경우이다.

```html
<!DOCTYPE html>
<html>
<body>
    <script language="php">
        php-statement-1  ;
        php-statement-2  ;
    </script>
</body>
</html>
```

PHP script를 작성한 문서는 일반 HTML 문서와 구분하여 php 용 파일에 저장한다. PHP 파일의 기본 파일 확장명은 ".php" 이다.

[사용 Example]

```html
<!DOCTYPE html>
<html>
<body>
        <h1>My first PHP page</h1>
        <?php
                echo "Hello World!";
        ?>
</body>
</html>
```

```html
<?php echo 'if you want to serve PHP code in XHTML or XML documents, use these tags'; ?>

<script language="php">
        echo 'some editors (like FrontPage) don't like processing instructions within these tags';
</script>
```

24.4.3.2 PHP 문장(statement) 규칙

● **HTML과 PHP script**

- PHP파일은 보통 HTML 태그들과 PHP 스크립팅 코드들을 동시에 포함할 수 있다.
- PHP 스크립트는 문서의 어디에나 위치할 수 있으며, 한 문서에서 여러 번 사용할 수 있다.
- PHP 스크립트는 자체적으로 완전한 하나의 HTML을 만들어 낼 수 있고, HTML tag의 일부 문장을 만드는데 사용될 수도 있다.
- PHP는 ?> closing tag를 만나면 다음 내용은 어떤 값이든지 그대로 출력하는데, 다음 opening tag를 만날 때까지 계속한다.
- closing tag ?>가 php 조건문의 중간에 있으면, 조건문의 조건식 결과가 True, False인지를 결정하고, 조건문에서 지시한 내용에 따라서 출력 여부를 결정한다.

● 문장 종료 및 block

- 모든 PHP 문장은 semi-colon(;)으로 종료한다.
- 여러 문장을 하나의 단위로 처리하기 위해서 묶을 때는 중괄호 { }을 사용한다.

● **PHP의 대소문자 구별**

 PHP의 모든 키워드들(if, else, while, echo등)들과 클래스들, 함수들, 사용자 정의 함수들은 모두 대소문자 구별을 하지 않는다. 하지만, 모든 변수들은 대소문자 구별을 한다.

[사용 Example]
아래에 있는 세 개의 echo 문은 모두 정상적으로 작동한다.

```
<?php
ECHO "Hello World!<br>";
echo "Hello World!<br>";
EcHo "Hello World!<br>";
?>
```

[사용 Example]

아래 예에서 처음 echo 문장에서만 $color 변수의 값을 인쇄하고 나머지는 정상적으로 인쇄하지 않을 것이다. 왜냐하면 $color, $COLOR, $coLOR는 서로 다른 변수로 취급되기 때문이다.

```php
<?php
$color = "red";
echo "My car is " . $color . "<br>";
echo "My house is " . $COLOR . "<br>";
echo "My boat is " . $coLOR . "<br>";
?>
```

[사용 Example]

다음은 조건문과 연관된 php script의 사례이다

```php
<?php if ($expression == true): ?>
  This will show if the expression is true.
<?php else: ?>
  Otherwise this will show.
<?php endif; ?>
```

위 예에서 PHP interpreter는 조건문의 조건이 충족되지 않는 부분에 있는 문장들은 그것이 비록 php open/close tags의 밖에 있다고 해도 출력에서 제외한다. PHP interpreter는 지정된 조건이 충족되지 않으면 다음 부분으로 jump하기 때문에 조건이 충족되지 않은 부분에 있는 내용은 출력에서 제외한다.

[사용 Example]

다음 사례는 php script가 HTML tag의 내부에 들어가 있는 경우를 보여주고 있다.

```
<html><body>
<p<?php if ($highlight): ?> class="highlight"<?php endif;?>>This is a paragraph.</p>
</body></html>
```

위 예에서 PHP parser는 php code가 HTML tag의 안에 포함되어 있더라도 상관하지 않으며, 또한 php closing ?> tag 다음에 HTML opening tag가 있는 것도 상관하지 않는다. 따라서 위의 예에서 $highlight가 true이면 바로 아래와 같은 내용이 출력될 것이다. 그렇지 않으면 그 다음과 같이 출력될 것이다. 이런 방식을 사용하면 HTML tag 내부에서 attributes의 값을 선택적으로 조정할 수 있다.

```
<html><body>
<p class="highlight">This is a paragraph.</p>
</body></html>
```

```
<html><body>
<p>This is a paragraph.</p>
</body></html>
```

● **comment 규칙**

PHP에서는 다음 세가지 형태의 comment 형식을 사용할 수 있다.

- //   -- one-line comment
- #   -- one-line comment
- /* */   -- multi-line comment

[사용 Example]

```php
<?php
    // This is a single-line comment
    # This is also a single-line comment
    /*
    This is a multiple-lines comment block
    that spans over multiple
    lines
    */

    // You can also use comments to leave out parts of a code line
    $x = 5 /* + 15 */ + 5;
    echo $x;
?>
```

[사용 Example]

아래와 같은 형식으로 주석을 처리하는 것도 가능하다.

```php
<?php
    echo 'This is a test';      // This is a one-line c++ style comment
    /* This is a multi line comment
    yet another line of comment */
    echo 'This is yet another test';
    echo 'One Final Test';      # This is a one-line shell-style comment
?>
```

24.4.3.3 변수

● 변수의 정의

PHP에서 자료를 저장하기 위해서 변수를 사용할 수 있는데, $기호로 시작하는 이름을 변수로 사용한다.

```
$ variable-name
```

PHP 변수에 대한 규칙은 다음과 같다.
- 변수는 $문자로 시작하고 그 뒤에 변수 이름이 온다.
- 변수 이름은 반드시 문자나 underscore(_)문자로 시작해야 하고 숫자로 시작되면 안 된다.
- 변수 이름은 단지 알파벳 문자(A-z)와 숫자(0-9), underscore(_)로만 이루어져야 한다.
- 변수 이름은 대소문자가 구별된다. 대소문자가 다르면 다른 변수로 취급된다.

● 변수의 자료형

PHP 변수는 자료형이 사전에 정의되지 않고 저장되는 값에 따라서 자동적으로 적절한 데이터 타입으로 변환한다.

● Reserved 변수

다음 변수들은 사전에 정의되어 있는 것으로 다른 용도로 사용할 수 없다.

- $GLOBALS — References all variables available in global scope
- $_SERVER — Server and execution environment information
- $_GET — HTTP GET variables
- $_POST — HTTP POST variables
- $_FILES — HTTP File Upload variables
- $_REQUEST — HTTP Request variables
- $_SESSION — Session variables
- $_ENV — Environment variables
- $_COOKIE — HTTP Cookies
- $php_errormsg — The previous error message
- $HTTP_RAW_POST_DATA — Raw POST data
- $http_response_header — HTTP response headers
- $argc — The number of arguments passed to script
- $argv — Array of arguments passed to script

● 변수의 scope

PHP에서 변수들은 스크립트 어디에서나 선언될 수 있다. 변수의 scope은 변수들이 사용되거나 불려질 수 있는 범위를 의미한다. PHP에서는 local scope변수와 global scope변수가 있다.

function 안에서 선언된 변수는 local scope를 갖게 되며, function 안에서만 사용할 수 있다.

function 밖에서 선언된 변수는 global scope을 갖게 되며, 기본적으로 function 밖에서 사용할 수 있지만, 필요하면 function 안에서도 사용할 수 있다. function 안에서 global 키워드를 이용하여 사전에 해당 변수가 global 변수임을 선언하면 사용할 수 있다. 모든 global 변수는 $GLOBALS 배열 안에 저장되어 있는데, $GLOBALS ['variable']의 형태로 function에서 사용할 수 있다.

[사용 Example]
다음은 local 변수에 대한 사례이다.

```php
<?php
function myTest() {
    $x = 5; // local scope
    echo "<p>Variable x inside function is: $x</p>";
}
myTest();

// using x outside the function will generate an error
echo "<p>Variable x outside function is: $x</p>";
?>
```

[사용 Example]

다음은 global 변수를 function 내에서 사용하는 사례이다.

```php
<?php
$x = 5;
$y = 10;

function myTest() {
    global $x, $y;
    $y = $x + $y;
}

myTest();
echo $y; // outputs 15
?>
```

[사용 Example]

다음은 또다른 방식으로 global 변수를 function 내에서 사용하는 사례이다.

```php
<?php
$x = 5;
$y = 10;

function myTest() {
    $GLOBALS['y'] = $GLOBALS['x'] + $GLOBALS['y'];
}

myTest();
echo $y; // outputs 15
?>
```

24.4.3.4 constants(상수)

constant는 고정된 값에 이름을 지정한 것이다. 상수의 이름은 영문자나 underscore(_)로 시작하고, 그 다음은 영문자, 숫자, underscore를 자유롭게 사용할 수 있다. $기호는 상수 이름 앞에 붙지 않는다.

constants는 변수처럼 사용할 수 있는데, 변수와 달리 한번 정의되면, 나중에 변경할 수 없는 특성을 가지며, 전체 script 안에서 자동적으로 global scope을 갖는다.

 constant를 정의할 때는 define( ) 함수를 사용한다.

```
define( name,  value,  case-insensitive )
```

- name   -- constant 이름을 명시한다.
- value   -- constant 값을 명시한다.
- case-insensitive   -- constant 이름이 대소문자를 구별하는지를 지정한다.
                 -- 기본값은 false이다.

[사용 Example]

```
<?php
// Valid constant names
define("FOO2",    "something else");
define("FOO_BAR", "something more");

// Invalid constant names
define("2FOO",    "something");
?>
```

[사용 Example]

다음은 case-insensitive한 constant를 정의하고 function 내부에서 사용한 사례이다.

```php
<?php
define("GREETING", "Welcome to W3Schools.com!", true);

function myTest() {
    echo GREETING;
}
myTest();
?>
```

24.4.3.5 Data type

PHP에서는 다음과 같은 data type을 지원한다.

- String
- Integer
- Float (floating point numbers)
- Boolean
- Array
- Object
- NULL
- Resource

● **string**

string은 문자열로서 문자들이 quote로 둘러 쌓여 있는 텍스트를 말한다. Single quote(' ') 또는 Double quote(" ") 관계없이 사용할 수 있다.

[사용 Example]

```php
<?php
$x = "Hello world!";
$y = 'Hello world!';

echo $x;
echo "<br>";
echo $y;
?>
```

● Integer

integer는 소수점이 없는 정수를 의미한다. 이 수의 범위는 -2,147,483,648에서 +2,147,483,647 이다.

● Float (floating point numbers)

float는 소수점이 있는 숫자이거나 지수 형태의 숫자를 말한다.

[사용 Example]

```php
<?php
$x = 10.365;
var_dump($x);
?>
```

● Boolean 자료

boolean은 True와 False 두 가지 상태를 나타내는 자료이다. boolean을 표현할 때는 True, False를 사용하며 대소문자를 구별하지 않는다.

연산식의 결과를 boolean으로 변환할 때 다음의 경우는 False로 처리되고, 그 이외의 경우는 모두 True로 처리된다. 숫자인 경우는 음수와 양수를 가리지 않고 zero가 아닌 숫자는 모두 True로 간주한다.

- boolean FALSE 자체
- integer 0 (zero)
- float 0.0 (zero)
- 비어 있는 string과 "0"이 있는 string
- zero element의 array
- member variable가 없는 object (PHP 4만)
- special type NULL (unset variable포함)
- empty tags 로 만들어진 SimpleXML object

[사용 Example]

```php
<?php
    var_dump((bool) "");            // bool(false)
    var_dump((bool) 1);             // bool(true)
    var_dump((bool) -2);            // bool(true)
    var_dump((bool) "that");        // bool(true)
    var_dump((bool) 2.3e5);         // bool(true)
    var_dump((bool) array(12));     // bool(true)
    var_dump((bool) array());       // bool(false)    →zero element
    var_dump((bool) "false");       // bool(true)     → empty string이 아님
?>
```

● array

array은 하나의 변수에 여러 개의 값을 저장하는 변수이다. PHP의 array는 내부적으로 key 와 value가 서로 연결되어 정렬된 형태의 자료이다.

array는 array( ) 문을 사용하여 정의하며, 여러 개가 있으면, 각각의 argument를 comma로 분리한다. PHP 5.4 부터 array() 대신 [ ] 형식을 사용할 수도 있다. 다음과 같이 정의한다.

```
array(
    key1 => value1,
    key2 => value2,
    key3 => value3,
    ...
)
```

key는 integer나 string을 사용할 수 있다. value에는 어떤 값이든 사용할 수 있다. key는 선택적으로 사용할 수 있으며, 만약 지정하지 않으면 직전에 사용한 가장 큰 정수 key 값에서 숫자를 증가시켜 사용한다.

[사용 Example]
다음은 Key가 지정된 array형태이다.

```php
<?php
$array = array(
    "foo" => "bar",
    "bar" => "foo",
);

// as of PHP 5.4
$array = [
    "foo" => "bar",
    "bar" => "foo",
];
?>
```

[사용 Example]

다음은 Key가 지정되지 않은 array형태이다.

```php
<?php
$array = array("foo", "bar", "hello", "world");
var_dump($array);
?>
```

● **object**

object는 특별히 정의된 자료 형태로 내부에 data와 data 처리방법을 함께 포함하고 있는 data type이다.

PHP에서 object는 반드시 사전에 선언하고 사용해야 한다. object를 정의할 때는 class 문을 사용하여 object의 class를 선언한다. class는 내부에 property와 method를 포함하고 있는 데이터 구조이다. 사전 정의된 class에 대해서 new 문을 사용하여 실제의 object를 생성한 다음, 해당 object에서 필요한 작업을 수행하게 된다.

[사용 Example]
다음은 class를 정의하고, new 문으로 object를 생성한 다음 필요작업을 하고 있다.

```php
<?php
class Car {
    function Car() {
        $this->model = "VW";
    }
}

// create an object
 $herbie = new Car();

// show object properties
echo $herbie->model;
?>
```

24.4.4 연산

PHP에서 지원하는 연산에는 다음과 같이 여러 가지가 있다.

- 산술 연산
- 대입 연산
- 비교 연산
- 증가 연산
- 논리 연산
- 문자열 연산
- 배열(Array) 연산

24.4.4.1 산술 연산자(arithmetic)

산술연산자는 숫자를 이용하여 일반적인 계산을 할 때 사용하는 연산자이다.

Operator	Description & Same as...	Example	Result
+	Addition	$x + $y	Sum of $x and $y
-	Subtraction	$x - $y	Difference of $x and $y
*	Multiplication	$x * $y	Product of $x and $y
/	Division	$x / $y	Quotient of $x and $y
%	Modulus	$x % $y	Remainder of $x divided by $y
**	Exponentiation	$x ** $y	Result of raising $x to the $y'th power

24.4.4.2 대입 연산자(Assignment)

대입연산자는 변수에 값을 지정할 때 사용하는 연산자이다. PHP에서는"=" 연산자를 사용하는데, 왼쪽 operand에 오른쪽에 있는 연산식의 결과를 지정한다.

Arrays에 대해서 특정 지정 key에 대해서 값을 지정할 때는 "=>" 연산자를 사용한다.

Operator	Description & Same as...	Example	Result
x = y	The left operand gets set to the value of the expression on the right. x = y		
x += y	Addition. x = x + y		
x -= y	Subtraction. x = x - y		
x *= y	Multiplication. x = x * y		
x /= y	Division. x = x / y		
x %= y	Modulus. x = x % y		

[사용 Example]

```
<?php
$a = ($b = 4) + 5; // $a is equal to 9 now, and $b has been set to 4.
?>
```

24.4.4.3 비교 연산자(Comparison)

비교연산자는 문자 또는 숫자의 두 개의 값을 서로 비교하는 연산자이다.

Operator	Description & Same as...	Example	Result
==	Equal	$x == $y	Returns true if $x is equal to $y
===	Identical	$x === $y	Returns true if $x is equal to $y, and they are of the same type
!=	Not equal	$x != $y	Returns true if $x is not equal to $y
<>	Not equal	$x <> $y	Returns true if $x is not equal to $y
!==	Not identical	$x !== $y	Returns true if $x is not equal to $y, or they are not of the same type
>	Greater than	$x > $y	Returns true if $x is greater than $y
<	Less than	$x < $y	Returns true if $x is less than $y
>=	Greater than or equal to	$x >= $y	Returns true if $x is greater than or equal to $y
<=	Less than or equal to	$x <= $y	Returns true if $x is less than or equal to $y

24.4.4.4 증가 연산자(Increment)/감소 연산자(Decrement)

증가 연산자는 변수의 값을 1 증가시키고, 감소 연산자는 변수의 값을 1 감소시킨다.

Operator	Description & Same as...	Example	Result
++$x	Pre-increment. Increments $x by one, then returns $x		
$x++	Post-increment. Returns $x, then increments $x by one		
--$x	Pre-decrement. Decrements $x by one, then returns $x		
$x--	Post-decrement. Returns $x, then decrements $x by one		

24.4.4.5 논리 연산자(Logical)

논리 연산자는 두 개의 조건문을 결합하여 새로운 논리를 만들어 내는 연산자이다.

Operator	Description & Same as...	Example	Result
and	And	$x and $y	True if both $x and $y are true
or	Or	$x or $y	True if either $x or $y is true
xor	Xor	$x xor $y	True if either $x or $y is true, but not both
&&	And	$x && $y	True if both $x and $y are true
||	Or	$x || $y	True if either $x or $y is true
!	Not	!$x	True if $x is not true

24.4.4.6 문자열(String) 연산자

여러 개의 문자열을 서로 연결하는 연산자이다.

Operator	Description & Same as...	Example	Result
.	Concatenation	$txt1 . $txt2	Concatenation of $txt1 and $txt2
.=	Concatenation assignment	$txt1 .= $txt2	Appends $txt2 to $txt1

24.4.4.7 배열(Array) 연산자

배열 연산자는 array를 비교할 때 사용되는 연산자이다.

Operator	Description & Same as...	Example	Result
+	Union	$x + $y	Union of $x and $y
==	Equality	$x == $y	Returns true if $x and $y have the same key/value pairs
===	Identity	$x === $y	Returns true if $x and $y have the same key/value pairs in the same order and of the same types
!=	Inequality	$x != $y	Returns true if $x is not equal to $y
<>	Inequality	$x <> $y	Returns true if $x is not equal to $y
!==	Non-identity	$x !== $y	Returns true if $x is not identical to $y

24.4.5 출력

PHP에서 처리 결과를 출력할 때는 echo와 print 명령을 사용할 수 있다. 두 명령은 거의 동일한 기능을 수행한다. 처리하는 텍스트에는 HTML tag를 포함할 수도 있다.

24.4.5.1 echo 명령

echo는 리턴 값이 없으며, 여러 개의 파라미터를 동시에 처리할 수 있다..

```
echo    parameter, parameter ...
echo (  parameter, parameter ... )
```

[사용 Example]
아래는 간단한 텍스트를 출력하는 경우이다.
```
<?php
    echo "<h2>PHP is Fun!</h2>";
    echo "Hello world!<br>";
    echo "I'm about to learn PHP!<br>";
    echo "This ", "string ", "was ", "made ", "with multiple parameters.";
?>
```

[사용 Example]
아래 예제는 echo를 이용하여 텍스트와 변수를 출력한다.
```
<?php
    $txt1 = "Learn PHP";
    $txt2 = "W3Schools.com";
    $x = 5;
    $y = 4;
    echo "<h2>$txt1</h2>";
    echo "Study PHP at $txt2<br>";
    echo $x + $y;
?>
```

24.4.5.2 print 명령

print는 1을 리턴하므로 표현식(expression)에서 사용할 수 있으며, 한 개의 파라미터만 처리한다. 다음 형식을 사용한다.

```
print      parameter
print  (  parameter   )
```

[사용 Example]

아래 예제는 print를 사용하여 간단한 텍스트를 출력한다.

```php
<?php
    print "<h2>PHP is Fun!</h2>";
    print "Hello world!<br>";
    print "I'm about to learn PHP!";
?>
```

[사용 Example]

아래 예제는 print를 이용하여 텍스트와 변수를 출력한다.

```php
<?php
    $txt1 = "Learn PHP";
    $txt2 = "W3Schools.com";
    $x = 5;
    $y = 4;

    print "<h2>$txt1</h2>";
    print "Study PHP at $txt2<br>";
    print $x + $y;
?>
```

24.4.6 실행 제어

24.4.6.1 조건제어

조건식에서 True, False를 판단하는 기준 값은 다음과 같다.

- False   -- zero
- True   -- 1 또는 non zero

● **if ... elseif ... else 문**

지정한 조건이 True이면 지정 명령을 실행하고, False이면 다음의 새로운 조건을 검사한다. If ~ 형식과 if ~else 형식, if ~elseif ~else 형식으로 변형하여 사용할 수 있다.

```
if  (condition) {
    code to be executed if condition is true;
} elseif (condition) {
    code to be executed if condition is true;
} else {
    code to be executed if condition is false;
}
```

[사용 Example]

```php
<?php
 $t = date("H");

if ($t < "10") {
    echo "Have a good morning!";
} elseif ($t < "20") {
    echo "Have a good day!";
} else {
    echo "Have a good night!";
}
?>
```

● switch문

switch 문은 연산식의 값이 지정된 조건의 값과 일치하는 경우 break 문을 만날 때까지 지정된 문장을 수행한다. 만약 break 문장이 없으면 case 문과 상관없이 아래의 문장을 계속 수행한다. 조건이 맞는 것이 없으면 default에서 지정한 문장을 수행한다.

```
switch (n) {
    case value-1:
        code to be executed if n= value-1;
        break;
    case value-2:
        code to be executed if n= value-2;
        break;
    case value-3:
        code to be executed if n= value-3;
        break;
    ...
    default:
        code to be executed if n is different from all labels;
}
```

[사용 Example]

```php
<?php
$favcolor = "red";

switch ($favcolor) {
    case "red":
        echo "Your favorite color is red!";
        break;
    case "blue":
        echo "Your favorite color is blue!";
        break;
    case "green":
        echo "Your favorite color is green!";
        break;
    default:
        echo "Your favorite color is neither red, blue, or green!";
}
?>
```

24.4.6.2 반복처리(loop)

일정한 조건하에서 특정 문장을 반복하여 실행하고자 할 때 순환처리를 이용할 수 있다. 다음과 같은 순환처리를 사용할 수 있다.

- while   -- 지정한 조건이 true 값이 유지되는 동안 처리를 반복한다.
- do … while   -- 한번 실행한 다음, 지정한 조건이 True 값이 유지되는 동안 처리를 반복한다.
- for   -- 지정한 문장을 지정한 수만큼 반복 처리한다.
- foreach   -- 배열에 있는 각 element에 대해서 처리를 반복한다.

● **while loop**

while loop는 특정한 조건이 true가 유지되는 동안 계속 반복 처리한다.

```
while (condition is true) {
    code to be executed;
}
```
```
while (condition is true) :
    code to be executed;
endwhile
```

[사용 Example]

```
<?php
/* example 1 */

$i = 1;
while ($i <= 10) {
    echo $i++;  /* the printed value would be
                $i before the increment
                (post-increment) */
}

/* example 2 */

$i = 1;
while ($i <= 10):
    echo $i;
    $i++;
endwhile;
?>
```

● do ... while loop

do while loop는 처음 지정한 문장을 한번 실행한 다음, 조건을 테스트하고 지정한 조건이
True 값이 유지되는 동안 처리를 반복한다.

```
do {
    code to be executed;
} while (condition is true);
```

do while 반복문에서는 지정된 문장을 먼저 수행한 뒤 조건을 테스트하므로, condition이
처음부터 false 인 경우에도 적어도 한번은 코드가 수행된다는 것을 의미한다.

[사용 Example]

```php
<?php
$x = 1;

do {
    echo "The number is: $x <br>";
    $x++;
} while ($x <= 5);
?>
```

● for loop

for loop는 지정된 문장을 지정한 회수만큼 반복하여 실행한다.

```
for (init counter; test counter; increment counter) {
    code to be executed;
 }
for (expr1; expr2; expr3):
    statement
    ...
endfor;
```

- init counter   -- loop counter 값을 초기화한다. loop counter가 처음 시작하는 값이다.
- test counter   -- 반복을 계속하는 조건을 지정한다. 조건이 True이면 반복이 계속되고, False이면 반복이 끝난다.
- increment counter   -- loop counter 값을 증가시키는 방법이다.

[사용 Example]

```php
<?php
for ($x = 0; $x <= 10; $x++) {
    echo "The number is: $x <br>";
}
?>
```

● foreach loop

foreach loop는 배열에서만 사용할 수 있다. 배열 안에 있는 각 element들에 대해서 지정한 문장을 반복해서 수행한다.

array에서 value만을 사용할 때는 다음 형식을 사용한다.

```
foreach (($array as $value) {
    statement
}
```

array에서 key와 value를 모두 사용할 때는 다음 형식을 사용한다.

```
foreach (($array as $key => $value) {
    statement
{
```

반복할 때에 array의 현재 element 값이 $value에 대입되고, array의 포인터가 하나씩 이동한다. array의 마지막 element에 대해서 코드 수행이 끝나면 전체 반복문이 끝난다.

[사용 Example]

```php
<?php
$colors = array("red", "green", "blue", "yellow");

foreach ($colors as $value) {
    echo "$value <br>";
}
?>
```

[사용 Example]

다음은 array의 key와 value를 동시에 사용하는 사례이다.

```php
<?php
$colors = array("red", "green", "blue", "yellow");


foreach ($arr as $key => $value) {
    echo "Key: $key; Value: $value<br />\n";
}
?>
```

24.4.6.3 순환처리 중단 및 계속

● **break**

break 문은 while, do-while, for, foreach, switch 구조에서 현재 실행하고 있는 loop 처리를 종료하고, loop 구조 다음에 있는 명령으로 진행한다.

```
break [ n ]
```

break 문은 중첩된 내부 loop 구조에서 어디 수준의 상위 loop 구조까지 빠져나갈지를 지정하기 위해서 숫자 argument를 사용할 수 있다. 특별히 지정하지 않으면 1 값이 지정된 것으로 간주한다.

[사용 Example]

```php
<?php
$arr = array('one', 'two', 'three', 'four', 'stop', 'five');
while (list(, $val) = each($arr)) {
    if ($val == 'stop') {
        break;    /* You could also write 'break 1;' here. */
    }
    echo "$val<br />\n";
}

/* Using the optional argument. */

$i = 0;
while (++$i) {
    switch ($i) {
    case 5:
        echo "At 5<br />\n";
        break 1;  /* Exit only the switch. */
    case 10:
        echo "At 10; quitting<br />\n";
        break 2;  /* Exit the switch and the while. */
```

```
    default:
       break;
    }
}
?>
```

● continue

continue문은 loop 구조 안에서 현재 loop 내부에 남아있는 나머지 처리를 생략하고, 조건 값을 평가하여 새로운 반복처리를 하는 작업을 계속한다.

```
continue  [ n ]
```

continue 문은 중첩된 내부 loop 구조에서 어떤 수준의 상위 loop 구조까지 처리를 생략 할 것인지를 지정하기 위해서 숫자 argument를 사용할 수 있다. 특별히 지정하지 않으면 1 값이 지정된 것으로 간주한다.

break문은 지정된 loop 구조까지 처리를 중단하고, 그 밖으로 빠져 나가지만, continue는 지정된 loop구조까지의 남아 있는 처리를 생략하고, 그 loop구조 처리를 새로 시작한다는 점에서 차이가 있다.

[사용 Example]

```php
<?php
while (list($key, $value) = each($arr)) {
    if (!($key % 2)) { // skip odd members
        continue;
    }
    do_something_odd($value);
}

$i = 0;
while ($i++ < 5) {
    echo "Outer<br />\n";
    while (1) {
        echo "Middle<br />\n";
        while (1) {
            echo "Inner<br />\n";
            continue 3;
        }
        echo "This never gets output.<br />\n";
```

```
    }
    echo "Neither does this.<br />\n";
}
?>
```

24.4.7 처리의 중단 및 복귀

24.4.7.1 exit 또는 die

exit은 지정된 메시지를 출력하고, php script의 실행을 종료하는 명령이다. die는 exit과 동일한 명령이다.

exit ([status-message])
exit ([status-number])

status 메시지가 없으면 괄호 없이 사용할 수 있다.

이 명령을 실행하면 script의 실행이 중단된다. exit가 실행되더라도 function에 대한 Shutdown 이나 object에 대한 destructors 작업은 여전히 실행이 된다.

```php
<?php

//exit program normally
exit;
exit();
exit(0);

//exit with an error code
exit(1);
exit(0376); //octal

?>
```

24.4.7.2 return

return 문은 프로그램의 실행을 상위의 호출 프로그램으로 되돌아 가서, 그 프로그램을 호출하는 문장 다음에서 처리를 계속한다.

```
return    [ argument ]
```

만약 function 내에서 return문이 실행되면, 그 function의 실행을 중단하고, function의 처리 결과 값으로 지정된 argument를 되돌려 준다. return문은 eval() 문이나 script file의 실행도 종료한다.

return이 global scope을 가지는 가장 상위의 script file에서 실행되면, 현재 script file의 실행이 중단된다. 현재의 script file이 다른 script file에 include되거나 require 되어 있으면, 통제는 호출하는 script 파일로 다시 넘어간다. 더구나 현재 script file이 다른 곳에 include되어 있으면, return 명령에 지정한 값이 include 호출에 대한 결과 값으로 넘어간다. 만약 *return*이 main script file에서 실행되면 그 script는 실행을 중단한다.

[사용 Example]

```php
<?php
function sum($x, $y) {
    $z = $x + $y;
    return $z;
}

echo "5 + 10 = " . sum(5, 10) . "<br>";
echo "7 + 13 = " . sum(7, 13) . "<br>";
echo "2 + 4 = " . sum(2, 4);
?>
```

return과 exit는 비슷한 기능을 수행하지만, return은 현재 script의 실행을 종료하고, exit은 전체 script의 실행을 종료한다는 점에서 차이가 있다.

[사용 Example]

아래는 include되는 script에서 return문을 사용한 사례이다.

```
// script file -- a.php
//(executing a.php:) will echo "ba".
<?php
include("b.php");
echo "a";
?>
```
```
// script file -- b.php
<?php
echo "b";
return;
?>
```

[사용 Example]

아래는 include되는 script에서 exit문을 사용한 사례이다.

```
// script file -- a.php
//(executing a.php:) will echo "b".
<?php
include("b.php");
echo "a";
?>
```
```
// script file -- b.php
<?php
echo "b";
exit;
?>
```

24.4.8 함수(function)

24.4.8.1 function의 정의

function은 프로그램 내에서 반복적으로 실행할 수 있는 문장 단위이다. function은 일정한 제약 조건하에서 사용자들이 임의의 내용으로 자유롭게 정의하여 사용할 수 있다. 다음과 같은 형식으로 정의한다.

```
function  functionName(  argument1,  argument2,  argument3...) {
    code to be executed;
    [  return;  ]
    code to be executed;
}
```

function 이름은 영문자나 underscore로 시작해야 하고, 대소문자를 구별하지 않는다.

function에 argument는 선택적으로 사용할 수 있다. Argument가 여러 개인 경우는 comma(,)로 구분한다. function을 호출하는 프로그램은 argument를 이용해서 필요한 자료를 function으로 전달해 줄 수 있고, function 내부에서 argument는 변수처럼 사용된다.

Function 내부에서는 모든 유효한 PHP 코드를 사용할 수 있고, 다른 function나 class 정의도 사용할 수 있습니다.

function 내부에서 return 문을 사용하면 function의 처리를 중단하고, function을 호출한 프로그램으로 되돌아 오고, function에 대한 처리의 결과를 return 문에서 지정하여 호출한 프로그램으로 되돌려 줄 수 있다.

[사용 Example]

```php
<?php
function foo($arg_1, $arg_2, $arg_3)
{

    echo "예제 함수. \ n";
    return $retval;

}
?>
```

24.4.8.2 function의 사용

function은 해당 프로그램이 시스템에 load될 때 실행되지 않고, 다른 프로그램에서 호출될 때 실행된다. 다른 프로그램에서 function을 호출할 때는 function 이름을 이용하고, 각각의 argument에 대해서 필요한 값을 지정할 수 있다. 다음과 같은 형식으로 호출한다.

[$return =] functionName(argument1-value, argument2-value, argument3-value ...)

function은 사용하기 전에 반드시 정의되어 있어야 한다. function의 정의가 다른 함수 내에 있거나, 선택 처리문장의 내부에 있는 경우는 그 문장이 실행되어야 function이 정의된다.

function 내에서 return 문을 실행하면서 특정한 값을 지정하면, 이 값을 다른 용도로 사용할 수 있다.

PHP의 모든 함수와 클래스는 global scope가 적용된다. 함수가 다른 함수의 내부에서 정의되었더라도 외부에서 호출할 수 있으며, 반대도 성립한다.

PHP 내부에는 시스템이 기본적으로 제공하는 built-in 함수가 1000여 개 이상 제공되고 있다. 이들은 특별한 정의가 필요 없이 자유롭게 사용할 수 있다. 상세한 내용에 대해서는 다음을 참고하기 바란다.

- http://php.net/manual/en/funcref.php

[사용 Example]

```php
<?php
function writeMsg() {
    echo "Hello world!";
}

writeMsg(); // call the function
?>
```

[사용 Example]

```php
<?php
function familyName($fname, $year) {
    echo "$fname Refsnes. Born in $year <br>";
}

familyName("Hege", "1975");
familyName("Stale", "1978");
familyName("Kai Jim", "1983");
?>
```

[사용 Example]

function 내에서 return 문을 실행하면서 특정한 값을 지정하면, 이 값을 다른 용도로 사용할 수 있다.

```php
<?php
function square($num)
{
    return $num * $num;
}
echo square(4);   // outputs '16'.
?>
```

[사용 Example]

다음은 function이 다른 function의 내부에서 정의된 경우이다. 이때는 해당 function이 실행되기 전에는 그 내부의 function이 정의되지 않는다.

```php
<?php

function foo()   {
  function bar() {
    echo "bar() don't exist until foo() is called. \ n";
  }
}

// poo() can be called normally.
poo();

// We can't call bar() yet since it is not defined
// bar();

// the execution of foo() defines bar() function and make it accessible.
foo();

// As foo() is executed and bar() is defined, Now we can call bar(),
bar();

function poo() {
  echo "I exist immediately upon program start.\n";
}
?>
```

24.4.9 PHP script 파일의 포함

PHP에서는 특정 파일에 있는 text/code/markup을 현재 작업문서에 삽입하여 사용할 수 있는 방법을 제공하고 있다. PHP에서 동일한 PHP, HTML 또는 text를 여러 page에 반복적으로 사용할 필요가 있을 때 이러한 기능은 아주 유용하다.

PHP에서 include 나 require문을 이용하면 web server가 해당 문서를 실행하기 전에 특정 PHP file의 내용을 다른 PHP file에 삽입할 수 있다.

24.4.9.1 include 및 require

include와 require는 지정된 파일의 내용을 현재 문서에 삽입하는데, 다음과 같은 형식을 이용한다.

```
include 'filename';
```

```
require 'filename';
```

Include할 파일을 찾을 때는 명시적으로 지정된 file path가 있으면 그것을 사용한다. file path가 명시적으로 지정되면, 그것이 절대경로이든지 상대경로이든지 상관없이 환경변수 include_path는 무시된다.

만약 file path가 지정되지 않으면, 환경변수 include_path에 지정된 path를 사용한다. 파일이 환경변수 include_path에서 지정한 곳에도 없으면, include를 호출한 script의 자체 directory와 현재 작업 directory를 검색하여 파일을 찾는다.

include와 require는 모두 지정 파일의 내용을 현재 문서에 삽입해 주는데, 차이가 있다.

- Include
  - 해당 문장이 실행되는 시점에 내용이 추가된다. 따라서 조건문 내부에 있는 경우는 해당 조건이 충족되는 경우에만 내용이 추가된다.
  - 해당 문장이 실행될 때마다 내용이 추가된다. 따라서 반복적으로 처리되면 여러 번 추가된다.
  - 지정된 file이 없어서 오류가 발생한 경우는 warning 메시지를 보내고 처리를 계속한다.

- require
  - 문서가 시작되면 반드시 실행된다. 따라서 조건문 내부에 있더라도 조건과 상관없이 실행된다
  - 문서에서 한번만 추가된다. 따라서 반복적으로 실행되더라도 한번만 추가된다.
  - 지정된 file이 없어서 오류가 발생한 경우는 fatal error 메시지를 보내고 처리를 중단한다.

[사용 Example]

다른 page에 포함할 내용이 content.php 파일에 작성되어 있다.

```php
<?php
$color = 'green';
$fruit = 'apple';
?>
```

다른 문서에서 위의 content.php를 포함시키는 사례이다.

```php
<?php
echo "A $color $fruit"; // A
include 'content.php';
echo "A $color $fruit"; // A green apple
?>
```

[사용 Example]

여러 web page에서 표준 footer로 사용할 다음과 같은 내용이 footer.php 파일에 작성되어
있다.

```php
<?php
echo "<p>Copyright &copy; 2013-" . date("Y") . " www.wemega.com</p>";
?>
```

[사용 Example]

아래는 위의 footer.php 파일을 require하여 사용한 것이다.

```html
<html>
 <body>
 <h1>Welcome to my home page!</h1>
 <p>Some text.</p>
<p>Some more text.</p>
<?php require 'footer.php';?>
 </body>
 </html>
```

다음은 조건문에서 include와 require를 사용한 경우이다. 이 경우는 A.php와 B.php가 모두
포함될 것이다. 왜냐하면 require는 항상 포함되기 때문이다.

```php
<?php
$value = 0;
if( $value == 0 )
{
      include("A.php");
}
else
{
      require("B.php");
}
?>
```

아래는 include를 사용하고 있는데, 존재하지 않는 파일을 지정하고 있는 사례이다. 이 script는 포함시킬 파일이 없으면 warning 메시지를 보내고 처리를 계속한다.

```
<html>
 <body>
 <h1>Welcome to my home page!</h1>
 <?php include 'noFileExists.php';
 echo "I have a $color $car.";
?>
 </body>
 </html>
```

아래는 require를 사용하고 있는데, 존재하지 않는 파일을 지정하고 있는 사례이다. 이 script는 포함시킬 파일이 없으면 fatal error 메시지를 보내고 처리를 중단한다.

```
<html>
<body>
<h1>Welcome to my home page!</h1>
<?php require 'noFileExists.php';
 echo "I have a $color $car.";
?>
 </body>
 </html>
```

24.4.9.2 include_once 및 require_once

한 문서에서 동일한 파일이 여러 번 포함되면 곤란한 경우 한번만 삽입되도록 지시할 수
있다. include_once와 require_once을 사용하면 지정된 파일의 내용을 현재 문서에 한번만
삽입한다.

```
include_once 'filename';
```

```
Require_once 'filename';
```

include_once
- include와 기본적인 기능은 동일하다.
- 문서에 이미 로드된 동일 문서가 있다면 더 이상 추가하지 않는다

require_once
- require와 기본적인 기능은 동일하다.
- 문서에 이미 로드된 동일 문서가 있다면 더 이상 추가하지 않는다

다음은 echo.php 파일이다.
```php
<?php
echo "Hello";
?>
```

다른 파일에서 echo.php를 포함시킨 것이다.
```php
test.php
<?php
require('echo.php');
require_once('echo.php');
?>
```

이것을 실행하면 "Hello"가 한번만 출력될 것이다. 왜냐하면 require_once명령은 앞에서 해
당 파일이 포함되었으므로 다시 포함시키지 않기 때문이다.

24.4.10 PHP 전송방식 및 주요 Global 변수

24.4.10.1 PHP와 HTTP의 POST와 GET

web browser가 web server를 호출하여 필요한 자료를 전송할 때는 GET과 POST 방식을 사용할 수 있다.

● **GET 방식**

GET 방식은 전송하는 자료를 URL 형식으로 구성하여 다음과 같은 형식으로 요청을 보낸다.

```
http://URL/?key1=value1&key2=value2
```

URL과 전송자료 사이에 ? 기호를 사용하여 구분한다. 전송자료는 key=value 형식으로 자료를 지정하고 여러 개의 자료가 있는 경우는 & 기호로 구분한다.

이 방식에서는 전송한 전체 내용이 URL 형식으로 표시가 되며 web browser에 그대로 표시된다. 또한 GET 방식은 전송하는 자료의 양에 제한이 있지만, POST 방식에 비해 처리속도가 상대적으로 빠르다.

이 방식은 URL에 표시된 내용을 그대로 즐겨찾기 등에 함께 보관해서 나중에 다시 사용할 수 있는 편리성이 있지만, 비밀유지가 필요한 자료를 보낼 때는 사용하기 곤란하다. 따라서 GET 방식은 자료 양이 많지 않고 민감하지 않은 자료를 전송할 때 사용하는 것이 좋다.

이렇게 전송된 자료는 web server에서 $_GET array, $_REQUEST array 변수에 저장된다. 여기에 저장된 값은 다음과 같이 사용한다.

```
$variable = $_GET["key"]
```

```
$variable = $_REQUEST["key"]
```

다음은 HTML 문서의 form에서 GET 방식을 지정하고 있다.

```
<form action="employee.php" method="get">
    Name:   <input type="text" name="username" /><br />
    Email: <input type="text" name="email" /><br />
    <input type="submit" name="submit" value="Submit me!" />
</form>
```

다음은 employee.php 파일에서 $_GET와 $_REQUEST 변수를 이용해서 전송된 자료를 참조하고 있다.

```
<?php
echo $_GET['username'];
echo $_REQUEST['username'];
?>
```

● POST 방식

POST 방식은 전송하는 자료를 URL의 일부로 보내지 않는다. POST 방식을 사용하는 경우는 web client가 web server를 호출한 다음 내부적으로 POST 함수를 호출하여 함수의 argument로 전송자료를 직접 전송하게 된다.

POST 방식은 전송하는 자료의 양에 제한이 없어서 많은 자료 처리가 필요한 곳에서도 자유롭게 사용할 수 있다. 이 방식을 사용하면 전송하는 자료는 web browser에 URL형식으로 표시가 되지 않으므로 비밀유지가 필요한 자료를 보낼 때도 문제 없이 사용할 수 있다.

이렇게 전송된 자료는 web server에서 $_POST array, $_REQUEST array 변수에 저장된다. 여기에 저장된 값은 다음과 같이 사용한다.

```
$variable = $_POST["key"]
```

```
$variable = $_REQUEST["key"]
```

다음은 HTML 문서의 form에서 POST 방식을 지정하고 있다.

```
<form action="employee.php" method="post">
    Name:   <input type="text" name="username" /><br />
    Email: <input type="text" name="email" /><br />
    <input type="submit" name="submit" value="Submit me!" />
</form>
```

다음은 employee.php 파일에서 $_POST와 $_REQUEST 변수를 이용해서 전송된 자료를 참조하고 있다.

```
<?php
echo $_POST['username'];
echo $_REQUEST['username'];
?>
```

24.4.10.2 PHP의 Global 변수

● **$_SERVER**

*$_SERVER*는 web server가 생성한 array 자료로서 headers, paths, script locations 등과 같은 정보를 가지고 있다. 모든 web server 모두 동일한 형식으로 모든 항목에 대한 정보를 제공해 준다는 보장은 없고, web server에 따라 제공되는 항목이 틀려질 수 있다.

Element/Code	Description
PHP_SELF	Returns the filename of the currently executing script
GATEWAY_INTERFACE	Returns the version of the Common Gateway Interface (CGI) the server is using
SERVER_ADDR	Returns the IP address of the host server
SERVER_NAME	Returns the name of the host server (such as www.w3schools.com)
SERVER_PROTOCOL	Returns the name and revision of the information protocol (such as HTTP/1.1)
REQUEST_METHOD	Returns the request method used to access the page (such as POST)
REQUEST_TIME	Returns the timestamp of the start of the request (such as 1377687496)
QUERY_STRING	Returns the query string if the page is accessed via a query string
HTTP_HOST	Returns the Host header from the current request
HTTPS	Is the script queried through a secure HTTP protocol
REMOTE_ADDR	Returns the IP address from where the user is viewing the current page
REMOTE_HOST	Returns the Host name from where the user is viewing the current page
REMOTE_PORT	Returns the port being used on the user's machine to communicate with the web server
SCRIPT_FILENAME	Returns the absolute pathname of the currently executing script
SERVER_ADMIN	Returns the value given to the SERVER_ADMIN directive in the web server configuration file (if your script runs on a virtual host, it will be the value defined for that virtual host) (such as someone@w3schools.com)

SERVER_PORT	Returns the port on the server machine being used by the web server for communication (such as 80)
SCRIPT_NAME	Returns the path of the current script
SCRIPT_URI	Returns the URI of the current page
DOCUMENT_ROOT	The document root directory under which the current script is executing, as defined in the server's configuration file.

아래는 script 내에서 $_SERVER를 사용한 사례이다.

```html
<html>
< body>

<form method="post" action="<?php echo $_SERVER['PHP_SELF'];?>">
  Name: <input type="text" name="fname">
  <input type="submit">
</form>

<?php
if ($_SERVER["REQUEST_METHOD"] == "POST") {
    // collect value of input field
    $name = $_POST['fname'];
    if (empty($name)) {
        echo "Name is empty";
    } else {
        echo $name;
    }
}
?>

< /body>
< /html>
```

$_SERVER['PHP_SELF']를 이용하여 자기 자신의 파일 이름을 결정하여 action 속성에 지정하고 있다. $_SERVER["REQUEST_METHOD"]를 이용하여 현재 HTTP 요청 method가 무엇인지를 결정하고, 그 방식이 POST 방식인 경우만 필요한 처리를 하고 있다.

● $GLOBALS

$GLOBALS은 is a PHP super global variable로서 $GLOBALS[index] array에 모든 global variable를 저장하고 있다. 이 변수를 이용하면 PHP script의 다른 부분이나 functions 내부 또는 class의 methods 내부와 같이 어떤 곳에서든지 global variable를 사용할 수 있다. Index는 variable name을 가지고 있다.

해당 변수를 사용하고자 하면 다음과 같은 형식으로 사용할 수 있다.

```
$variable = $GLOBALS['variable-name']
```

아래는 super global variable $GLOBALS을 어떻게 사용하는지를 보여준다.

```php
<?php
$x = 75;
$y = 25;

function addition() {
    $GLOBALS['z'] = $GLOBALS['x'] + $GLOBALS['y'];
}

addition();
echo $z;
?>
```

24.4.11   PHP와 MySQL database

24.4.11.1 PHP MySQL extension

PHP에서 MySQL 자료를 처리하는 기능들은 PHP의 extension으로 개발되어 제공되고 있는데, 지금까지 개발된 extension에는 다음과 같은 것이 있다.

- original MySQL extension
  PHP에서 MySQL 자료를 연결하기 위해서 처음 개발된 extension 기능이다. 이것은 원래 MySQL version 4.1.3 이전 시스템에만 적용되는 것을 전제로 개발된 것으로, 그 이후 version에도 적용할 수는 있지만, 최신 MySQL server의 기능을 충분히 활용할 수 없으며, 향후 폐기될 기능이다.

- MySQL Improved extension (mysqli)
  MySQL database의 최신 기능을 완전하게 활용할 수 있도록 object-oriented programming 환경에 맞추어 재개발된 MySQL 처리 extension이다. PHP versions 5 이후에 기능이 포함되어 있다. mysqli extension은 original MySQL extension에 비해 많은 장점이 있는데, 주요한 것은 다음과 같다.
  - Object-oriented interface
  - Support for Prepared Statements
  - Support for Multiple Statements
  - Support for Transactions
  - Enhanced debugging capabilities
  - Embedded server support

- PDO extension
  PHP application에 대해서 database abstraction layer를 제공하여 실제 사용하는 database의 종류와 상관없이, 모든 database관련 기능을 일관되게 동일한 형식으로 활용할 수 있도록 해주는 extension이다. 필요하면 다른 database로 간편하게 교체할 수 있는 이점이 있지만, 특정 database의 모든 기능을 충분히 활용할 수 없는 단점이 있다.

original MySQL extension은 향후 폐기될 예정이므로 향후 새로운 프로그램을 개발할 때는 mysqli extension 나 PDO extension을 사용해야 한다.

추가적인 정보에 대해서는 다음을 참고하기 바란다.

- http://php.net/manual/en/set.mysqlinfo.php

24.4.11.2 mysqli의 interface 방식

mysqli extension은 Object-oriented interface 방식과 함께 Procedural interface 방식도 함께 지원한다. 다음은 Object-oriented interface 방식과 Procedural interface 방식에 대한 사례를 보여 주는 것이다.

```php
<?php

//=====================================
//====== procedural interface
//=====================================
$mysqli = mysqli_connect("example.com", "user", "password", "database");
if (mysqli_connect_errno($mysqli)) {
    echo "Failed to connect to MySQL: " . mysqli_connect_error();
}

$res = mysqli_query($mysqli, "SELECT 'A world full of ' AS _msg FROM DUAL");
$row = mysqli_fetch_assoc($res);
echo $row['_msg'];

//=====================================
//====== object-oriented interface
//=====================================
$mysqli = new mysqli("example.com", "user", "password", "database");
if ($mysqli->connect_errno) {
    echo "Failed to connect to MySQL: " . $mysqli->connect_error;
}

$res = $mysqli->query("SELECT 'choices to please everybody.' AS _msg FROM DUAL");
$row = $res->fetch_assoc();
echo $row['_msg'];

?>
```

위 예제의 출력은 아래와 같다

```
A world full of choices to please everybody.
```

두 방식에 대한 사용법 상의 차이점은 다음과 같다.

작업	Object-oriented	Procedural
object 생성할 때	new mysqli ( )	mysqli_connect ( )
함수를 실행할 때	$object->function(…)	mysqli_function($object, …)
arrtibute를 참조할 때	$object->attribute	mysqli_attribute($object)

기본적으로 object-oriented 방식이 object를 중심으로 function과 attribute를 체계적으로 분류하여 관리해 주기 때문에 이해하기 쉽고, 개발과 사후 관리에 여러 가지 장점이 있다. 두 방식 사이에는 성능의 차이는 없고, 사용자는 각자의 선호에 따라 원하는 것을 자유롭게 선택할 수 있다. 또한 한 문서에 양쪽 방식을 혼합해서 사용할 수는 있지만, 코드를 이해하기 쉽도록 만들기 위해서는 추천하지 않는다.

24.4.11.3 mysqli Object-oriented interface 상세

여기서는 mysqli의 Object-oriented interface의 property와 method에 대해서 상세히 설명하도록 한다.

● **mysqli Class의 properties and method**

mysqli Class는 MySQL과의 connection을 관리하는 하나의 object class로서, 반드시 object로 생성한 다음 사용되어야 한다. 이렇게 생성된 object는 향후 모든 SQL 처리에서 MySQL과의 연동을 담당한다.

이 object에서 사용할 수 있는 property와 method은 다음과 같다.

	OOP Interface	Description
Properties	$mysqli::affected_rows	Gets the number of affected rows in a previous MySQL operation
	$mysqli::client_info	Returns the MySQL client version as a string
	$mysqli::client_version	Returns MySQL client version info as an integer
	$mysqli::connect_errno	Returns the error code from last connect call
	$mysqli::connect_error	Returns a string description of the last connect error
	$mysqli::errno	Returns the error code for the most recent function call
	$mysqli::error	Returns a string description of the last error
	$mysqli::field_count	Returns the number of columns for the most recent query
	$mysqli::host_info	Returns a string representing the type of connection used
	$mysqli::protocol_version	Returns the version of the MySQL protocol used
	$mysqli::server_info	Returns the version of the MySQL server
	$mysqli::server_version	Returns the version of the MySQL server as an integer
	$mysqli::info	Retrieves information about the most recently executed query

	$mysqli::insert_id	Returns the auto generated id used in the last query
	$mysqli::sqlstate	Returns the SQLSTATE error from previous MySQL operation
	$mysqli::warning_count	Returns the number of warnings from the last query for the given link
Methods	mysqli::autocommit()	Turns on or off auto-committing database modifications
	mysqli::change_user()	Changes the user of the specified database connection
	mysqli::character_set_name() , mysqli::client_encoding	Returns the default character set for the database connection
	mysqli::close()	Closes a previously opened database connection
	mysqli::commit()	Commits the current transaction
	mysqli::__construct()	Open a new connection to the MySQL server [Note: static (i.e. class) method]
	mysqli::debug()	Performs debugging operations
	mysqli::dump_debug_info()	Dump debugging information into the log
	mysqli::get_charset()	Returns a character set object
	mysqli::get_connection_stats ()	Returns client connection statistics. Available only with mysqlnd.
	mysqli::get_client_info()	Returns the MySQL client version as a string
	mysqli::get_client_stats()	Returns client per-process statistics. Available only with mysqlnd.
	mysqli::get_cache_stats()	Returns client Zval cache statistics. Available only with mysqlnd.
	mysqli::get_server_info()	NOT DOCUMENTED
	mysqli::get_warnings()	NOT DOCUMENTED
	mysqli::init()	Initializes MySQLi and returns a resource for use with mysqli_real_connect. [Not called on an object, as it returns a $mysqli object.]
	mysqli::kill()	Asks the server to kill a MySQL thread
	mysqli::more_results()	Check if there are any more query results from a multi query
	mysqli::multi_query()	Performs a query on the database

mysqli::next_result()	Prepare next result from multi_query
mysqli::options()	Set options
mysqli::ping()	Pings a server connection, or tries to reconnect if the connection has gone down
mysqli::prepare()	Prepare an SQL statement for execution
mysqli::query()	Performs a query on the database
mysqli::real_connect()	Opens a connection to a mysql server
mysqli::real_escape_string(), mysqli::escape_string()	Escapes special characters in a string for use in an SQL statement, taking into account the current charset of the connection
mysqli::real_query()	Execute an SQL query
mysqli::refresh()	Flushes tables or caches, or resets the replication server information
mysqli::rollback()	Rolls back current transaction
mysqli::select_db()	Selects the default database for database queries
mysqli::set_charset()	Sets the default client character set
mysqli::set_local_infile_default()	Unsets user defined handler for load local infile command
mysqli::set_local_infile_handler()	Set callback function for LOAD DATA LOCAL INFILE command
mysqli::ssl_set()	Used for establishing secure connections using SSL
mysqli::stat()	Gets the current system status
mysqli::stmt_init()	Initializes a statement and returns an object for use with mysqli_stmt_prepare
mysqli::store_result()	Transfers a result set from the last query
mysqli::thread_id()	Returns the thread ID for the current connection
mysqli::thread_safe()	Returns whether thread safety is given or not
mysqli::use_result()	Initiate a result set retrieval

표 24-1 mysqli Class의 properties and method

● **mysqli_STMT의 properties and method**

mysqli STMT는 SQL 문장이 실제로 실행을 하기 전에 database의 현재 상태에 따라 가장 효율적으로 실행될 수 있도록 사전에 prepare된 SQL 문을 의미한다. 이렇게 prepare된 STMT를 이용하면 SQL문을 실행하기 전에 SQL 문의 문제점을 확인하고, SQL문을 효율적으로 수행할 수 있는 준비작업을 할 수 있다.

이러한 STMT와 관련한 property와 method는 다음과 같다.

	OOP Interface	Description
Properties	$mysqli_stmt::affected_rows	Returns the total number of rows changed, deleted, or inserted by the last executed statement
	$mysqli_stmt::errno	Returns the error code for the most recent statement call
	$mysqli_stmt::error	Returns a string description for last statement error
	$mysqli_stmt::field_count	Returns the number of field in the given statement - not documented
	$mysqli_stmt::insert_id	Get the ID generated from the previous INSERT operation
	$mysqli_stmt::num_rows	Return the number of rows in statements result set
	$mysqli_stmt::param_count	Returns the number of parameter for the given statement
	$mysqli_stmt::sqlstate	Returns SQLSTATE error from previous statement operation
Methods	mysqli_stmt::attr_get()	Used to get the current value of a statement attribute
	mysqli_stmt::attr_set()	Used to modify the behavior of a prepared statement
	mysqli_stmt::bind_param()	Binds variables to a prepared statement as parameters
	mysqli_stmt::bind_result()	Binds variables to a prepared statement for result storage
	mysqli_stmt::close()	Closes a prepared statement
	mysqli_stmt::data_seek()	Seeks to an arbitrary row in statement result set
	mysqli_stmt::execute()	Executes a prepared Query
	mysqli_stmt::fetch()	Fetch results from a prepared statement into the

	bound variables
mysqli_stmt::free_result()	Frees stored result memory for the given statement handle
mysqli_stmt::get_result()	Gets a result set from a prepared statement. Available only with mysqlnd.
mysqli_stmt::get_warnings( )	NOT DOCUMENTED
$mysqli_stmt::more_results ()	NOT DOCUMENTED Available only with mysqlnd.
$mysqli_stmt::next_result()	NOT DOCUMENTED Available only with mysqlnd.
mysqli_stmt::num_rows()	See also property $mysqli_stmt::num_rows
mysqli_stmt::prepare()	Prepare an SQL statement for execution
mysqli_stmt::reset()	Resets a prepared statement
mysqli_stmt::result_metada ta()	Returns result set metadata from a prepared statement
mysqli_stmt::send_long_dat a()	Send data in blocks
mysqli_stmt::store_result()	Transfers a result set from a prepared statement

표 24-2 mysqli_STMT의 properties and method

● mysqli_result의 properties and method

mysqli result는 SQL SELECT문을 실행한 결과로 만들어지는 query result로서 특정 database의 지정 table들에서 조회되는 여러 개의 row로 구성되는 data set을 의미한다. 여기서 조회되는 각각의 row는 또 다시 복수의 column으로 구성되어 있다.

이러한 result와 관련한 property와 method는 다음과 같다.

	OOP Interface	Description
Properties	$mysqli_result::current_field	Get current field offset of a result pointer
	$mysqli_result::field_count	Get the number of fields in a result
	$mysqli_result::lengths	Returns the lengths of the columns of the current row in the result set
	$mysqli_result::num_rows	Gets the number of rows in a result
Methods	mysqli_result::data_seek()	Adjusts the result pointer to an arbitrary row in the result
	mysqli_result::fetch_all()	Fetches all result rows and returns the result set as an associative array, a numeric array, or both. Available only with mysqlnd.
	mysqli_result::fetch_array()	Fetch a result row as an associative, a numeric array, or both
	mysqli_result::fetch_assoc()	Fetch a result row as an associative array
	mysqli_result::fetch_field_direct()	Fetch meta-data for a single field
	mysqli_result::fetch_field()	Returns the next field in the result set
	mysqli_result::fetch_fields()	Returns an array of objects representing the fields in a result set
	mysqli_result::fetch_object()	Returns the current row of a result set as an object
	mysqli_result::fetch_row()	Get a result row as an enumerated array
	mysqli_result::field_seek()	Set result pointer to a specified field offset
	mysqli_result::free(), mysqli_result::close, mysqli_result::free_result	Frees the memory associated with a result

표 24-3 mysqli_result의 properties and method

24.4.11.4 mysqli Object-oriented interface 사용법

PHP에서 MySQL database에 있는 자료를 참조하기 위해서는 사전에 해당 database에 접속(connect)되어 있어야 한다.

● **connect object 생성**

MySQL database에 connect 하기 위해서는 먼저 database 접속정보를 이용하여 connect 작업을 수행하고, object를 생성하여 그 database에 대한 connect 정보를 보관해 둔다. 나중에 실제로 database의 자료를 참조하기 위해서 SQL 문장을 수행할 필요가 있을 때는 앞에서 생성한 connect object를 통하여 SQL 문장을 실행하는 것이다.

MySQL database에 접속하기 위해서는 mysqli( ) 함수를 실행하고, object를 생성하기 위해서는 new 명령을 사용한다. 그런 다음 해당 object에 connect 정보를 저장한다. 기본적인 형식은 다음과 같다.

```
$connect_object = new   mysqli( 'host-name' ,  'user-id' , 'password' , 'database-name'   )
```

● **database 자료 조회 SQL 실행**

MySQL의 database에 대해서 특정 SQL 문장을 처리할 경우는 query ( ) 함수를 사용한다. query( ) 함수는 SQL 문장의 실행 결과를 되돌려 주는데, result object라는 형태의 object로 결과를 되돌려준다. 기본적인 처리 형식은 다음과 같다.

```
$result_object =  $connect_object->query(   "SELECT-SQL"   )
```

● **조회된 database 자료 처리**

result object에는 여러 개의 자료가 함께 포함되어 있을 수 있다. fetch_assoc( )를 이용하면 result object에 포함되어 있는 자료를 순차적으로 하나씩 되돌려 주는데, row object 라는 형태의 object로 결과를 되돌려 준다. 기본적인 처리형식은 다음과 같다.

```
$row_object =  $result_object->fetch_assoc(  )
```

row object에는 여러 개의 column에 대한 자료가 함께 포함되어 있다. 각각의 column에 대한 자료를 참조하고자 하면 ["column-name"] 형식으로 column을 지정한다. 기본적인 처리형식은 다음과 같다.

```
$data-variable    = $row_object["column-name"]
```

통상적으로 result object에는 여러 개의 자료가 있으므로 순차적으로 반복적인 처리를 위해서 보통 while 명령을 사용하여 다음과 같이 처리한다.

```
while  ( $row_object =  $result_object->fetch_assoc( )  )
    {
        statement-1   ;
        statement-2   ;
    }
```

● **connect 종료**

더 이상 database 접속이 필요 없을 때는 다음과 같이 close( ) 함수를 사용하여 접속을 종료시켜야 한다.
기본적인 처리 형식은 다음과 같다.

```
$connect_object->close( )
```

24.4.12 간단한 PHP Web 페이지

우리는 여기서 PHP를 이용해서 MySQL에 있는 자료를 조회, 입력, 수정, 삭제하는 작업을 해 볼 것이다.

24.4.12.1 Main 문서의 준비

다음과 같은 문서를 작성하고 index.php 파일에 저장한다.

```html
<!DOCTYPE html>
<html>
<head>
   <title> Handling Employee Information By MySQL and PHP </title>
</head>
<body>
   <p><a href=" /employee_list.php"> Employee List </a></p>
   <p><a href="/employee_update.php"> Employee Detail Update</a></p>
</body>
</html>
```

위 문서에서는 "Employee List" 문구에 대해서 /employee_list.php script 파일이 연결되어 있고, "Employee Detail Update" 문구에 대해서 /employee_update.php script 파일이 연결되어 있다.

이 파일을 web browser를 통해서 실행하면 다음과 같은 화면이 나타난다.

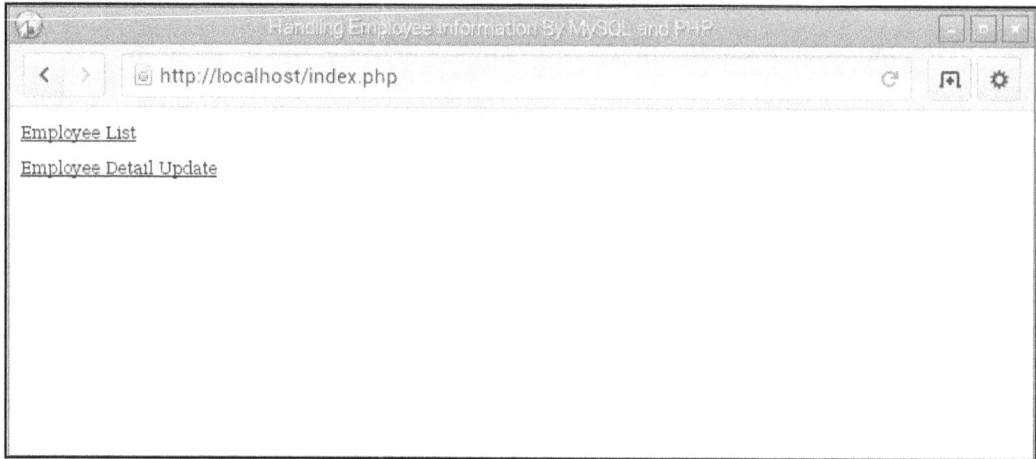

그림 24-10 PHP Web 사례- main 시작화면

이것은 앞으로 처리할 작업에 대한 main 시작화면을 위한 문서이다. 여기서 화면에서 "Employee List"를 클릭하면 database의 employee table에서 자료를 조회하는 web page로 진행하게 될 것이고, "Employee Detail Update"를 클릭하면 database의 employee table의 자료를 변경하는 web page 화면으로 진행하게 될 것이다.

24.4.12.2 database 및 table 준비작업

여기서 사용하는 database는 앞의 MySQL 부분에서 사용했던 database와 table을 이용할
것이다. 구체적인 내용은 다음과 같다.

- database   -- raspi_db

- table   -- employee
    - id   -- INT   -- PRIMARY KEY, AUTO_INCREMENT
    - name   -- VARCHAR(50)
    - birth   -- DATE
    - position_code -- CHAR(10)
    - dept_code   -- CHAR(10)
    - manager_name -- VARCHAR(50)
    - sales   -- DECIMAL(10,0)
    - salary_rate   -- NUMERIC(6,2)

24.4.12.3 database 연결과 종료

● database 연결 작업

여기서는 mysqli extension을 사용하여 database에 접근할 것이다. database연결에 필요한
정보는 다음과 같다.

- host name   -- localhost
                host name은 IP address나 host에 대한 URL을 지정할 수 있는데, 여기
                서는 MySQL이 동일한 server에 설치되어 있으므로 "localhost"를 사용
                하였다.
- user   -- pi
- password   -- xxxxxx
- database   -- raspi_db

먼저 아래와 같이 mysqli object를 생성하여 MySQL database에 연결하도록 한다.

```php
<?php
$mysqli = new mysqli('localhost', 'pi', 'xxxxxx', 'raspi_db');
if ($mysqli->connect_error) {
    die('Connect Error (' . $mysqli->connect_errno . ') '. $mysqli->connect_error);
}

echo 'Success... ' . $mysqli->host_info . " \ n";

?>
```

여기서는 mysqli object를 생성하여 $mysqli 변수에 저장한다. object가 생성되면서 내부적
으로 MySQL database에 대한 연결을 시도하게 되고, 연결이 정상적으로 완료되면,
connection 관련된 모든 정보가 $mysqli에 저장된다. $mysqli에 저장된 object는 차후
MySQL과의 모든 작업을 처리해 준다.

● database 연결 종료 작업

database에 대한 모든 처리가 종료되면, 해당 database에 대한 연결을 종료시킨다.

```php
<?php
$mysqli->close( ) ;
?>
```

24.4.12.4 database table 자료 조회 script 작성

여기서는 database의 employee table에 있는 자료를 조회하는 script를 작성하도록 한다.

● 기본 HTML 및 table tag 구성

다음과 같은 HMTL내용을 가지는 PHP 파일을 만들고 employee_list.php에 저장한다.

```
<!DOCTYPE html>
<html>
<head>
    <title> Handling Employee Information By MySQL and PHP </title>
    <style>
        table, th, td {
            border: 1px solid black;
            border-collapse: collapse;
        }
        th, td {
            padding: 5px;
        }
    </style>
</head>

<body>
    <h1>Employee List</h1>
    <table>
        <!--    table의  header        -->
        <tr>
            <th>id            </th>
            <th>name          </th>
            <th>birth         </th>
            <th>position_code </th>
            <th>dept_code     </th>
            <th>manager_name </th>
```

```
                <th>sales          </th>
                <th>salary         </th>
            </tr>
        </table>
</body>
</html>
```

여기서는 조회된 여러 개의 목록자료를 table 형태로 표시해 주기 위해 table tag를 이용하여 HTML문서를 만들고 있다. table을 정의할 때 header 부분이 추가되어 있고, head 부분에서 table의 각 부분에 대해서 style이 지정되어 있다.

이 script를 실행해 보면 아래와 같은 화면이 표시된다.

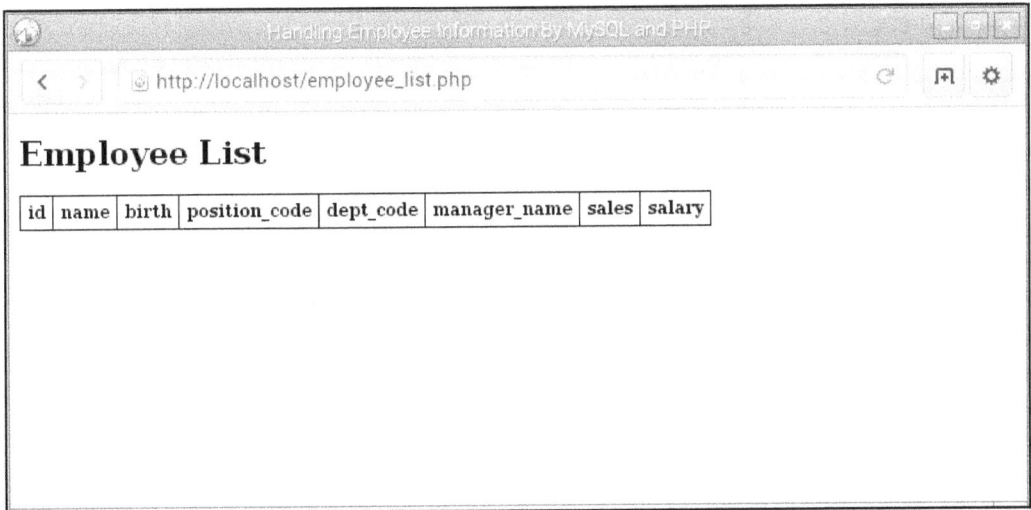

그림 24-11 PHP Web 사례- Employee List

● database table 자료 조회

여기서는 앞에서 생성된 $mysqli object를 이용하여 database table에서 자료를 조회하는 작업을 한다.

먼저 table에서 자료를 읽는다. table에서 자료를 읽기 위한 SELECT 문에서는 다음 SQL을 사용한다.

select * from employee

```php
<?php
$select_sql = "elect * from employee" ;
$result = $mysqli->query ($select_sql);
if (!$result) {
    die('Invalid query: ' . mysql_error());
}
printf("Select returned %d rows.\n", $result->num_rows);
?>
```

위와 같은 SELECT SQL문장을 이용하여 $mysql->query()를 실행하면 지정된 table에서 자료를 읽어서 되돌려주고, 그 자료가 $result object에 저장된다.

● table 의 자료 부분 처리

다음은 조회한 자료를 하나씩 table형태로 출력하는 것이다. 이 부분은 HTML <table>tag 내부에 들어가야 할 부분이다. $result에 있는 자료를 하나씩 읽어서 $row object에 저장한 다음 한 column씩 자료를 읽어서 <td> tag를 이용하여 출력한다.

```php
<?php
while ($row = $result->fetch_assoc()) {
    print  "<tr>" ;
    print  "<td>".$row[ "id" ]."</td>" ;
    print  "<td>".$row[ "name" ]."</td>" ;
    print  "<td>".$row[ "birth" ]."</td>" ;
    print  "<td>".$row[ "position_code" ]."</td>" ;
    print  "<td>".$row[ "dept_code" ]."</td>" ;
    print  "<td>".$row[ "manager_name" ]."</td>" ;
    print  "<td>".$row[ "sales" ]."</td>" ;
    print  "<td>".$row[ "salary" ]."</td>" ;
    print  "</tr>" ;

}
?>
```

● 자료 조회 script 종합

아래는 지금까지 검토한 모든 script 들을 employee_list.php에 하나로 통합한 것이다.

```html
<!DOCTYPE html>
<html>
<head>
    <title> Handling Employee Information By MySQL and PHP </title>
    <style>
        table, th, td {
                border: 1px solid black;
                border-collapse: collapse;
        }
        th, td {
                padding: 5px;
        }
    </style>
</head>

<body>
    <h1>Employee List</h1>
    //connect database
    <?php
    $mysqli = new mysqli('localhost', 'pi', 'xxxxxx', 'raspi_db');
    if ($mysqli->connect_error) {
        die('Connect Error (' . $mysqli->connect_errno . ') '. $mysqli->connect_error);
    }
    echo 'Success... ' . $mysqli->host_info . " \ n";
    ?>

    <table>
        <!--    table의  header          -->
        <tr>
            <th>id                    </th>
```

```
                <th>name                </th>
                <th>birth               </th>
                <th>position_code       </th>
                <th>dept_code           </th>
                <th>manager_name        </th>
                <th>sales               </th>
                <th>salary              </th>
        </tr>
        // select data from database table
        <?php
        $select_sql = "elect * from employee" ;
        $result = $mysqli->query ($select_sql);
        if (!$result) {
                die('Invalid query: ' . mysql_error());
        }
        printf("Select returned %d rows.\n", $result->num_rows);
        ?>
        // table data content
        <?php
        while ($row = $result->fetch_assoc()) {
                print   "<tr>" ;
                print   "<td>".$row[ "id" ]."</td>" ;
                print   "<td>".$row[ "name" ]."</td>" ;
                print   "<td>".$row[ "birth" ]."</td>" ;
                print   "<td>".$row[ "position_code" ]."</td>" ;
                print   "<td>".$row[ "dept_code" ]."</td>" ;
                print   "<td>".$row[ "manager_name" ]."</td>" ;
                print   "<td>".$row[ "sales" ]."</td>" ;
                print   "<td>".$row[ "salary" ]."</td>" ;
                print   "</tr>" ;
        }
        ?>
</table>

<?php
```

```
    $mysqli->close( ) ;
    ?>

</body>
</html>
```

24.4.12.5 database table 자료 수정 script 작성

여기서는 database의 employee table에 있는 자료를 변경하는 script를 작성하도록 한다.

● **form 문의 준비**

다음과 같은 기본적인 HMTL을 작성하여 employee_update.php에 저장한다.

```html
<!DOCTYPE html>
<html>
<head>
   <title> Handling Employee Information By MySQL and PHP </title>
</head>

<body>
   <h1>Employee Detail Update</h1>
   <form action="employee_update.php" method="POST">
      function:         <input type="text" name="function" />      <br /><br />

      id :              <input type="text" name="id" />            <br />
      name              <input type="text" name="name" />          <br />
      birth             <input type="text" name="birth" />         <br />
      position_code     <input type="text" name="position_code" /> <br />
      dept_code         <input type="text" name="dept_code" />     <br />
      manager_name      <input type="text" name="manager_name" />  <br />
      sales             <input type="text" name="sales" />         <br />
      salary            <input type="text" name="salary" />        <br />

      <input type="submit" />
   </ form>

</body>
</html>
```

여기서는 form tag를 이용하여 입력에 필요한 양식을 정의한다. form을 정의할 때 action에는 해당 script 파일 이름을 그대로 지정하고, method에는 POST방식을 지정하고 있다.

form에는 database table의 각 column에 대해서 자료를 입력할 수 있는 input 양식이 작성되어 있다. 마지막에는 form 자료를 web server로 전송하는데 사용되는 submit 버튼 input 도 정의하고 있다.

form의 내부에는 이 form을 이용해서 database에서 어떤 작업을 할 것인지를 입력받기 위해서 function이라는 input 양식이 만들어져 있다. 여기서 지정한 값에 따라 database table에서 처리할 변경작업의 종류를 다음과 같이 결정할 것이다.

- insert　　　-- table에 자료를 추가한다.
- update　　　-- table에 자료를 수정한다.
- delete　　　-- table에 자료를 삭제한다.

해당 script를 실행하면 다음과 같은 화면이 표시된다.

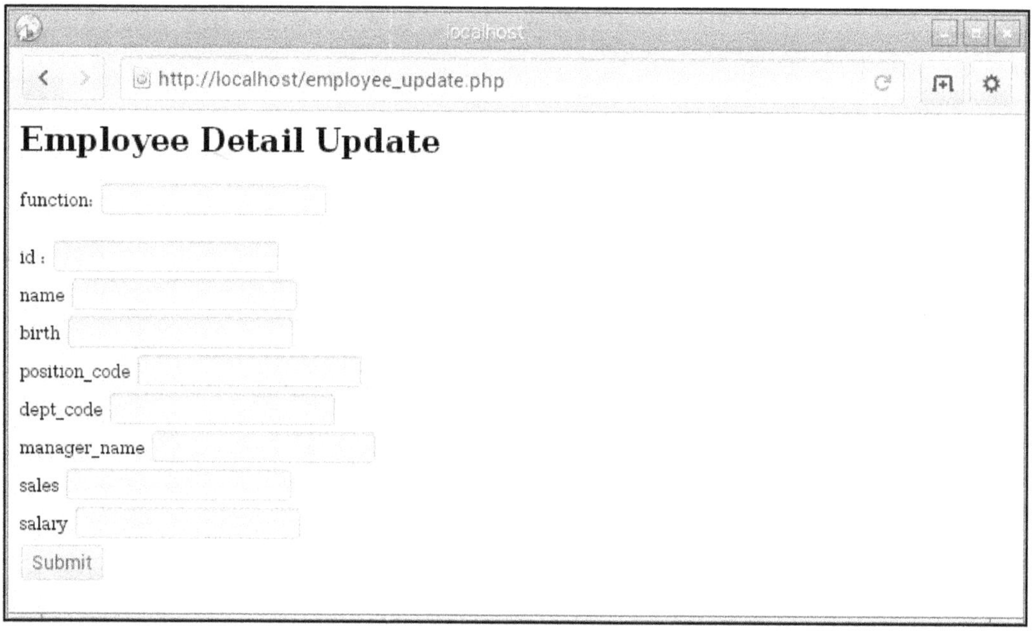

그림 24-12 PHP Web 사례- Employee Detail Update

● **table update 처리**

table자료를 insert 할 때 다음과 같은 형식의 SQL 문장을 사용한다.

```
INSERT   INTO   employee
    SET   name                = "John"    ,
          birth               = "1960-05-17",
          position_code       = "11111",
          dept_code           = "E1000",
          manager_name        = "Mike",
          sales               = "300000",
              salary          = "600000"
```

table을 update할 때 다음과 같은 형식의 SQL 문장을 사용한다.

```
    update        employee
        SET   name                = "John"        ,
              birth               = "1960-05-17"  ,
              position_code       = "11111"       ,
              dept_code           = "E1000"       ,
              manager_name        = "Mike"        ,
              sales               = "300000"      ,
              salary              = "600000"
        where   id                = 1 ;
```

table자료를 삭제할 때 다음과 같은 형식의 SQL 문장을 사용한다.

```
    delete employee where id = 3
```

다음은 table에 있는 자료를 수정하는 PHP 문장이다. insert, update, delete 각각에 대해서 function을 정의하고, form에서 입력한 function 값에 따라서 필요한 처리를 하도록 하였다.

```php
// main processing
If (isset( $_POST["function"] ) ) {
  switch ( $_POST["function"] ) {
    case "insert":
        employee_insert() ;
        break;
    case "update":
        employee_update() ;
        break;
  case "delete":
        employee_insert() ;
        break;
  default:
        echo "function is incorrect";
  }
}

// define insert table function
function employee_insert () {
    $update_sql = " INSERT INTO employee  ";
    $update_sql = $update_sql." name            = ' ".$_POST["name"]."'    ,  "      ;
    $update_sql = $update_sql." birth           = ' ".$_POST["birth"]."'    ,  "      ;
    $update_sql = $update_sql." position_code = ' ".$_POST["position_code"]."'    ,  "      ;
    $update_sql = $update_sql." dept_code       = ' ".$_POST["dept_code"]."'    ,  "
    ;
    $update_sql = $update_sql." manager_name  = ' ".$_POST["manager_name"]."'    ,  "    ;
    $update_sql = $update_sql." sales           = ' ".$_POST["sales"]."'    ,  "      ;
    $update_sql = $update_sql." salary          = ' ".$_POST["salary"]."'      "         ;

    if ($mysqli->query($update_sql) === TRUE) {
        echo "insert successfully";
    }
    else {
        echo "insert error: " . $conn->error;
    }
}

// define update table function
function employee_update () {
    $update_sql = "DELETE employee SET ";
    $update_sql = $update_sql." name            = ' ".$_POST["name"]."'    ,  "      ;
    $update_sql = $update_sql." birth           = ' ".$_POST["birth"]."'    ,  "      ;
    $update_sql = $update_sql." position_code = ' ".$_POST["position_code"]."'    ,  "      ;
    $update_sql = $update_sql." dept_code       = ' ".$_POST["dept_code"]."'    ,  "
    ;
    $update_sql = $update_sql." manager_name  = ' ".$_POST["manager_name"]."'    ,  "    ;
    $update_sql = $update_sql." sales           = ' ".$_POST["sales"]."'    ,  "      ;
    $update_sql = $update_sql." salary          = ' ".$_POST["salary"]."'    ,  "      ;
```

```
    $update_sql = $update_sql." WHERE id              = ' ".$_POST["id"]."'      "
    ;

    if ($mysqli->query($update_sql) === TRUE) {
        echo "update successfully";
    }
    else {
        echo "update error: " . $conn->error;
    }
}

// define delete table function
function employee_delete () {
    $update_sql = "DELETE employee    ";
    $update_sql = $update_sql." WHERE id       = ' ".$_POST["id"]."'      "                      ;

    if ($mysqli->query($update_sql) === TRUE) {
        echo "delete successfully";
    }
    else {
        echo "delete error : " . $conn->error;
    }
}
```

● table 자료 변경 script 종합

아래는 지금까지 검토한 모든 script 들을 employee_update.php에 하나로 통합한 것이다.

```
<!DOCTYPE html>
<html>
<head>
  <title> Handling Employee Information By MySQL and PHP </title>
</head>
<body>
    <h1>Employee Detail Update</h1>

    <?php
$mysqli = new mysqli('localhost', 'pi', 'xxxxxx', 'raspi_db');
if ($mysqli->connect_error) {
    die('Connect Error (' . $mysqli->connect_errno. ') '. $mysqli->connect_error);
}
echo 'Success... ' . $mysqli->host_info . "\n";
?>

<form action="employee_update.php" method="POST">
    function:           <input type="text" name="function" />       <br /> <br />
    id :                <input type="text" name="id" />             <br />
    name                <input type="text" name="name" />           <br />
    birth               <input type="text" name="birth" />          <br />
    position_code       <input type="text" name="position_code" />  <br />
    dept_code           <input type="text" name="dept_code" />              <br />
    manager_name        <input type="text" name="manager_name" />   <br />
    sales               <input type="text" name="sales" />          <br />
    salary              <input type="text" name="salary" />                 <br />
    <input type="submit" />
</ form>

// main processing
If (isset( $_POST["function"] ) ) {
    switch ( $_POST["function"] ) {
    case "insert":
        employee_insert() ;
        break;
    case "update":
        employee_update() ;
        break;
    case "delete":
        employee_insert() ;
        break;
    default:
        echo "function is incorrect";
    }
```

```php
    }

    // close database connection
    <?php
    $mysqli->close( ) ;
    ?>

// define insert table function
function employee_insert () {
    $update_sql = " INSERT INTO employee   ";
    $update_sql = $update_sql." name                = '".$_POST["name"]."' ,  "
    ;
    $update_sql = $update_sql." birth               = '".$_POST["birth"]."' ,  "       ;
    $update_sql = $update_sql." position_code = '".$_POST["position_code"]."' ,  "      ;
    $update_sql = $update_sql." dept_code           = '".$_POST["dept_code"]."' ,  "
    ;
    $update_sql = $update_sql." manager_name  = '".$_POST["manager_name"]."' ,  "       ;
    $update_sql = $update_sql." sales               = '".$_POST["sales"]."' ,  "        ;
    $update_sql = $update_sql." salary              = '".$_POST["salary"]."'  "         ;

    if ($mysqli->query($update_sql) === TRUE) {
        echo "insert successfully";
    }
    else {
        echo "insert error: " . $conn->error;
    }
}

// define update table function
function employee_update () {
    $update_sql = "DELETE employee SET ";
    $update_sql = $update_sql." name                = '".$_POST["name"]."' ,  "
    ;
    $update_sql = $update_sql." birth               = '".$_POST["birth"]."' ,  "
    ;
    $update_sql = $update_sql." position_code = '".$_POST["position_code"]."' ,  "      ;
    $update_sql = $update_sql." dept_code           = '".$_POST["dept_code"]."' ,  "
    ;
    $update_sql = $update_sql." manager_name  = '".$_POST["manager_name"]."' ,  "       ;
    $update_sql = $update_sql." sales               = '".$_POST["sales"]."' ,  "        ;
    $update_sql = $update_sql." salary              = '".$_POST["salary"]."' ,  "       ;
    $update_sql = $update_sql." WHERE id            = '".$_POST["id"]."'  "
    ;

    if ($mysqli->query($update_sql) === TRUE) {
        echo "update successfully";
    }
    else {
        echo "update error: " . $conn->error;
    }
}
```

```
// define delete table function
function employee_delete () {
    $update_sql = "DELETE employee   ";
    $update_sql = $update_sql." WHERE id      = '".$_POST["id"]."'   "                    ;

    if ($mysqli->query($update_sql) === TRUE) {
        echo "delete successfully";
    }
    else {
        echo "delete error : " . $conn->error;
    }
}

</body>
</html>
```

24.4.12.6 database employee table 관리 화면 진행 흐름

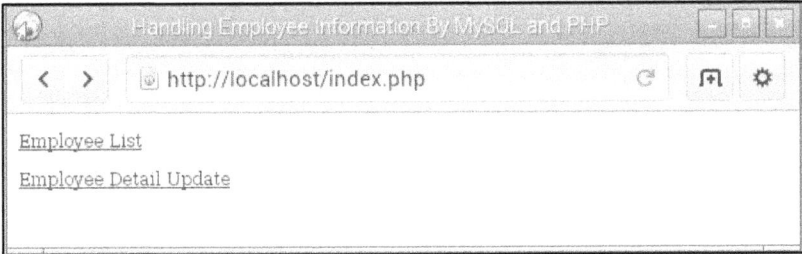

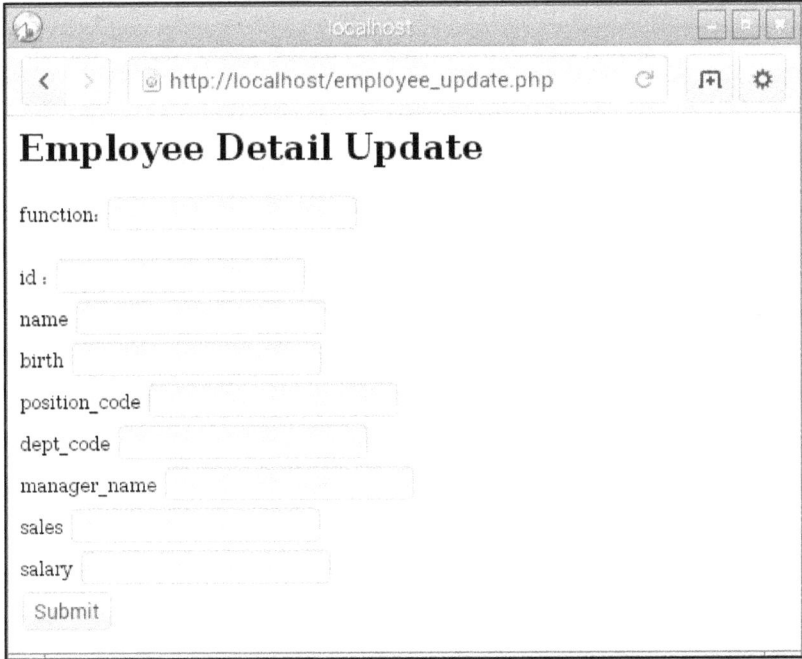

This Page is Intentionally Left Blank

Chapter 25 외부 Interface

Chapter 주요 내용

Raspberry Pi는 외부 기기와의 Interface를 통하여 시스템 외부의 장치와 통신하고, 통제할 수 있다. 여기에 사용되는 Raspberry Pi의 핵심적인 장치가 바로 GPIO(General Purpose Input Output) port이다. 여기서는 GPIO를 이용하여 외부 기기와 interface하는 방법에 대해서 논의하고 있다.

다음과 같은 항목에 대한 내용을 포함하고 있다.
- GPIO 상세
- 전기/전자 기초
- 전자회로 기초
- interface 준비
- GPIO Library
- 디지털 입출력 interface
- sensor를 이용한 interface

25.1 Raspberry Pi와 외부 Interface

25.1.1 외부 Interface 의미

일반 데스크톱과 같은 표준적인 PC들은 동일한 프로그램을 Raspberry Pi보다 훨씬 더 빠르게 실행할 수 있다. 하지만 Raspberry Pi는 이들 표준적인 PC가 제공해 주지 못하는 능력을 가지고 있는데, 그것이 바로 외부 기기와의 양방향 interface이다. Raspberry Pi는 외부 기기와의 Interface를 통하여 시스템 외부의 장치와 통신하고, 통제할 수 있다. 외부 기기를 통해서 입력을 받거나 출력을 할 수도 있으며, 외부 장치를 조정할 수도 있다. 외부의 sensor로부터 각종 측정 값을 받아서 상황을 판단하고, 그에 따라 적절한 처리를 할 수 있으며, Embedded Program을 작성하여 외부 시스템을 자체적으로 직접 제어하는 시스템을 구축할 수도 있다.

Raspberry Pi가 단순히 시스템 내에 있는 자원을 사용할 수 있을 뿐만 아니라 외부의 다양한 기기들과 interface할 수 있는 기능을 구비함으로 인해서 Raspberry Pi는 거의 모든 영역에서 활용될 수 있는 조건을 갖추고 있다.

25.1.2 Raspberry Pi의 GPIO

Raspberry Pi가 외부 interface를 위한 핵심적인 장치가 바로 GPIO(General Purpose Input Output) port이다. GPIO port는 Raspberry Pi가 외부의 다른 전자부품이나 회로와 의사소통할 수 있도록 해준다. 또한 큰 규모의 전자 회로에서 Raspberry Pi가 제어기로써의 역할을 할 수 있도록 해준다. GPIO 포트를 통해서 Raspberry Pi는 온도를 감지할 수 있고, servo-motor를 돌릴 수 있고, SPI (Serial Peripheral Interface)와 I2C(Inter-Integrated Circuit) 같은 다양한 프로토콜들을 이용해서 다른 컴퓨팅 장비들과 의사소통을 할 수 있다

GPIO(General Purpose Input Output)란 하나의 연결 단자를 입력이나 출력으로 고정시키지 않고 software에서 사용하는 목적에 따라 입력 또는 출력으로 선택적으로 설정하여 사용할 수 있게 융통성을 높인 범용 입출력 단자를 말한다. GPIO는 일반적인 용도뿐만 아니라 serial port, SPI, 또는 I2C line 처럼 특수한 목적으로 사용할 수 있는 port도 있다. GPIO 단자를 입력으로 설정하면 프로그래밍에서 외부로부터의 인터럽트 소스로 사용할 수 있고, 일부 GPIO port는 휴면 상태의 프로세서를 깨우는 event를 생성해 주기도 한다.

25.2 GPIO 상세

25.2.1 GPIO 장치

25.2.1.1 GPIO pin 배치

Raspberry Pi B+ mode 이후부터 Raspberry Pi의 board에서 SD card slot의 왼쪽에 숫놈 (male) header가 2 줄로 배열되어 있는 40-pin GPIO connector가 장치되어 있다. 각각의 헤더 사이의 간격은 2.54mm(0.1인치)이며, 이는 전자공학에서 표준으로 사용하는 간격의 하나로, stripeboard와 breadboard를 포함한 prototyping platform들을 위한 표준 간격이다.

다음은 Raspberry Pi에 설치되어 있는 GPIO Pin에 대한 사진이다.

그림 25-1 Raspberry Pi GPIO pin

25.2.1.2 GPIO Pin 목록 및 기능

다음은 GPIO Pin에 대한 개별적인 이름과 기능을 정리한 자료의 하나이다.

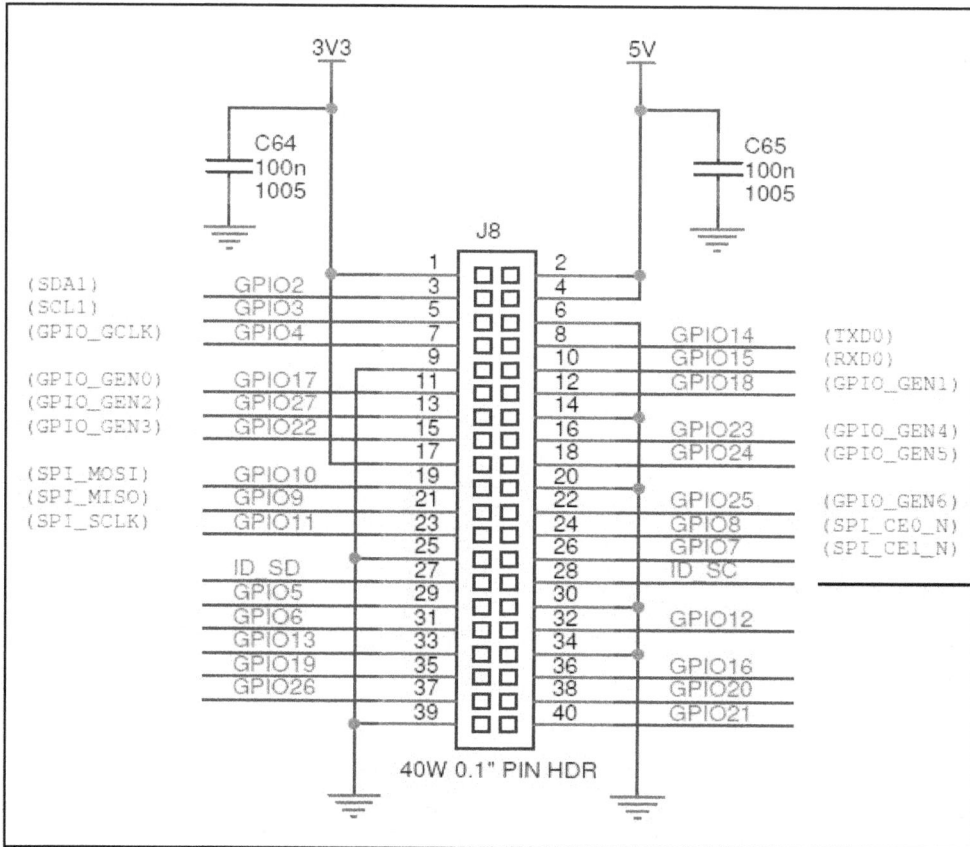

그림 25-2 Raspberry Pi GPIO pin layout 1

다음은 GPIO Pin 개별적인 이름과 기능을 다른 형태로 정리한 자료이다

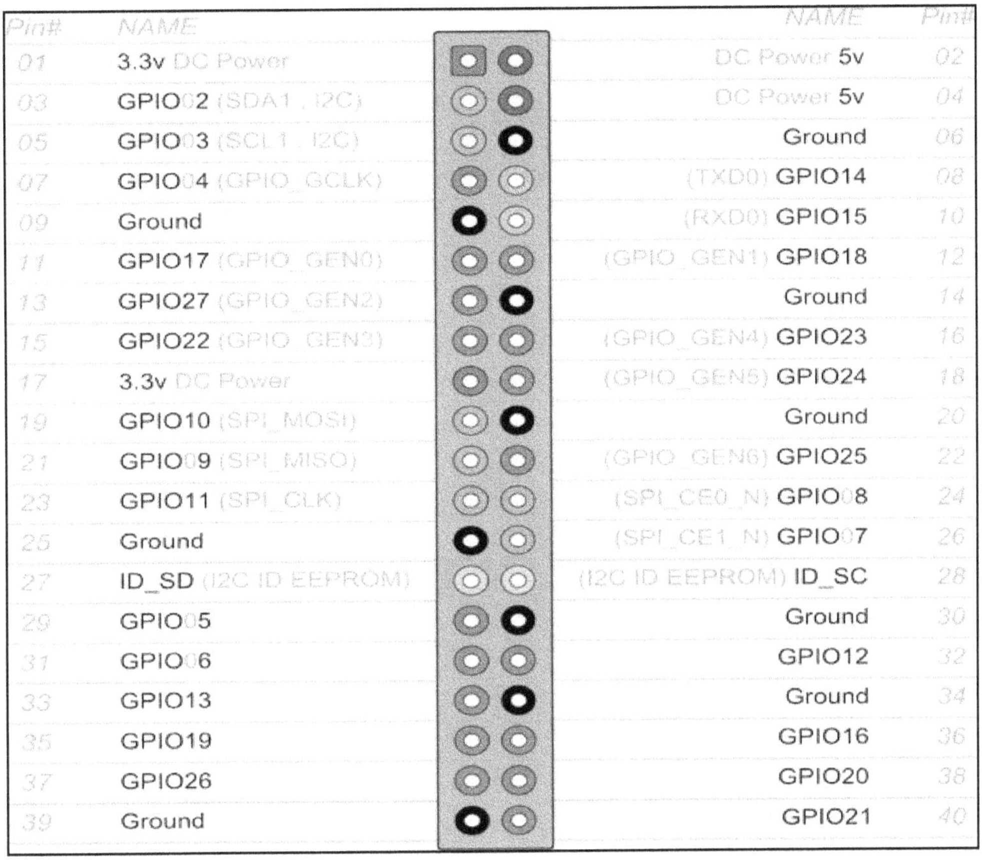

Pin#	NAME			NAME	Pin#
01	3.3v DC Power	⬤	○	DC Power 5v	02
03	GPIO2 (SDA1 , I2C)	○	○	DC Power 5v	04
05	GPIO3 (SCL1 , I2C)	○	⬤	Ground	06
07	GPIO4 (GPIO_GCLK)	○	○	(TXD0) GPIO14	08
09	Ground	⬤	○	(RXD0) GPIO15	10
11	GPIO17 (GPIO_GEN0)	○	○	(GPIO_GEN1) GPIO18	12
13	GPIO27 (GPIO_GEN2)	○	⬤	Ground	14
15	GPIO22 (GPIO_GEN3)	○	○	(GPIO_GEN4) GPIO23	16
17	3.3v DC Power	○	○	(GPIO_GEN5) GPIO24	18
19	GPIO10 (SPI_MOSI)	○	⬤	Ground	20
21	GPIO9 (SPI_MISO)	○	○	(GPIO_GEN6) GPIO25	22
23	GPIO11 (SPI_CLK)	○	○	(SPI_CE0_N) GPIO8	24
25	Ground	⬤	○	(SPI_CE1_N) GPIO7	26
27	ID_SD (I2C ID EEPROM)	○	○	(I2C ID EEPROM) ID_SC	28
29	GPIO5	○	⬤	Ground	30
31	GPIO6	○	○	GPIO12	32
33	GPIO13	○	⬤	Ground	34
35	GPIO19	○	○	GPIO16	36
37	GPIO26	○	○	GPIO20	38
39	Ground	⬤	○	GPIO21	40

그림 25-3 Raspberry Pi GPIO pin layout 2

아래 표는 GPIO Pin을 도표로 순서대로 정리한 내용이다.

Board	BCM IO	Function	설명
1	Power	3.3 V	
2	power	5.0 V	
3	GPIO 2	I2C SDA1	Data. 1.8k pull-up resistor
4	power	5.0 V	
5	GPIO 3	I2C SCL1	Clock. 1.8k pull-up resistor
6	DNC	Ground	
7	GPIO 4	GPIO_GCLK	
8	GPIO 14	UART TXD0	transmit
9	DNC	Ground	
10	GPIO 15	UART RXD0	receive
11	GPIO 17	GPIO_GEN 0	
12	GPIO 18	GPIO_GEN 1	PCM_CLK/PWM0
13	GPIO 27	GPIO_GEN 2	
14	DNC	Ground	
15	GPIO 22	GPIO_GEN 3	
16	GPIO 23	GPIO_GEN 4	
17	Power	3.3V	
18	GPIO 24	GPIO_GEN 5	
19	GPIO 10	SPI_MOSI	Master Out, Slave In
20	DNC	Ground	
21	GPIO 9	SPI_MISO	Master In, Slave Out
22	GPIO 25	GPIO_GEN 6	
23	GPIO 11	SPI_SCLK	Serial Clock
24	GPIO 8	SPI_CE 0_N	Channel Enable 0. Slave Select (SS)
25	DNC	Ground	
26	GPIO 7	SPI_CE 1_N	Channel Enable 1. Slave Select (SS)
27	ID SD		I2C ID EEPROM
28	ID SC		I2C ID EEPROM
29	GPIO 5		
30	DNC	Ground	
31	GPIO 6		

32	GPIO 12		PWM0
33	GPIO 13		PWM1
34	DNC	Ground	
35	GPIO 19		PCM_FS/PWM1
36	GPIO 16		
37	GPIO 26		
38	GPIO 20		PCM_DIN
39	DNC	Ground	
40	GPIO 21		PCM_Dout

표 25-1 Raspberry Pi GPIO pin layout 3

25.2.2 GPIO port 상세

25.2.2.1 GPIO 기본

Raspberry Pi에는 여러 가지 종류의 GPIO Interface Pin들이 있다. 각의 핀들은 각자의 용도가 있으며, 특정 회로를 만들기 위해서 여러 pin들을 조합하여 같이 사용하기도 한다.

● **DNC (Do Not Connect)**

먼저 DNC로 표시되어 있는 핀에는 절대 아무것도 연결해서는 안 된다. 이 핀들은 Raspberry Pi의 BCM2835 SoC의 내부 기능을 위해 유보되어 있는 것이다.

● **GPIO pin**

Raspberry Pi B+ model에서는 전체 40개 pin 중에서 28 개를 GPIO pins으로 사용할 수 있는데, GPIO mode의 설정에 따라 input이나 output 용도로 사용할 수 있다.

GPIO pin들은 high(+3.3V) 상태 또는 low (접지 또는 0V) 상태를 가진다. 이것은 컴퓨터 이진연산에서의 1과 0에 대응할 수 있으며, 1 bit의 digital data를 전송하는 것으로 처리할 수 있다. 이 기능을 이용해서 다른 부품들을 켜거나 끄는데 사용될 수 있다.
- Low = 0V   -- 0   -- False
- High = 3.3V   -- 1   -- True

● 전원

Raspberry Pi는 micro-USB단자를 통해 외부에서 전원을 공급받고, GPIO pin를 통해서 interface에 필요한 전원을 공급해 준다. GPIO 1 port를 통하여 3.3 V 전원을 공급해 주는데 최대 허용 전류는 50mA이다. GPIO 2 port에서는 5 V 전원을 공급해주는데 최대 허용 전류는 Raspberry Pi에 대한 전원공급장치에 따라 달라질 수 있다. 어떤 경우든 Raspberry Pi 시스템이 운영되는데 충분한 전류를 남겨두어야 한다.

비록 Raspberry Pi가 GPIO 2 port를 통해서 5 V 전원을 제공하기는 하지만, 특별한 목적이 없는 한 5 V 전원을 사용해서는 안 된다. 5 V 전원을 GPIO pin이나 다른 pin에 잘못 연결하면 시스템에 심각한 손상을 일으킬 수 있으므로 GPIO 포트에서는 주의를 기울여야 한다.

Raspberry Pi의 모든 내부 회로와 부품들은 3.3V 전원으로 동작하고 있다. 또한 Raspberry Pi에 있는 모든 GPIO pin 들은 내부 BCM2835 SOC(system on a chip)에 직접 연결되어 있기 때문에 조금만 실수가 있으면, Raspberry Pi 시스템 전체나 SD card를 훼손시킬 수 있다. 따라서 Raspberry Pi의 GPIO pin를 이용하여 interface 회로를 만들 때는, 반드시 GPIO 1 port에서 나오는 3.3v 전원을 사용하도록 한다.

이러한 이유로 Raspberry Pi 와 외부의 회로 사이에 3.3V 로직 호환 부품을 사용하거나 Gertboard와 같이 정전압 회로를 사용하면 이러한 위험을 방지하는 방법도 있다.

Arduino 및 연관 제품들과 같은 대부분의 micro controller 장치들은 주로 5V 전원으로 동작한다. Arduino를 위해 디자인된 장비들은 레벨 변환기나 광학 아이솔레이터를 사용하지 않는 한 Raspberry Pi에서 사용할 수 없다. 마찬가지로 5V 마이크로 컨트롤러의 핀들을 Raspberry Pi의 GPIO 포트에 연결하면 Raspberry Pi에 영구적인 손상을 가할 수 있다.

25.2.2.2 특별 용도 GPIO

GPIO pin에는 2개의 I2C interface pin과 5개의 SPI interface pin, 그리고 2개의 serial UART interface pin이 포함되어 있다. 이들 I2C, SPI, UART interface는 원래의 bus mode로 사용되지 않을 때는 범용 I/O pin으로 사용할 수 있다. 또한 이들 pin 중에서는 PWM output 이나 PCM 용으로 사용할 수 있는 것도 있다.

● **I2C(Inter-Integrated Circuit) bus**

I2C bus는 다수의 하부 집적회로 slave 장치와 통신할 수 있도록 만들어진 bus 형태의 interface 장치이다. Raspberry Pi는 bus 상에서 master로 작동할 수 있다.

I2C bus는 GPIO 3 pin과 GPIO 5 pin를 통해 접근할 수 있다. GPIO 3 pin은 SDA(Serial Data) 신호선이고, GPIO 5 pin은 SCL(Seria Clock) 신호선이다. 이들은 1.8k pull-up resistor을 내부에 포함하고 있어 별도의 저항을 필요로 하지 않는다.

Raspberry Pi의 BCM235 board는 사실 두 개의 I2C bus를 제공하고 있는데, 이것 이외에 또 다른 하나는 board에서 저항으로 터미네이트되어 있어 범용으로 사용할 수 없도록 되어 있다.

● **SPI (Serial Peripheral Interface)**

SPI bus는 다수의 하부 SPI 장치와 통신할 수 있도록 만들어진 bus 형태의 interface 장치 이다.
Raspberry Pi는 bus 상에서 master로만 작동할 수 있다.

SPI(Serial Peripheral Interface) bus는 버스는 주로 마이크로 컨트롤러와 다른 기기의 ISP(in-system
programming)을 위한 용도로 디자인되었다. UART 또는 I2C와는 달리 하나 이상의 대상 장비와 통신할 수 있도록 하기 위해 칩 선택 선을 포함하여 네 개의 선을 가지는 버스로 되어 있다.

Raspberry Pi에는 다음과 같이 SPI 장치를 연결하는데 사용할 수 있는 5 개의 pin이 있다.

- 19 pin   -- MOSI(SPI master 출력과 slave 입력)
- 21 pin   -- MISO(SPI master 입력과 slave 출력)
- 23 pin   -- SLCK(통신 동기화를 위한 직렬 클럭)
- 24, 26pin   -- 두 개까지의 독립 slave 장치를 지원하는 칩 선택 신호선이다.

● UART (Universal Asynchronous Receiver/Transmitter)

The UART(Universal Asynchronous Receiver/Transmitter)는 간단한 2선 직렬 인터페이스로서 serial bus형태의 연결방식이다.

UART serial bus는 GPIO 8 pin과 GPIO 10 pin을 통해 접근할 수 있다. GPIO 8 pin은 발신신호, GPIO 10 pin은 수신신호 용도이다. 전송 송도는 cmdline.txt파일에서 설정할 수 있다. 통산 115,200 bps(Bits per second)이다.

cmdline.txt파일에서 serial port를 설정했을 때 메시지를 출력하는데 사용되는 포트가 바로 이 serial bus이다. Raspberry Pi의 serial bus를 표시장치에 연결하면 Linux 커널의 메시지를 표시할 수 있다. Raspberry Pi가 부팅 과정에서 문제를 일으켜 디스플레이에 아무것도 표시되지 않는 경우 이 serial bus가 간편한 진단 도구가 되어줄 수 있다.

주의할 것은 이 핀들은 3.3V에서 동작하는데, 일반적인 RS232 규격은 12V라는 것이다. 따라서 이 pin들을 RS232 serial 장치에 연결하면 Raspberry Pi를 훼손시킬 수도 있으므로 주의해야 한다.

25.2.3 GPIO 사용시의 주의점 및 특징

- GPIO Pin 사용 주의사항
  - Raspberry Pi에 전원이 공급될 때 드라이버나 금속물체가 GPIO pin에 닿지 않도록 한다.
  - 5V 전원 pin에서 총 250mA 이상의 전류를 공급하지 않는다.
  - 3.3V 전원 pin에서 총 50mA 이상의 전류를 공급하지 않는다.
  - 입력에서 모든 GPIO pin에 3.3V 이상의 전기를 공급하지 않도록 한다.
  - 출력에서 pin 당 3mA 이상의 전류를 사용하지 않도록 한다.
  - Raspberry Pi에 5V 이상의 전원을 공급하지 않는다.

- GPIO Pin의 특징
  - pin에 전류가 흐르지 않는 경우는 처음 상태가 무엇인지 확인할 수 없다. 즉 floating 상태인 것이다.
  - pin은 시스템이 shutdown될 때까지 최근 상태를 기억한다. 핀을 켜는 명령을 내린 후 프로그램을 끝내면 그 pin은 다른 명령을 다시 내리기 전까지 계속 켜진 상태를 유지한다.

25.3 전기/전자 기초

여기서는 전기, 전자에 대한 기초적인 내용을 설명할 것이다.

추가적인 자료가 필요하면 다음을 참고하기 바란다.

- http://portal.hrd.go.kr/EL/contents/084/01/ch01_02.htm
- http://cafe.daum.net/kneeng
- http://blog.daum.net/hongbkim/2542
- http://blog.naver.com/dhjdhj11/150184044066

25.3.1 전류, 저항, 전압

25.3.1.1 전류

도체 내에는 자유전자가 많이 존재한다. 도체에 전압이 가해지면 자유전자는 양극(+극)으로 끌려가는데, 이러한 전자의 이동이 전류이다. 전자가 음극(-극)에서 양극((+극)으로 흐름에도 불구하고, 전류는 전자의 방향과 반대로 양극에서 음극으로 흐르는 것으로 이야기하고 있는데, 이는 과거부터 그렇게 사용하고 있던 것을 그대로 사용하기로 했기 때문이다.

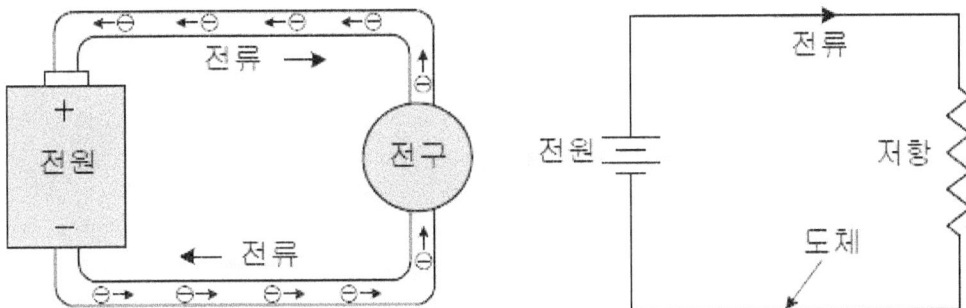

그림 25-4 전류

전자는 (−)전기를 띠고 있는데 이를 전하라고 한다. 전자 한 개가 가지는 전하량은 1.6×10^{-19} 쿨롬으로 정의한다. 따라서 1쿨롬 (C)은 $1/(1.6 \times 10^{-19} = 6.25 \times 10^{18}$ 개의 전자가 가지는 전하량이다.

도체에서 전류가 흐르는 것은 수도관에서 물이 흐르는 것과 유사하다. 특정 굵기의 수도관에서 수압이 세면 물이 많이 흐르고 수압이 약하면 물이 조금 흐르는 것과 같이, 전류의 경우에도 특정 굵기의 전선에서 전압이 높으면 전류가 많이 흐르고 전압이 낮으면 전류가 적게 흐르게 된다.

전류의 크기는 A (Ampere 암페어)로 표시하는데, 1 A는 1초 동안에 6.25×10^{18}개의 전자, 즉 1쿨롬의 전하가 이동하는 것을 말한다.

25.3.1.2 전압과 전위

전압이란 건전지와 같이 전자를 이동하게 밀어주는 힘의 크기를 나타내는 말이다. 따라서 전압이란 수도관 속의 수압과 같은 개념이다. 전압의 단위는 V (볼트 Volt)로 나타낸다. 1V 는 1Ω 의 저항을 통해서 1A의 전류를 흐르게 할 수 있는 전압의 크기이다.

전위라는 말은 전압과 유사하게 사용되나 기준전위를 정하고 그 기준전위에서의 전위차를 말한다.
아래 그림에서 만일 전위 1.5V점을 기준전위 0V로 정하면, 그림에서의 기준전위 0V는 − 1.5V가 되고 그림에서 전위 4.5V 점의 전위는 3V가 된다.

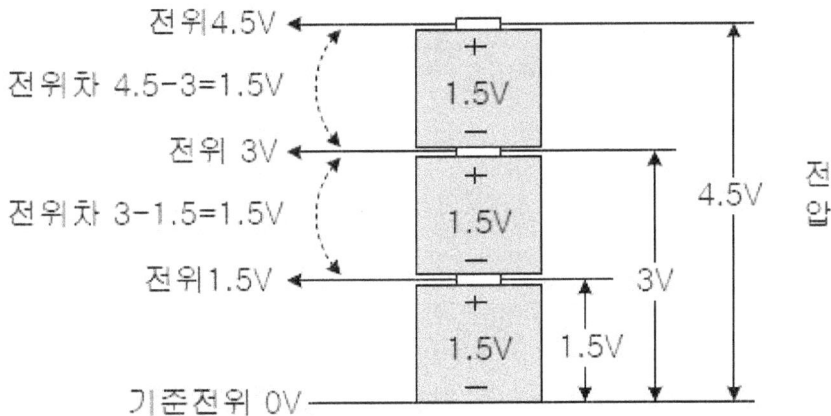

그림 25-5 전압과 전위

25.3.1.3 저항

저항은 전류가 흐르는 것을 방해하는 성질을 말한다. 모든 물체는 각자의 전기저항을 가지고 있다. 전기저항이 작은 물질을 도체라 하고, 저항이 매우 큰 물체를 부도체 또는 절연체라고 한다. 전기 저항은 마치 수도관 속의 녹이나 수세미 등이 들어가서 물이 흐르는 것을 방해하는 것과 유사하다.

저항은 옴 (Ohm: Ω) 단위로 표시한다. 고유저항 (또는 저항률)이란 물질이 가지고 있는 고유한 저항특성을 말하는 것으로 Ω·m 단위로 표시한다.

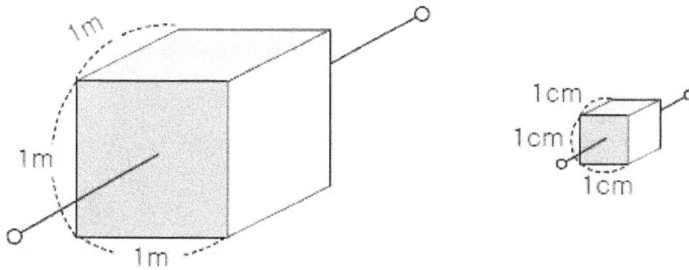

그림 25-6 저항

1 Ω·m은 그림과 같이 가로, 세로 높이가 각각 1m인 정육면체의 양변에 도체 판을 대고 그 양단의 저항을 측정해서 구한 저항치를 말한다. 각 변의 길이가 1cm씩 이면 이는 Ω·cm가 된다. 몇 가지 물질의 고유저항을 표시하면 다음과 같다

물질 (부도체)	고유저항 ρ [Ω·m]
구리	1.72×10^{-8}
알루미늄	2.75×10^{-8}
철	9.8×10^{-8}
유리	$10^9 \sim 10^{11}$
세라믹(도자기)	3×10^{11}
베이클라이트	$10^6 \sim 10^{10}$

저항의 크기는 다음 식으로 계산한다. 즉 물질의 저항은 길이에 비례하고 그 단면적에 반비례한다

$$R = \frac{\ell}{S} \times \rho \quad (\text{저항} = \frac{\text{길이}}{\text{단면적}} \times \text{저항율})$$

또한 물질은 그 온도가 올라가면 저항이 커진다

$$R_2 = R_1 \left[1 + \alpha_0 (T_2 - T_1) \right]$$

25.3.1.4 옴의 법칙

독일의 옴은 전압과 전류와 저항의 관계에 대한 법칙을 발견하였는데, 이를 옴(Ohm)의 법칙이라고 한다. 이 법칙은 회로에 흐르는 전류의 크기는 그 회로에 가해진 전압에 비례하고, 회로의 저항에 반비례한다는 것이다. 즉 회로에 흐르는 전류는 다음 식으로 나타내어진다.

$$I = \frac{V}{R} \qquad \left(전류 = \frac{전압}{저항} \right)$$

옴의 법칙을 변형하면 아래와 같이 쓸 수 있는데, 이는 어떤 회로에 흐르는 전류와 그 회로의 저항을 곱하면 그것이 바로 그 회로에 가해진 전압이라는 말이다.

$$V = IR$$

위의 식은 또 아래와 같이 쓸 수 있는데, 이는 그 회로에 가해진 전압을 그 회로에 흐르는 전류로 나누면 그것이 바로 그 회로의 저항이 됨을 의미한다.

$$R = \frac{V}{I}$$

25.4 전자회로 기초

여기서는 전자회로에 대한 기초적인 내용을 설명할 것이다.

25.4.1 단락(short) 와 저항

단락(short)은 일반적으로 전기가 공급되는 회로에서 (+) 선과 (-) 선을 저항 없이 그대로 연결하는 것처럼, 전위가 다른 두 개의 선이 직접 연결되는 상태를 의미하는 것으로 합선이라고도 한다. 이렇게 직접 연결하게 되면 일순간 과도한 전류가 흘러서 스파크가 발생한다.

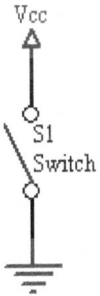

회로에서 흐르는 전류는 I = V / R 로 계산된다. 그런데 별도의 저항을 사용하지 않고 회로를 전원에 연결하면, 전선의 고유저항만 있는데, 도체인 경우 zero에 근접하는 극소의 저항만 존재하게 된다. 이런 경우 3V~5V의 낮은 전압일지라고 직렬로 연결되는 경우에는 해당 전선에는 이론적으로 무한대에 가까운 전류가 흐르게 된다.

예를 들어 전압이 3V에서 저항이 0.001Ω이라고 가정하면, I = 3/0.001 = 3000 A의 많은 전류가 흐르게 된다. 통상 건전지 같은 작은 전원을 사용할 경우는 건전지가 그런 전류를 공급할 능력이 없으므로 큰 문제가 발생하지는 않겠지만, 고전류를 공급할 수 있는 전원을 연결하는 경우에는 열이 발생하여 전선이 타거나 화재가 발생할 수도 있다.

이러한 위험으로부터 회로를 방지하기 위한 방법에는 적절한 크기의 저항을 사용하는 방법이 있다. 과전류가 흐르는 이유가 저항이 너무 낮은 것이므로 전압에 맞는 적절한 크기의 저항을 사용하면 원천적으로 과전류가 발생하지 않게 되는 것이다. 회로를 과전류로부터 보호하는 또 다른 방법은 회로에 fuze 나 차단기를 붙이는 것이다. fuze 는 일정 수준 이상의 전류가 흐르는 경우 fuze 가 용해되어 끊어지게 되고, 그러면 전원이 끊어지도록 하는 것이다.

25.4.2 저항의 직렬과 병렬

저항의 연결 방법에는 직렬 연결과 병렬 연결 및 직병렬 연결의 3가지가 있다. 기본적인
저항의 접속은 합성저항이 증가하는 직렬접속과 합성저항이 감소하는 병렬접속이 있다.

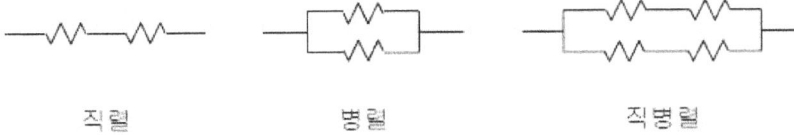

직렬   병렬   직병렬

25.4.2.1 저항의 직렬접속

● **직렬접속의 합성 저항**

직렬 접속은 저항의 합이 증가하는 것으로 합성저항은 전체를 더한 것과 같다.

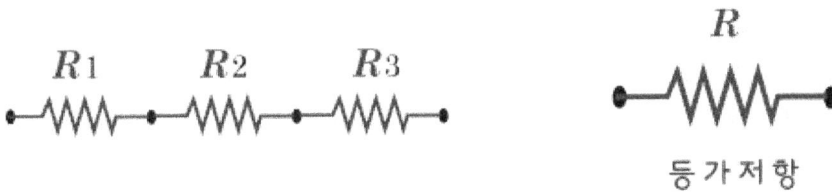

등 가 저 항

즉 회로 전체의 합성저항은 각 저항값을 합한 값이고, 회로에 흐르는 전류는 아래와 같이
계산된다.

$$R = R1 + R2 + R3$$

$$I = \frac{V}{R1 + R2 + R3} \text{ (A)}$$

● 직렬접속의 전류, 전압강하, 전압 분배

직렬접속의 특징은 각 저항에 대해 동일한 전류가 흐르고, 각 저항에 생기는 전압강하는 저항값에 비례한다는 것이다. 회로에 전압을 가했을 때, 각각의 저항에 비례하여 전압이 분배되고, 이를 합하면 전원 전압과 같게 된다

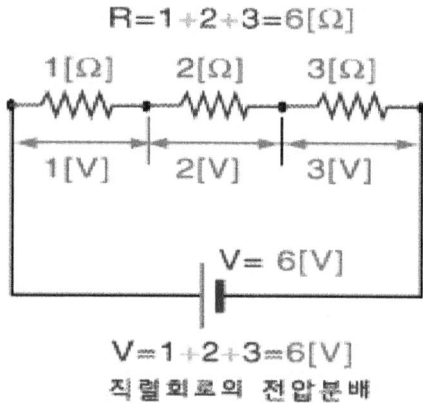

직렬회로의 전압분배

위에서 회로전체의 저항은 6 Ω이며, 따라서 회로에 흐르는 전체 전류는 1[A]가 된다. 회로에 흐르는 전류가 1 A 이므로 각 저항에서 걸리는 전압은 1, 2, 3[V]이고, 이들 전체를 합하면 전원 전압과 같은 6[V]가 된다. 즉 저항에 비례하여 전압이 분배되는 것을 알 수 있다. 전체회로에 가한 전압 6[V]는 3개의 저항의 크기에 비례하여 나누어지고(분배), 각각을 더한 값은 전체 회로의 전압과 같게 된다. 회로에 6[V]를 가했을 때, 각 저항에 생기는 전압강하는 저항값에 비례하여 생기고, 이를 합하면 전원 전압과 같게 된다.

● 전류계 원리

전류계는 회로의 전선에 직렬로 연결하고, 비유적으로 설명하면 일정한 시간에 강의 한 지점을 통과하는 물의 양을 측정하는 것이 전류계이다.

25.4.2.2 저항의 병렬 접속

● 병렬접속의 합성 저항

아래 회로는 3개의 저항이 병렬로 접속되어있다. 저항마다 전류가 흐르므로 3개의 전류로 나누어지고 전류는 저항의 크기에 반비례한다. 병렬접속에서의 합성저항은 가장 작은 저항보다 더 작은 합성저항이 된다. 즉 회로 전체의 합성저항은 다음과 같이 계산된다.

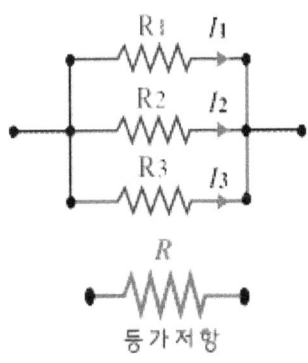

$$R = \cfrac{1}{\cfrac{1}{R_1} + \cfrac{1}{R_2} + \cfrac{1}{R_3}} \ (\Omega)$$

병렬로 연결된 경우 합성저항은 다음과 같이 계산된다.

1/R = 1/R1 + 1/R2 + 1/R3

● 병렬접속의 전류, 전압과 전류 분배

병렬회로의 기본 특징은 각 저항에 대한 전압은 같고, 전류가 다르다는 것이다. 저항이 병렬로 접속된 회로에서는 각 저항마다 동일한 전압이 가해지고 저항에 흐르는 전류는 저항에 반비례하여 흐른다. 접속된 저항의 수만큼 전류가 나누어지는데, 각 저항에 흐르는 전류는 옴의 법칙에 의하여 구한다. 전체 회로에 흐르는 전류는 각 저항에 흐르는 전류를 합한 것과 같다.

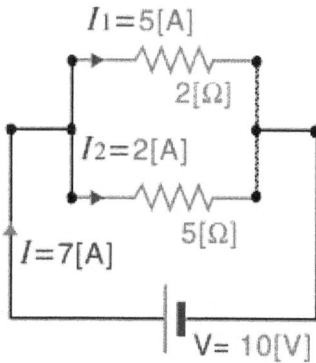

병렬회로의 전류분배

위에서 전체 합성 저항은 R = 1/ (1/2 + 1/5) = 7 Ω이 되고, 각 저항에 가해지는 전압은 10 V 이다. 7[A]의 전류가 회로에 흘러 들어가 2[Ω]의 저항에 10/2 = 5[A]흐르고, 5[Ω]의 저항에 10/5=2[A]흘러 합은 7[A]의 전류가 되는 것이다.

● 전압계의 원리

전압계는 병렬로 연결합니다. 비유적으로 설명하면 일정한 물줄기의 극히 일부분을 끌어내 그 속도를 재는 것이 전압계입니다.

25.4.2.3 저항을 사용하는 이유

● **전류 제한**

전압이 일정한 경우 해당 선로에 흐르는 전류를 제한할 수 있다.

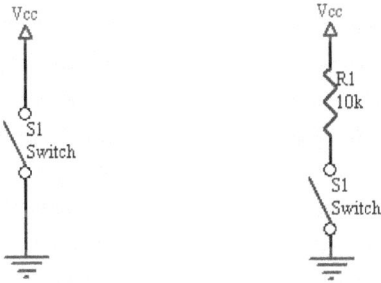

이 회로에서 문제는 스위치가 Off 상태이면 전기가 흐르지 않지만, switch가 On상태가 되면 Vcc에서 GND로 너무 많은 전류가 흐른다는 것이다. 그러면 많은 열이 발생하고, 이것은 부품이나 전선을 태우거나 화재가 발생할 수도 있다. 따라서 적절한 저항을 사용하여 작은 전류를 흐르도록 제한하여 회로를 보호하도록 한다.

● **전압 배분**

저항을 직렬로 연결하는 경우 전압을 배분할 수 있다.

저항의 직렬연결에서 회로에 흐르는 전체 전류는 합성저항에 따라 결정된다. 각 저항에 흐르는 전류는 모두 전체 전류와 동일하다. 반면 각 저항에 걸리는 전압강하는 저항의 크기에 비례하여 배분된다.

● 전류 배분

저항을 병렬로 연결하는 경우 전류를 배분할 수 있다.

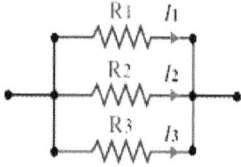

저항의 병렬연결에서 회로에 흐르는 전체 전류는 합성저항에 따라 결정된다. 각 저항에 걸리는 전압은 모두 전체 전압과 동일하다. 반면 각 저항에 흐르는 전류는 저항의 크기에 반비례하여 배분된다.

25.4.3 전원의 직렬 및 병렬

전원의 연결 방법에는 직렬 연결과 병렬 연결 및 직병렬 연결의 3가지가 있다.

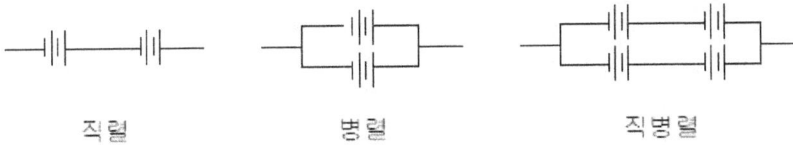

직렬   병렬   직병렬

25.4.3.1 직렬 연결

한 전지의 (+)극을 다른 전지의 (-)극과 연결하는 방법이 직렬 연결이다. 이때 전체의 기전력은 하나하나 전지의 기전력의 합이 된다.

전압을 높여서 사용하여야 할 때 이 직렬접속이 이용된다. 실제로는 전지를 일렬로 나란히 묶으면 직렬연결이 된다. 즉 1.5V짜리 건전지 3개를 직렬로 연결하면 1개의 기전력 1.5V의 3배인 4.5V가 된다.

25.4.3.2 병렬 연결

각 전지의 (+)극은 (+)극끼리, (-)극은 (-)극끼리 같은 극을 공통으로 연결하는 것을 병렬연결이라고 한다.
이때의 기전력은 1개의 기전력과 같지만, 전지의 수명은 전지의 개수만큼 늘어나게 된다.
즉 전지를 사용할 수 있는 시간은 전지의 수에 비례한다.

25.4.3.3 직병렬 연결

이것은 몇 개의 전지를 직렬로 연결한 다음, 다시 병렬로 연결하는 방법이다. 전체의 기전력은 직렬 연결한 전지의 기전력과 같고 전지의 수명은 병렬연결의 수에 비례한다. 직렬연결과 병렬연결의 장점을 살린 연결방법으로 혼합연결이라고 부르기도 한다.

가령 1.5V짜리 건전지 4개를 두 개씩 병렬로 연결한 것을 직렬로 연결할 때 전압은 3V, 사용 시간은 2개 분과 같게 된다.

전지에서 또 하나 알아두어야 할 것 중에 내부저항(內部抵抗)이라는 것이 있다. 전지에서 전류를 사용하면 내부저항에 의해 전압강하 현상이 일어난다. 따라서 전지의 단자에 나타나는 전압 V는 다음과 같다.

V = (기전력) - (전류) x (전지의 내부저항)

이 전압 V를 전지의 단자전압(端子電壓)이라고 한다. 또한 건전지나 축전지의 내부저항은 0.1오옴 정도 또는 그 이하이다.

25.4.4 키르히호프의 법칙

키르히호프의 법칙은 전류에 관한 제1 법칙과 전압에 관한 제2 법칙이 있다.

25.4.4.1 제1 법칙 -전류의 법칙

$\sum$유입전류$= \sum$유출전류

제1 법칙은 전류가 흐르는 길에서 들어오는 전류와 나가는 전류의 합이 같다는 것이다. 즉 회로의 한 점에 유입하는 전류와 유출하는 전류의 합은 동일하다. 즉 그림에서 A점에 유입하는 전류($I1$)와 유출하는 전류 ($I2, I3, I4$)는 다음의 관계에 있다.

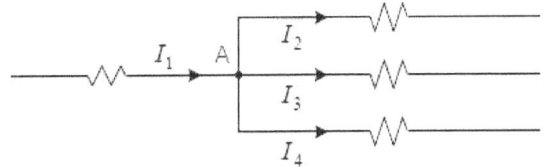

$$I1 \quad = \quad I2 + I3 + \quad I4$$

25.4.4.2 제2 법칙 -전압의 법칙

$\sum$기전력$= \sum$전압강하

제2 법칙은 회로에 가해진 전원전압과 소비되는 전압강하의 합이 같다는 것이다

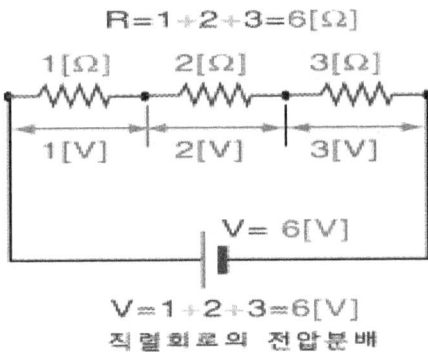

직렬회로의 전압분배

회로에서 가해진 전원전압은 저항3개로 나누어져 소비된다. 즉 부하는 3개의 저항이 되고 각 저항마다 전압강하가 생길 것이다. 각 저항의 전압강하를 모두 합하면 가해진 전원 전압이 된다.

25.4.5 Pull-up 저항과 Pull-down 저항

많은 전자회로에서는 여러 가지 전기적인 충격으로부터 회로가 망가지지 않도록 안전하게 보호하고, 어떠한 상황에서도 처음 설계한 의도대로 정확하게 동작하는 것을 보장하기 위한 방법의 하나로 사용하는 것이 Pull-up 저항과 Pull-down 저항이다. 기본적으로 Pull-up 저항과 Pull-down 저항은 전원과 GND 사이에서 어느 쪽에 저항을 설치하는가에 따라서 구분되는 용어이며, 각각의 저항에 적절한 크기의 저항을 사용하여 작은 전류가 흐르도록 한다. 다음에는 이에 대한 설명을 할 것이다.

추가적인 참고 사항은 다음을 참고하기 바란다.
- http://www.resistorguide.com/pull-up-resistor_pull-down-resistor/
- https://learn.sparkfun.com/tutorials/pull-up-resistors
- http://www.seattlerobotics.org/encoder/mar97/basics.html

25.4.5.1 floating 상태

컴퓨터는 정보를 1(High)와 0(Low)으로 표현된다. 디지털 로직 회로에서 최고전압을 1(High)로 표현하고, 최저전압을 0(Low)로 표현한다. micro-controller에 따라 사용하는 전압이 다를 수 있는데, 통상 최고전압에는 5V가 많이 사용되고, 최저전압은 0V를 사용한다. Raspberry Pi는 최고전압으로 3.3V를 사용한다.

칩에 연결된 전자회로에서 정보를 표현할 때는 입력 pin에 입력 정보에 대응하는 전압을 가해서 정보를 표현한다. 1(High)를 표현하고 싶으면 최고전압을 가하고, 0(Low)를 표현하고 싶으면 0V의 전압을 가한다. 이렇게 pin이 받는 값이 최고전압을 받는 1(High) 상태이거나, GND에 연결되어 최저전압을 받는 0(Low) 상태의 값을 가지고 있어야만 정상적인 작동이 가능하다.

하지만, 입력 핀의 전압이 최고전압도 아니고, 최저전압도 아닌 상태가 되면, 1(High) 상태인지 0(Low) 상태인지 결정할 수 없다. 이런 상태를 **플로팅(Floating)**되었다고 한다. floating은 허공에 뜬 채 아무것도 연결을 하지 않는 상태, 또는 서로 절연되어 있는 상태를 말한다.

일반적으로 생각하기에 선이 연결되지 않은 경우 전기가 통하지 않기 때문에 0(Low)의 상태로 생각하기쉽지만 사실은 그렇지 않다. 전자적으로는 아무것도 연결을 하지 않으면 입력 핀의 전압이 최고전압과 최저전압의 중간 전압일 수도 있고, 주변의 전기장 상태나 각종 노이즈에 따라서 수시로 High 상태로 변동될 수도 있고, Low 상태로 변동 될 수도 있다. 이렇게 입력값이 불안정하게 수시로 변하는 정확한 디지털 입출력에 방해가 되고, 부품이 오작동하게 된다.

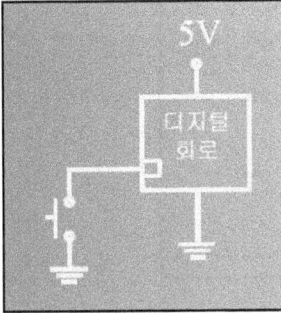

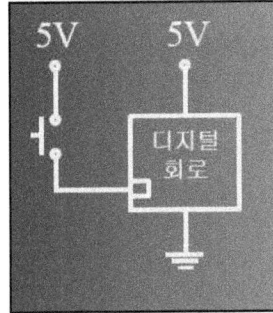

그림 25-7 floating 상태의 전자회로

위에서 왼쪽 그림은 입력 pin이 GND에 연결되어 있는 회로이다. 스위치가 On상태이면 0V(Low)가 입력으로 들어 가지만, 스위치가 Off 상태이면 입력이 5V인지, 0V인지 알 수가 없다.

오른쪽 그림은 입력 pin이 5V 전원에 연결되어 있는 회로이다. 스위치가 On상태이면 5V(High)가 입력으로 들어 가지만, 스위치가 Off 상태이면 입력이 5V인지, 0V인지 알 수가 없다. 이런 상태를 floating이라고 한다.

25.4.5.2 Pull-up 및 pull-down에서 저항을 사용하는 이유

예를 들어 스위치를 누르지 않으면 High상태이고, 스위치를 누르면 Low 상태가 되는 회로를 만든다고 가정해 보자

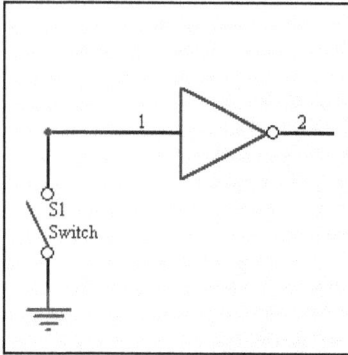

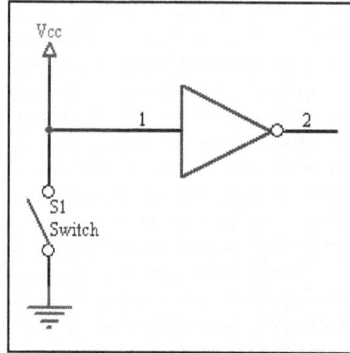

이를 위해서 위의 왼쪽과 같은 회로를 만들면 될 것 같은데, 이런 경우는 MCU의 입력포트가 하이임피던스 (HIGH-Z) 상태이므로 High상태인지 Low상태인지를 알 수가 없다.

그래서 이번에는 위의 오른쪽과 같은 회로를 꾸미면, 스위치가 On 되었을 때, Vcc에서 GND로 너무 많은 전류가 흐른다는 것이다. 그러면 많은 열이 발생하고, 이것은 부품이나 전선을 태우거나 화재가 발생할 수도 있다. 더구나 전원공급부의 전압이 zero수준으로 떨어지게 되므로 대부분의 회로는 고장이 날 수 있다. 이러한 과전류는 micro-controller에는 엄청난 충격을 주어 장치를 망가뜨릴 수 있고, 또한 접지로 곧바로 연결되는 경우는 short 현상이 발생해서 전선이 타 버릴 수도 있다.

이러한 위험을 방지하기 위해서 아래와 같이 전원과 GND 사이에 적절한 크기의 저항을 사용하여 작은 전류를 흐르도록 제한하면, 위와 같이 short가 발생하는 것을 방지할 수 있다. 왼쪽은 pull-up 저항이고, 오른쪽이 pull-down 저항이다.

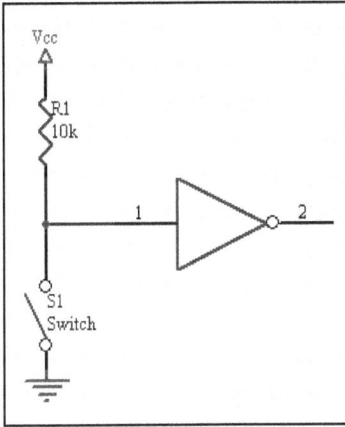

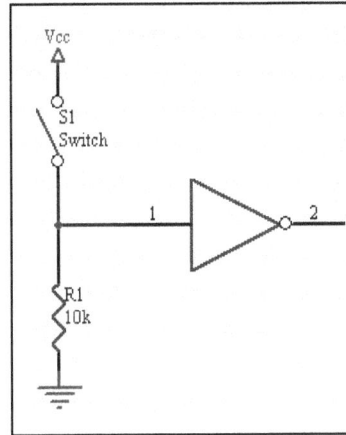

25.4.5.3 pull-up 저항

디지털 회로에서 논리적으로 평상시 switch off일 때 High 상태를 유지하고, switch on 상태가 되면 Low 상태가 되는 회로가 있다.

이런 회로를 만들기 위해서 신호의 입력 또는 출력단자와 +VCC 전원 단자 사이에 접속하는 저항을 **pull-up resistor**라고 한다. pin을 높은 저항에 매달아 둔다는 뜻으로 'pull up'이라고 한다. 저항을 5V 전원 쪽에 달고, 아래에 접지 쪽으로 스위치가 붙어 있다. 한편 입력 pin 내부는 High impedence상태로서 높은 저항이 작동하고 있다.

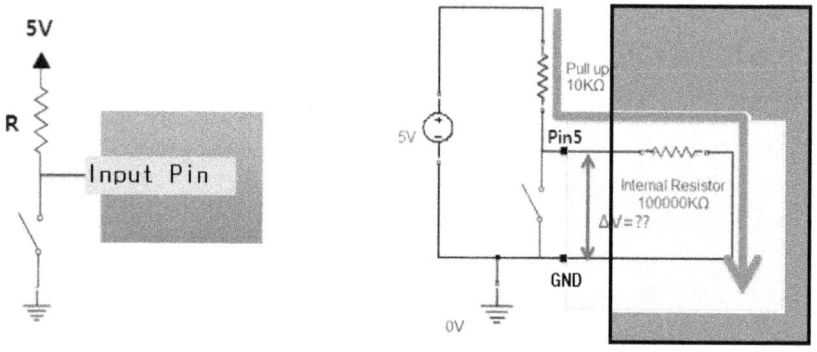

그림 25-8 pull up 저항

이 회로에서 평상시 switch가 off 상태일 때를 검토해 보자. 전원 쪽에 설치된 10 KΩ의 상당히 큰 pull up resistor가 설치되어 있어서 회로에 손상을 주지 않은 정도로 제한된 작은 전류만 공급된다. 공급되는 모든 전류는 입력 pin 쪽으로 흘러 가게 된다.

입력 pin 내부는 high impedence 상태로서 통상 pull up resistor보다 10 배 이상의 높은 저항이 작동하고 있다. 이러한 연결 상태는 pull up 저항과 입력 pin 내부 저항이 직렬 접속의 상태로 연결된 것으로 pull up 저항에서 극히 일부 전압강하가 발생하지만 대부분의 전압은 입력 pin 내부 저항에 배분되도록 되어 있다. 따라서 입력 pin에는 최고전압인 High 상태가 유지되는 것이다.

micro-controller의 입력핀은 통상 100KΩ ~ 1MΩ 정도의 입력 impedence를 가지고 있다. 따라서 스위치가 off인 상태에서는 pull-up저항 R1과 내부 impedence R2에 의해 VCC에 가해진 전압이 전압분배가 되고, R2에 분배된 값이 입력 pin에 나타나는 값이 된다. pull-up저항이 수 MΩ 정도로 크다면 R2에 걸리는 전압이 상대적으로 작아져서 최악의 경우 프로그램에서 High로 인식되지 않을 수도 있다. 이런 문제를 방지하기 위해서 통상 pull-up 저항은 입력 pin의 impedence의 1/10 보다 적은 저항을 사용하도록 한다. 이렇게 하면 대부분의 전압이 R2에 걸리게 되어 VCC의 전압이 거의 그대로 입력 pin의 값으로 나타나게 된다.

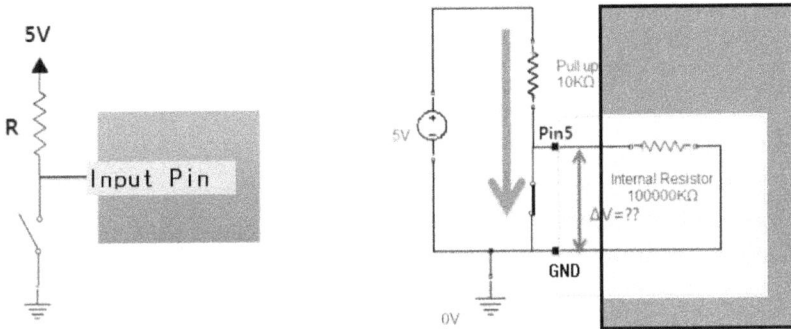

이제 switch가 on 상태를 검토해 보자. 스위치를 닫으면, GND 쪽에는 저항이 없고, 입력 pin 쪽으로는 high impedence의 높은 저항이 작동하고 있으므로, 전원에서 공급되는 전류는 모두 GND 쪽으로 흐르고, 입력 pin도 GND에 연결되어 있기 때문에 입력 pin에 남아 있던 모든 전류도 GND로 흘러서 입력 pin에는 0V의 낮은 전압 상태가 유지되는 것이다.

또한 이런 상태는 전원과 GND가 직접적으로 연결되는 형태이지만, pull up 저항으로 전류의 크기를 낮은 수준으로 제한했기 때문에 전기적으로 short가 발생하지 않고 안정적인 상태를 유지할 수 있다.

이렇게 pull up resistor를 사용하면 회로에서 스위치 off 상태에서 항상 High 상태를 유지하고, switch가 on 상태에서 Low 상태를 안정적으로 유지할 수 있게 해 준다.

이러한 pull up 저항은 저항값이 높으면, 소비전류는 적지만 노이즈에 약하고, 반대로 저항값이 낮으면, 소비전류는 많지만 노이즈나 속도에 유리한 특징이 있다.

25.4.5.4 pull-down 저항

디지털 회로에서 논리적으로 평상시 switch off일 때 Low 상태를 유지하고, switch on 상태가 되면 High 상태가 되는 회로가 있다.

이런 회로를 만들기 위해서 신호의 입력 또는 출력단자와 -GND 접지 단자 사이에 접속하는 저항을 **pull-down resistor**라고 한다. pin을 항상 그라운드에 묶어 둔다는 의미에서 'pull down'이라고 한다. 5V 전원 쪽에 스위치를 달고, 아래에 접지 쪽으로 저항이 붙어 있다. 한편 입력 pin 내부는 high impedence상태로서 높은 저항이 작동하고 있다.

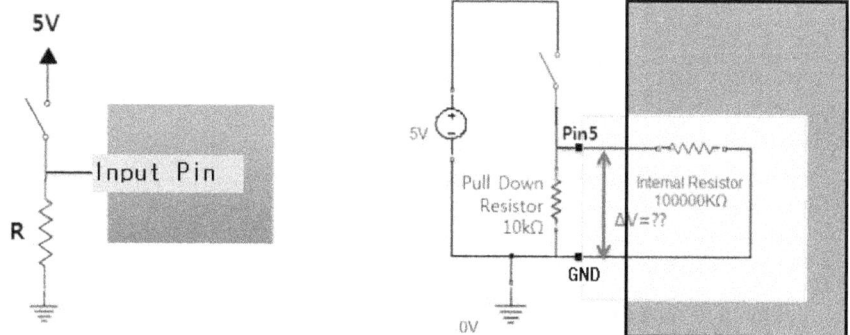

그림 25-9 pull down 저항

이 회로에서 평상시 switch가 off 상태일 때를 검토해 보자. 입력 pin이 GND에 연결되어 있기 때문에 입력 pin에 남아 있던 모든 전류는 GND로 흘러서 입력 pin의 전압은 0V가 된다.

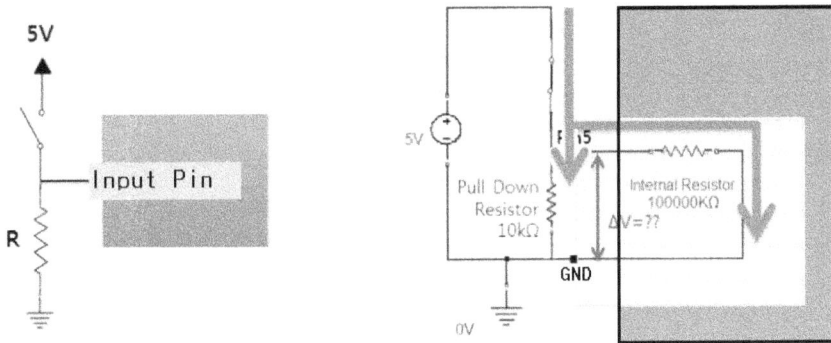

이제 switch가 on 상태를 검토해 보자. 스위치를 닫으면, 전원에서 흘러오는 전류는 pull down 저항과 입력 pin 쪽으로 동시에 흘러 가게 된다.

GND 쪽에는 pull down 저항이 있고, 내부는 high impedence 상태로서 통상 pull up resistor보다 10 배 이상의 높은 저항이 작동하고 있다. 이러한 연결 상태는 pull down 저항과 입력 pin 내부 저항이 병렬 접속의 상태로 연결된 것으로, pull down 저항이 입력 pin 의 저항에 비해 훨씬 작으므로, 전원에서 공급되는 전류의 대부분이 GND 쪽으로 흐르고, 입력 pin에는 약간의 전류가 흐르게 된다. 하지만 pull down 저항과 입력 pin에는 전원의 전압이 동일하게 가해지게 된다.

또한 이런 상태는 전원과 GND가 직접적으로 연결되는 형태이지만, pull down 저항으로 전류의 크기를 낮은 수준으로 제한했기 때문에 전기적으로 short가 발생하지 않고 안정적인 상태를 유지할 수 있다.

이렇게 pull down resistor를 사용하면 회로에서 스위치 off일 때 항상 Low 상태를 유지하고, switch가 on 이면 High 상태를 안정적으로 유지할 수 있게 해 준다.

이러한 pull down 저항은 저항값이 높으면 소비전류는 적지만 노이즈에 약하고, 반대로 저항값이 낮으면, 소비전류는 많지만 노이즈나 속도에 유리한 특징이 있다.

25.4.5.5 pull up / pull down resistor value

pull-up resistor의 적절한 값은 다음 두 가지 factor에 의해서 제한을 받는다.

첫 번째 factor는 전력 소모이다. 저항값이 너무 낮으면 switch가 닫혔을 때 pull-up resistor에 많은 전류가 흐르고, 장치에 열이 발생하게 되며, 불필요한 전류가 소모된다. 이러한 상태를 strong pull-up (more current flows)이라고 하고, 저전력 소비가 필요한 경우에는 피해야 하는 조건이다.

두 번째 factor는 switch가 open 되었을 때의 pin 전압이다. pull-up 저항값이 너무 높으면, 입력 pin에서의 많은 누설 전류와 결합하여 switch가 open될 때 입력전압이 부족할 수 있다. 이러한 상태를 weak pull-up(less current flows)이라고 한다. 실제의. pull-up 저항값은 입력 pin의 누설 전류와 밀접한 관련이 있는 입력 pin의 impedance에 좌우된다.

25.4.6 직류 전력

전기의 힘을 전력이라 한다. 전력은 전압에 전류를 곱한 값이 된다. 전력은 전류가 저항을 거쳐갈 때 소비되는 에너지의 양을 의미한다.

직류에서 전력은 다음과 같이 계산된다.

전력 = 전압×전류 (P = VI)

그런데 옴의 법칙에서 V = I R 이므로 이를 윗 식에 대입하면 전력을 아래와 같이 표시할 수 있다. 여기서는 전류와 저항을 이용하여 전력을 계산할 수 있다.

P = VI = IR x I = I2 x R [W]

또 I = V/R 이므로 전력은 다음과 같이 표시할 수도 있다. 여기서는 전압과 저항을 이용하여 전력을 계산할 수 있다.

P = VI = V x V/R = V2 / R [W]

25.5 interface 준비물 및 사용법

25.5.1 GPIO extension board

Raspberry Pi의 GPIO pin은 시스템 board의 본체에 붙어 있어서 board 자체를 보호상자에 넣는 경우 외부 회로와 연결작업을 하기 어렵고, 각 pin에 대한 이름이 표시되어 있지 않아서 작업할 때는 하나씩 확인하면서 작업해야 한다. 또 개별 pin의 모양이나 pin 간의 공간적인 제약으로 GPIO pin에 직접 전자부품이나 회로를 연결하는 것은 매우 불편하다.

그래서 Raspberry Pi 본체의 GPIO 장치를 외부로 길게 연장하여 외부의 별도 장치에 연결하고, GPIO의 모든 pin들과 서로 대응되도록 연결하여 외부의 장치에서 자유롭게 작업을 할 수 있는 도구들이 제공되고 있다. 이러한 부품들을 GPIO extension board 또는 cobbler 라고 하는데, 이것을 이용하면 넓은 공간에서 손쉽게 회로 구성 작업을 할 수 있고, board 표면에 모든 pin의 이름이 적혀있기 때문에 작업할 때 원하는 pin 위치를 손쉽게 파악할 수 있어서, 실험적으로 회로를 구성하여 테스트해보는 프로토타입 제작 시 용이하다.

시중에는 여러 가지 형태의 extension board들이 개발되어 판매되고 있다. 아래는 많이 사람들이 사용하는 대표적인 T자형 GPIO externsion board의 사례를 보여 주고 있다.

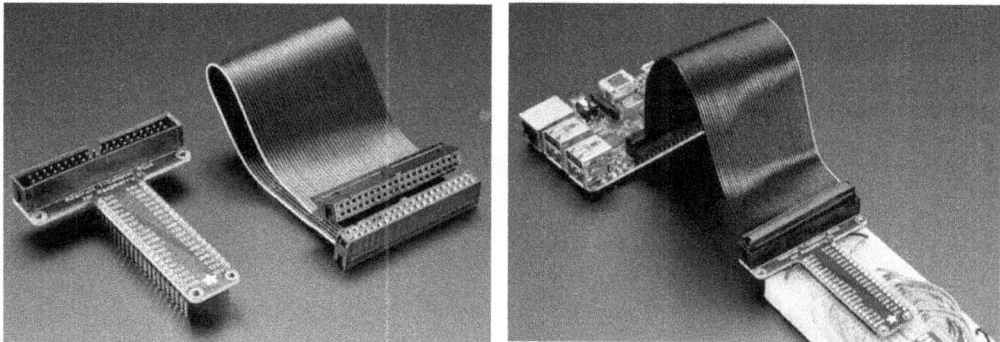

그림 25-10 GPIO externsion board

위에서 왼쪽은 Raspberry Pi 2, B+ T GPIO externsion board Cobbler 와 GPIO 40 pin cable 의 모습이고, 오른쪽은 T GPIO extension board를 breadboard에 끼우고, Raspberry Pi 본체에 있는 GPIO 와 케이블로 서로 연결한 모습이다. 이런 상태에서 breadboard에서 여러 가지 회로와 부품을 연결하고 필요한 회로작업을 하여 시험용 프로토타입을 만들 수 있다.

25.5.2 breadboard

25.5.2.1 breadboard 구조

breadboard는 속칭 빵판이라고도 하는데, 전면에는 전선을 끼울 수 있는 2.54mm 간격의 구멍이 격자 모양으로 배치되어 있어 전자부품을 끼우고, 다시 뺄 수 있도록 되어 있는 장치이다.

아래 그림에 보이는 것이 통상적인 breadboard의 모습이다. 좌우에 세로로 빨간색과 파란색 두 줄이 그려져 있는 부분을 bus 영역이라고 한다. 보통 전원을 연결하여 사용하는 부분인데, 빨간색에는 (+) 전원을 연결하고, 파란색에는 (–) 전원을 연결하여 사용한다. 중앙에 가로로 2부분으로 구분되어 각각 5칸씩 되어 있는 부분을 IC 영역이라고 하는데, 여러 가지 부품을 배치하는 곳이다. 양쪽 모두 작은 구멍이 뚫려 있어 각종 부품들의 다리를 꽂아서 회로를 구성 할 수 있다.

breadboard 내부구조는 아래 그림처럼 전기가 통하는 금속선들이 이들 구멍들을 행/열로 서로 이어 주고 있다. 통상 양쪽 바깥에 있는 bus 구멍들은 세로로 길게 전체가 연결되어 있고, 가운데 있는 IC 영역은 좌/우로 구분되어 짧게 가로로 5칸씩 연결되어 있다. 이렇게 내부적으로 서로 연결되어 있어서 같은 행/열의 전자부품들이 별도의 전선을 사용하지 않고도 서로 연결되도록 한다.

breadboard는 GPIO 핀과 연결하여 시험용 전자회로를 만들 때 주로 사용해주며, board 위에서 서로 전선을 연결하여 납땜을 하지 않고도 시험용 회로를 손쉽게 만들어보고 수정할 수 있는 편리한 도구이다.

breadboard는 용도에 따라 많은 종류가 있으며, 크기도 다양하다. 아래 그림에 있는 것이
breadboard의 한 사례이다.

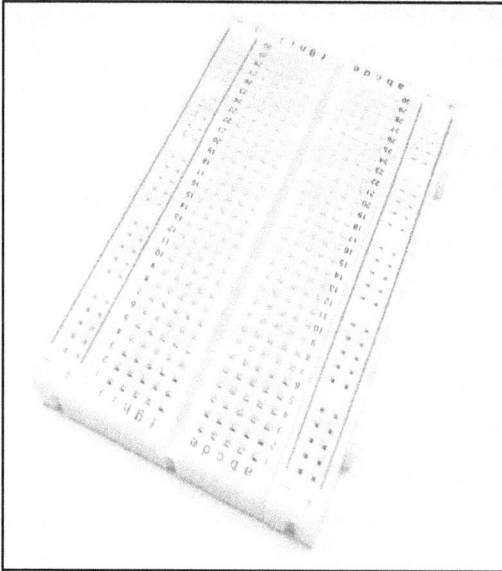

그림 25-12 breadboard 전체 모양

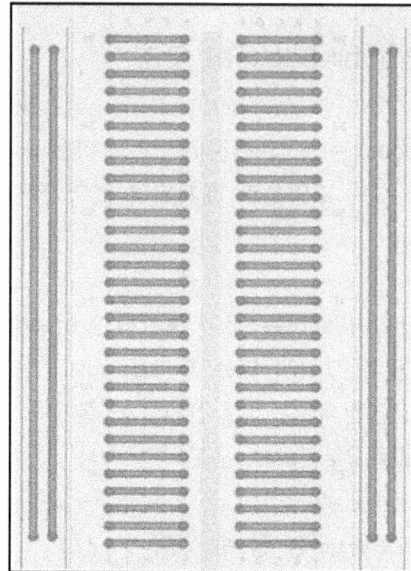

그림 25-11 내부 연결 모양

25.5.2.2 breadboard 사용법

breadboard는 내부에서 bus 영역과 IC 영역의 구멍들이 서로 연결되어 있다는 것을 이해하고 내부에서 서로 합선이 되지 않도록 주의해야 한다.

다음은 LED램프를 켜기 위한 회로들이다. 왼쪽 회로는 건전지와 저항을 같이 납땜하여 연결한 것이다. 오른쪽 회로는 부품과 전선을 breadboard의 홈에 끼운 것이다. 이렇게 breadboard 만 있으면 납땜을 하지 않아도 전자부품의 다리를 breadboard 홈에 꽂아 쉽게 전자회로를 만들 수 있다.

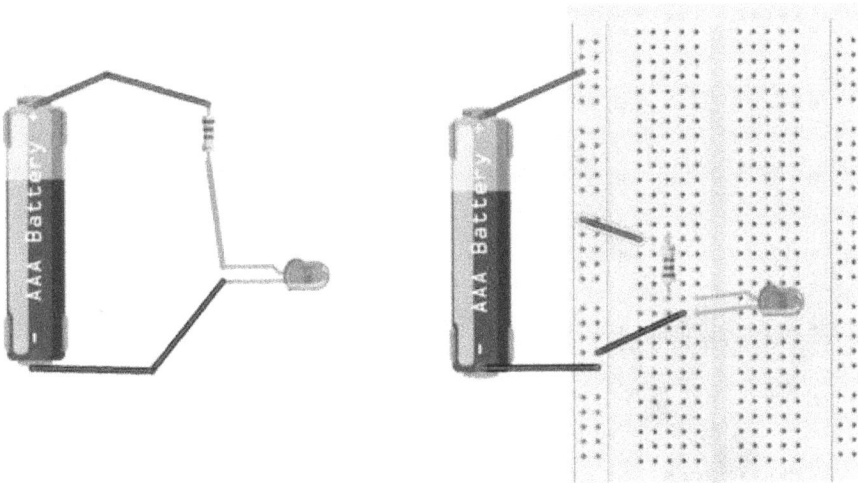

아래 그림은 실제로 여러 가지 부품들을 breadboard에 설치한 사례들을 보여 준 것이다.

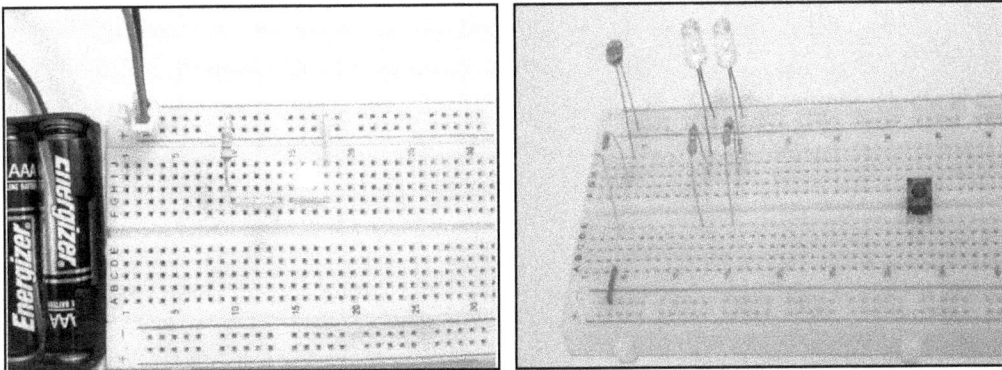

25.5.3 jumper wire

점프와이어는 회로를 구성할 때 부품과 회로를 서로 연결하는데 사용한다. breadboard를 사용하면 전선을 사용하지 않고도 전자부품들을 Raspberry Pi에 어느 정도 연결할 수는 있지만, breadboard 위의 행과 행 사이를 연결하려면 여전히 전선이 필요하다.

점퍼와이어로 사용하는 선은 연선보다는 단선이 좋다. breadboard의 구멍에 끼우기가 더 쉽기 때문이다. 또한 여러 가지 색깔의 전선을 사용하면 용도에 따라 색깔로 구분할 수 있어 더 좋다.

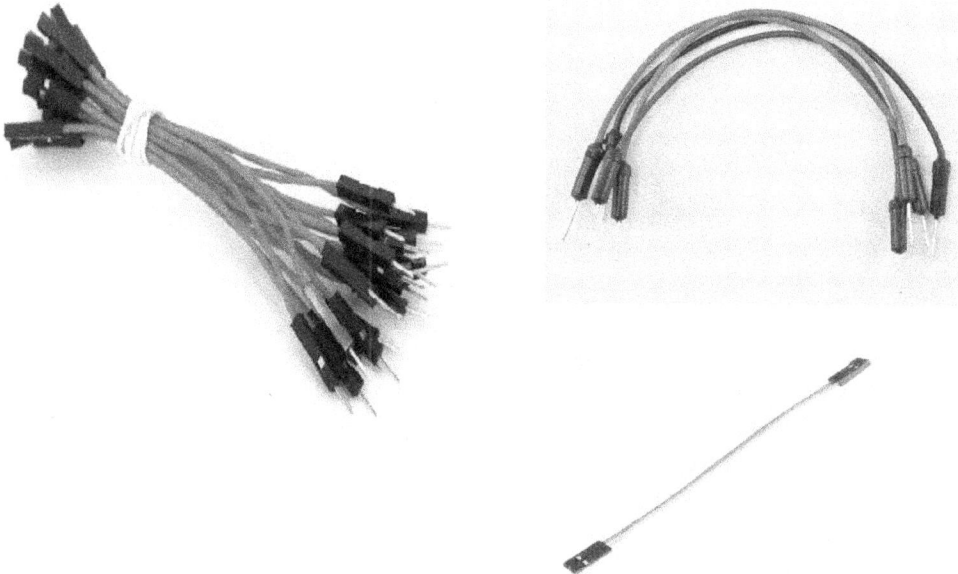

그림 25-13 jumper wire

점퍼와이어의 선 끝 모양을 검토할 때 우선 고려할 사항이 있다. 점퍼와이어는 선 끝의 모양이 숫놈(male) 또는 암놈(female)의 형태로 되어 있어서 연결하고자 하는 곳의 형태와 맞지 않으면 사용할 수 없으므로 사용하는 각각의 용도에 맞는 것을 구비해야 한다.

우선 Raspberry Pi의 GPIO port는 뾰족하게 송곳모양을 하고 있는 수놈(male) 형태라는 것이다. 따라서 GPIO port에 직접 어떤 선을 연결하고자 하면 GPIO port의 뾰쪽한 port에 쉽게 연결할 수 있도록 그 선 끝이 암놈(female) 형태를 하고 있는 것이어야 한다. 또한 breadboard는 board 위에 있는 hole에 선을 끼우는 형태이므로 bread board를 연결하는 선은 그 끝이 뾰족한 수놈(male) 형태이어야 한다는 것이다.

다음은 점퍼와이어의 끝 모양별로 주요 사용 방법을 정리한 것이다.
- 암-암(female to female)
  breadboard을 이용하여 회로를 구성하지 않고, Raspberry Pi의 pin header와 다른 외부 모듈의 숫놈을 pin을 직접 연결할 때 사용한다.

- 수-암(male to female) 또는 암-수(female to male)
  GPIO pin에서 bread board의 hole로 연결하거나, 외부 모듈의 암놈 pin으로 직접 연결할 때 사용할 수 있으며, bread board에서 외부 module의 수놈 pin을 직접 연결할 때도 사용할 수 있다.

- 수-수(male to male)
  breadboard의 한 부분에서 다른 부분으로 연결하는데 사용한다.

25.5.4 저항(resistor)

25.5.4.1 저항기

저항기(또는 저항)은 전기회로에서 전류가 잘 흐르지 못하도록 전류의 흐름을 방해하여 전압을 떨어뜨리는 효과를 내는 전자부품을 말하며, 대부분의 전자회로에서 많이 사용된다. 저항의 단위는 오옴(ohm)인데, 기호로는 Ω으로 표기한다.

저항은 성격에 따라 여러 가지 종류가 있다. 고정저항은 가장 일반적으로 사용되는 저항으로 일정한 저항치를 가지고 있으며 변동하지 않는다. 가변저항은 일정한 범위 내에서 저항값이 가변 할 수 있게 한 저항으로 음량조절 볼륨이나 기타 조절부위에 사용하며, 회전방식과 슬라이드 방식이 있다. 또한 저항의 모양에 따라 lead 형태로 되어 있는 것도 있고, chip 형태로 되어 있는 것도 있다.

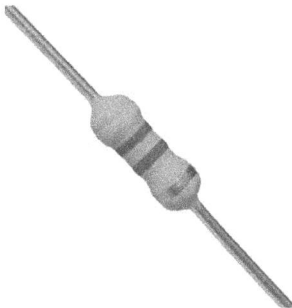

그림 25-14 저항기

일반적으로 시험적인 전자회로를 구성할 때는 통상 lead 형태의 고정저항을 많이 사용한다. 전자회로에서는 여러 가지 저항 값의 저항이 필요하므로 많이 사용되는 저항 값의 저항을 여러 개 갖춰두는 것이 좋다. 여러 종류의 저항을 하나로 묶어서 kit로 판매하는 것을 구매하는 것도 좋은 방법이다.

다음은 회로를 구성할 때 저항을 사용한 간단한 사례를 보여주고 있다.

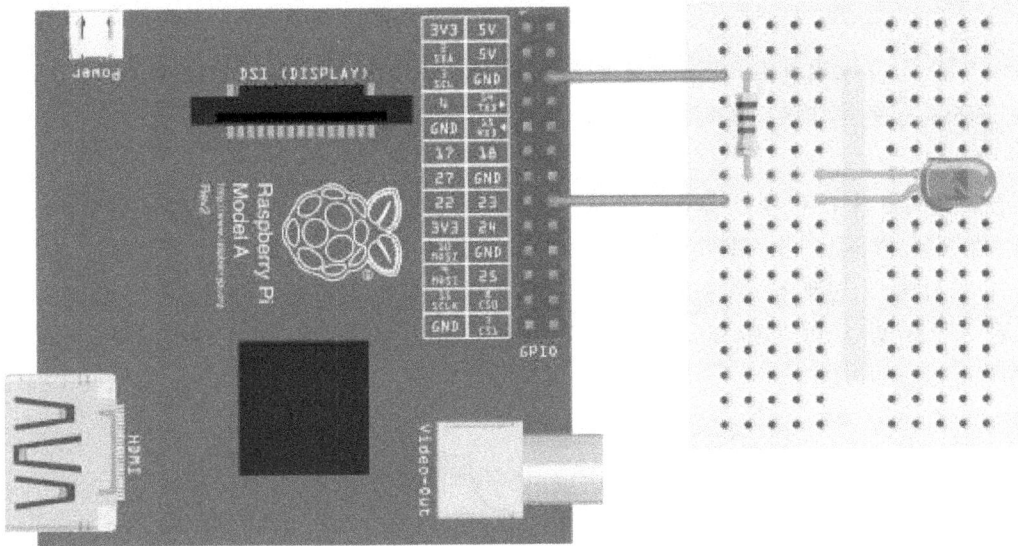

25.5.4.2 저항 값 읽기

저항의 저항 값을 알려면 멀티미터기로 측정을 하거나 색 띠로 계산해야 한다. 여기서는 저항 표면에 있는 색 띠로 저항값을 계산하는 방법을 설명한다. .

아래는 전형적인 4색 띠 저항 그림이 있다. 4개의 색 띠에서 앞의 두 띠는 저항 값을 나타 낸다. 세 번째 색 띠는 승수로써 앞의 두 자리 저항 값에 10의 몇 승을 곱할 것인지를 나 타낸다. 마지막 네 번째 색 띠는 저항 값의 오차 허용치 또는 정밀도를 나타낸다. 5색 띠로 표시된 저항도 있다. 이 때는 첫 세 자리까지 저항 값이고 네 번째는 역시 승수, 다섯 번째 는 허용오차를 의미한다.

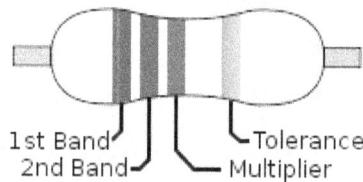

색	자리수 Figure	배수 Multiplier	오차		열 계수 (ppm/K)	
검정(Black)	0	1				
갈색(Brown)	1	$\times 10^1$	±1%	F	100	S
빨강색(Red)	2	$\times 10^2$	±2%	G	50	R
주황색(Orange)	3	$\times 10^3$			15	P
노랑색(Yellow)	4	$\times 10^4$	(±5%)		25	Q
초록색(Green)	5	$\times 10^5$	±0.5%	D	20	Z
파랑색(Blue)	6	$\times 10^6$	±0.25%	C	10	Z
보라색(Violet)	7	$\times 10^7$	±0.1%	B	5	M
회색(Gray)	8	$\times 10^8$	±0.05% (±10%)	A	1	K
흰색(White)	9	$\times 10^9$				
금색(Gold)		$\times 10^{-1}$	±5%			
은색(Silver)		$\times 10^{-2}$	±10%	K		
색 없음(None)			±20%	M		

표 25-2 저항값 읽기

위의 그림에 있는 저항 값을 읽어보자. 처음 두 색이 빨강, 빨강이므로 저항 값은 우선 22로 볼 수 있다. 그 다음은 초록색이므로 10의 5승을 의미한다. 그러면 2,200,000 Ω이 된다. 1,000 Ω은 1 KΩ이고, 1 KΩ은 1MΩ이므로 보통 2.2 MΩ으로 쓰는 게 편리하다. 마지막 색띠는 금색이므로 허용오차는 +-5%이다.

25.5.5 push button

전자회로에서 사용되는 button은 여러 가지 종류가 있다. 그 중에서 Push-Button는 매우 간단한 입력 장치이다. 버튼을 누르면 회로가 연결되고, 스위치를 놓으면 곧바로 연결이 끊어지므로 순간 접점 스위치(momentary contact switch) 라고도 한다.

아래 왼쪽은 일반적으로 사용되는 push button의 모양을 보여준 것이며, 오른쪽은 push button의 내부의 배선 형태를 보여준 것이다. 그림에서 연결 접점은 4 개이지만 내부적으로 A-C와 B-C는 이미 서로 연결되어 있는 상태이고, 버튼을 누르면 A-C 선과 B-D 선이 서로 연결되는 구조를 가지고 있다.

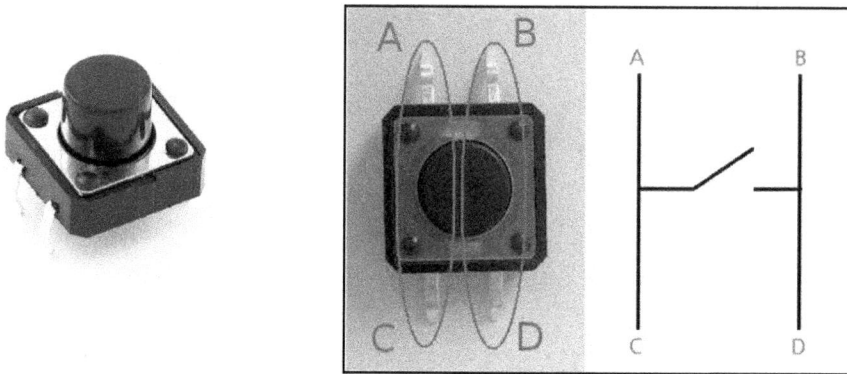

그림 25-15 push button

breadboard에 버튼을 설치할 때 주의할 점은 A-C 와 B-D가 이미 연결되어 있으므로 A-C, B-D가 breadboard에서 서로 내부적으로 연결된 동일 행에 설치되지 않도록 해야 한다.

아래는 breadboard 위에 push button을 설치하고 다른 전자 부품과 회로를 구성한 사례이다. 아래에서 보면 A-C와 B-D는 다른 행에 설치되어 있는 것을 확인할 수 있다.

아래는 Raspberry Pi와 button을 이용하여 간단한 회로를 구성한 사례이다. 한쪽은 버튼의 A-C 선에 연결되어 있고 다른 한쪽은 버튼의 B-D 선에 연결되어 있는 것을 확인할 수 있다.

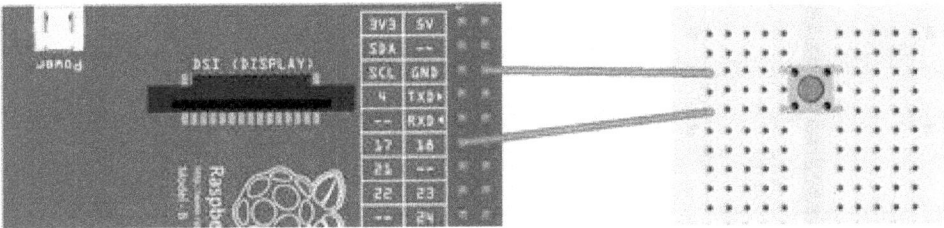

25.5.6 LED light

발광다이오드(LEDs; Light-emitting diodes)는 전자회로를 구성할 때 특정 선로에 전기가 흐르는지, 그렇지 않은지를 판단하는 장치로 많이 사용되는 출력 장치이다. LED는 전압이 가해졌을 때 빛을 내므로 Raspberry Pi의 특정 GPIO port가 high 상태인지 low 상태인지를 나타낼 수 있고, 회로의 특정 선로에 전기가 흐르는지를 판단할 수 있다. Raspberry PI의 GPIO 포트는 고휘도 LED를 구동할 정도의 고전력을 내지 못하므로 LED를 구매할 때 저전력 LED(일반적인 LED)를 구매한다.

다음은 LED 부품 사진과 LED의 기본 구조에 대한 설명이다. LED에서 다리가 긴 것은 (+)이고 짧은 것은 (-)입니다.

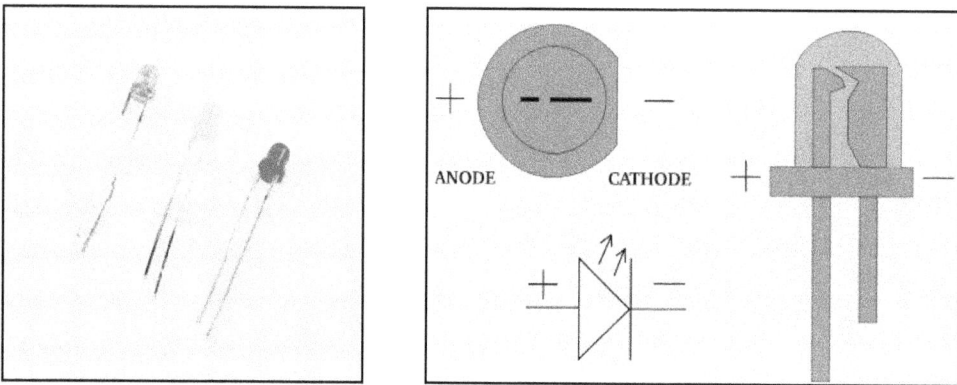

그림 25-16 LED light

LED를 breadboard에서 설치할 때는 LED의 긴 다리(Anode, +)를 breadboard의 한 행에 꽂고, 짧은 다리(Cathode, -)를 다른 행에 꽂는다. 두 다리를 같은 행에 꽂으면 안 된다. 그리고 LED의 긴 다리(+)를 회에서 (+) 쪽으로 연결하고, LED의 짧은 다리(-)를 회로상의 (-)쪽에 연결해야 한다.

아래는 LED를 이용하여 회로를 구성한 사례이다. 노란선은 LED의 긴 다리(+)을 3.3V 전원을 공급하는 GPIO 1 pin에 연결하고, 파란선은 LED의 짧은 다리(-)를 저항을 거쳐서 GND(접지) 기능을 하는 GPIO 3 pin에 연결되어 있다.

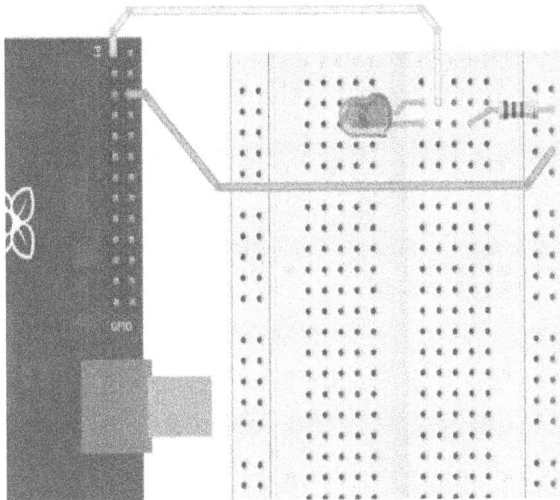

LED는 과도한 전류가 흐르거나 과도한 전압이 걸리면 타버리기 때문에 적절한 저항을 사용하여 전류와 전압을 제한할 필요가 있다. 통상 LED에서 사용할 수 있는 최대전압과 전류는 다음과 같다. 이 범위를 벗어나게 되면 LED가 손상되게 될 것이다. 아래 자료를 보면 색상에 따라 허용되는 전류는 동일하고, 파장이 길수록, 즉 가시광선 기준 빨간색 방향으로 갈수록 허용 전압이 더 적다는 것을 알 수 있다.

색상	구 분	최소전압	최대전압	전류(일반)	전류(최대)
적 ●	Red	1.8V	2.3V	20 mA	50 mA
등 ●	Orange	2.0V	2.3V	30 mA	50 mA
황	Real Yellow	2.0V	2.8V	20 mA	50 mA
초	emerald Green	1.8V	2.3V	20 mA	50 mA
초 ●	Real Green	3.0V	3.6V	20 mA	50 mA
청 ●	sky Blue	3.4V	3.8V	20 mA	50 mA
청 ●	Real Blue	3.4V	3.8V	20 mA	50 mA
자 ●	Pink	3.4V	3.8V	20 mA	50 mA
백 ○	White	3.4V	4.0V	20 mA	50 mA

표 25-3 LED 색상별 특징

전압을 낮추기 위해서 저항을 사용하지만, 저항 값이 너무 크면 빛의 밝기가 너무 어둡거나 아예 켜지지 않게 되고 너무 낮으면 LED를 태울 수 있으므로 적절한 저항값이 필요하다. LED에 흐를 수 있는 순방향 최대 전류(I)와 순방향 최대 전압(F)을 알아야 적정한 저항값을 계산할 수 있다. 원하는 수준으로 전압을 낮출 수 있는 저항 값을 계산하려면 다음 공식을 사용한다. 이것은 LED가 설치되는 회로에 가해지는 실제의 전압을 LED가 허용할 수 있는 수준의 전압으로 낮추기 위한 저항 값을 계산하는 것이다.

$$R = (V - F) / I$$

R	-- 오옴 단위의 저항 값
V	-- LED에 가해지는 전압
F	-- LED의 허용되는 순방향 최대 전압
I	-- LED의 허용되는 순방향 최대전류

LED를 보호하기 위한 저항을 설치하는 위치는 통상 LED 기준으로 통상 (+) 쪽에 설치하지만, LED 기준으로 (-) 쪽에 설치해도 동일한 효과를 얻을 수 있으며, 문제가 없다. 즉 아래 그림에서 왼쪽과 오른쪽의 어느 쪽을 선택해도 동일한 효과가 있다.

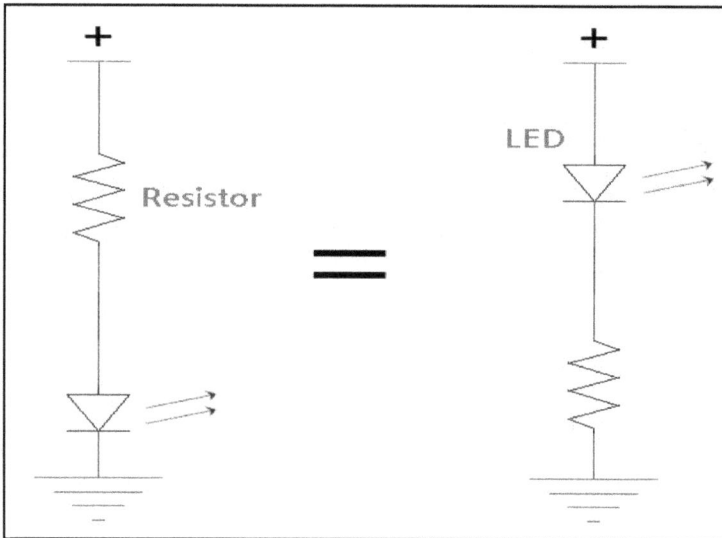

25.5.7 sensor

Sensor는 주위 대상물의 상태를 파악하는 장치로 사람의 감각에 해당하는 기능을 수행하는 소자이다. sensor는 자신의 주위에 있는 대상물의 상태를 탐지하고, 사건의 발생을 탐지하고, 수량의 변동을 감지하고 측정하여, 전기신호 또는 광학신호로 전달해 준다. 이러한 sensor에는 빛센서, 온도센서, 가스센서, 압력센서, 자기센서 등 다양한 종류가 있다. 또한 작동방식에 따라서 주위의 상태를 수동적으로 받아들이기만 하는 수동적 센서(camera, MSS, TM, HRV)와 전자기파를 보내서 다시 받는 능동적 센서(Radar, Laser)가 있다.

아래는 시중에 판매되고 있는 여러 가지 종류의 sensor를 사례로 보여주는 것이다. 이 외도 다양한 기능을 제공하는 sensor가 많이 있으며, 동일한 기능을 제공하는 다른 sensor로 많이 있다.

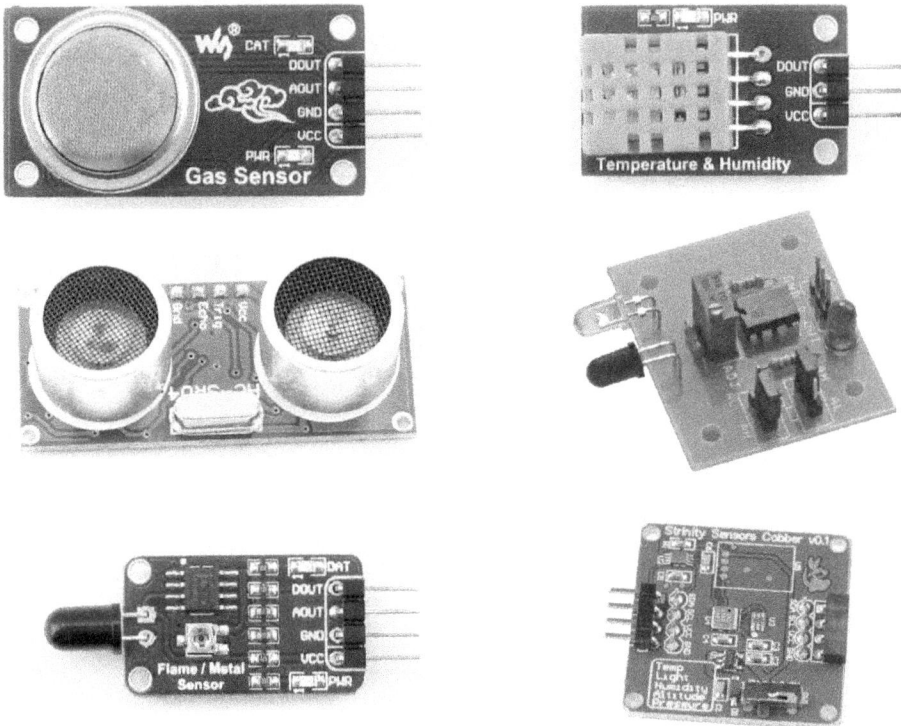

그림 25-17 다양한 sensor

아래는 특정 sensor를 Raspberry Pi의 GPIO port에 연결하여 sensor가 보내는 측정값을 Raspberry Pi로 읽어 들이기 위해서 회로를 구성한 사례를 보여준 것이다.

25.6 GPIO Library

25.6.1 GPIO library 의미

Raspberry Pi에서 GPIO를 프로그램에서 활용하기 위해서는 하드웨어에 대한 깊은 이해가 필요할 뿐만 아니라 하드웨어를 조작하는데 필요한 전문가 수준의 저수준 프로그래밍 지식이 필요하다. 일반 사용자들이 이러한 어려움을 겪지 않고 손쉽게 GPIO기능을 활용할 수 있도록 공통으로 사용되는 여러 가지 기능을 제공해 주는 프로그램을 미리 만들어 놓고, 다른 프로그램에서 쉽게 가져다 쓸 수 있는 형태로 만들어 놓은 소프트웨어 모듈들을 library라고 한다.

이러한 라이브러리들을 설치하면 Raspberry Pi의 GPIO 포트를 쉽게 사용할 수 있다. library와 관련하여 한가지 고려할 것은 우리가 작성한 소프트웨어가 library를 이용하는 것이라면, 우리가 개발한 소프트웨어를 다른 사용자가 사용하려면 반드시 그 library도 함께 설치해야 된다는 것이다..

현재 Raspberry Pi의 GPIO를 손쉽게 사용할 수 있도록 해주는 library는 여러 가지가 있다.

- WiringPi library
  C언어로 개발된 것이지만, wrapper를 사용하면 다른 언어에서도 사용할 수 있다.

- RPi.GPIO library
  Python언어를 위한 library이다.

- WebGPIO library
  web을 통하여 GPIO를 쉽게 조작할 수 있도록 해주는 library이다.

여기에서는 <WiringPi> library와 <RPi.GPIO> library에 대해서만 설명할 것이다.
<WebGPIO> library에 대한 자료가 필요하면 자체적으로 자료를 찾아보기 바란다.

25.6.2 <WiringPi> library

25.6.2.1 <WiringPi> library 개요

<WiringPi> library는 Gordon Henderson이 개발한 GPIO 도구이다. 이것은 Raspberry Pi에서 사용되는 BCM2835에서 사용하기 위해 C 언어로 개발된 GPIO 처리 library로서 GNU LGPLv3 라이선스 조건으로 배포되고 있다. 이 library는 원래 Arduino의 "wiring" system1에 익숙한 사용자들이 Raspberry Pi를 쉽게 사용할 수 있도록 하기 위해서 개발되었다.

이 library는 C와 C++뿐만 아니라 적합한 wrapper를 사용하여 Python, Java, Perl 등 다른 개발언어에서도 사용할 수 있다.

<WiringPi> library에는 command-line에서 사용할 수 있는 gpio 명령이 포함되어 있는데, 이 명령으로 GPIO pin을 원하는 방식으로 작동하도록 프로그래밍을 하거나 필요한 준비작업을 할 수 있다. 또 이 명령을 사용하여 pin에서 신호입력을 읽거나 출력신호를 보낼 수 있으며, shell script에서 GPIO pin들을 통제할 수 있다.

<WiringPi> library는 확장이 가능한 도구인데, Gertboard에 있는 analog interface 장치를 사용하거나, MCP23x17 / MCP23x08 (I2C 7 SPI) GPIO expansion chip을 사용할 수 있도록 <WiringPi> library를 확장해주는 module이 제공된다. 또한 Raspberry Pi의 serial port를 통하여 ATmega (e.g. Arduino, or the Gertboard) 장치를 추가적인 GPIO expansion으로 사용할 수 있도록 처리해주는 모듈도 제공해 준다. 이 외에도 사용자들이 자신의 주변장치와 연동하기 위한 자체적인 확장모듈을 개발할 때도 <WiringPi> library를 유용하게 이용할 수 있다.

<WiringPi> library는 analog 입력/출력을 지원하지만, Raspberry Pi에는 analog H/W가 없기 때문에 Gertboards analog chip이나 다른 A/D 장치, D/A 장치가 비교적 쉽게 설치될 수 있도록 지원하는 모듈이 제공된다.

상세한 내용은 다음을 참고하기 바란다.
- http://wiringpi.com

25.6.2.2 \<WiringPi\> library 의 pin map

\<WiringPi\> library에서 사용하는 GPIO pin 번호는 원래의 Raspberry Pi의 GPIO pin 번호와 서로 다르다. 아래는 서로 간의 mapping 현황과 GPIO pin별 기본적인 상태를 보여주는 도표이다.

Mode	V	Name	Wiring Pi No	BCM No	Physical No		BCM No	Wiring Pi No	Name	V	Mode
		3.3v			1	2			5v		
ALT0	1	SDA.1	8	2	3	4			5v		
ALT0	1	SCL.1	9	3	5	6			0v		
IN	0	GPIO. 7	7	4	7	8	14	15	TxD	1	ALT0
		0v			9	10	15	16	RxD	1	ALT0
IN	0	GPIO. 0	0	17	11	12	18	1	GPIO. 1	0	IN
IN	0	GPIO. 2	2	27	13	14			0v		
IN	0	GPIO. 3	3	22	15	16	23	4	GPIO. 4	0	IN
		3.3v			17	18	24	5	GPIO. 5	0	IN
ALT0	0	MOSI	12	10	19	20			0v		
ALT0	0	MISO	13	9	21	22	25	6	GPIO. 6	0	IN
ALT0	0	SCLK	14	11	23	24	8	10	CE0	1	ALT0
		0v			25	26	7	11	CE1	1	ALT0
IN	0	SDA.0	30	0	27	28	1	31	SCL.0	0	IN
IN	0	GPIO.21	21	5	29	30			0v		
IN	0	GPIO.22	22	6	31	32	12	26	GPIO.26	0	IN
IN	0	GPIO.23	23	13	33	34			0v		
IN	0	GPIO.24	24	19	35	36	16	27	GPIO.27	1	OUT
IN	0	GPIO.25	25	26	37	38	20	28	GPIO.28	0	IN
		0v			39	40	21	29	GPIO.29	0	IN

표 25-4 \<WiringPi\> library 의 pin map

제목에 있는 각 항목의 의미는 다음과 같다

- Mode   -- pin의 사용 상태

  IN   -- 입력

  OUT   -- 출력

  ALTn

Raspberry Pin layout에 대한 보다 상세한 자료는 다음 자료를 참조하기 바란다.

- http://pi.gadgetoid.com/pinout/pin31_gpio6

25.6.2.3 <WiringPi> library 설치

<WiringPi> library는 GitHub에서 프로그램을 download해서 설치해야 한다. GitHub에서 자료를 download하기 위해서는 소스관리 툴인 git-core를 설치해야 한다. 이에 대해서는 **[17.4.3 GitHub를 이용해서 인터넷에서 download하는 방법]**을 참고하기 바란다.

다음 명령으로 git를 이용해서 <WiringPi> Library를 download한다.

```
git clone   git://git.drogon.net/wiringPi
```

<WiringPi> library가 download되어 있는 <wiringPi> directory로 이동하여 내부에 포함되어 있는 build script를 수행한다.

```
pi@raspberrypi ~/wiringPi $ ./build
wiringPi Build script
=====================
WiringPi Library
[UnInstall]
[Compile] wiringPi.c
[Compile] wiringSerial.c
~ 중략
~ 중략


All Done.
NOTE: To compile programs with wiringPi, you need to add:
    -lwiringPi
  to your compile line(s) To use the Gertboard, MaxDetect, etc.
  code (the devLib), you need to also add:
    -lwiringPiDev
  to your compile line(s).
```

설치가 잘 되었는지 확인하기 위해서는 다음의 명령을 실행하여 정상적으로 처리되는지 확인한다.

```
pi@raspberrypi ~/wiringPi $ gpio -v
gpio version: 2.26
Copyright (c) 2012-2015 Gordon Henderson
This is free software with ABSOLUTELY NO WARRANTY.
For details type: gpio -warranty

Raspberry Pi Details:
  Type: Model B+, Revision: 1.2, Memory: 512MB, Maker: Sony
```

25.6.2.4 gpio 명령

<WiringPi> library에는 command-line에서 사용할 수 있는 gpio 명령이 포함되어 있는데, 이 명령으로 GPIO pin을 원하는 방식으로 작동하도록 프로그래밍을 하거나 필요한 준비작업을 할 수 있다. 또 이 명령을 사용하여 pin에서 신호입력을 읽거나 출력신호를 보낼 수 있으며, shell script에서 GPIO pin들을 통제할 수 있다.

[명령 형식]

gpio   [option]

[명령 개요]
- Raspberry Pi에 설치되어 있는 GPIO pin을 통제하거나 GPIO pin에서 입력신호를 받거나 출력신호를 받을 수 있도록 해주는 도구이다.
- 필요 권한   -- 일반 권한

[상세 설명]
- 이 명령은 Raspberry Pi에 있는 GPIO pin이나 Gertboard에 있는 SPI A/D 와 D/A 변환기에 손쉽게 접근하도록 해주는 명령 도구이다.
- 이 명령으로 PiFace IO board에서 IO를 통제할 수 있고, SPI 와 I2C kernel module을 load할 수 있다.
- 이것은 기본적으로 간단한 test와 원인 분석 용도로 만들어졌지만, GPIO 조정 속도가 조금 느려도 된다면 shell script에서 일반적인 목적으로 사용할 수도 있다.

[주요 option]

-v	Output the current version including the board revision of the Raspberry Pi.
-g	Use the BCM_GPIO pins numbers rather than wiringPi pin numbers. Note: The BCM_GPIO pin numbers are always used with the export and edge commands.
-1	Use the physical pin numbers rather than wiringPi pin numbers. Note: that this applies to the P1 connector only. It is not possible to use pins on the Revision 2 P5 connector this way, and as with -g the BCM_GPIO pin numbers are always used with the export and edge commands.

-x extension	This causes the named extension to be initialised. Extensions comprise of a name (e.g. mcp23017) followed by a colon, then the pin-base, then more optional parameters depending on the extension type. See the web page on http://wiringpi.com/the-gpio-utility/
-p	Use the PiFace interface board and its corresponding pin numbers. The PiFace will always appear at pin number 200 in the gpio command. You can assign any pin numbers you like in your own programs though.
read <pin>	Read the digital value of the given pin and print 0 or 1 to represent the respective logic levels.
write <pin> <value>	Write the given value (0 or 1) to the pin. You need to set the pin to output mode first.
readall	Output a table of all GPIO pins values. The values represent the actual values read if the pin is in input mode, or the last value written if the pin is in output mode. The readall command is usable with an extension module (via the -x parameter), but it's unable to determine pin modes or states, so will perform both a digital and analog read on each pin in-turn.
pwm <pin> <value>	Write a PWM value (0-1023) to the given pin. The pin needs to be put into PWM mode first.
clock <pin> <frequency>	Set the output frequency on the given pin. The pin needs to be put into clock mode first.
mode <pin> <mode>	Set a pin into input, output or pwm mode. Can also use the literals up, down or tri to set the internal pull-up, pull-down or tristate (off) controls. The ALT modes can also be set using alt0, alt1, ... alt5.

[사용 Example]

다음은 GPIO pin들의 현재 상태를 보여준다. GPIO pin들의 배열 모양대로 좌/우로 각각의 pin들에 대한 상태를 보여주고 있다.

```
pi@raspberrypi ~ $ gpio readall
+-----+-----+---------+------+---+--B Plus--+---+------+---------+-----+-----+
| BCM | wPi |   Name  | Mode | V | Physical | V | Mode | Name    | wPi | BCM |
+-----+-----+---------+------+---+----++----+---+------+---------+-----+-----+
|     |     |    3.3v |      |   |  1 || 2 |   |      | 5v      |     |     |
```

BCM	wPi	Name	Mode	V	Physical		V	Mode	Name	wPi	BCM
2	8	SDA.1	IN	1	3	4			5V		
3	9	SCL.1	IN	1	5	6			0v		
4	7	GPIO. 7	IN	1	7	8	1	ALT0	TxD	15	14
		0v			9	10	1	ALT0	RxD	16	15
17	0	GPIO. 0	IN	0	11	12	1	IN	GPIO. 1	1	18
27	2	GPIO. 2	IN	0	13	14			0v		
22	3	GPIO. 3	IN	0	15	16	0	IN	GPIO. 4	4	23
		3.3v			17	18	0	IN	GPIO. 5	5	24
10	12	MOSI	IN	0	19	20			0v		
9	13	MISO	IN	0	21	22	0	IN	GPIO. 6	6	25
11	14	SCLK	IN	0	23	24	1	IN	CE0	10	8
		0v			25	26	1	IN	CE1	11	7
0	30	SDA.0	IN	1	27	28	1	IN	SCL.0	31	1
5	21	GPIO.21	IN	1	29	30			0v		
6	22	GPIO.22	IN	1	31	32	0	IN	GPIO.26	26	12
13	23	GPIO.23	IN	0	33	34			0v		
19	24	GPIO.24	IN	0	35	36	0	IN	GPIO.27	27	16
26	25	GPIO.25	IN	0	37	38	0	IN	GPIO.28	28	20
		0v			39	40	0	IN	GPIO.29	29	21
BCM	wPi	Name	Mode	V	Physical	--B Plus--	V	Mode	Name	wPi	BCM

25.6.2.5 <WiringPi> library 기본 사용법

다음은 C 언어를 기준으로 간단한 사용법을 설명한 것이다. 다른 언어에 대해서는 관련 자료를 참조하기 바란다.

● **port 번호**

port 번호는 특별한 지정이 없는 한 <WiringPi> library 기준의 port 번호를 사용해야 한다.

● **include**

GPIO 라이브러리를 사용하려면 header를 include를 해야 한다. 프로그램의 처음에서 처리한다.

```
#include <wiringPi.h>
```

● **Setup**

<WiringPi> library는 사용하기 전에 먼저 초기화를 해주어야 한다.

```
wiringPiSetup ()
```

● **pin Mode 설정**

GPIO 포트들은 사용하기 전에 먼저 사용용도를 입력 또는 출력으로 설정을 해주어야 한다.

```
pinMode (<port> , <pin-mode> )
```

pin-mode는 해당 port를 입력 또는 출력으로 사용할 것인지를 지정하는 것이다.
- INPUT   -- 입력
- OUTPUT   -- 출력

Example) pinMode (0, OUTPUT) ;

● Output

출력 port로 지정된 port에 대해서는 지정된 값을 출력할 수 있다.

```
digitalWrite (<port> , <output> )
```

output는 다음과 같은 의미를 가진다.
- HIGH   -- 전류 On
- LOW   -- 전류 Off

Example)digitalWrite (0, HIGH)

● Input

입력 port로 지정된 port에 대해서는 port에서 들어오는 값을 읽을 수 있다.

```
variable = digitalRead ( <port> )
```

intput는 다음과 같은 의미를 가진다
- HIGH   -- 전류 On
- LOW   -- 전류 Off

Example) variable = digitalRead (0)

<WiringPi> library를 이용한 interface 처리에 대한 사례는 **[25.7.1.2<WiringPi> library를 이용한 사례]**을 참고하기 바란다.

25.6.3 <RPi.GPIO> library

25.6.3.1 <RPi.GPIO> library 개요

이 library는 Python 개발언어에서 Raspberry Pi에 있는 GPIO를 조정할 수 있는 class 모듈을 제공해 준다.

이 library는 실시간이거나 시간 동기화가 중요한 application에서는 부적합하다. 왜냐하면 python이 언제 garbage collect을 할지 예측할 수 없고, 실시간 처리에 적합하지 않는 Linux kernel에서 실행되기 때문이다. Linux는 multitasking O/S로서 CPU에 대해서 GPIO 처리 프로그램보다 다른 프로세서가 더 높은 우선순위를 가질 수도 있고, 그럴 경우는 GPIO 처리 프로그램이 혼란에 빠질 수도 있기 때문이다.

현재 버전은 Raspberry Pi에서 SPI, I2C, hardware PWM 또는 serial functionality를 지원하지 않는다. 가까운 장래에 지원할 계획이다.

추가적인 정보가 필요하면 아래의 자료를 참조하기 바란다.

- https://pypi.python.org/pypi/RPi.GPIO

25.6.3.2 <RPi.GPIO> library 설치

Raspberry Pi의 Raspbian에서는 <RPi.GPIO> library가 기본적으로 설치되어 있다. 따라서 특별한 이유가 없으면 따로 설치할 필요가 없다. 다음은 해당 library가 설치되어 있는지를 확인해 본 것이다.

```
pi@raspberrypi ~ $ dpkg -l *gpio
Desired=Unknown/Install/Remove/Purge/Hold
| Status=Not/Inst/Conf-files/Unpacked/halF-conf/Half-inst/trig-aWait/Trig-pend
|/ Err?=(none)/Reinst-required (Status,Err: uppercase=bad)
||/ Name            Version        Architecture Description
+++-================-==============-==============-
====================================
ii  python-rpi.gpio 0.5.11-1       armhf         Python GPIO module for Raspberry
Pi
ii  python3-rpi.gpio 0.5.11-1      armhf         Python 3 GPIO module for Raspberry
Pi
```

별도의 추가적인 설치가 필요하면 다음과 같은 절차로 프로그램 팩키지를 설치한다. python-rpi.gpio는 Python 2 IDLE를 위한 library이고 python3-rpi.gpio는 Python 3 IDLE를 위한 library이다.

```
sudo apt-get install  python-rpi.gpio    python3-rpi.gpio
```

25.6.3.3 <RPi.GPIO> library 사용법

● GPIO 처리 권한

대부분의 Raspberry Pi의 Linux 배포판들은 GPIO 포트를 슈퍼유저만 사용할 수 있도록 제한하고 있다. 따라서 Python으로 개발한 프로그램을 실행하기 위해서는 sudo 명령을 함께 사용해야 한다.

● Pin numbering 체계

<RPi.GPIO> library에서 GPIO pin에 번호를 부여하는 방법은 두 가지가 있다.

■ BOARD의 번호체계를 이용하는 것
이것은 Raspberry Pi의 board에 있는 P1 header에서의 pin 번호를 의미한다. 통상 physical 번호라고 하는 것으로 좌에서 우로, 위에서 아래로 순서적으로 번호가 부여되어 있다. 이 방법을 사용하면 Raspberry Pi의 board revision에 상관없이 항상 hardware가 잘 작동한다는 것이다. 따라서 connector를 다시 작성하거나 프로그램 code를 수정할 필요가 없다.

■ BCM number 체계를 이용하는 방법
이 방법은 Broadcom SOC에서의 channel numbers를 이용하는 것으로 lower level의 작업이 필요하다. 이 방법을 사용하려면 RPi board에 있는 pin과 channel number 간의 연관도가 필요할 것이며 board가 revision되면 프로그램을 수정해야 한다.

어떤 번호체계를 이용할 것인지를 다음과 같은 방식으로 사전에 지정해야 한다.

```
GPIO.setmode( <GPIO-mode>)
```

GPIO mode는 다음과 같은 값을 지정한다.
■ GPIO.BOARD   -- BOARD 번호 체계
■ GPIO.BCM   -- BCM 번호 체계

다른 Python 모듈에서 현재 설정되어 pin 번호 체계를 확인하려면 다음과 같은 함수를 사용한다.

```
mode = GPIO.getmode()
```

실행한 결과 값은 GPIO.BOARD, GPIO.BCM 또는 GPIO.UNKNOWN이 될 것이다.

● **import**

GPIO 라이브러리를 사용하려면 사전에 import를 해야 한다. 프로그램 처음에서 처리한다.
```
import RPi.GPIO as GPIO
```


● **GPIO setup**

GPIO 포트들은 사용하기 전에 먼저 입력 또는 출력으로 초기화를 해주어야 한다.
```
GPIO.setup( <port>, <pin-mode> )
```

pin-mode는 해당 port를 입력 또는 출력으로 사용할 것인지를 지정하는 것이다.
- GPIO.IN   -- 입력
- GPIO.OUT   -- 출력

Example) GPIO.setup(11, GPIO.OUT)

● GPIO output

출력 port로 지정된 port에 대해서는 지정된 값을 출력할 수 있다.

```
GPIO.output(<port>, < output > )
```

output는 다음과 같은 값을 사용할 수 있다.
- GPIO.HIGH,   True, 1   -- 전류 On
- GPIO.LOW,   False, 0   -- 전류 Off

Example) GPIO.output(11, True)

● GPIO input

입력 port로 지정된 port에 대해서는 port에서 들어오는 값을 읽을 수 있다.

```
variable = GPIO.input( <port> )
```

intput는 다음과 같은 의미를 가진다
- True   -- 전류 On
- False   -- 전류 Off

Example) input_value = GPIO.input(12)

<RPi.GPIO> library를 이용한 interface 처리에 대한 사례는 **[25.7.1.3 <RPi.GPIO> library를 이용한 사례]**을 참고하기 바란다.

25.7 digital 입/출력

25.7.1 Digital 출력 – LED On/Off

여기서는 LED를 Raspberry Pi에 연결하고, 프로그램을 이용하여 LED를 깜박이는 작업을 해 보도록 한다.

25.7.1.1 LED의 설치

회로를 만들 때는 breadboard를 이용하여 아래의 그림과 같이 LED, 저항, Raspberry Pi를 연결한다.

먼저 LED를 breadboard에서 양쪽 다리가 다른 행에 있도록 설치한다. 그런 다음 LED를 아래와 같이 Raspberry Pi의 GPIO connector에 연결한다. 즉 LED 긴 다리(+)를 physical 기준 11 번 pin(wiringPi 기준 0 번 pin)에 연결하고, LED 짧은 다리(-)를 physical 기준 6 번 pin(ground)에 연결되도록 한다. 회로에 사용되는 LED는 가장 일반적인 5mm diameter LED를 사용하고, 저항은 330Ω을 사용한다.

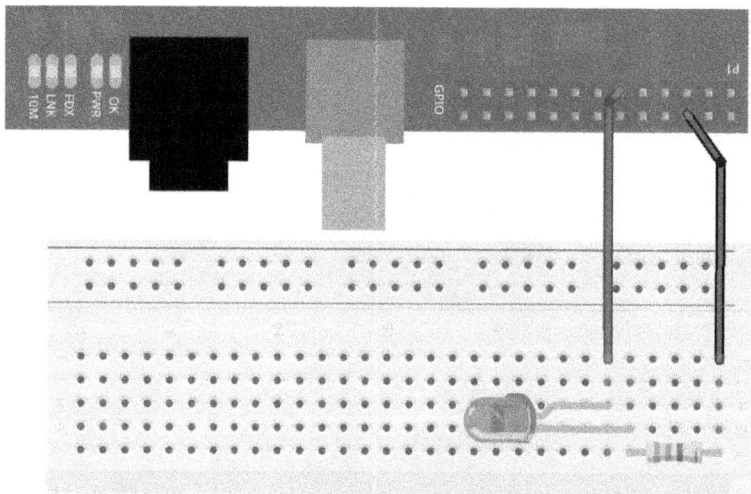

그림 25-18 Digital 출력 – LED On/Off

25.7.1.2 <WiringPi> library를 이용한 사례

여기서는 <WiringPi> library를 이용한 프로그램으로 Raspberry Pi에 연결된 LED를 깜박이게 하는 GPIO interface를 보여 준다. 여기서 프로그램을 작성할 때는 C 언어를 사용한다.

다음과 같은 프로그램을 작성해서 ledtest.c 파일에 저장한다.

```c
#include <wiringPi.h>
int main (void)
{
  wiringPiSetup () ;
  pinMode (0, OUTPUT) ;
  for (;;)
  {
    digitalWrite (0, HIGH) ;
    delay (500) ;
    digitalWrite (0,   LOW) ;
    delay (500) ;
  }
  return 0 ;
}
```

위의 프로그램의 내용을 좀 살펴보면 다음과 같다.
- 프로그램에서 <WiringPi> library 기능을 사용할 수 있도록 wiringPi.h header를 include하고 있다.
- wiringPiSetup() 함수로 GPIO를 초기화한다.
- pinMode() 함수를 사용하여 wiringPi 기준 0 번 pin을 output으로 설정하고 있다.
- digitalWrite() 함수를 사용하여 일정한 시간 간격으로 HIGH 신호와 LOW 신호를 출력하고 있다.   여기서 HIGH 신호는 전류가 흐르는 상태를, LOW 신호는 전류가 흐르지 않는 상태를 의미한다.

작성된 프로그램을 compile하여 실행 파일을 만든다. compile을 할 때는 <WiringPi> library를 참조할 수 있도록 아래와 같이 반드시 <wiringPi> library를 지정하도록 한다.

```
gcc -Wall -o ledtest   ledtest.c -l wiringPi
```

아래와 같이 compile에서 만들어진 실행 파일을 실행하여 제대로 작동하는지 확인한다. 모든 것이 잘되면 LED는 1초에 한번씩 깜박일 것이다.

```
./ ledtest
```

25.7.1.3 <RPi.GPIO> library를 이용한 사례

여기서는 <RPi.GPIO> library를 이용한 프로그램으로 Raspberry Pi에 연결된 LED를 깜박이게 하는 GPIO interface를 보여 준다. 여기서 프로그램을 작성할 때는 Python 3 언어를 사용한다.

Python 3 IDLE를 시작하고, 아래와 같은 간단한 Python 프로그램을 작성하여 ledtest.py에 저장한다.

```
import RPi.GPIO as GPIO
import time

GPIO.setmode( GPIO.BOARD)
GPIO.setup(11, GPIO.OUT)

blink_count = int(raw_input("Enter LED Blink Count ->"))

for i in range(0, blink_count):
        GPIO.output(11, True)
        time.sleep(2)
        GPIO.output(11, False)
        time.sleep(2)
        print ("LED blink count ->%d" %(i+1) )

GPIO.cleanup()
print ("LED blink Ended")
```

위의 프로그램의 내용을 좀 살펴보면 다음과 같다.
- 프로그램에서 <RPi.GPIO> library 기능을 사용할 수 있도록 RPi. GPIO를 import하고 있다.
- 프로그램에서 시간에 대한 처리를 하기 위해서 time를 import하고 있다.
- setmode () 함수를 이용해서 pin 번호체계를 BOARD 형식으로 설정한다.
- setup () 함수를 사용하여 11 번 pin을 output으로 설정하고 있다.
- raw_input() 함수로 LED 깜박이는 회수를 입력 받는다.

- output () 함수를 사용하여 일정한 시간 간격으로 True 신호와 False 신호를 출력하고 있다. 여기서 True 신호는 전류가 흐르는 상태를, False 신호는 전류가 흐르지 않는 상태를 의미한다.
- 모든 처리가 완료되면, cleanup ()를 사용하여 GPIO 상태를 처음 상태로 초기화한다.

terminal 화면에서 sudo 명령으로 다음과 같이 프로그램을 실행한다. 그러면 LED를 깜박이는 회수를 입력하게 되고, 다음에는 LED가 주기적인 간격으로 깜빡일 것이다.

```
sudo  python  ledtest.py
```

25.7.2 Digital 입력 – button 입력

여기서는 button을 Raspberry Pi에 연결하고, button이 눌려졌는지를 확인하기 위해서 pin 의 입력 신호를 읽어서 처리하는 방법에 대해서 살펴 볼 것이다.

25.7.2.1 <RPi.GPIO> library의 falling/interrupt 방식 입력

<RPi.GPIO> library를 이용하여 입력을 처리하는 방법에는 falling 방식과 interrupt 방식이 있다. 다음은 그 각각에 대해서 설명하고자 한다.

● **falling 방식**

falling 방식이란 pin의 상태를 지속적으로 점검하는 방식으로 pin의 상태가 변경되었는지 를 확인하기 위해서 지속적으로 pin의 입력 값을 읽어서 이전 상태와 비교하고 확인하는 것을 의미한다.

다음과 같은 방식으로 프로그램을 작성한다.

```
~ 중략

while True:
    if  GPIO.input(11) == False:
        # action code to be done
    time.sleep(0.1)

~ 중략
```

위에서는 input() 함수를 이용하여 pin에서 지속적으로 입력을 받아서 그 값이 변동되었는 지를 자체적으로 판단하고 있다. 값이 변동된 경우에 필요한 작업을 처리하도록 되어 있다.

이 방식은 상태가 변경되었는지를 점검하는 동안 아무 것도 처리하지 못한다는 것이다. 버 튼을 아주 빨리 눌렀을 경우는 입력 값을 읽기도 전에 변경 상태가 끝나 버릴 수도 있다 는 것이다.

● interrupt 방식

반면 interrupt 방식은 어떤 사건이 일어나거나 pin의 상태가 변경되면, 프로그램이 자동적으로 감지하여 interrupt를 발생시켜 통지를 해주고, 해당 interrupt가 발생했을 때 수행할 사전에 지정된 작업을 처리하는 방식을 말한다.

이 방식에서는 특정 pin의 입력 전압이 HIGH에서 LOW로, 또는 LOW에서 HIGH로 변경될 때 실행할 작업을 사전에 등록해 놓고, 상태가 변경되면 자동으로 그 작업이 실행되도록 하는 것이다.

다음과 같은 방식으로 프로그램을 작성한다.

```
~ 중략

def callback_routine(channel) :
    # action code to be done

GPIO.add_event_detect(11, GPIO.FALLING, callback=callback_routine)

while True:
    time.sleep(1)

~ 중략
```

위에서는 먼저 callback_routine 함수를 정의하여 interrupt가 발생했을 때 실행할 작업을 정의하고 있다.

다음으로 add_event_detect () 함수를 사용하여 특정 pin에 대해서 interrupt가 발생해야 하는 조건으로 GPIO.FALLING을 지정하고 interrupt가 발생했을 때 처리해야 할 작업으로 callback_routine을 지정하고 있다. 이렇게 event를 등록해 놓으면, 해당 event가 발생했을 때 즉시 지정된 작업이 처리된다.

interrupt 발생 조건에서 사용할 수 있는 선택조건은 다음과 같다.

- GPIO.FALLING   -- pin 전압이 HIGH에서 LOW로 변경될 때 interrupt가 호출된다.
- GPIO.RISING   -- pin 전압이 LOW에서 HIGH로 변경될 때 interrupt가 호출된다.

한편 시스템에서 발생하는 모든 event를 관리하는 event handler 프로그램이 별도의 thread에서 실행되고 있는데, add_event_detect () 함수로 event를 등록하면 event handler 에 그 event가 등록이 된다. event handler는 등록된 event에 대해서 실제로 event가 발생했는지를 지속적으로 확인하고, event가 발생한 경우에는 event를 등록한 프로그램으로 통지하고, 지정된 작업을 수행하게 되는 것이다.

25.7.2.2 push button 연결 및 회로 설명

여기서는 push button을 Raspberry Pi에 연결하고, button을 누르면 화면에 button을 눌렀다는 메시지를 출력하는 작업을 하도록 할 것이다.

먼저 다음 회로도와 같이 Raspberry Pi를 push button과 연결하는 작업을 한다. 먼저 breadboard에 push button을 좌측 IC와 우측 IC에 걸쳐서 동일한 선을 행으로 설치한다. button의 한 선을 pin 6(GND)에 연결하고, 반대편 선을 pin 11에 연결한다.

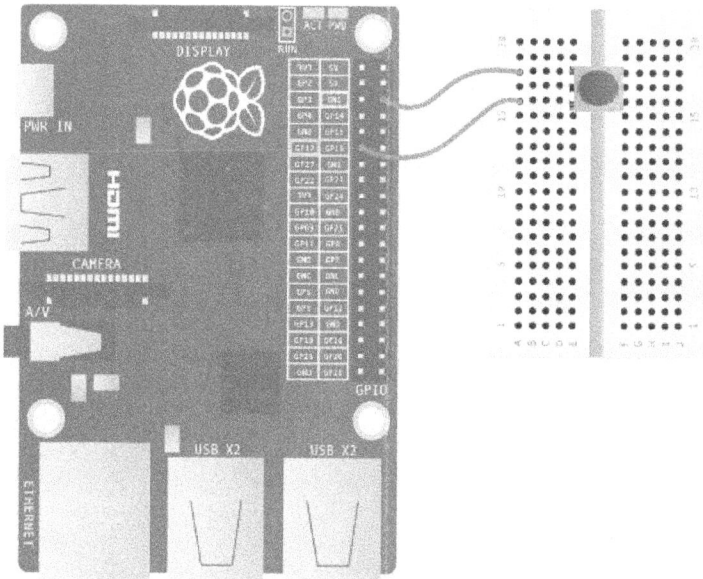

그림 25-19 push button 연결 및 회로

여기서 회로에 전류를 흐르게 할 때는 Raspberry Pi의 pin 1에서 공급되는 공식적인 전원을 사용하지 않고 회로에 연결된 pin 11에서 나오는 출력을 전원으로 이용할 것이다.

pin에서 전원출력이 나오게 하는 방법에는 두 가지가 있는데, 하나는 프로그램에서 해당 pin에 HIGH로 output 출력을 하는 방법이고, 다른 하나는 해당 pin의 Pull-Up resistor를 사용하는 방법이다.

여기서 우리의 목적은 해당 pin에 출력하는 것이 아니라 pin에서 입력되는 신호를 처리하는 것이므로, 해당 pin의 Pull-Up resistor를 사용하여 출력을 만드는 방법을 사용할 것이다. pin에 Pull-Up resistor를 설정하면, button을 누르지 않은 상태에서 pin의 기본적인 전압은 HIGH 상태이며, button을 누르면 전류가 흘러서 pin 6(GND)로 연결되므로, pin 11에 가해지는 전압이 해제되어 LOW 상태가 되는 것이다.

여기서 한가지 기억할 것은 GPIO의 각 pin에는 Pull-Up resistor과 Pull-Down resistor이 있으며, 이들을 선택적으로 사용할 수 있다는 것이다.

저항의 의미는 다음과 같다.
- Pull-Up resistor을 사용하면 해당 pin에 전압을 걸어서 HIGH상태가 되도록 한다.
- Pull-Down resistor을 사용하면 해당 pin에 전압이 낮은 LOW 상태가 되도록 한다.

25.7.2.3 falling 방식의 push button 입력 처리하기

여기서는 pulling 방식으로 push button 입력을 처리하는 방법을 사용한다. 이를 위해 pin 의 입력을 지속적으로 읽어서 상태가 변경되었는지를 확인하고, button을 누른 것으로 확인된 경우에는 지정된 작업을 처리하도록 할 것이다.

프로그램 개발언어는 Python 3를 사용하고, GPIO 처리를 위해서 <RPi.GPIO> library를 사용한다. Python 3 IDLE를 시작하고, 아래와 같은 Python 프로그램을 작성하여 button_falling.py에 저장한다.

```python
import RPi.GPIO as GPIO
import time

GPIO.setmode( GPIO.BOARD)
GPIO.setup(11, GPIO.IN, pull_up_down=GPIO.PUD_UP)

request_count = int(raw_input("Enter Button Press Count ->"))
button_count = 0

while True :
        button_input = GPIO.input(11)

        if    button_input == False :
            button_count = button_count + 1
            print("Button Pressed ->%d"   %(button_count ) )
            time.sleep(1)

            if   button_count >= request_count :
                break

GPIO.cleanup()
print ("Button Press Ended")
```

위의 프로그램의 내용을 좀 살펴보면 다음과 같다.

- 프로그램에서 <RPi.GPIO> library기능을 사용할 수 있도록 RPi.GPIO를 import하고 있다.
- 프로그램에서 시간에 대한 처리를 하기 위해서 time를 import하고 있다.
- setmode () 함수를 이용해서 pin 번호체계를 BOARD 형식으로 설정한다.
- setup () 함수를 사용하여 11 번 pin을 input으로 설정하면서, pull_up_down=GPIO.PUD_UP parameter를 이용하여 해당 pin에 대해서 pull_up 저항을 활성화였다. 즉 해당 pin에 대해서 기본 전압을 HIGH 상태로 설정하는 것이다.
- raw_input() 함수로 button을 누르는 최대 회수를 입력 받는다.
- input () 함수를 사용하여 button에서 들어오는 값을 읽는다. 입력 값이 True이면 button이 눌러지지 않은 상태이고, False 이면 button을 누른 것이다.
- button이 눌러지면 화면에 메시지를 출력하고, button이 눌러진 회수가 사전에 입력한 회수보다 많으면 button 입력처리를 더 이상 하지 않도록 한다.
- 모든 처리가 완료되면, cleanup () 함수를 사용하여 GPIO를 처음 상태로 초기화한다.

terminal 화면에서 sudo 명령으로 다음과 같이 프로그램을 실행한다. 그러면 button을 누르는 최대 회수를 입력하게 되고, 다음에는 button을 누를 때마다 화면에 메시지가 출력될 것이다.

```
sudo   python   button_falling.py
```

```
pi@raspberrypi ~/program_test/Python $ sudo python buttonpress.py
Enter Button Press Count ->5
Button Pressed ->1
Button Pressed ->2
Button Pressed ->3
Button Pressed ->4
Button Pressed ->5
Button Press Ended
pi@raspberrypi ~/program_test/Python $
```

25.7.2.4 interrupt 방식의 push button 입력 처리하기

여기서는 interrupt 방식으로 push button 입력을 처리하는 방법을 사용한다. 이를 위해 pin의 입력 상태가 변경되었는지를 자동으로 탐지하는 기능을 사용하고, button을 누른 것으로 확인된 경우에는 지정된 작업을 처리하도록 할 것이다.

프로그램 개발언어는 Python 3를 사용하고, GPIO 처리를 위해서 <RPi.GPIO> library를 사용한다. Python 3 IDLE를 시작하고, 아래와 같은 Python 프로그램을 작성하여 button_event.py에 저장한다.

```
import RPi.GPIO as GPIO
import time

GPIO.setmode( GPIO.BOARD)
GPIO.setup(11, GPIO.IN, pull_up_down=GPIO.PUD_UP)

request_count = int(raw_input("Enter Button Press Count ->"))
button_count = 0

def   button_press_rtn(channel) :
      button_count = button_count + 1
      print("Button Pressed ->%d"   %(button_count ) )
      time.sleep(1)

GPIO.add_event_detect(11, GPIO.FALLING, callback=button_press_rtn)

while True :
    time.sleep(1)
    if   button_count >= request_count :
        break

GPIO.cleanup()
print ("Button Press Ended")
```

위의 프로그램의 내용을 좀 살펴보면 다음과 같다.

- 프로그램에서 <RPi.GPIO> library기능을 사용할 수 있도록 RPi.GPIO를 import하고 있다.
- 프로그램에서 시간에 대한 처리를 하기 위해서 time를 import하고 있다.
- setmode () 함수를 이용해서 pin 번호체계를 BOARD 형식으로 설정한다.
- setup () 함수를 사용하여 11 번 pin을 input으로 설정하면서, pull_up_down=GPIO.PUD_UP parameter를 이용하여 해당 pin에 대해서 pull_up 저항을 활성화였다. 즉 해당 pin에 대해서 기본 전압을 HIGH 상태로 설정하는 것이다.
- raw_input() 함수로 button을 누르는 최대 회수를 입력 받는다.
- button_press_rtn 함수를 정의하여 button이 눌러지면 수행할 작업을 등록한다.
- add_event_detect () 함수를 사용하여 interrupt가 발생하는 조건과 interrupt가 발생했을 때 처리할 작업을 지정한다. 여기서 GPIO.FALLING을 지정했으므로 pin의 전압이 HIGH에서 LOW로 변경되는 경우에 interrupt가 발생할 것이다.
- button이 눌러지면 button_press_rtn 함수가 실행되어 화면에 메시지를 출력한다.
- while 문으로 프로그램 종료될 때까지 지속적으로 대기하고, button이 눌러진 회수가 사전에 입력한 회수보다 많으면 대기 상태를 중단한다.
- 모든 처리가 완료되면, cleanup () 함수를 사용하여 GPIO를 처음 상태로 초기화한다.

terminal 화면에서 sudo 명령으로 다음과 같이 프로그램을 실행한다. 그러면 button을 누르는 최대 회수를 입력하게 되고, 다음에는 button을 누를 때마다 화면에 메시지가 출력될 것이다.

```
sudo   python   button_event.py
```

```
pi@raspberrypi ~/program_test/Python $ sudo python buttonpress.py
Enter Button Press Count ->5
Button Pressed ->1
Button Pressed ->2
Button Pressed ->3
Button Pressed ->4
Button Pressed ->5
Button Press Ended
pi@raspberrypi ~/program_test/Python $
```

25.8 Sensor

25.8.1 Sensor 개요

Sensor는 주위 대상물의 상태를 파악하는 장치로 사람의 감각에 해당하는 기능을 수행하는 소자이다. sensor는 자신의 주위에 있는 대상물의 상태를 탐지하고, 사건의 발생을 탐지하고, 수량의 변동을 감지하고 측정하여, 전기신호 또는 광학신호로 전달해 준다. 이러한 sensor에는 빛 센서, 온도 센서, 가스 센서, 압력 센서, 자기 센서 등 다양한 종류가 있다.

sensor는 작동방식에 따라서 주위의 상태를 수동적으로 받아들이기만 하는 수동적 센서(camera, MSS, TM, HRV)와 전자기파를 보내서 다시 받는 능동적 센서(Radar, Laser)가 있다.

sensor는 측정 값을 전달해 주는 신호의 형태에 따라서 analog sensor와 digital sensor로 구분한다. sensor가 외부 환경에서 처음 측정하는 값은 analog 형태의 자료인데, analog sensor는 이 측정 값을 analog 신호 형태로 보내주고, digital sensor는 이 측정값을 digital 신호로 전환하여 보내준다.

통상 컴퓨터는 analog 신호를 처리할 수 없으므로, analog sensor가 사용되는 경우는 analog 신호를 digital 신호로 바꿔 주는 기능이 필요하다. ADC(Analog-Digital Converter) 장치는 analog 신호를 digital 신호로 전환해 주고, DAC(Digital- Analog Converter) 장치는 digital 신호를 analog 신호로 전환해 준다. interface 장치에 따라서 내부에 신호 변환 장치가 구비된 것도 있고, 별도로 설치해야 하는 것도 있다.

Raspberry Pi는 analog sensor가 보내는 analog 신호를 처리할 수 없다. 따라서 analog sensor를 사용하고자 하면 별도로 신호 변환 장치를 사용하거나 변환을 해주는 별도의 전자회로를 만들어야 한다.

25.8.2 digital 온도 sensor DS18b20를 이용한 온도 측정

25.8.2.1 DS18B20 sensor 특징

시중에는 온도를 측정하는 여러 가지의 센스가 있지만, Raspberry Pi는 ADC (Analog to Digital Converter) 장치가 없으므로 TMP36과 같은 analog 온도 sensor는 곧바로 사용할 수 없다.

여기서는 digital sensor인 DS18B20을 Raspberry Pi와 직접 연결하여 온도를 측정할 것이다.

시중에서 판매되는 DS18B20 sensor에는 여러 가지가 있는데, 아래 그림과 같이 원래의 원형 sensor도 있고, 일반적인 DS18B20 sensor를 Arduino와 같은 실험용 interface board에서 용이하게 사용할 수 있도록 약간 변형한 것도 있다. 두 가지 모두 모든 성능과 특징은 동일하지만 connector의 배열 위치가 약간 다르게 되어 있다. 어떤 것을 사용하더라도 pin의 위치만 고려하면 모든 것이 동일하다.

원형 sensor   변형 sensor

No	원형 sensor	변형 sensor	기능
1	GND	-	ground
2	Vdd	+	power
3	DQ	S	data line

그림 25-20 digital 온도 sensor DS18b20

DS18B20은 다음과 같은 특징을 가지고 있다.

항목	내용
Interface	1-Wire bus Interface 방식 사용
전압 범위	3.0V to 5.5V
전원 공급 방식	external supply 가능, parasite power 가능 (data line을 통한 전원 공급)
운영 온도	-55°C to +125°C (-67°F to +257°F)
측정 오차	±0.5°C from -10°C to +85°C
온도계 해상도	User Selectable from 9 to 12 Bits
Digital 전환	12-Bit Digital Word in 750ms (Max)
Resistor 사용	weak pullup resistor, 4.7 K ~10 K ohm

DS18B20는 Maxim에서 개발한 1-Wire bus protocol을 사용하는데, 이 방식은 한 개의 control signal을 사용한 bus communication 방식으로, microprocessor (the master device)는 각 장치에 부여된 64 bit code를 이용하여 bus에 연결된 장치를 구별하고, 명령을 내린다. 즉 하나의 bus에 여러 개의 장치를 동시에 연결하여 사용할 수 있다는 것을 의미한다. 이 방식에서 하나의 bus에서 연결할 수 있는 장치의 수는 개념적으로는 제한이 없다.

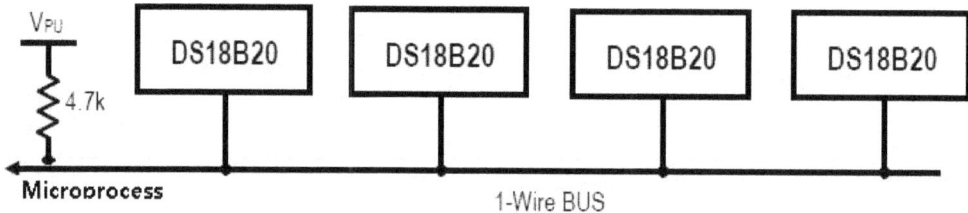

DS18B20에서는 모든 device가 3-state 또는 open-drain port (DS18B20의 DQ pin)을 경유하여 bus에 연결되므로 control line은 weak pullup resistor를 필요로 한다. 통상 4.7 K 또는 10 K ohm의 pull up 저항을 사용한다.

DS18B20 sensor는 외부의 별도 전원을 사용할 수도 있지만, parasite power mode를 사용하면 별도의 전원을 사용하지 않고도 sensor를 운영할 수 있다. parasite power mode란 온도 측정 값을 전달하는데 사용되는 data line을 사용하여 sensor에 전원을 공급하는 방식을 의미한다. 이런 방식을 사용하며 data line에 공급되는 전류를 이용하여 sensor 자체의 전원을 공급하는 것이다. 아래 그림에서 왼쪽은 외부의 별도 전원을 사용한 경우이며, 오른쪽은 parasite power mode를 사용한 경우이다.

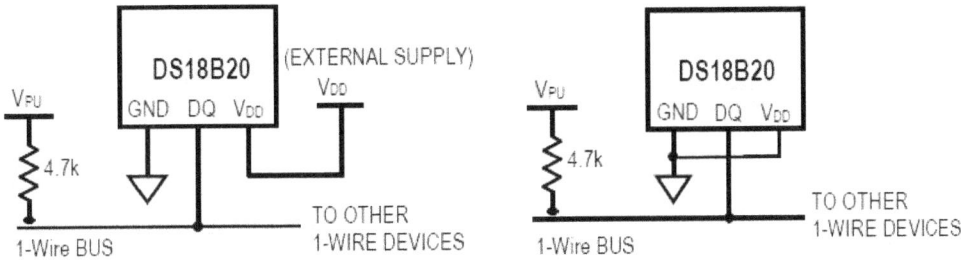

parasite power mode에서는 bus가 High 상태일 때 pullup resistor를 통하여 공급된 전원이 DQ pin을 경유하여 sensor에 전원이 공급된다. bus signal이 High 상태일 때 내부의 capacitor (CPP)에 충전을 하고, bus가 Low 상태이면 내부 장치에 전원을 공급한다.

DS18b20에 대한 보다 상세한 내용에 대해서는 다음을 참고하기 바란다.

- http://datasheets.maximintegrated.com/en/ds/DS18B20.pdf

25.8.2.2 Raspberry pi와 sensor의 연결

1-wire protocol을 사용하는 DS18B20 sensor는 bus에 병렬로 설치된다. 모든 sensor는 동일 data pin을 사용한다. data line은 Raspberry Pi의 pin #7(BCM #4 port)에 연결하도록 한다.

data line에 pull up 저항을 사용하는데, 4.7K ~ 10K ohm 저항을 사용한다. 여러 개의 sensor가 동시에 설치되는 경우에도 pull up 저항은 하나만 설치하면 된다.

다음은 Raspberry Pi의 pin 1에서 공급되는 3.3V전원으로 sensor에 별도의 외부 전원을 공급하는 형태로 회로를 구성한 형태이다.

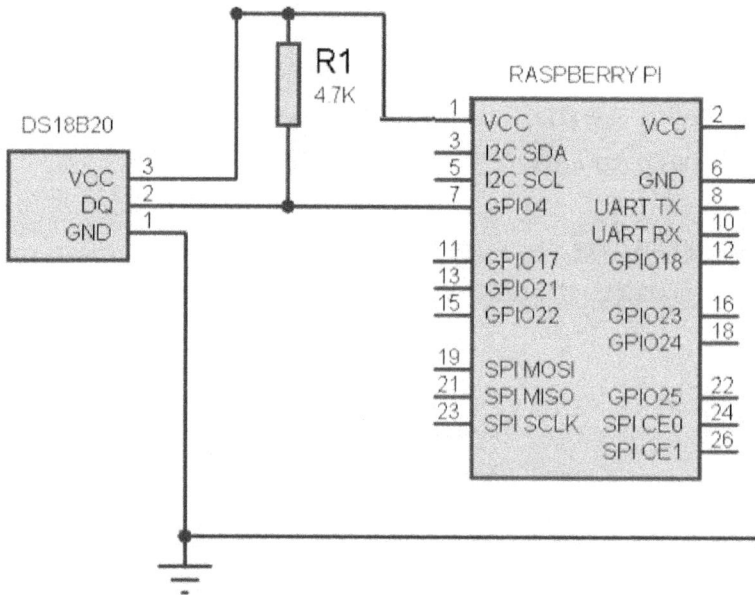

25.8.2.3 1-Wire bus protocol의 활성화

Raspbian/Occidentalis은 DS18b20에서 사용하는 1-Wire bus protocol을 지원한다. 1-wire protocol을 사용하고자 하면 해당 protocol을 먼저 활성화해야 한다.

1-wire protocol 활성화를 하려면 먼저 /boot/config.txt 파일에서 다음 내용을 추가한다.

```
~ 중략
# Activate 1-Wire protocol
dtoverlay=w1-gpio
```

config.txt 파일을 수정하고 시스템을 reboot를 한다. 다음 폴더가 생성되어 있으면 정상 처리된 것이다.

- /sys/bus/w1/

```
pi@raspberrypi ~ $ ls /sys/bus -l
~ 중략
drwxr-xr-x 4 root root 0 Jun 14 22:51 spi
drwxr-xr-x 4 root root 0 Jun 14 22:17 usb
drwxr-xr-x 4 root root 0 Jun 14 22:51 w1
drwxr-xr-x 4 root root 0 Jun 14 22:51 workqueue
```

만약 해당 폴더가 생성되어 있지 않다면, modprobe 명령을 사용하여 다음과 같은 절차로 해당 장치를 활성화하고, 다시 위의 /sys/bus/w1/ 폴더가 생성되어 있는지 확인한다.

```
sudo modprobe w1-gpio
```

```
sudo modprobe w1-therm
```

25.8.2.4 DS18B20의 온도 측정 값 interface 파일

1-Wire bus protocol이 정상적으로 활성화되고, Raspberry Pi와 sensor가 연결되면 sensor에서 측정한 값이 Raspberry Pi의 특정 파일로 interface된다. interface되는 자료는 다음 폴더 밑에 생성된다.

- /sys/bus/w1/devices

해당 폴더의 내용을 확인하여 28-xxxxxx 형식의 폴더가 생성되어 있는지를 확인한다. 이 폴더는 1-Wire bus protocol에 설치된 하나의 특정 sensor를 의미하고, 이 폴더가 생성되어 있다면 Raspberry Pi가 sensor와 정상적으로 연결되어 sensor의 측정 자료를 interface하고 있다는 것을 의미한다.

sensor가 측정한 온도 값은 다음 파일에 저장된다.

- /sys/bus/w1/devices/28-xxxxxx/w1_slave

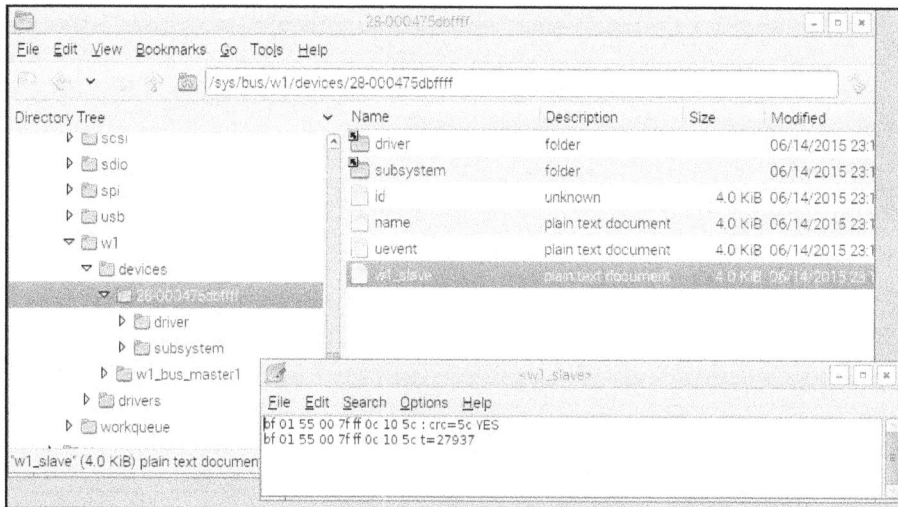

해당 파일의 내용을 확인해 보면 다음과 같은 형식일 것이다.

```
be 01 55 00 7f ff 0c 10 1f : crc=1f YES
be 01 55 00 7f ff 0c 10 1f  t=27875
```

여기서 두 번째 행에서 t=nnnnn 형태로 되어 있는 것이 sensor가 측정한 섭씨 온도 값으로 1000 단위로 끊어서 사용한다. 위의 값은 27.875 CEL 될 것이다.

25.8.2.5 온도 값 처리 프로그램 작성

여기서는 Raspberry Pi의 /sys/bus/w1/devices/28-xxxxxx/w1_slave에 interface되어 있는 자료를 읽어서 화면에 보여주는 프로그램을 작성할 것이다.

프로그램 개발언어는 Python 3를 사용하고, Python 3 IDLE를 시작하고, 아래와 같은 Python 프로그램을 작성하여 sensor_temP_DS18B20.py에 저장한다.

```python
import os
import glob
import time

# os.system('modprobe w1-gpio')
# os.system('modprobe w1-therm')

w1_device_dir = '/sys/bus/w1/devices/'
w1_data_dir = glob.glob(w1_device_dir + '28*')[0]

w1_device_file = w1_data_dir + '/w1_slave'

def read_temp_raw():
    f = open(w1_device_file, 'r')
    lines = f.readlines()
    f.close()
    return lines

def read_temp():
    lines = read_temp_raw()
    while lines[0].strip()[-3:] != 'YES':
        time.sleep(0.2)
        lines = read_temp_raw()

    equals_pos = lines[1].find('t=')
    if equals_pos != -1:
        temp_string = lines[1][equals_pos+2:]
        temp_c = float(temp_string) / 1000.0
        temp_f = temp_c * 9.0 / 5.0 + 32.0
        return temp_c, temp_f

while True:
    print("CEL temperature =%f \t FAH temperature =%f" %read_temp())
    time.sleep(1)
```

위의 프로그램의 내용을 좀 살펴보면 다음과 같다.

- sensor에서 interface하는 device file을 /sys/bus/w1/devices/28-xxxxxx/w1_slave로 설정한다.
- 파일의 첫 행에서 끝에 "YES"라는 값이 있을 때까지 해당 파일을 반복적으로 읽는다.
- 온도 측정 값이 들어오면 "t="로 시작하는 값을 읽어서 CEL와 FAH로 변환한다.
- CEL 온도와 FAH 온도를 인쇄한다.

terminal 화면에서 sudo 명령으로 다음과 같이 프로그램을 실행한다. 그러면 sensor에서 측정한 온도 값이 화면에 계속적으로 표시될 것이다.

```
sudo   python   sensor_temp_DS18B20.py
```

```
CEL temperature =27.500000        FAH temperature =81.500000
CEL temperature =27.500000        FAH temperature =81.500000
CEL temperature =27.500000        FAH temperature =81.500000
CEL temperature =27.500000        FAH temperature =81.500000
CEL temperature =27.500000        FAH temperature =81.500000
CEL temperature =27.500000        FAH temperature =81.500000
CEL temperature =27.500000        FAH temperature =81.500000
CEL temperature =27.500000        FAH temperature =81.500000
CEL temperature =27.500000        FAH temperature =81.500000
CEL temperature =27.500000        FAH temperature =81.500000
CEL temperature =27.562000        FAH temperature =81.611600
CEL temperature =27.562000        FAH temperature =81.611600
CEL temperature =27.500000        FAH temperature =81.500000
CEL temperature =27.500000        FAH temperature =81.500000
CEL temperature =27.500000        FAH temperature =81.500000
CEL temperature =27.562000        FAH temperature =81.611600
CEL temperature =27.562000        FAH temperature =81.611600
CEL temperature =27.562000        FAH temperature =81.611600
CEL temperature =27.562000        FAH temperature =81.611600
CEL temperature =27.562000        FAH temperature =81.611600
CEL temperature =27.562000        FAH temperature =81.611600
CEL temperature =27.562000        FAH temperature =81.611600
CEL temperature =27.562000        FAH temperature =81.611600
CEL temperature =27.562000        FAH temperature =81.611600
```

25.8.3 Digital DHT11 Humidity/Temperature Sensor 활용

25.8.3.1 sensor의 특징

여기서는 아래와 같이 DHT11 sensor와 다른 필요한 부품들은 조그마한 PCB에 통합한 모듈을 사용할 것이다. DHT11 sensor는 저항 타입의 습도 측정 부품과, NTC 온도 측정 부품, 그리고 고성능의 8 bit microcontroller가 장치되어 있으며 정밀한 digital 신호 출력을 보내준다. DHT11 센스는 원래 4개의 선이 있지만, 이 모듈은 3개의 선으로 되어 있다.

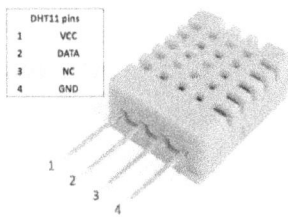

No	Pin	기능
1	-	ground
2	+	power
3	S	Digital data line

그림 25-21 Digital DHT11 Humidity/Temperature Sensor Module

다음과 같은 특징을 가지고 있다.

항목	내용
전압 범위	3.0V to 5.5V
측정범위	Humidity 20-90%RH , Temperature 0~50℃
Output	4 pin single row
Accuracy	Humidity +-5%RH , Temperature +-2℃
Resolution	Humidity 1%RH , Temperature 1℃
Interchangeability	Fully Interchangeable
Long-Term Stability	<±1%RH/year

● 자료 전송 방식

이 sensor는 MCU(Micro-controller-Unit)과 DHT11 사이에 통신과 동기화를 위해서 Single bus data format을 사용한다. 각각의 통신 프로세서는 4ms 동안 유지되고, 전송자료는 다음과 같이 총 50 bit가 전송된다.

- 습도자료　　-- 8bit integral RH data 　+ 8bit decimal RH data 　+
- 온도자료　　-- 8bit integral T data 　+ 8bit decimal T data 　+
- checksum 　　-- 8bit check sum.

자료 전송이 정확하다면 check sum은 "8bit integral RH data + 8bit decimal RH data + 8bit integral T data + 8bit decimal T data"의 결과의 lower 8bit와 동일해야 한다.

아래 그림은 MCU와 DHT11 사이의 자료 전송을 위한 전체적인 개념도 이다.

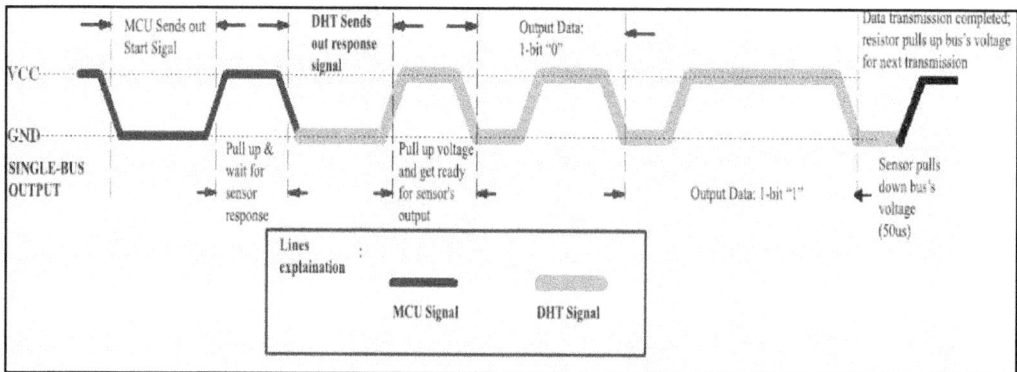

아래 그림은 MCU와 DHT11 간의 통신을 시작하고 동기화하는 단계의 DATA Pin의 상태를 보여준다. DATA pin의 기본 상태는 high이다. MCU와 DHT11 사이의 통신이 시작되면, MCU는 DATA pin의 적어도 18ms 이상 low 상태로 끌어내린다. 이것을 Start Signal이라고 하고, DHT11가 MCU로부터 이 신호를 탐지했다는 것을 확인하는데 사용된다. 그런 다음 MCU는 20-40us 동안 DATA pin은 High 상태로 만들고, DHT11의 response를 대기하게 된다.

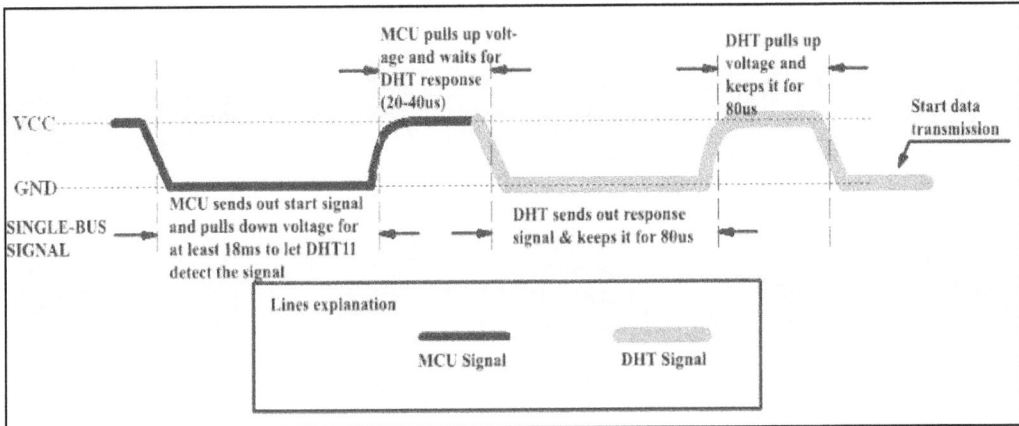

일단 DHT11이 start signal을 감지하면, "Response Signal"를 보내기 위해 DATA pin을 Low 상태로 끌어 내려서 80us 동안 유지한다. 그런 다음 DHT11은 DATA pin을 High 상태로 올려서 80us 유지하여 자료 송신을 준비하고 있음을 알린다.

자료는 bit 단위로 전송하는데, 모든 전송은 50us 동안의 Low 전압 신호로 시작해서 일정 시간의 High 전압 신호로 끝난다. High 전압 신호의 유지 시간은 전송하는 bit가 "0" 이냐 "1"이냐에 따라 달라진다. bit "0" 자료는 High 전압이 26-28us동안 지속되고, bit "1" 자료는 High 전압이 70us 동안 지속된다. 아래 그림에서 왼쪽은 bit "0"의 신호이고, 오른쪽은 bit "1"의 신호를 나타낸다.

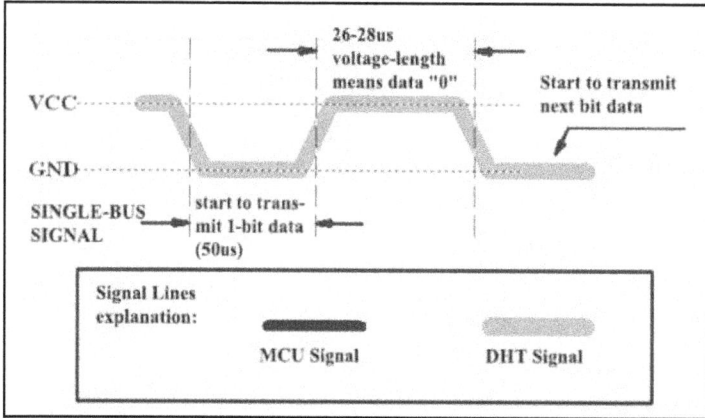

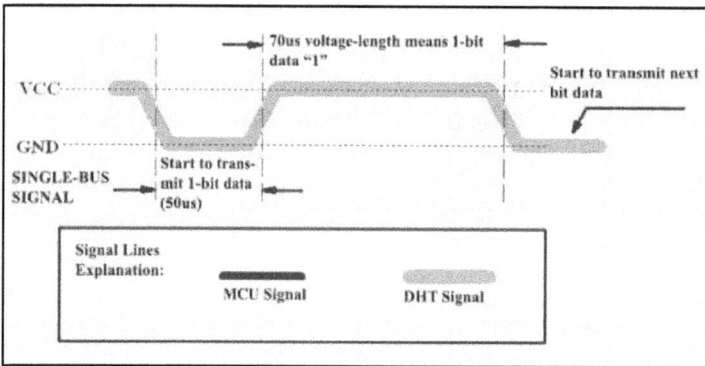

25.8.3.2 <WiringPi> library를 이용한 프로그램 작성

여기서는 <WiringPi> Library를 사용하여 sensor의 자료를 처리해 보도록 할 것이다. 개발 언어는 C 언어를 사용할 것이다.

다음과 같은 프로그램을 작성하여 sensor_temp_DHT11.c 파일에 저장하도록 한다.

```c
/*  Simple test program to test the wiringPi functions   DHT11 test   */
#include <wiringPi.h>
#include <stdio.h>
#include <stdlib.h>
#include <stdint.h>
#define MAXTIMINGS      85
#define DHTPIN          7
int dht11_dat[5] = { 0, 0, 0, 0, 0 };

void read_dht11_dat()
{
        uint8_t laststate   = HIGH;
        uint8_t counter           = 0;
        uint8_t j          = 0, i;
        float      f; /* fahrenheit */

        dht11_dat[0] = dht11_dat[1] = dht11_dat[2] = dht11_dat[3] = dht11_dat[4] = 0;

        /* pull pin down for 18 milliseconds */
        pinMode( DHTPIN, OUTPUT );
        digitalWrite( DHTPIN, LOW );
        delay( 18 );

        /* then pull it up for 40 microseconds */
        digitalWrite( DHTPIN, HIGH );
        delayMicroseconds( 40 );

        /* prepare to read the pin */
```

```
        pinMode( DHTPIN, INPUT );

        /* detect change and read data */
        for ( i = 0; i < MAXTIMINGS; i++ )
        {
                counter = 0;
                while ( digitalRead( DHTPIN ) == laststate )
                {
                        counter++;
                        delayMicroseconds( 1 );
                        if ( counter == 255 )
                        {
                                break;
                        }
                }
                laststate = digitalRead( DHTPIN );
                if ( counter == 255 )
                        break;
                /* ignore first 3 transitions */
                if ( ( (i >= 4) && (i % 2 == 0) )
                {
                        /* shove each bit into the storage bytes */
                        dht11_dat[j / 8] <<= 1;
                        if ( counter > 16 )
                                dht11_dat[j / 8] |= 1;
                        j++;

                }
        }

        /* check
         * we read 40 bits (8bit x 5 ) + verify checksum in the last byte
         * print it out if data is good
         */
        if ( (j >= 40) &&
            (dht11_dat[4] == ( (dht11_dat[0] + dht11_dat[1] + dht11_dat[2] +
```

```
dht11_dat[3]) & 0xFF) ) )
        {
                f = dht11_dat[2] * 9. / 5. + 32;
                printf( "Humidity = %d.%d %% Temperature = %d.%d *C (%.1f *F)\n",
                        dht11_dat[0], dht11_dat[1], dht11_dat[2], dht11_dat[3], f );
        }else  {
                printf( "Data not good, skip\n" );
        }
}

int main( void )
{
        printf( "Raspberry Pi wiringPi DHT11 Temperature test program\n" );
        if ( wiringPiSetup() == -1 )
                exit( 1 );
        while ( 1 )
        {
                read_dht11_dat();
                delay( 1000 ); /* wait 1 sec to refresh */
        }
        return(0);
}
```

위의 프로그램의 내용을 좀 살펴보면 다음과 같다.

- 프로그램이 시작되면 먼저 wiringPiSetup() 함수로 GPIO를 초기화한다.
- pinMode() 함수를 사용하여 wiringPi 기준 DHTPIN pin을 output으로 설정하고 있다.
- digitalWrite() 함수를 사용하여 먼저 HIGH 신호를 보내고 18ms 기다린 다음 다시 LOW 신호를 출력하고 40ms 대기한다.
- pinMode() 함수를 사용하여 DHTPIN pin을 다시 input으로 설정한다.
- digitalRead() 함수를 사용하여 pin의 값을 읽어서 상태가 변경되었는지를 확인하고, 상태가 변경되면 해당 값을 dht11_dat[ ] 변수에 저장한다.
- 자료가 정확한지를 점검하고, 문제가 없으면 화면에 출력한다.

작성된 프로그램을 compile하여 실행 파일을 만든다. compile을 할 때는 \<WiringPi>
library를 참조할 수 있도록 아래와 같이 반드시 \<wiringPi> library를 지정하도록 한다.

```
gcc -Wall -o sensor_temp_DHT11 sensor_temp_DHT11.c -l wiringPi
```

아래와 같이 compile에서 만들어진 실행 파일을 실행하여 제대로 작동하는지 확인한다. 모
든 것이 잘되면 화면에 sensor의 값이 출력될 것이다.

```
sudo ./sensor_temp_DHT11
```

```
pi@raspberrypi ~/program_test/C $ sudo ./sensor_temp_DHT11
Raspberry Pi wiringPi DHT11 Temperature test program
Data not good, skip
Data not good, skip
Humidity = 40.0 % Temperature = 26.0 *C (78.8 *F)
Data not good, skip
Data not good, skip
Data not good, skip
Data not good, skip
Data not good, skip
Data not good, skip
Humidity = 40.0 % Temperature = 26.0 *C (78.8 *F)
Data not good, skip
Humidity = 40.0 % Temperature = 26.0 *C (78.8 *F)
Data not good, skip
Data not good, skip
Data not good, skip
Humidity = 40.0 % Temperature = 26.0 *C (78.8 *F)
```

25.8.3.3 <RPi.GPIO> library를 이용한 프로그램 작성

여기서는 <RPi.GPIO> library를 이용하여 sensor와 interface하는 방법에 대해서 설명한다.

프로그램 개발언어는 Python 3를 사용하고, Python 3 IDLE를 시작하고, 아래와 같은 Python 프로그램을 작성하여 sensor_temp_DHT11.py에 저장한다.

```
import RPi.GPIO as GPIO
import time

def bin2dec(string_num):
    return str(int(string_num, 2))

GPIO.setmode(GPIO.BCM)

while True :
    data = []

    time.sleep(0.02)
    GPIO.setup(4,GPIO.OUT)

    GPIO.output(4,GPIO.HIGH)
    time.sleep(0.025)
    GPIO.output(4,GPIO.LOW)
    time.sleep(0.02)

    GPIO.setup(4, GPIO.IN, pull_up_down=GPIO.PUD_UP)
#    time.sleep(0.02)

    for i in range(0,300):
        data.append(GPIO.input(4))

    bit_count = 0
    tmp = 0
    count = 0
    HumidityBit = ""
    TemperatureBit = ""
    crc = ""

    try:
# initial -- High
#        while data[count] == 1:
#            tmp = 1
#            count = count + 1
```

```
#
#   response -- Low
#          while data[count] == 0:
#              tmp = 1
#              count = count + 1
#
#   ready -- High
          while data[count] == 1:
              tmp = 1
              count = count + 1

#   fetch 32 bit data
          for i in range(0, 32):
              bit_count = 0

#   bit start -- Low
              while data[count] == 0:
                  tmp = 1
                  count = count + 1

#   bit data -- High
              while data[count] == 1:
                  bit_count = bit_count + 1
                  count = count + 1

#   determin "0" or "1" by "High" count  --count <= 2 - bit "0",  count > 3 -- bit
"1"
              if bit_count > 3:
                  if i>=0 and i<8:                        # 0 ~ 7 bit
                      HumidityBit = HumidityBit + "1"
                  if i>=16 and i<24:                      # 16 ~ 23 bit
                      TemperatureBit = TemperatureBit + "1"
              else:
                  if i>=0 and i<8:                        # 0 ~ 7 bit
                      HumidityBit = HumidityBit + "0"
                  if i>=16 and i<24:                      # 16 ~ 23 bit
                      TemperatureBit = TemperatureBit + "0"

      except:
#         print ("ERR_Fetch Measurement")
#         exit(0)
          continue

# Fetch CRC
    try:
        for i in range(0, 8):
            bit_count = 0
```

```
#  bit start -- Low
           while data[count] == 0:
                tmp = 1
                count = count + 1

#  bit data -- High
           while data[count] == 1:
                bit_count = bit_count + 1
                count = count + 1

#  determin "0" or "1" by "High" count  --count <= 2 - bit "0",  count > 3 -- bit
"1"
           if bit_count > 3:                    # bit 1
                crc = crc + "1"
           else:                                # bit 0
                crc = crc + "0"
    except:
#       print ("ERR_Fetch CRC")
#       exit(0)
        continue

    Humidity = bin2dec(HumidityBit)
    Temperature = bin2dec(TemperatureBit)
    Checkcrc = bin2dec(crc)

    if int(Humidity) + int(Temperature) - int(Checkcrc) == 0:
        print ("Humidity:"+ Humidity +"%" + "₩t Temperature:"+ Temperature +" C" +
"₩t CRC:"+ Checkcrc)
    else:
        print ("ERR_CRC Check")

    continue

exit(0)
```

terminal 화면에서 sudo 명령으로 다음과 같이 프로그램을 실행한다. 그러면 sensor에서 측정한 온도 값이 화면에 계속적으로 표시될 것이다.

```
sudo   python   sensor_temp_DHT11.py
```

```
pi@raspberrypi ~ $ sudo python ~/program_test/Python/sensor_temp_DHT11.py
ERR_CRC
ERR_CRC
ERR_CRC
ERR_CRC
ERR_CRC
Humidity:33%        Temperature:28 C            CRC:61
ERR_CRC
ERR_CRC
Humidity:32%        Temperature:28 C            CRC:60
Humidity:32%        Temperature:28 C            CRC:60
Humidity:31%        Temperature:28 C            CRC:59
Humidity:31%        Temperature:28 C            CRC:59
Humidity:31%        Temperature:28 C            CRC:59
ERR_CRC
ERR_CRC
Humidity:31%        Temperature:28 C            CRC:59
```

25.8.3.4 Raspberry Pi와 실시간 처리

위의 두 가지 사례를 보면 자료가 소실되는 경우가 있음을 알 수 있다. 이것은 Raspberry Pi가 실시간으로 실행되는 시스템이 아니고, 프로그램에서 발생하는 delay가 정확하지 않아서, 가끔 외부기기와의 연동에서 전송 실수가 발생할 수 있다. C는 보다 저수준의 개발언어이기 때문에 GPIO pin을 보다 직접적으로 통제할 수 있어서 앞의 C 예제는 상대적으로 오류의 빈도가 적은 것을 알 수 있다. 이러한 오류 발생에 대한 우회적인 처리방법으로는 프로그램을 여러 번 실행해서 정확한 값을 잡아 내도록 프로그램을 수정하여 실행하는 방법이 있다.

25.9 action

25.9.1 relay

이 부분은 최고 전문가 급의 주제로 여기서 설명하기는 부적절하여 추후 다른 책에서 상세히 설명할 기회를 갖도록 하겠다.

25.9.2 actuator

이 부분은 최고 전문가 급의 주제로 여기서 설명하기는 부적절하여 추후 다른 책에서 상세히 설명할 기회를 갖도록 하겠다.

25.10　특별 GPIO pin

25.10.1　I2C (Inter-Integrated Circuit) device

이 부분은 최고 전문가 급의 주제로 여기서 설명하기는 부적절하여 추후 다른 책에서 상세히 설명할 기회를 갖도록 하겠다.

25.10.2　SPI (Serial Peripheral Interface)

이 부분은 최고 전문가 급의 주제로 여기서 설명하기는 부적절하여 추후 다른 책에서 상세히 설명할 기회를 갖도록 하겠다.

25.10.3　UART (Universal Asynchronous Receiver/Transmitter)

이 부분은 최고 전문가 급의 주제로 여기서 설명하기는 부적절하여 추후 다른 책에서 상세히 설명할 기회를 갖도록 하겠다.

This Page is Intentionally Left Blank

색인

그림/표 색인

● 그림 색인

● 표 색인

저작권

**최신 Raspberry Pi로 시작하는 IOT의 모든 것
- 초보에서 고급까지 (하)**

Copyright (C) 2016.08 By RealOmega Consulting (Inc.)
All rights reserved

이 책은 저작권법에 따라 보호를 받는 저작물이므로
무단 전제와 무단 복제를 금지합니다.

저자 및 출판내역

[저자 소개]

저자는 고려대학교 경영학과를 졸업하고, 대기업의 IT부문에서 오랫동안 근무한 후, 독립하여 현재 ERP Consultant로서 활동하고 있다. 재무, 원가, 세무, 자금, 구매, 영업, 출하, 재고, 생산 등의 다양한 분야에서 다양한 프로젝트를 수행하면서, 기업의 업무 프로세스에 대하여 폭넓은 이해를 하고 있다. 1997년 SAP consultant 국제자격증을 획득한 이후, GS-Caltex, SK㈜, Volvo, 석유공사, 한화-토탈 등 주로 대기업의 대형 ERP 프로젝트를 수행해 오면서, SD, MM, HR, IS-OIL, BW, ABAP/4, ALE/EDI, Interface등에 대해 풍부한 지식을 가지고 있으며, 현재는 ERP, DW, SEM, CRM, EAI, Biz. Application 등을 사업영역으로 하는 Real Omega Consulting Inc.에서 활동하고 있다.

최신 Raspberry Pi로 시작하는 IOT의 모든 것 - 초보에서 고급까지 (하)

2016년 08월 30일 초판 인쇄
2016년 08월 30일 초판 발행

저 자   김 덕 규
발행인   김 덕 규
발행처   리얼오메가 컨설팅(유)
　　　　　 서울시 영등포구 여의도동 국제금융로 6길 30 백상빌딩 719호
　　　　　 전화   : 070-8260-2560   팩스 783-0402
　　　　　 e-mail : omegakim@realomega.com
　　　　　 등록   : 2003. 2. 27. 제13-1368호(윤)

정가   30,000원

ISBN   978-89-90852-04-5 94000
ISBN   978-89-90852-02-1 94000 (전 02권)

www.ingramcontent.com/pod-product-compliance
Lightning Source LLC
Chambersburg PA
CBHW082116210326
41599CB00031B/5782